U0796165

劳动争议案件审判实务

李莉　路华　著

法律出版社
LAW PRESS · CHINA
北京

图书在版编目（CIP）数据

劳动争议案件审判实务／李莉，路华著. -- 北京：法律出版社，2024（2025.6 重印）. -- ISBN 978-7-5197-9479-8

Ⅰ. D925.118.24

中国国家版本馆 CIP 数据核字第 2024CZ7000 号

劳动争议案件审判实务
LAODONG ZHENGYI ANJIAN SHENPAN SHIWU

李 莉 路 华 著

策划编辑 孙 慧
责任编辑 孙 慧
装帧设计 李 瞻

出版发行 法律出版社
编辑统筹 司法实务出版分社
责任校对 晁明慧
责任印制 胡晓雅
经　　销 新华书店

开本 710 毫米×1000 毫米 1/16
印张 29　**字数** 456 千
版本 2024 年 10 月第 1 版
印次 2025 年 6 月第 3 次印刷
印刷 北京建宏印刷有限公司

地址：北京市丰台区莲花池西里 7 号（100073）
网址：www.lawpress.com.cn
投稿邮箱：info@lawpress.com.cn
举报盗版邮箱：jbwq@lawpress.com.cn

销售电话：010-83938349
客服电话：010-83938350
咨询电话：010-63939796

版权所有·侵权必究

书号：ISBN 978-7-5197-9479-8　**定价**：96.00 元

凡购买本社图书，如有印装错误，我社负责退换。电话：010-83938349

序言 PREFACE

近年来，劳动争议案件一直呈上升趋势，类型也呈现出多元化和复合型态势。既有因劳动关系认定、劳动合同解除引起的纠纷，也有因劳动报酬、养老待遇和工伤认定引起的争议。进入网络时代，既有因事实劳动关系产生的纠纷，也有因雇佣劳务争议关系产生的案件。而且，在劳动争议案件中，往往不是单一的上述情形，而是多种情形交织在一起，如在辞职、辞退引发的争议中，牵涉到工资、社会保险、违约和经济补偿等问题。在司法实践中，劳动争议案件一直都是社会热点和裁审难点。

劳动争议案件的裁审，需要适用法律、法规、行政规章、部门规章和地方立法规范。其中，行政规章和部门规章占比较重。它们颁布部门不一，时间跨度很长，适用地域广泛，增加了审理法院和裁判法官在个案中准确适用、统一标准的难度。在劳动争议案件的审判中，法官既要在“法律效果和社会效果”上权衡取舍，又要在维护劳动者权益与促进经济发展上保持平衡。习近平总书记指出：“努力让人民群众在每一个司法案件中感受到公平正义。”这就要求法官和法院在劳动争议案件审判工作中弘扬社会主义核心价值观，注意情理法的融会贯通，以法为据、以理服人、以情感人。既义正词严讲清法理，又循循善诱讲明事理，还感同身受彰显情理，在劳动争议审判工作中呈现出对劳动关系双方当事人的深厚感情和法律正义。

作者长期耕耘在民事审判工作第一线，在亲力亲为中把立法意图体现为审判结果。这本《劳动争议案件审判实务》中，所选取的案例颇具前沿性、多发性和新颖性。以新就业形态劳动者的劳动关系为例，作者以新就业形态劳动者的合法权益保障为主旨，在“裁判要旨”中囊括了网约配送员、网约车驾驶员、网约货车司机、网络主播、互联网营销师等依托互联网平台而生的劳动者。作者揭示了新就业形态劳动者权益保障存在的四个问题:劳动关系认定难、职业稳定性差、权益保障不足和诉求渠道欠通畅。通过“案情总览”和“法官释法”阐述了新就业形态劳动关系的认定问题和新就业形态劳动者的权益保障问题。在“法条链接”中,既援引上位法作为原则性指引,也适用新型部门规章中的具体性规范。本书以习近平法治思想为指导,奉行司法是维护社会公平正义的最后一道防线,选取的案例来自司法实践,每个案例都通过裁判要旨、各方观点、法院观点等,分析争议焦点和劳动规范的适用难点,并由此提出自己的理论观点和实务对策。书中内容在理论上具有系统性和前沿性,在实践中具有切合性和研讨性,既显示出作者扎实的法学理论功底和丰富的劳动审判经验,也为读者的思维拓展提供了空间和引导。

本书采用具体案例、说理解读、法律适用、设问解答等形式,为劳动法的理论研究和实务问题解决提供启发与新的思路,对于专业工作者的针对性探讨和社会读者的知识性阅读都大有裨益。

作为西部少数民族地区法院的法官,作者在承担繁重审判实务的同时,潜心法学理论研究,并取得了一定的成果,实属难能可贵,故此作序,以示支持。

中国人民大学法学院教授、博士生导师

劳动和社会保障法研究所原所长

2024 年 6 月 22 日

自序一 PREFACE

党的二十届三中全会部署了进一步全面深化改革、推进中国式现代化的战略任务。建立高质量、高水平劳动关系，是进一步全面深化改革的应有之义，事关“完善收入分配和就业制度，健全社会保障体系”目标的实现；事关“加快形成同新质生产力相适应的生产关系”体制机制的健全；事关“完善劳动关系协商协调机制，加强劳动者权益保障”民生制度体系的完善，是社会治理现代化的晴雨表、风向标，是必须坚持“从政治上看，从法治上办”的发展大事、稳定大事、民生大事。

银川作为宁夏的首府市，银川法院年均审理的劳动争议类案件达5000余件。经过长期的司法实践，我们深刻认识到，劳动争议案件连着民生、民心，连着司法公信、万家灯火，千案万件的事，说到底是千家万户的事。依法公正、妥善高效审理好各类劳动争议案件，是人民法院落实就业优先战略、构建和谐劳动关系、维护劳动者合法权益、促进企业健康发展最直接、最主要的途径。这类案件往往牵扯众多劳动就业形态，涉及很多法律规范内容，在审理程序、管辖、时效、举证责任分配等方面均具有一定特殊规律性，历来是审判实务中的难点。

人民司法事业是成长的阳光事业。实践出真知，实践出人才。面对这项民事审判工作的重大课题，李莉法官提出，从银川法院审理的海量劳动争议案件中拣选典型案例，对案件争议所涉及的法律难点、热点问题进行评析，以案为鉴、系统研究，理论观照、实证分析，为解决劳动争议实务问题提供借鉴和思路。对此，我十分钦佩，认为这项工作具有充分的必要性和实施的可行性。此后，李莉法官在繁重的审判工作之余，以对劳动者权益依法保护的职业情怀，以一线审判人员的专注视野，对劳动争议典型案件审理思路和观点进行深入剖析、总结及归整，梳理审判意见建议，并形成初稿。我利用半年时间，在与李莉法官反复深入沟通的基础上，充分运用习近平法治思想中所蕴含的立场观点方法，对文稿进行逐条逐项梳理并作删减、调整、完善，加入了一些审理中群众关注度高、评价好的新类型案例，还特别对章节划分及“法官释法”内容进行了体系化优化调整，确保所选案例更具典型性、所附法条更具精准度、所列观点更具实用价值。

该书倾注三年心血倾力完成，内容囊括了劳动关系认定、劳动合同履行、工伤认定等多方面审判实务热点及理论难点，所选取的案例皆出自银川法院审判一线，提出的观点遵循习近平法治思想之要义，一言一句皆来自作者长期审判工作的经验浓缩，既有审理普通劳动争议案件的规律性，也体现了解决新业态群体纠纷的差异性。从某种意义上讲，案件都是昨天的故事，案例却是明天的路标。我们希望以案例分析、释法说理、难点解答，附录作者多篇关于劳动争议案件论文的方式，力争为广大读者解决劳动争议实务问题提供参考，为从事劳动争议法律实务的同仁能更好地参与纠纷处理实践提供可借鉴经验和可参考思路，努力使司法裁判的“文本法”更符合人民群众的“内心法”。

路　华

2024 年 9 月

自序二 PREFACE

作为一名长期从事劳动争议案件审判工作的基层法院法官，能将自己的审判经验及思考体会融汇到审理疑难劳动争议案件的实践研究与探讨中，责任使然，深感荣幸。目前，在我国司法实务界对于劳动争议案件“法律的操作性不强”存在共同的认知，这亟待法理的奠基和学术的铺陈，以及与传统法律之间的整合与衔接。在此之下，借用《清华法学》封面上“独立之精神、自由之思想”的十个大字作为本人的座右铭，二十年来审理劳动争议案件之物理上的叠加和积累，对真谛的不懈追求，对劳动者合法权益保护的挥之不去，每一个章节、每一行文字，皆是呕心沥血之作，希望能够不断推陈出新，以期与诸位同仁切磋共勉，并聊以慰藉。

这部书稿的完成首先要感谢我的合著者路华博士，在我写作期间，他以专业的法理精神对每一篇文章进行了修改完善及编写校正，他严格求真的学术风格和严谨求实的工作态度也深深感染了我。其次感谢我的工作单位宁夏回族自治区银川市西夏区人民法院，是法院为我建立了“李莉法官工作室”并在公众号中开辟了“李莉谈劳动”专栏，开启了我的研究兴趣并为我提供了很好的展示平台。感谢院领导、同事及家人的鼓励和帮助，使我能够克服困难完成书稿的写作。本书撰写过程中涉及一些辅助研究及文字校对工作，主要是由就读于西北政法大学研究生院的马尧同学来完成的。以上，一并感谢，并欢迎读者提出批评和指正。

李　莉

2024 年 10 月

目录 CONTENTS

第一章

劳动关系的认定

一、先培训再上岗，如何认定劳动关系

裁判要旨

《劳动合同法》第7条规定，用人单位自用工之日起即与劳动者建立劳动关系。司法实务中，经常存在劳动者先培训再上岗，甚至于培训合格后才可上岗用工的情形，尤其是从事技术工种的劳动者，那么该期间的劳动关系应当如何认定？笔者认为，上述法律条文中的“用工”应该作广义的理解，而不应仅局限于在用人单位生产经营范围内提供实际劳动，对于先培训再上岗的劳动关系认定应根据个案实际比照劳动关系认定的基本原则、要素等方面综合判断。

【案情总览】

原告惠某主张与被告某劳务公司之间存在事实劳动关系，其所受伤为工伤，应由某劳务公司承担用人单位责任。2019年10月22日上午，惠某由某劳务公司分选业务处班长马某带入某劳务公司位于某材料公司三厂的工作区域从事分选员工作，工作内容由班长马某安排，当日上午11点左右，惠某在进入车间时被硅料划破左足受伤，被送至某医院住院治疗8天，惠某住院期间的医疗费均由某劳务公司支付。为了证明上述主张，惠某向法院提交了门诊病历、住院病案、个人存款交易明细、门禁卡、证人证言等证据予以佐证。其中个人存款交易明细显示：某劳务公司通过银行转账的方式向惠某转款共计五笔，转款摘要中均显示“代工扣款挂账”，其中2020年1月15日的摘要中显示为“工资”。惠某陈述：“2019年12月16日转了两笔，一笔是1000元、一笔是3000元，3000元的我给某劳务公司办公室打电话问过，回答说是工资，1000元的说是护理费;2020 年 1 月 15 日也是分开打的,情况一样,3000 元的是工资,1000 元的是护理费;2020 年 2 月 17 日发的 1660 元经我打电话回答说是疫情期间,每个员工不上岗,发的是保底工资,2020 年 3 月 16 日发的 1660 元情况一样。”惠某的证人沙某出庭陈述:2019 年 10 月 22 日惠某与其一起参加了公司的培训,准备上班时,惠某从其背后往过走,其转身与惠某碰撞,其手里面的东西掉下去砸到惠某的脚上。惠某的证人马某出庭陈述:惠某是其介绍到某劳务公司上班,工作地点位于某材料公司三厂的工作区域,从事分选员工作,工资按产量计算,大概一天 150 元,2019 年 10 月 22 日当天惠某和其一起参加了晨会并单独进行了上岗培训,后在当日 11 时左右受伤。2020 年 11 月 6 日,惠某向仲裁委员会提出申请,要求确认其与某劳务公司之间存在劳动关系。该委裁决:惠某与某劳务公司之间存在事实劳动关系,双方建立劳动关系的时间为 2019 年 10 月 22 日。某劳务公司不服该裁决,于法定期限内向法院提起诉讼。

诉讼中各方观点如下:

某劳务公司认为:其与惠某之间没有劳动关系。2019 年 10 月 22 日,因公司当天清洗分选工作量较大、人手不足,基于此,分选业务处班长马某为赶进度,在未通知公司的情况下,私自将其朋友即惠某,带入公司的工作区域,并安排其工作,在惠某发生事故后才将该事实告知公司,即惠某在上岗前并未通知公司、未经公司许可、未按照公司要求学习相关规章制度、办理相关入职手续,惠某在工作现场也未受公司的劳动管理约束,其所受到的损害应当归责于业务处班长马某,与公司无关。且马某在明知公司相关规章制度的前提下,未经公司任何领导许可,未按公司规定办理入职手续,擅自做主让惠某进场工作,造成惠某受伤,应负直接责任,惠某作为成年人对自身行为必须承担责任,在未与公司签订任何劳动关系的书面文件、未接受任何岗前安全知识和操规培训的前提下,擅自上岗在公司受伤,其个人应负次要责任。

惠某认为:其与某劳务公司之间存在事实劳动关系。某劳务公司给其发放门禁卡、进行岗前培训及支付工资的行为均可看出其系某劳务公司的职工。

一审法院经审理认为:本案的争议焦点为惠某所进行的岗前培训是否应认定为事实用工。《劳动和社会保障部关于确立劳动关系有关事项的通知》(劳社部发〔2005〕12 号)第 1 条规定,用人单位招用劳动者未订立书面劳动合同,但同时具备下列情形的，劳动关系成立：(1)用人单位和劳动者符合法律、法规规定的主体资格；(2)用人单位依法制定的各项劳动规章制度适用于劳动者，劳动者受用人单位的劳动管理，从事用人单位安排的有报酬的劳动；(3)劳动者提供的劳动是用人单位业务的组成部分。本案中，某劳务公司系注册登记并取得营业执照的有限责任公司，系劳动法律关系的主体，具有用人单位的主体资格，为具备用工主体资格的用人单位。惠某持有进入工作区域的门禁卡，从事的工作系某劳务公司的班长马某安排，并且惠某所从事的工作是某劳务公司的业务组成部分，且在惠某受伤住院后，某劳务公司向惠某支付了住院医疗费，并按月向其支付了工资。某劳务公司主张其分选业务处班长马某为赶进度，在未通知某劳务公司的情况下，私自将惠某带入某劳务公司的工作区域并安排其工作，在惠某发生事故后才将该事实告知某劳务公司的意见，因其提交的证据无法证明其主张，应承担举证不能的法律后果，综合案件的相关证据并结合双方当事人的陈述，可以认定某劳务公司从用工之日起就与惠某形成事实劳动关系。综上所述，对某劳务公司请求判决确认某劳务公司与惠某之间不存在事实劳动关系的诉讼请求，不予支持。反之，某劳务公司与惠某之间自 2019 年 10 月 22 日起存在事实劳动关系。

二审法院认为：某劳务公司系具有用人单位主体资格的公司。被上诉人惠某经某劳务公司分选业务处班长马某介绍并安排到某劳务公司工作区域从事公司业务工作，工作期间接受马某的管理。结合某劳务公司在惠某受伤住院后向惠某支付住院医疗费并按月支付工资的事实，可以认定某劳务公司从用工之日起与惠某形成事实劳动关系。某劳务公司的上诉理由无证据支持且与查明事实不符，不予采纳。一审判决认定事实清楚、适用法律正确，应予维持。

【法官释法】

《劳动合同法》第 7 条规定，用人单位自用工之日起即与劳动者建立劳动关系。司法实务中，经常存在先培训再上岗，甚至于培训合格后才可上岗用工的情形，尤其是从事技术工种的劳动者，那么该期间的劳动关系应当如何认定？实践中存在不同观点。

观点一，劳动关系起始日 = 培训开始之日。

理由如下:1. 法条依据:《劳动法》第 3 条规定,劳动者享有平等就业和选择职业的权利、取得劳动报酬的权利、休息休假的权利、获得劳动安全卫生保护的权利、接受职业技能培训的权利、享受社会保险和福利的权利、提请劳动争议处理的权利以及法律规定的其他劳动权利。该法第 68 条规定,用人单位应当建立职业培训制度,按照国家规定提取和使用职业培训经费,根据本单位实际,有计划地对劳动者进行职业培训。从事技术工种的劳动者,上岗前必须经过培训。显然,接受职业技能培训是劳动者的权利。因此,先培训再上岗的,培训时期应当视为双方在履行劳动合同中的权利义务,培训开始之日即为双方劳动关系起始之日。2. 实务依据:如甘肃省高级人民法院、甘肃省人力资源和社会保障厅《甘肃省劳动人事争议仲裁与诉讼衔接座谈会会议纪要》(2020 年 12 月 23 日)第 9 条规定,用人单位招录劳动者后安排参加学习培训,参加学习培训之日为双方之间劳动关系建立的日期。合肥市中级人民法院、合肥市劳动人事争议仲裁委员会《审理劳动人事争议案件若干问题规范指引》(合中法办〔2018〕81 号)第 15 条规定,用人单位安排劳动者接受上岗前学习培训的,劳动者参加学习培训之日即为双方劳动关系建立的日期。天津市人力资源和社会保障局《天津市贯彻落实劳动合同法若干问题实施细则》(津人社规字〔2023〕7 号)第 3 条规定,用人单位与劳动者自用工之日起建立劳动关系,建立劳动关系应当订立书面劳动合同。前款所称用工之日,是指劳动者开始接受用人单位管理,从事用人单位安排的工作的日期。用人单位安排劳动者参加上岗前培训,劳动关系自劳动者参加培训之日起建立。马鞍山市劳动人事争议仲裁委员会《关于审理劳动人事争议案件若干问题的意见》(马劳人仲〔2016〕1 号)第 10 条规定,用人单位招录劳动者后安排参加学习培训,参加学习培训之日为双方之间劳动关系建立的日期。

观点二,劳动关系起始日 = 实际用工之日。

理由如下:1. 法条依据:《劳动合同法》第 7 条规定,用人单位自用工之日起即与劳动者建立劳动关系。该法第 10 条规定,建立劳动关系,应当订立书面劳动合同。用人单位与劳动者在用工前订立劳动合同的,劳动关系自用工之日起建立。2. 实务依据:如《江苏省劳动合同条例》第 13 条规定,用人单位自用工之日起即与劳动者建立劳动关系。用人单位安排劳动者参加上岗前培训、学习的,劳动关系自劳动者参加之日起建立。

笔者认为,对于先培训再上岗的劳动关系的认定不能一概而论,应当分情形处理,应根据个案实际比照劳动关系认定的基本原则、要素等方面进行综合认定。司法实务中,应把握以下几点:

一是对于用工应作扩大解释。实务中,对于用人单位自用工之日起即与劳动者建立劳动关系并无争议,但是,此处的"用工"应该作广义的理解,而不应仅局限于在用人单位生产经营范围内提供实际劳动,否则这样局限的解释对劳动者不公平,既然国家规定了某些岗位上岗前必须经过培训,甚至必须培训合格才能上岗,那么劳动者培训期间的权益又如何保障?按照相关法律规定,培训的目的是之后能够更好地使用该劳动力继而创造更大的生产力价值,那么劳动者参加各类培训就应视为劳动合同履行的过程,所以培训期间也应当算是劳动关系的存续。

二是对于培训应分情况而定。司法实践中,岗前培训的情形多种多样,应依据培训性质的不同来具体判断。概言之,情形有三:一是有约定依约定;二是自主参加,不做管理,通过考核,才实际用工,劳动关系从用人单位实际用工之日起算;三是岗前培训,培训法定,接受管理,劳动关系从劳动者参加培训之日起算。对于第三种情况,山东省有类似的规定,《山东省劳动合同条例》(2013修订)第12条规定,用人单位自用工之日起即与劳动者建立劳动关系。用人单位安排劳动者接受上岗前培训、学习的,劳动关系自劳动者参加之日起建立。

三是符合认定劳动关系的基本要素。虽然岗前培训系为劳动者将来更好地将劳动资源投入到用人单位的生产经营中,但是,上岗前培训是否按照劳动关系的情形处理,还是要看是否符合认定劳动关系的三要素,即劳动者是否向用人单位提供劳动、用人单位是否对劳动者进行管理、用人单位是否向劳动者支付报酬等。具体而言,天津市高级人民法院《劳动争议案件审理指南》(津高法〔2017〕246号)中所列举的"认定劳动关系的基本要素",对于判断上岗前培训是否系建立劳动关系具有借鉴意义:(1)用人单位与劳动者订立劳动合同;(2)劳动者实际接受用人单位的管理、指挥与监督;(3)用人单位向劳动者支付工资性劳动报酬;(4)劳动者被纳入用人单位的组织体系中从事劳动,而不是从事独立的业务或者经营活动；(5)劳动者无权将工作分包给他人完成；(6)生产资料一般由用人单位提供；(7)劳动者提供的劳务是继续性的而不是一次性的；(8)用人单位为劳动者缴纳社会保险费。

【法条链接】

《中华人民共和国劳动法》(2018年修正)

第六十六条 国家通过各种途径，采取各种措施，发展职业培训事业，开发劳动者的职业技能，提高劳动者素质，增强劳动者的就业能力和工作能力。

第六十七条 各级人民政府应当把发展职业培训纳入社会经济发展的规划，鼓励和支持有条件的企业、事业组织、社会团体和个人进行各种形式的职业培训。

第六十八条 用人单位应当建立职业培训制度，按照国家规定提取和使用职业培训经费，根据本单位实际，有计划地对劳动者进行职业培训。

从事技术工种的劳动者，上岗前必须经过培训。

第六十九条 国家确定职业分类，对规定的职业制定职业技能标准，实行职业资格证书制度，由经备案的考核鉴定机构负责对劳动者实施职业技能考核鉴定。

《中华人民共和国劳动合同法》(2012年修正)

第七条 用人单位自用工之日起即与劳动者建立劳动关系。用人单位应当建立职工名册备查。

第十条 建立劳动关系，应当订立书面劳动合同。

已建立劳动关系，未同时订立书面劳动合同的，应当自用工之日起一个月内订立书面劳动合同。

用人单位与劳动者在用工前订立劳动合同的，劳动关系自用工之日起建立。

《劳动和社会保障部关于确立劳动关系有关事项的通知》(劳社部发〔2005〕12号)

一、用人单位招用劳动者未订立书面劳动合同，但同时具备下列情形的，劳动关系成立。

(一)用人单位和劳动者符合法律、法规规定的主体资格；

(二)用人单位依法制定的各项劳动规章制度适用于劳动者，劳动者受用人单位的劳动管理，从事用人单位安排的有报酬的劳动；

(三)劳动者提供的劳动是用人单位业务的组成部分。

二、用人单位未与劳动者签订劳动合同，认定双方存在劳动关系时可参照下列凭证：

(一)工资支付凭证或记录(职工工资发放花名册)、缴纳各项社会保险费的记录；

(二)用人单位向劳动者发放的“工作证”、“服务证”等能够证明身份的证件；

(三)劳动者填写的用人单位招工招聘“登记表”、“报名表”等招用记录;

(四)考勤记录;

(五)其他劳动者的证言等。

其中,(一)、(三)、(四)项的有关凭证由用人单位负举证责任。

二、新就业形态劳动者的劳动关系如何认定

裁判要旨

网约配送员、网约车驾驶员、网约货车司机、网络主播、互联网营销师等依托互联网平台而生的劳动者，目前已成为新就业形态劳动者的代名词，与传统就业形态的劳动者不同，因平台企业就业容量大、进出门槛低、流动性强，这些劳动者具有工作灵活、自主性强、管理松散、人身依附性低等特性，与平台企业之间不完全符合确认劳动关系的情形，双方之间也不是完全平等的民事关系。由此，新就业形态劳动者的权利保障趋于弱化。因新就业形态伴生新需求，劳动者权益保障面临四大问题：劳动关系认定难、就业稳定性不强、相关权益保障不足、诉求渠道不够畅通。就当前而言，还是要通过传统的劳动关系法律特征进行分析，进而判断双方是否存在实质性的劳动法律关系，以便更好地保障新就业形态劳动者的合法权益。

【案情总览】

案例一：李某系某大学大一学生。2020 年 12 月，李某与某公司法定代表人刘某通过微信协商后办理了主播入职手续。2021 年 1 月 17 日，某公司为李某注册运营直播账号。直播期间，刘某通过微信向李某传授一些直播经验，并向其发送抖音注意事宜、账号内容定位、内容开展、短视频的人设塑造等学习文档，某公司于 2021 年 2 月、3 月、4 月向李某支付提成 600 元、12000 元、3000 元。2021 年 5 月，因双方就提成比例产生纠纷，李某从某公司离职。现某公司要求李某支付合作期间的违约金。

案例二：王某于 2019 年 11 月通过 58 同城发布的招聘信息入职某分公司

担任送餐员一职，入职当日与某公司签订了《订单承揽协议》，后王某在饿了么App平台注册，在某分公司代理的商圈范围内从事订单送餐配送员工作，按单计酬，每单5～5.5元，单量由系统自动记录，其工资由天津某劳动服务公司等几家公司分别发放，每月工资不固定。2020年5月，王某送货时发生交通事故受伤。现王某要求确认其与某分公司之间存在事实劳动关系。

法院经审理后认为：

关于案例一，某公司与李某之间构成的是劳动关系还是民事上的合作关系至关重要。《关于贯彻执行〈中华人民共和国劳动法〉若干问题的意见》第12条规定，在校生利用业余时间勤工助学，不视为就业，未建立劳动关系，可以不签订劳动合同。司法实务中，对于在校生是否能与用工单位建立劳动关系，一直有两种观点：存在说和否定说，存在说认为在校生只要符合劳动法律规定的主体资格，其利用寒、暑假或者在学业完成后、毕业前的毕业季到用人单位工作，受用人单位管理并遵守其规章制度，可以认定存在劳动关系；否定说认为在校生利用课余时间勤工俭学，或者参加由学校统一安排的实习活动，因其缺乏就业自由度而不具备建立劳动关系的主体资格，不能建立劳动关系。本案中，李某所从事的系较为松散的网络主播，其直播的时间、内容均不固定、不受某公司的限制，劳动报酬由平台打赏后与某公司进行分成，不具有人格及经济上的从属性，加之李某系某大学在校生，不必然与某公司之间构成劳动关系。

关于案例二，王某与某分公司之间是否存在劳动关系的审查重点在于双方是如何管理以及工资如何发放，这直接关系到双方法律关系性质的判断。具体而言，王某与某公司签订承揽协议后，通过饿了么App平台注册后从事订单送餐配送员工作，某分公司未与其签订劳动合同，也未就王某的劳动时间、地点、强度、薪酬等作具体约定。王某的工资是饿了么平台所属公司根据App显示的送餐单数予以计付，日酬月结，每月工资并不固定。王某送餐的工作内容无法看出系履行某分公司的职务行为，某分公司对某站点骑手的管理行为并不符合劳动关系意义下的管理。某分公司虽对王某有一定的管理规定，但均为维系双方关系而衍生的较为松散的管理性约定，不应视为劳动关系中隶属性较强的强制性规章制度，故不符合劳动关系中人身依附性的特征。其工资发放也不符合劳动关系中由用人单位为劳动者按月发放工资较为稳定的劳动报酬特征。

由此，王某所提交的证据不能证明其与某分公司间存在劳动关系。

【法官释法】

《人力资源社会保障部办公厅关于印发〈新就业形态劳动者劳动合同和书面协议订立指引（试行）〉的通知》（人社厅发〔2023〕6 号）第 3 条规定，本指引所称新就业形态劳动者，是指线上接受互联网平台根据用户需求发布的配送、出行、运输、家政服务等工作任务，按照平台的要求提供平台网约服务，并获取劳动报酬的劳动者。本指引所称企业是指平台企业和平台用工合作企业。显然，这种"平台 + 劳动者"的用工模式，使"传统的劳动关系"变成了"复杂多重的劳动关系"。毋庸置疑的是，新就业形态劳动者的权利保障趋于弱化，那么如何保护新就业形态劳动者的合法权益是当前的热点问题，但不可否认的是，如何依法认定新就业形态劳动关系，却是当前司法实务中困扰裁判者的难点问题，原因有四：一是缺乏统一的法律规范；二是缺乏统一的裁判尺度；三是平台模式不同导致认识不同；四是地区制度设计不同导致结果不同。笔者认为，实务中新就业形态劳动者的案件认定，主要集中在以下四个方面：一是劳动者与平台企业之间是否存在劳动关系的认定；二是平台企业与从业人员之间是何种法律关系的认定；三是劳动者致人损害时责任的认定；四是劳动者遭受损害时责任由谁承担的认定。值得注意的是，实务界和理论界对上述与法律性质相关的问题衍生争议，导致认定并不统一，但是上述认定却是保障新就业形态劳动者合法权益的核心所在，而争议焦点集中在是否存在劳动关系上，因而劳动关系的认定直接影响到劳动者合法权益的实现。

有鉴于此，笔者仅对新就业形态劳动者劳动关系的认定及其权益保障谈谈拙见。

一、关于新就业形态劳动者劳动关系的认定问题

有学者认为，新就业形态劳动者的劳动关系处于模糊状态，面临着"有岗位无门槛、有劳动无合同、有上班无下班、有报酬无工资、有权益无保障"等困境，笔者认为如是。究其原因，笔者赞同有些学者的观点，即认为共享经济下新就业形态给劳动权益的实现带来了挑战，高度用工弹性导致了就业和收入的不稳定。由此，与传统就业形态的劳动者不同，因平台企业就业容量大、进出门槛低、流动性强，这些劳动者具有工作灵活、自主性强、管理松散、人身依附性低等特性，与平台企业之间不完全符合确认劳动关系的情形，双方之间也不是完全平等的民事关系，这正是司法实务中认定的难点所在。由于对劳动关系认知的偏差，导致新就业形态劳动者的劳动争议案件不断增多。事实上，在“互联网+”的时代，平台多通过外包、分包、众包或者代理商、个体工商户等多种渠道与劳动者签订协议或合同(如案例二)，将本应由其承担的法律责任转移，使平台与劳动者之间的劳动关系趋于模糊。笔者认为，与传统的劳动关系相比，新就业形态劳动者体现以下三个不明特征：因有岗位无合同，导致劳动关系不明；因平台众多，导致单位不明；因时间自主用工灵活，导致从属人身依附性不明。有鉴于此，就当前的经济形势，还是要通过传统的劳动关系法律特征进行分析，进而判断双方是否存在实质性的劳动法律关系，以便更好地保障新就业形态劳动者的合法权益。实务中，《劳动和社会保障部关于确立劳动关系有关事项的通知》(劳社部发〔2005〕12 号)中关于“(一)用人单位和劳动者符合法律、法规规定的主体资格；(二)用人单位依法制定的各项劳动规章制度适用于劳动者，劳动者受用人单位的劳动管理，从事用人单位安排的有报酬的劳动；(三)劳动者提供的劳动是用人单位业务的组成部分”的规定，仍是判断劳动关系成立的重要依据。而国家八部委联合发布的《关于维护新就业形态劳动者劳动保障权益的指导意见》(人社部发〔2021〕56 号)中对新就业形态的劳动者的权益如何保障亦作出相关指导性意见，该意见明确了劳动者权益保障责任，健全了劳动者权益保障制度，优化了劳动者权益保障服务，完善了劳动者权益保障工作机制。该类案件中的部分劳动者具有工作自主性，但却要遵守平台企业确定的算法和劳动规则，双方之间不完全符合确认劳动关系的情形。正如案例二中王某而言，其可自主决定是否上线和接单，平台企业虽对其有一定的管理规定，但均为维系双方关系而衍生的较为松散的管理规定，不应视为劳动关系中隶属性较强的规章制度，不符合劳动关系中人身依附性的特征。然而，正所谓“万变不离其宗”，无论市场经济条件下用人单位的用工形式和劳动者的劳动方式如何灵活多变，法官居中裁判时仍然要围绕劳动关系是否成立的实质要件进行审查。

二、关于新就业形态劳动者的权益保障问题

司法实务中，新就业形态劳动者的权益缺乏法律保障，且亟须政策层面的完善，这已是实务界及理论界普遍的认知。2021 年 7 月 6 日，国家八部委联合发布了《关于维护新就业形态劳动者劳动保障权益的指导意见》，该意见对平台企业与新就业形态劳动者之间的用工关系的三种情形进行了规定：符合确立劳动关系→订立劳动合同；不完全符合确立劳动关系 + 劳动管理→订立书面协议；个人依托平台自主经营/自由职业→按民事法律关系处理。同时，为规范新就业形态劳动者劳动合同和书面协议订立，人力资源和社会保障部于 2023 年 2 月 21 日制定了《新就业形态劳动者劳动合同和书面协议订立指引(试行)》，该指引对新就业形态劳动者劳动合同和书面协议订立的原则、形式、效力、内容、订立方式及应用等均作出了明确的规定：对于符合确立劳动关系情形的，应当依法订立劳动合同，不得以诱导、欺诈、胁迫等方式与新就业劳动者订立书面协议等减损劳动者权益；对于不完全符合确立劳动关系情形的新就业劳动者订立书面协议，可以在劳动者注册平台个人账户时订立，也可以在劳动者执行工作任务前订立。然而，不容忽视的是，传统用工之下，用人单位清楚、明确、具体、单一，而新就业形态之下，平台用工模糊、隐蔽、繁杂、多样。一旦发生争议，劳动者很难找到真正的用人单位。“是否符合确立劳动关系情形”正是司法裁判的难点和关键所在，也是上述合法权益得以保障的前提，这就涉及举证责任的分担问题。而确认劳动关系的基础举证责任应由劳动者承担。值得注意的是，相较传统劳动者，新就业形态劳动者的举证难度增大、证据审查难度亦加大。诸如依赖于互联网及信息技术存在的电子合同、微信聊天工具、支付平台信息等，一旦发生争议，劳动者登录权限被禁，难以完成举证，此时应该合理分配举证责任，由平台企业提供充分的证据予以反驳，否则应承担不利后果。

因新就业形态伴生新需求，劳动者权益保护面临的四大问题：劳动关系认定难、就业稳定性不强、相关权益保障不足、诉求渠道不够畅通。这亟须法律规范不断完备、政策层面持续完善、平台企业合规发展，如此才能实现多方共赢，维护和谐稳定的劳动关系。

【法条链接】

《新就业形态劳动者劳动合同和书面协议订立指引(试行)》(人社厅发〔2023〕6号)

第三条　本指引所称新就业形态劳动者,是指线上接受互联网平台根据用户需求发布的配送、出行、运输、家政服务等工作任务,按照平台要求提供平台网约服务,并获取劳动报酬的劳动者。本指引所称企业是指平台企业和平台用工合作企业。

第五条　企业与新就业形态劳动者订立劳动合同、书面协议,要遵循合法、公平、平等自愿、协商一致、诚实信用的原则。

第六条　企业要如实告知新就业形态劳动者与完成平台网约服务有关的情况,有权了解新就业形态劳动者与订立劳动合同或书面协议直接相关的基本情况,新就业形态劳动者应如实说明。

第七条　劳动合同、书面协议由企业与新就业形态劳动者协商一致,并经双方签字或者盖章后生效。采用纸质形式订立的,由企业和劳动者各执一份。采用电子形式订立的,应当符合法定要件,企业要确保劳动者可以使用常用设备随时查看、下载、打印完整内容。

第八条　依法订立的劳动合同、书面协议具有约束力,各方应当按照约定全面履行各自的义务。变更劳动合同、书面协议以及企业修订与履行劳动合同、书面协议直接相关的制度规则和平台算法,要符合法律法规和有关政策规定。

第九条　企业应当与符合确立劳动关系情形的新就业形态劳动者依法订立劳动合同,不得以诱导、欺诈、胁迫等方式与新就业形态劳动者订立书面协议等减损劳动者权益。已建立劳动关系,未同时订立劳动合同的,企业应当自用工之日起一个月内与劳动者订立劳动合同。

第十条　劳动合同应当明确用人单位和劳动者的基本信息、劳动合同期限、工作内容和工作地点、工作时间和休息休假、劳动报酬、社会保险、劳动保护等事项,可以约定试用期、培训、福利待遇等其他事项。

《关于维护新就业形态劳动者劳动保障权益的指导意见》(人社部发〔2021〕56号)

近年来,平台经济迅速发展,创造了大量就业机会,依托互联网平台就业的网约配送员、网约车驾驶员、货车司机、互联网营销师等新就业形态劳动者数量大幅增加,维护劳动者劳动保障权益面临新情况新问题。为深入贯彻落实党中央、国务院决策部署,支持和规范发展新就业形态,切实维护新就业形态劳动者劳动保障权益,促进平台经济规范健康持续发展,经国务院同意,现提出以下意见:

一、规范用工,明确劳动者权益保障责任

(一)指导和督促企业依法合规用工,积极履行用工责任,稳定劳动者队伍。主动关心关爱劳动者，努力改善劳动条件，拓展职业发展空间，逐步提高劳动者权益保障水平。培育健康向上的企业文化，推动劳动者共享企业发展成果。

（二）符合确立劳动关系情形的，企业应当依法与劳动者订立劳动合同。不完全符合确立劳动关系情形但企业对劳动者进行劳动管理（以下简称不完全符合确立劳动关系情形）的，指导企业与劳动者订立书面协议，合理确定企业与劳动者的权利义务。个人依托平台自主开展经营活动、从事自由职业等，按照民事法律调整双方的权利义务。

（三）平台企业采取劳务派遣等合作用工方式组织劳动者完成平台工作的，应选择具备合法经营资质的企业，并对其保障劳动者权益情况进行监督。平台企业采用劳务派遣方式用工的，依法履行劳务派遣用工单位责任。对采取外包等其他合作用工方式，劳动者权益受到损害的，平台企业依法承担相应责任。

二、健全制度，补齐劳动者权益保障短板

（四）落实公平就业制度，消除就业歧视。企业招用劳动者不得违法设置性别、民族、年龄等歧视性条件，不得以缴纳保证金、押金或者其他名义向劳动者收取财物，不得违法限制劳动者在多平台就业。

（五）健全最低工资和支付保障制度，推动将不完全符合确立劳动关系情形的新就业形态劳动者纳入制度保障范围。督促企业向提供正常劳动的劳动者支付不低于当地最低工资标准的劳动报酬，按时足额支付，不得克扣或者无故拖欠。引导企业建立劳动报酬合理增长机制，逐步提高劳动报酬水平。

（六）完善休息制度，推动行业明确劳动定员定额标准，科学确定劳动者工作量和劳动强度。督促企业按规定合理确定休息办法，在法定节假日支付高于正常工作时间劳动报酬的合理报酬。

（七）健全并落实劳动安全卫生责任制，严格执行国家劳动安全卫生保护标准。企业要牢固树立安全“红线”意识，不得制定损害劳动者安全健康的考核指标。要严格遵守安全生产相关法律法规，落实全员安全生产责任制，建立健全安全生产规章制度和操作规程，配备必要的劳动安全卫生设施和劳动防护用品，及时对劳动工具的安全和合规状态进行检查，加强安全生产和职业卫生教育培训，重视劳动者身心健康，及时开展心理疏导。强化恶劣天气等特殊情形下的劳动保护，最大限度减少安全生产事故和职业病危害。

（八）完善基本养老保险、医疗保险相关政策，各地要放开灵活就业人员在就业地参加基本养老、基本医疗保险的户籍限制，个别超大型城市难以一步实现的，要结合本地实际，积极创造条件逐步放开。组织未参加职工基本养老、职工基本医疗保险的灵活就业人员，按规定参加城乡居民基本养老、城乡居民基本医疗保险，做到应保尽保。督促企业依法参加社会保险。企业要引导和支持不完全符合确立劳动关系情形的新就业形态劳动者根据自身情况参加相应的社会保险。

（九）强化职业伤害保障，以出行、外卖、即时配送、同城货运等行业的平台企业为重点，组织开展平台灵活就业人员职业伤害保障试点，平台企业应当按规定参加。采取政府主导、信息化引领和社会力量承办相结合的方式，建立健全职业伤害保障管理服务规范和运行机制。鼓励平台企业通过购买人身意外、雇主责任等商业保险，提升平台灵活就业人员保障水平。

（十）督促企业制定修订平台进入退出、订单分配、计件单价、抽成比例、报酬构成及支付、工作时间、奖惩等直接涉及劳动者权益的制度规则和平台算法，充分听取工会或劳动者代表的意见建议，将结果公示并告知劳动者。工会或劳动者代表提出协商要求的，企业应当积极响应，并提供必要的信息和资料。指导企业建立健全劳动者申诉机制，保障劳动者的申诉得到及时回应和客观公正处理。

三、没有劳动关系，能否被认定为工伤

裁判要旨

建筑施工企业将工程转包分包给不具有用工主体资格的自然人或组织，这些自然人或组织招用的劳动者与发包的建筑施工企业之间不具有直接的劳动关系。但是，没有劳动关系能否被认定为工伤？《工伤认定决定书》中"用人单位"处所列的企业与工伤人员之间是否必然存在劳动关系？笔者认为，没有劳动关系也能够被认定为工伤，因为劳动关系与工伤认定之间不存在必然的逻辑联系，更不能用《工伤认定决定书》倒推劳动关系的存在。此种情形之下，受伤职工一旦被认定为工伤，其向承担用工主体责任的单位追偿的只能是工伤待遇，而不是基于劳动关系所产生的解除劳动合同经济补偿金、二倍工资等具有人身依附性和从属性的劳动权益。

【案情总览】

原告杨某诉称：2020年8月某建筑公司中标某科技学院"CI餐厅卡机线路改造及卡机采购安装调试"项目。2020年8月26日，杨某按照某建筑公司的要求到某科技学院从事网络布线工作。2020年8月28日，杨某在布线工作时受伤。杨某请求：1. 依法确认某建筑公司对其承担用工主体责任；2. 依法判决某建筑公司对杨某承担工伤保险责任。

被告某建筑公司辩称：1. 2020年8月我公司收到某科技学院一卡通设备安装服务中标通知书，因该学院拖欠我公司的合同款项，我公司就新中标的项目并未签过合同也并未履行。2. 我公司与苏某不存在劳动关系，其系陕西某公司前员工，我公司从未授权其代表我公司就新中标的项目进场服务。2020年8

月23日苏某联系到包工头徐某,将施工布线的劳务口头委托承包给徐某,徐某于8月27日又以二包的形式承包给了王某,王某又以三包的形式转包给杨某,杨某进入某科技学院施工时受伤。3.我公司与杨某既不存在雇佣关系,也不存在劳动合同关系,未就劳动关系形成合意,也未安排杨某从事过任何工作,未对其进行劳动管理,也从未直接向其支付过工资或为其提供其他形式的报酬。综上,应驳回杨某对我公司的诉讼请求。

第三人某科技学院述称:2017年8月某建筑公司承接我院校园一卡通改造项目并签订《一卡通设备与软件采购与安装合同》,后依托2017年总包合同,2018年、2019年、2020年的合作项目都是补充。陕西某公司系某建筑公司在陕西设立的全资子公司,其常驻的维护人员为苏某。苏某作为某建筑公司的授权委托人,长期驻点在我院,负责一卡通所有相关项目,其委托期限为一卡通项目执行完毕。因此,杨某的损失应由某建筑公司承担,与我院无关。

经审理查明,2020年8月某建筑公司中标某科技学院CI餐厅卡机线路改造及卡机采购的项目,项目经理为苏某,苏某将案涉工程劳务部分分包给徐某,徐某包给张某,张某包给谢某,谢某招用范某。2020年8月27日,范某介绍杨某到案涉工地从事网络布线工作。2020年8月28日下午,杨某在布线时摔伤。2021年5月19日,杨某申请劳动仲裁,要求确认某建筑公司对其承担用工主体责任并承担工伤保险责任。仲裁委驳回杨某的全部仲裁请求,杨某诉至法院。

法院经审理认为:本案系民法典施行前的法律事实引起的民事纠纷案件,适用当时的法律、司法解释的规定。根据双方的陈述及所提交的证据,对本案的争议焦点分述如下:

一、关于苏某的行为是否构成表见代理的问题。《民法总则》(已废止)第172条规定,行为人没有代理权、超越代理权或者代理权终止后,仍然实施代理行为,相对人有理由相信行为人有代理权的,代理行为有效。本案中,某建筑公司主张苏某系陕西某公司的员工,其从未授权苏某代表某建筑公司就新中标的项目进场服务。根据在案证据显示,苏某虽与陕西某公司之间具有劳动关系的特征,但自2017年5月18日开始,苏某作为某建筑公司的授权代表人全权处理与某科技学院的一卡通软件平台更换和模块功能完善建设项目,2019年8

月16日某科技学院与某建筑公司再次签订《一卡通设备与软件采购安装合同》时，苏某仍作为授权代表人处理双方合作事宜及售后服务。2020年8月24日某建筑公司再次中标某科技学院CI餐厅卡机线路改造及卡机采购项目后，苏某仍与某科技学院进行合作事宜，从某科技学院赵老师与苏某的微信聊天记录可以确认2020年8月6日赵老师与苏某的业务协商均是基于苏某的代理身份，苏某并未表明其已不具备授权代表的身份，某建筑公司也未书面告知过某科技学院不再授权苏某处理相关事务，且在协商新业务时某科技学院与某建筑公司2019年8月16日签订的合同尚未过一年质保期，苏某仍是某建筑公司指定的技术负责人，加之某建筑公司再次中标某科技学院CI餐厅卡机线路改造及卡机采购项目的事实。某科技学院有理由认为苏某系代理某建筑公司与某科技学院协商新业务。综上，某建筑公司虽不认可苏某的代理权限，但苏某的行为已经构成表见代理。

二、关于杨某要求确认某建筑公司对其承担用工主体责任的问题。《劳动和社会保障部关于确立劳动关系有关事项的通知》（劳社部发〔2005〕12号）第4条规定，建筑施工、矿山企业等用人单位将工程（业务）或经营权发包给不具备用工主体资格的组织或自然人，对该组织或自然人招用的劳动者，由具备用工主体资格的发包方承担用工主体责任。本案中，苏某代表某建筑公司协商承包某科技学院CI餐厅卡机线路改造及卡机采购项目事宜，并提前进场施工，后又将案涉项目的劳务部分分包给不具备用工主体资格的案外人徐某，徐某包给张某，张某包给谢某，谢某招用范某，范某介绍杨某到案涉工程从事网络布线工作。2020年8月28日下午，杨某在干活时摔伤。依据上述规定，某建筑公司作为具备用工主体资格的承包单位，应对杨某承担用工主体责任。

三、关于杨某要求某建筑公司对其承担工伤保险责任的问题。《工伤保险条例》第5条规定，国务院社会保险行政部门负责全国的工伤保险工作。县级以上地方各级人民政府社会保险行政部门负责本行政区域内的工伤保险工作。社会保险行政部门按照国务院有关规定设立的社会保险经办机构具体承办工伤保险事务。《最高人民法院关于审理工伤保险行政案件若干问题的规定》（法释〔2014〕9号）第3条规定："社会保险行政部门认定下列单位为承担工伤保险责任单位的，人民法院应予支持：……（四）用工单位违反法律、法规规定将承包业务转包给不具备用工主体资格的组织或者自然人，该组织或者自然人聘用的职工从事承包业务时因工伤亡的，用工单位为承担工伤保险责任的单位。”根据以上规定，杨某要求某建筑公司对其承担工伤保险责任的诉讼请求，不属于民事争议，非人民法院民事案件处理范围。

据此，一审法院经审理后判决某建筑公司对杨某承担用工主体责任并驳回杨某的其他诉讼请求。某建筑公司不服提起上诉，二审法院经审理后判决驳回起诉，维持原判。

【法官释法】

建筑施工企业将工程转包分包给不具有用工主体资格的自然人或组织，这些自然人或组织招用的劳动者与发包的建筑施工企业之间不具有直接的劳动关系。笔者认为，没有劳动关系也能够被认定为工伤，因为劳动关系与工伤认定之间不存在必然的逻辑联系，不能用《工伤认定决定书》倒推劳动关系的存在。此种情况之下，受伤职工向承担用工主体责任的单位追偿的也只能是工伤待遇，而不是基于劳动关系产生的解除劳动合同经济补偿金、二倍工资等具有人身依附性和从属性的权益。

首先，用人单位≠用工单位。长期以来，一直有人将用人单位与用工单位混淆，认为是同一概念，两者并无区别，事实上两者在劳动法上的概念和权利义务均不相同。何为用人单位？用人单位是指具有用人权利能力和用人行为能力，运用劳动力组织生产劳动，且向劳动者支付工资等劳动报酬的单位。其实，用人单位是我国《劳动法》第 2 条创设的特有概念，一直沿用至今，其独特性表现有二：一是只创设并使用于我国的劳动法律关系中，我国其他法律及外国的劳动法中均未使用此概念，在外国的劳动法或债法中采用“雇主”等概念；二是虽创设了用人单位的概念，但并未有专门的条文对其进行定义，仅仅以列举方式对用人单位进行了范围界定。如《劳动法》第 2 条规定，在中华人民共和国境内的企业、个体经济组织（以下统称用人单位）和与之形成劳动关系的劳动者，适用本法。国家机关、事业组织、社会团体和与之建立劳动合同关系的劳动者，依照本法执行；《劳动法》第 16 条规定，劳动合同是劳动者与用人单位确立劳动关系、明确双方权利和义务的协议；《劳动合同法》第 7 条规定，用人单位自用工之日起即与劳动者建立劳动关系。何为用工单位？用工单位是在劳务派遣协议中,接受劳务派遣形式用工的单位。用工单位与被派遣劳动者不存在劳动关系。《劳动合同法》第59条规定,劳务派遣单位派遣劳动者应当与接受以劳务派遣形式用工的单位订立劳务派遣协议。劳务派遣协议应当约定派遣岗位和人员数量、派遣期限、劳动报酬和社会保险费的数额与支付方式以及违反协议的责任。用工单位在劳动法上是指接受用人单位派遣的劳务派遣人员,对劳务派遣人员进行劳动管理的单位,包括企业、个体经济组织、民办非企业单位、国家机关、事业组织、社会团体。显然,用人单位与用工单位在权利义务上均有不同,此处不再赘述。

其次,用工主体责任≠用人单位责任。因为用人单位≠用工单位,那么,承担用工主体责任与承担用人单位责任就不是一个法律概念。具体而言:建筑施工企业将工程转包分包给不具有用工主体资格的自然人或组织,这些自然人或组织招用的劳动者与发包的建筑施工企业之间不具有直接的劳动关系。这是目前司法实务中普遍认知,理由如下:1.《劳动和社会保障部关于确立劳动关系有关事项的通知》(劳社部发〔2005〕12号)第4条规定,建筑施工、矿山企业等用人单位将工程(业务)或经营权发包给不具备用工主体资格的组织或自然人,对该组织或自然人招用的劳动者,由具备用工主体资格的发包方承担用工主体责任。该条中只规定了"承担用工主体责任",而非规定"承担用人单位责任。"可见,承担用工主体责任与存在劳动关系不是一个法律概念。2.《最高人民法院办公厅关于印发〈全国民事审判工作会议纪要〉的通知》(法办〔2011〕442号)第59条规定,建设单位将工程发包给承包人,承包人又非法转包或违法分包给实际施工人,实际施工人招用的劳动者请求确认与具有用工主体资格的发包人之间存在劳动关系的,不予支持。2014年4月,最高人民法院《对最高人民法院〈全国民事审判工作会议纪要〉第59条作出进一步释明的答复》中明确指出:实际施工人与其招用的劳动者之间应认定为雇佣关系,但实际施工人的前一手具有用工主体资格的承包人、分包人或转包人与劳动者之间既不存在雇佣关系,也不存在劳动关系。因为双方并没有建立劳动关系的意思表示,更没有建立劳动关系的合意,承包人、分包人或转包人违反了《建筑法》的相关规定,应当承担相应的行政责任或民事责任。不能为了达到制裁这种违法发包、分包或者转包行为的目的，就可以任意超越《劳动合同法》的有关规定，强行认定本来不存在的劳动关系。

再次，没有劳动关系≠不承担用工主体责任。传统的观点认为没有劳动关系就不能认定工伤，从而造成受伤的劳动者不知如何维权。实践中，以下五种情形虽不存在劳动关系，但依然承担用工主体责任。

1. 违法转、分包工程，转、分包人承担用工主体责任。法条依据：(1)《最高人民法院关于审理工伤保险行政案件若干问题的规定》第 3 条规定："社会保险行政部门认定下列单位为承担工伤保险责任单位的，人民法院应予支持：……(四)用工单位违反法律、法规规定将承包业务转包给不具备用工主体资格的组织或者自然人，该组织或者自然人聘用的职工从事承包业务时因工伤亡的，用工单位为承担工伤保险责任的单位。"(2)《人力资源社会保障部关于执行〈工伤保险条例〉若干问题的意见》(人社部发〔2013〕34 号)第 7 条规定，具备用工主体资格的承包单位违反法律、法规规定，将承包业务转包、分包给不具备用工主体资格的组织或者自然人，该组织或者自然人招用的劳动者从事承包业务时因工伤亡的，由该具备用工主体资格的承包单位承担用人单位依法应承担的工伤保险责任。

2. 违法挂靠经营，被挂靠单位承担用工主体责任。法条依据：《最高人民法院关于审理工伤保险行政案件若干问题的规定》第 3 条规定，社会保险行政部门认定下列单位为承担工伤保险责任单位的，人民法院应予支持：……(五)个人挂靠其他单位对外经营，其聘用的人员因工伤亡的，被挂靠单位为承担工伤保险责任的单位。

3. 超过法定退休年龄的务工农民受伤，由具备用工资格单位承担用工主体责任。法条依据：(1)《最高人民法院行政审判庭关于超过法定退休年龄的进城务工农民因工伤亡的，应否适用〈工伤保险条例〉请示的答复》(〔2010〕行他字第 10 号)规定，用人单位聘用的超过法定退休年龄的务工农民，在工作时间内、因工作原因伤亡的，应当适用《工伤保险条例》的有关规定进行工伤认定。(2)《最高人民法院关于超过法定退休年龄的进城务工农民在工作时间内因公伤亡的，能否认定工伤的答复》(〔2012〕行他字第 13 号)规定，用人单位聘用的超过法定退休年龄的务工农民，在工作时间内、因工作原因伤亡的，应当适用

《工伤保险条例》的有关规定进行工伤认定。

4. 退休返聘人员受伤，原用人单位承担用工主体责任。法条依据：(1)《最高人民法院行政审判庭关于离退休人员与现工作单位之间是否构成劳动关系以及工作时间内受伤是否适用〈工伤保险条例〉问题的答复》(〔2007〕行他字第6号)规定，根据《工伤保险条例》第2条、第61条等有关规定，离退休人员受聘于现工作单位，现工作单位已经为其缴纳了工伤保险费，其在受聘期间因工作受到事故伤害的，应当适用《工伤保险条例》的有关规定处理。(2)《人力资源和社会保障部关于执行〈工伤保险条例〉若干问题的意见(二)》(人社部发〔2016〕29号)第2条规定，达到或超过法定退休年龄，但未办理退休手续或者未依法享受城镇职工基本养老保险待遇，继续在原用人单位工作期间受到事故伤害或患职业病的，用人单位依法承担工伤保险责任。用人单位招用已经达到、超过法定退休年龄或已经领取城镇职工基本养老保险待遇的人员，在用工期间因工作原因受到事故伤害或患职业病的，如招用单位已按项目参保等方式为其缴纳工伤保险费的，应适用《工伤保险条例》。(3)《国务院法制办公室对〈关于重新进入劳动生产领域的离休人员能否享受工伤保险待遇的请示〉的复函》(国法秘函〔2005〕310号)规定，离退休专业技术人员受聘工作期间，因工作发生职业伤害的，应由聘用单位参照工伤保险的相关待遇标准妥善处理。

5. “包工头”因工受伤，由承包单位承担用工主体责任。法条依据为：《工伤保险条例》第2条规定，中华人民共和国境内的企业、事业单位、社会团体、民办非企业单位、基金会、律师事务所、会计师事务所等组织和有雇工的个体工商户应当依照本条例规定参加工伤保险，为本单位全部职工或者雇工缴纳工伤保险费。显然，该条强调的“本单位全部职工或雇工”，并未将“包工头”排除在外。笔者认为，“包工头”作为特殊的劳动者，处于违法转包、分包利益链条的最末端，将其纳入工伤保险对象范围，符合“应保尽保”的工伤保险制度立法目的。

最后，承担用工主体责任≠认定工伤保险责任。在处理劳动争议实务中，经常有劳动者在主张用工单位承担用工主体责任的同时，要求认定用工单位为承担工伤保险责任单位的情况，实则系混淆了两者的概念。《工伤保险条例》第5条规定，国务院社会保险行政部门负责全国的工伤保险工作。县级以上地方各级人民政府社会保险行政部门负责本行政区域内的工伤保险工作。社会保险行政部门按照国务院有关规定设立的社会保险经办机构具体承办工伤保险事务。《最高人民法院关于审理工伤保险行政案件若干问题的规定》(法释〔2014〕9号)第3条规定:"社会保险行政部门认定下列单位为承担工伤保险责任单位的,人民法院应予支持:……(四)用工单位违反法律、法规规定将承包业务转包给不具备用工主体资格的组织或者自然人,该组织或者自然人聘用的职工从事承包业务时因工伤亡的,用工单位为承担工伤保险责任的单位。"显然,认定工伤保险责任单位是社会保险行政部门的职责,而非人民法院民事案件处理范围。

有鉴于此,个人承包经营者(也就是实际施工人)所招用的劳动者究竟如何维权?一直以来都是受伤劳动者所关心的问题。《劳动合同法》第94条规定,个人承包经营违反本法规定招用劳动者,给劳动者造成损害的,发包的组织与个人承包经营者承担连带赔偿责任。该条的主旨在于:因个人承包经营者财力有限,为了保护劳动者的权益,在劳动者遭受损失时,承包人、分包人或转包人要承担民事上的连带赔偿责任。按照最高人民法院《对最高人民法院〈全国民事审判工作会议纪要〉第59条作出进一步释明的答复》中所指:从诉讼程序看,劳动者既可以单独起诉实际施工人,也可以将承包人、分包人或转包人与实际施工人列为共同被告;从实体处理看,劳动者既可以要求实际施工人承担全额或者部分赔偿责任,也可以要求承包人、分包人或转包人承担全额或者部分赔偿责任,还可以要求承包人、分包人或转包人与实际施工人一起承担连带赔偿责任。笔者认为,受伤劳动者对其权利的救济具有选择权,如何选择最优途径,应视案情及自身的具体情况而定。

【法条链接】

《最高人民法院关于审理工伤保险行政案件若干问题的规定》(法释〔2014〕9号)

第三条 社会保险行政部门认定下列单位为承担工伤保险责任单位的,人民法院应予支持:

(一)职工与两个或两个以上单位建立劳动关系,工伤事故发生时,职工为之工作的单位为承担工伤保险责任的单位;

（二）劳务派遣单位派遣的职工在用工单位工作期间因工伤亡的，派遣单位为承担工伤保险责任的单位；

（三）单位指派到其他单位工作的职工因工伤亡的，指派单位为承担工伤保险责任的单位；

（四）用工单位违反法律、法规规定将承包业务转包给不具备用工主体资格的组织或者自然人，该组织或者自然人聘用的职工从事承包业务时因工伤亡的，用工单位为承担工伤保险责任的单位；

（五）个人挂靠其他单位对外经营，其聘用的人员因工伤亡的，被挂靠单位为承担工伤保险责任的单位。

前款第（四）、（五）项明确的承担工伤保险责任的单位承担赔偿责任或者社会保险经办机构从工伤保险基金支付工伤保险待遇后，有权向相关组织、单位和个人追偿。

《劳动和社会保障部关于确立劳动关系有关事项的通知》（劳社部发〔2005〕12 号）

四、建筑施工、矿山企业等用人单位将工程（业务）或经营权发包给不具备用工主体资格的组织或自然人，对该组织或自然人招用的劳动者，由具备用工主体资格的发包方承担用工主体责任。

《人力资源社会保障部关于执行〈工伤保险条例〉若干问题的意见》（人社部发〔2013〕34 号）

七、具备用工主体资格的承包单位违反法律、法规规定，将承包业务转包、分包给不具备用工主体资格的组织或者自然人，该组织或者自然人招用的劳动者从事承包业务时因工伤亡的，由该具备用工主体资格的承包单位承担用人单位依法应承担的工伤保险责任。

《国务院法制办公室对关于重新进入劳动生产领域的离休人员能否享受工伤保险待遇的请示》的复函（国法秘函〔2005〕310 号）

关于离退休人员重新就业后发生工伤如何处理的问题，现行法律、行政法规没有明确规定。我们认为，应当参照《中共中央办公厅国务院办公厅转发〈中央组织部、中央宣传部、中央统战部、人事部、科技部、劳动保障部、解放军总政治部、中国科协关于进一步发挥离退休专业技术人员作用的意见〉的通知》（中办发〔2005〕9 号）的规定办理。该通知规定："离退休专业技术人员受聘工作期间，因工作发生职业伤害的，应由聘用单位参照工伤保险的相关待遇标准妥善处理；因工作发生职业伤害与聘用单位发生争议的，可通过民事诉讼处理；与聘用单位之间因履行聘用合同发生争议的，可通过人事或劳动争议仲裁渠道解决。有条件的聘用单位在符合有关规定的情况下，可为聘请的离退休专业技术人员购买聘期内的人身意外伤害保险”。

《最高人民法院行政审判庭关于离退休人员与现工作单位之间是否构成劳动关系以及工作时间内受伤是否适用〈工伤保险条例〉问题的答复》(〔2007〕行他字第6号)

重庆市高级人民法院：

你院(2006)渝高法行示字第14号《关于离退休人员与现在工作单位之间是否构成劳动关系以及工作时间内受伤是否适用〈工伤保险条例〉一案的请示》收悉。经研究,原则同意你院第二种意见,即:根据《工伤保险条例》第二条、第六十一条等有关规定,离退休人员受聘于现工作单位,现工作单位已经为其缴纳了工伤保险费,其在受聘期间因工作受到事故伤害的,应当适用《工伤保险条例》的有关规定处理。

《最高人民法院行政审判庭关于超过法定退休年龄的进城务工农民因工伤亡的,应否适用〈工伤保险条例〉请示的答复》(〔2010〕行他字第10号)

山东省高级人民法院：

你院报送的《关于超过法定退休年龄的进城务工农民工作时间内受伤是否适用〈工伤保险条例〉的请示》收悉。经研究,原则同意你院的倾向性意见。即:用人单位聘用的超过法定退休年龄的务工农民,在工作时间内、因工作原因伤亡的,应当适用《工伤保险条例》的有关规定进行工伤认定。

《最高人民法院关于超过法定退休年龄的进城务工农民在工作时间内因公伤亡的,能否认定工伤的答复》(〔2012〕行他字第13号)

江苏省高级人民法院：

你院(2012)苏行他字第0902号《关于杨通诉南京市人力资源和社会保障局终止工伤行政确认一案的请示》收悉。经研究,答复如下：

同意你院倾向性意见。相同问题我庭2010年3月17日在给山东省高级人民法院的《关于超过法定退休年龄的进城务工农民因公伤亡的,应否适用〈工伤保险条例〉请示的答复》([2010]行他字第10号)中已经明确。即,用人单位聘用的超过法定退休年龄的务工农民,在工作时间内、因工作原因伤亡的,应当适用《工伤保险条例》的有关规定进行工伤认定。

四、季节性放水工与自流支渠农民用水户协会之间是否形成劳动关系

裁判要旨

司法实务中,某些季节性放水工不接受自流支渠农民用水户协会的管理、约束、支配,具有临时性、流动性、不连续性,与用水户协会之间没有身份隶属关系,且报酬系按年发放,不符合相关劳动法规所规定的工时制度、工资按月发放、劳动者身份不可替代性、提供劳务连续性、稳定性等特征,故形成的是劳务关系,而非劳动关系。

【案情总览】

李某于2017年11月22日年满60周岁,自2018年1月开始领取城乡居民社会养老保险金。其陈述于2003年6月入职某自流支渠农民用水户协会,职责为抽水、看泵房,双方没有签订劳动合同也未缴纳社会保险。用水户协会陈述李某自2017年4月为其提供劳务,劳动报酬按年发放,工作时间为每年的4月中旬到8月中旬(春灌)和11月上旬十几天,其身份是农民,其余时间干农活或自由职业。2020年1月19日李某申请仲裁要求用水户协会向其支付:一次性赔偿养老保险待遇损失234000元、经济补偿金29700元、未签订无固定期限劳动合同期间的二倍工资21600元、因未缴纳失业保险导致的失业保险损失31872元。

一审法院经审理认为:

本案焦点之一,关于李某为用水户协会提供劳务的时间。劳动关系是劳动

者与用人单位之间形成的相对稳定的具有劳动内容的权利义务关系，认定劳动关系，应考虑劳动者与用人单位之间是否有建立劳动关系的合意，结合劳动者是否实际接受用人单位的管理、指挥与监督，劳动者提供的劳动是否是用人单位业务的组成部分，用人单位是否向劳动者提供基本劳动条件，以及向劳动者支付报酬等因素综合认定。当事人对自己提出的诉讼请求所依据的事实或反驳对方诉讼请求所依据的事实有责任提供证据加以证明。没有事实或者证据不足以证明当事人的事实主张的，由负有举证责任的当事人承担不利后果。在双方存在争议的情况下，劳动者对自己与用人单位是否建立或应当建立劳动关系负有举证责任。本案中，李某所提交的证据不能证明其主张，加之根据相关证据显示用水户协会成立的最早日期为 2009 年 11 月 30 日，故应由李某承担举证不能的法律后果，用水户协会认可李某自 2017 年 4 月为其提供劳务，予以采信。

焦点之二，关于李某向用水户协会提供劳务性质认定问题。《最高人民法院关于审理劳动争议案件适用法律问题的解释(一)》第 32 条规定，用人单位与其招用的已经依法享受养老保险待遇或者领取退休金的人员发生用工争议而提起诉讼的，人民法院应当按劳务关系处理。因李某于 2017 年 11 月 22 日年满 60 周岁，自 2018 年 1 月起开始领取城乡居民社会养老保险金，故自 2018 年 1 月起李某与用水户协会之间形成的是劳务合同关系。至于 2017 年 4 月至 2017 年 11 月上旬李某向用水户协会所提供的劳务的性质，根据《劳动和社会保障部关于确立劳动关系有关事项的通知》第 1 条规定，用人单位招用劳动者未订立书面劳动合同，但同时具备下列情形的，劳动关系成立。(1)用人单位和劳动者符合法律、法规规定的主体资格；(2)用人单位依法制定的各项劳动规章制度适用于劳动者，劳动者受用人单位的劳动管理，从事用人单位安排的有报酬的劳动；(3)劳动者提供的劳动是用人单位业务的组成部分。本案中，李某到用水户协会看泵房，按年发放劳动报酬，其提供劳务的时间为每年 4 月中旬到 8 月中旬(春灌)和 11 月上旬十几天，其他时间并不提供劳务，全年的任何时候都可以自由自主地安排农业劳作和其他生活，用水户协会对李某不进行日常劳动管理，其规章制度也不适用于李某，李某本人亦陈述如有事不需向用水户协会请假，可自行找家人代替，不进行考勤。综上，用水户协会与李某

2017 年 4 月至 2017 年 11 月上旬用工事实虽存在，但李某不接受用水户协会的管理、约束、支配，具有临时性、流动性、不连续性，与用水户协会之间没有身份隶属关系，且报酬是按年发放，均不符合相关劳动法规所规定的工时制度、工资按月发放、劳动者身份不可替代性、提供劳务连续性、稳定性等特征，故双方在 2017 年 4 月至 2017 年 11 月上旬这段期间形成的是劳务关系，而非劳动关系。

焦点之三，关于李某的其他诉讼请求。依据上述所述，因双方不存在劳动关系，李某要求用水户协会向其一次性赔偿养老保险待遇损失 234000 元的诉讼请求，没有事实和法律依据，不予支持；李某要求用水户协会向其支付经济补偿金 29700 元（按照每月工资 1800 元乘以 16.5 个月）、未签订无固定期限劳动合同期间的二倍工资 21600 元的诉讼请求，因双方不存在劳动关系，与劳动关系有关的上述诉讼请求，无事实和法律依据，且已过劳动法律规定的一年仲裁时效，故对上述诉讼请求，不予支持；李某要求用水户协会向其支付未为李某缴纳失业保险费而导致李某无法享受的失业保险金的损失 31872 元的诉讼请求，因双方之间不存在劳动关系，且李某已于 2017 年 11 月 22 日年满 60 周岁，达到法定退休年龄，自 2018 年 1 月开始领取城乡居民社会养老保险金，故李某的该项诉讼请求，无事实和法律依据，不予支持。据此，李某与某用水户协会之间不存在事实劳动关系，故判决驳回其各项诉讼请求。李某不服提起上诉。

二审法院经审理认为：关于上诉人主张的养老保险损失，因其自 2018 年 1 月开始领取城乡居民社会养老保险金，此时其应该知道其权利被侵害，但其于 2020 年 1 月 19 日才向劳动人事争议仲裁委员会申请仲裁，已超过一年的申请仲裁时效，本院不予支持。对经济补偿金、未签订无固定期限劳动合同期间的二倍工资和失业保险损失，因上诉人在 2017 年 11 月 22 日已年满 60 岁，且开始依法享受基本养老保险待遇，根据《劳动合同法实施条例》和《中华人民共和国劳动合同法》的规定，届时劳动合同已终止。故上诉人以上诉请没有法律依据，本院不予支持。故，上诉人李某的上诉请求不能成立，本院不予支持。一审法院判决结果适当，予以维持。后李某不服，向宁夏高院申请再审。

再审法院认为：李某未提供证据证明其于 2003 年 6 月进入用水户协会工作。用水户协会认可自 2017 年 4 月起李某向其提供劳务。李某在为用水户协会提供劳务期间，按年领取报酬，其提供劳务的时间为每年 4 月中旬至 8 月中旬、11 月上旬，其余时间不提供劳务，具有临时性、流动性、不连续性等特征。李某与用水户协会之间无身份隶属关系，不符合劳动法规所规定的工时制度、工资按月发放、劳动者身份不可替代性、提供劳务连续性、稳定性等特征，一、二审法院认定李某与用水户协会之间不存在劳动关系并无不当。在双方不存在劳动关系的前提下，对李某的诉请未予支持适用法律正确，李某的再审申请理由不能成立。

【法官释法】

在劳动关系管理中，最先遇到的环节，就是双方是否建立劳动关系的问题。劳动关系的建立是全部劳动关系权利义务配置的前提，也是此后劳动关系存续中权利义务责任确定的基础。而司法实务中，最容易混淆的就是劳动关系、劳务关系、承揽关系。三者之间如何区分？一直是司法实务中认定的难点。

1. 何为劳动关系？

所谓劳动关系，我国现行劳动法律规定，劳动关系的含义是指劳动者与用人单位在劳动中形成的社会经济关系。家庭成员的家务劳动、个体劳动者和合伙人为自己企业提供的劳动、公民从事的社会义务劳动等都不属于目前劳动法规所调节的劳动关系所指的劳动。一般而言，劳动关系的参加者即为劳动关系的主体。从狭义上讲，劳动关系的主体包括两方：一方是劳动者和以工会为主要形式的员工团体；另一方是管理方以及“雇主”协会。从广义上讲，劳动关系的主体，包括劳动者及其联合体、“雇主”及其联合体以及以政府劳动保障部门的第三方等，政府通过立法介入和影响劳动关系，政府是广义的劳动关系的主体。而司法实务中，往往存在没有签订书面劳动合同但履行了实际劳动的劳动关系情形，即没有劳动合同 + 支配力 = 事实劳动关系。关于事实劳动关系，《劳动和社会保障部关于确立劳动关系有关事项的通知》（劳社部发〔2005〕12号）第 1 条、第 2 条中的规定非常明确，此处不再赘述。笔者认为，如何准确认定争议双方是否存在劳动关系，要把握好以下“四审查”“四判断”：一要审查合意，即判断双方是否存在用人单位招用劳动者为其提供劳动而劳动者愿意为其提供劳动以获取劳动报酬的建立劳动关系的意思表示；二要审查工资，即判断劳动报酬如何约定由谁支付以及该报酬是否低于该单位所在地的最低工资标准，如果低于该标准，则双方约定的报酬性质可能为非劳动关系意义下的工资；三要审查管理，即判断劳动者由谁管理，是否需要严格遵守用人单位的劳动考勤、绩效考核，根据其与用人单位的人身依附程度，判断是否存在真正劳动法意义上的管理与被管理的关系；四要审查劳动条件，即判断用人单位是否根据其业务范围和生产经营需要，为劳动者的劳动提供必要的劳动条件、安全卫生保障和防护设备。

2. 何为劳务关系？

所谓劳务关系，是指提供劳务一方在一定或不特定的期间内，接受雇主的指挥或安排，为其提供特定或不特定的劳务，雇佣人接受受雇人提供的劳务并按约定给付报酬的权利义务关系。劳务关系作为一种民事关系，以意思自治为最基本之原则。司法实务中，劳动关系与劳务关系最基本区别在于：劳务关系只存在财产关系即经济关系，彼此之间无从属性，不存在管理与被管理、支配与被支配的权利和义务，支付报酬可一次性即时结清，也可阶段性批次性地完成报酬的支付，而雇主没有社会保险、最低工资标准等义务。正如本案，李某与用水户协会2017年4月至2017年11月上旬用工事实虽存在，但其不接受用水户协会的管理、约束、支配，具有临时性、流动性、不连续性，与用水户协会之间没有身份隶属关系，且报酬是按年发放，均不符合相关劳动法规所规定的工时制度、工资按月发放、劳动者身份不可替代性、提供劳务连续性、稳定性等特征，故双方在此期间形成的是劳务关系，而非劳动关系。劳动关系与劳务关系的区别可见表1。

表1　劳动关系与劳务关系的区别

	区别	劳动关系	劳务关系
1	主体资格不同	具有特定性（一方用人单位，一方劳动者）	不具有特定性
2	主体地位不同	劳动者与用人单位地位不平等，存在财产关系和人身隶属关系	平等的民事权利义务关系
3	适用法律不同	适用《劳动合同法》及其相关规定	适用《民法典》
4	保护时效不同	一年	三年

续表

	区别	劳动关系	劳务关系
5	纠纷解决途径不同	必须先经过劳动仲裁前置程序	直接起诉至人民法院
6	报酬结算不同	用人单位向劳动者支付的工资需遵循按劳分配、同工同酬、遵守当地最低工资标准的原则	双方协商确定
7	用工时间不同	长期性、稳定性、持续性	临时性、短期性、一次性
8	对外承担法律责任不同	劳动者以用人单位的名义工作，其过错导致的法律责任由用人单位承担	一般由提供劳务的一方独立承担法律责任

3. 何为承揽关系？

所谓承揽关系，是指按照定作人要求完成工作，交付劳动成果，定作人给付报酬的权利义务关系。承揽人应当以自己的设备、技术和劳力完成主要工作，但当事人另有约定的除外。劳动关系与承揽关系最基本区别在于：一看是否存在控制、支配和服从关系；二看是否自带劳动设备；三看是否以其特有的技能提供劳动成果；四看是否是一次性结算报酬。

司法实务中，往往存在提供劳务的一方在提供劳务中受伤如何承担责任的情形，这正是审判实践中认定的难点所在。笔者认为，对提供该项劳务的认定不同，直接影响到提供劳务一方的相关权益的保护程度。具体而言，如果是劳动关系，劳动者在工作中受伤，构成工伤可按照工伤保险待遇要求赔偿，此时用人单位对劳动者承担的责任要高于一般的民事关系；如果是劳务关系，提供劳务的一方在提供劳务的过程中受伤，则需根据自己的过错程度承担相应的责任；如果是承揽关系，承揽人在工作时受伤，定作人则不承担责任，除非定作人对定作、指示、选任有过失的，才承担赔偿责任。

【法条链接】

《劳动和社会保障部关于确立劳动关系有关事项的通知》（劳社部发〔2005〕12 号）

一、用人单位招用劳动者未订立书面劳动合同，但同时具备下列情形的，劳动关系成立。

（一）用人单位和劳动者符合法律、法规规定的主体资格；

（二）用人单位依法制定的各项劳动规章制度适用于劳动者，劳动者受用人单位的劳动管理，从事用人单位安排的有报酬的劳动；

（三）劳动者提供的劳动是用人单位业务的组成部分。

二、用人单位未与劳动者签订劳动合同，认定双方存在劳动关系时可参照下列凭证：

（一）工资支付凭证或记录（职工工资发放花名册）、缴纳各项社会保险费的记录；

（二）用人单位向劳动者发放的“工作证”、“服务证”等能够证明身份的证件；

（三）劳动者填写的用人单位招工招聘“登记表”、“报名表”等招用记录；

（四）考勤记录；

（五）其他劳动者的证言等。

其中，（一）、（三）、（四）项的有关凭证由用人单位负举证责任。

《最高人民法院关于审理劳动争议案件适用法律问题的解释（一）》（法释〔2020〕26号）

第三十二条 用人单位与其招用的已经依法享受养老保险待遇或者领取退休金的人员发生用工争议而提起诉讼的，人民法院应当按劳务关系处理。

企业停薪留职人员、未达到法定退休年龄的内退人员、下岗待岗人员以及企业经营性停产放长假人员，因与新的用人单位发生用工争议而提起诉讼的，人民法院应当按劳动关系处理。

《中华人民共和国劳动合同法》（2012年修正）

第七条 用人单位自用工之日起即与劳动者建立劳动关系。用人单位应当建立职工名册备查。

第十条 建立劳动关系，应当订立书面劳动合同。

已建立劳动关系，未同时订立书面劳动合同的，应当自用工之日起一个月内订立书面劳动合同。

用人单位与劳动者在用工前订立劳动合同的，劳动关系自用工之日起建立。

《中华人民共和国劳动合同法实施条例》

第二十一条 劳动者达到法定退休年龄的，劳动合同终止。

五、已达退休年龄的劳动者与用人单位能否建立劳动关系及享受工伤保险待遇

裁判要旨

司法实务中，关于达到法定退休年龄劳动者与用人单位之间所建立的用工关系是劳动关系抑或是劳务关系的问题，并没有统一规定。笔者认为，已达到法定退休年龄的劳动者与用人单位建立用工关系的，不宜按劳动关系处理，应当按照劳务关系处理，若其在工作时间内，因工作原因伤亡的，应当适用《工伤保险条例》的有关规定进行工伤认定。

【案情总览】

案例一：王某（女）出生于1969年7月11日，2020年3月5日入职某商贸公司任促销员一职。2020年5月25日，某商贸公司安排王某到卖场进货途中发生交通事故，导致王某身体受伤并住院治疗。王某到仲裁机构申请劳动仲裁请求确认其与某商贸公司存在劳动关系，该仲裁机构以王某已超过法定退休年龄为由，对王某的仲裁请求不予受理，故王某诉至法院。王某认为：其虽然已经超过了法定退休年龄，但是其系农民，且某商贸公司聘用王某从事的工作符合“用人单位聘用的超过法定退休年龄的务工农民，在工作时间内、因工作原因伤亡的，应当适用《工伤保险条例》的有关规定进行工伤认定”之规定，且其至今未办理退休手续，也未依法享受基本养老保险待遇，故应当确认其与某商贸公司之间系劳动关系并依法享受工伤保险待遇。

案例二：许某（女）出生于1968年8月6日，于2013年4月入职某劳务公

司从事保洁员工作，双方每两年签订一次劳动合同，最后一次签订劳动合同是在 2019 年 6 月 30 日，到期日为 2021 年 6 月 30 日。2017 年 5 月 18 日，许某在上班途中发生交通事故受伤，后认定为工伤。至本案诉讼时，许某尚未享受养老保险待遇。2018 年 8 月 6 日许某达到法定退休年龄时某劳务公司未与其终止劳动合同。许某陈述："那时候没有说这个事，一直在干，继续签订了劳动合同。"某劳务公司陈述："为了给许某缴纳社保，又跟她签订了劳动合同。"2021 年 8 月许某申请劳动仲裁，仲裁委员会以其主体不适格（超过法定退休年龄）为由不予受理。许某诉至法院，请求某劳务公司依法支付一次性伤残就业补助金、经济补偿金等。

上述案件争议焦点为：一、已达退休年龄的劳动者与用人单位能否建立劳动关系？二、已达退休年龄的劳动者在工作时间内，因工作原因伤亡的，能否享受工伤保险待遇？

《劳动合同法实施条例》第 21 条规定，劳动者达到法定退休年龄的，劳动合同终止。《劳动和社会保障部关于确立劳动关系有关事项的通知》（劳社部发〔2005〕12 号）第 1 条第 1 项规定，用人单位和劳动者符合法律、法规规定的主体资格。案例一中，王某出生于 1969 年 7 月 11 日，其于 2020 年 3 月 5 日进入某商贸公司时，已超过法定退休年龄，故王某与某商贸公司之间的用工关系不属于劳动法调整范围内的劳动关系。2021 年 1 月 21 日，王某（申请人）以某商贸公司为被申请人，向劳动人事争议仲裁委员会申请仲裁。同日，该仲裁委员会以"申请人主体不适格（申请人已超过法定退休年龄）"为由，作出不予受理案件通知书。《最高人民法院关于审理劳动争议案件适用法律问题的解释（一）》第 7 条规定，劳动争议仲裁机构以申请仲裁的主体不适格为由，作出不予受理的书面裁决、决定或者通知，当事人不服依法提起诉讼，经审查确属主体不适格的，人民法院不予受理；已经受理的，裁定驳回起诉。据此，应当依法驳回其起诉。

建立劳动关系的用人单位和劳动者应当符合劳动法律所规定的主体条件。《劳动和社会保障部关于制止和纠正违反国家规定办理企业职工提前退休有关问题的通知》（劳社部发〔1999〕8 号）第 1 条规定，国家法定的企业职工退休年龄是：男年满 60 周岁，女工人年满 50 周岁，女干部年满 55 周岁。《劳动合同法实施条例》第21条规定，劳动者达到法定退休年龄的，劳动合同终止。案例二中，许某从事保洁员工作，其在2018年8月6日时已年满50周岁，符合法定终止劳动合同的条件，之后双方之间形成的是劳务关系而非劳动关系，且其虽未享受基本养老保险待遇，但不可归咎于某劳务公司，故许某要求某劳务公司向其支付解除劳动合同经济补偿金的诉讼请求，没有事实与法律依据。关于一次性伤残就业补助金，依据《工伤保险条例》第37条第2项规定，劳动、聘用合同期满终止，或者职工本人提出解除劳动、聘用合同的，由工伤保险基金支付一次性工伤医疗补助金，由用人单位支付一次性伤残就业补助金。一次性工伤医疗补助金和一次性伤残就业补助金的具体标准由省、自治区、直辖市人民政府规定。《宁夏回族自治区实施〈工伤保险条例〉办法》第32条第2款规定，工伤职工与用人单位解除或者终止劳动合同时，距法定退休年龄五年以上的，一次性伤残就业补助金全额支付；距法定退休年龄不足五年的，每减少一年一次性伤残就业补助金递减20%；距法定退休年龄不足一年的，按一次性伤残就业补助金全额的20%支付。许某之伤构成九级伤残，其于2018年8月6日已年满50周岁，达到法定退休年龄，且于2021年7月离开某劳务公司时已远超过法定退休年龄，故其要求某劳务公司支付一次性伤残就业补助金的诉讼请求，没有法律依据。

上述两案上诉后，二审法院均驳回上诉，维持原裁定及判决。

【法官释法】

我国劳动法律法规对劳动者权益的保障是建立在劳动关系的基础上。关于达到法定退休年龄的劳动者与用人单位之间所建立的是劳动关系抑或是劳务关系的问题，在司法实务中并没有统一规定，且有时难以判断。

一、已达退休年龄的劳动者与用人单位能否建立劳动关系

目前，我国一直沿用相关法规所规制的退休年龄，即企业职工男60周岁、女干部55周岁、女工人50周岁。《最高人民法院关于审理劳动争议案件适用法律问题的解释（一）》第32条规定，用人单位与其招用的已经依法享受养老保险待遇或者领取退休金的人员发生用工争议而提起诉讼的，人民法院应当按劳务关系处理。显而易见，依法享受养老保险待遇或退休金待遇的已达退休年

龄的劳动者，与用人单位所建立的关系是劳务关系而非劳动关系，至于是新聘还是返聘则在所不论，对此并无争议，现已达成共识。但司法实务中，确实存在劳动者达到法定退休年龄而不能享受养老保险待遇的情形。对于已达法定退休年龄而尚未依法享受养老保险待遇或退休金待遇的劳动者与用人单位建立的用工关系到底按照劳动关系处理抑或按劳务关系处理，目前存在“一概论”及“要件论”两种观点：

“一概论”认为：不论是否享受养老保险待遇或退休金待遇，劳动者只要达到法定退休年龄，与用人单位的关系均应认定为劳务关系。

“要件论”认为：以达到法定退休年龄为基本前提，以享受养老保险待遇或退休金待遇为必要条件，两者缺一不可，符合上述两个条件的，确定为劳务关系；反之，超过退休年龄但是尚未享受基本养老保险待遇或尚未领取退休金的劳动者继续为用人单位提供劳动，或者用人单位招用已经达到法定退休年龄但是尚未享受基本养老保险待遇或尚未领取退休金的劳动者，用工单位与劳动者发生用工争议提起诉讼的，应该按劳动关系处理。

笔者赞同“一概论”的观点。《劳动合同法》第44条规定：“有下列情形之一的，劳动合同终止：（一）劳动合同期满的；（二）劳动者开始依法享受基本养老保险待遇的；……”《劳动合同法实施条例》第21条规定，劳动者达到法定退休年龄的，劳动合同终止。笔者认为，上述劳动法律的规定，可以说明退休系劳动者的法定权利，同时亦意味着劳动者劳动权的终止。由此，只要劳动者达到法定退休年龄，无论其是否享受养老保险待遇，劳动合同自然终止。而且《劳动合同法实施条例》第21条应理解为权利性规范，亦即，劳动者达到法定退休年龄的，用人单位和劳动者均可以终止劳动合同。如《广东省高级人民法院、广东省劳动人事争议仲裁委员会关于审理劳动人事争议案件若干问题的座谈会纪要》（粤高法〔2012〕284号）第11条规定，用人单位招用已达到法定退休年龄但尚未享受基本养老保险待遇或领取退休金的劳动者，双方形成的用工关系按劳务关系处理。《江苏省高级人民法院、江苏省劳动争议仲裁委员会关于审理劳动争议案件的指导意见》（苏高法审委〔2009〕47号）第3条规定，用人单位招用已达到法定退休年龄的人员，双方形成的用工关系按雇佣关系处理。再者，2019年7月24日《人力资源社会保障部对十三届全国人大二次会议第

6979 号建议的答复》(人社建字〔2019〕37 号)中亦认为,劳动者达到法定退休年龄,不再符合劳动法律法规规定的主体资格,即不具备建立劳动关系的条件,劳动合同自然终止。加之,2008 年劳动合同法施行后,大量用人单位反映,劳动者已达到法定退休年龄而未享受基本养老保险待遇的情况很复杂。有的是用人单位依法为劳动者缴纳了社会保险费,但由于劳动者累计缴费年限达不到规定年限,达到退休年龄时不能享受基本养老保险待遇。也有部分农民工因种种原因不愿意参加社会保险,而无法享受基本养老保险待遇的情况。还存在个别用人单位的高级管理人员即便达到法定退休年龄,也不办理退休手续,领取基本养老保险待遇。如果用人单位不能与已达到法定退休年龄而未享受基本养老保险待遇的劳动者终止劳动合同,用人单位可能将不得不一直与该劳动者保持劳动关系,直到劳动者死亡或用人单位注销。这对用人单位有失公平。

二、已达退休年龄的劳动者在工作时间内,因工作原因伤亡的,能否享受工伤保险待遇

《最高人民法院行政审判庭关于超过法定退休年龄的进城务工农民因工伤亡的,应否适用〈工伤保险条例〉请示的答复》(〔2010〕行他字第 10 号)认为,用人单位聘用的超过法定退休年龄的务工农民,在工作时间内、因工作原因伤亡的,应当适用《工伤保险条例》的有关规定进行工伤认定。《最高人民法院关于超过法定退休年龄的进城务工农民在工作时间内因公伤亡的,能否认定工伤的答复》(〔2012〕行他字第 13 号)认为,用人单位聘用的超过法定退休年龄的务工农民,在工作时间内、因工作原因伤亡的,应当适用《工伤保险条例》的有关规定进行工伤认定。《最高人民法院行政审判庭关于离退休人员与现单位之间是否构成劳动关系以及工作时间内受伤是否适用〈工伤保险条例〉问题的答复》(〔2007〕行他字第 6 号)认为,根据《工伤保险条例》第 2 条、第 61 条等有关规定,离退休人员受聘于现工作单位,现工作单位已经为其缴纳了工伤保险费,其在受聘期间因工作受到事故伤害的,应当适用《工伤保险条例》的有关规定处理。因此,笔者认为,对于已达退休年龄的劳动者在工作时间内,因工作原因伤亡,也应按照《最高人民法院关于审理工伤保险行政案件若干问题的规定》(法释〔2014〕9 号)第 3 条中所规定的几种情形,采用工伤认定与劳动关系确认相分离原则，即不认定劳动关系，也可享受工伤赔偿待遇。换言之，即便是劳动者已达到退休年龄，且未享受养老保险待遇或退休金待遇，与用工单位之间不存在劳动关系，其如果在工作时间内，因工作原因伤亡，亦可认定为工伤，由用工单位承担工伤保险责任。这也是目前实务中的主流观点。

【法条链接】

《中华人民共和国劳动合同法》(2012 年修正)

第四十四条 有下列情形之一的，劳动合同终止：

(一)劳动合同期满的；

(二)劳动者开始依法享受基本养老保险待遇的；

(三)劳动者死亡，或者被人民法院宣告死亡或者宣告失踪的；

(四)用人单位被依法宣告破产的；

(五)用人单位被吊销营业执照、责令关闭、撤销或者用人单位决定提前解散的；

(六)法律、行政法规规定的其他情形。

《最高人民法院关于审理劳动争议案件适用法律问题的解释(一)》

第三十二条第一款 用人单位与其招用的已经依法享受养老保险待遇或者领取退休金的人员发生用工争议而提起诉讼的，人民法院应当按劳务关系处理。

《中华人民共和国劳动合同法实施条例》

第二十一条 劳动者达到法定退休年龄的，劳动合同终止。

《最高人民法院行政审判庭关于超过法定退休年龄的进城务工农民因工伤亡的，应否适用〈工伤保险条例〉请示的答复》(〔2010〕行他字第 10 号)

山东省高级人民法院：

你院报送的《关于超过法定退休年龄的进城务工农民工作时间内受伤是否适用〈工伤保险条例〉的请示》收悉。经研究，原则同意你院的倾向性意见。即：用人单位聘用的超过法定退休年龄的务工农民，在工作时间内、因工作原因伤亡的，应当适用《工伤保险条例》的有关规定进行工伤认定。

《最高人民法院行政审判庭关于离退休人员与现工作单位之间是否构成劳动关系以及工作时间内受伤是否适用〈工伤保险条例〉问题的答复》(〔2007〕行他字第 6 号)

重庆市高级人民法院：

你院(2006)渝高法行示字第 14 号《关于离退休人员与现在工作单位之间是否构成劳动关系以及工作时间内受伤是否适用〈工伤保险条例〉一案的请示》收悉。经研究，原则同意你院第二种意见，即：根据《工伤保险条例》第二条、第六十一条等有关规定，离退休人员受聘于现工作单位，现工作单位已经为其缴纳了工伤保险费，其在受聘期间因工作受到事故伤害的，应当适用《工伤保险条例》的有关规定处理。

《人力资源社会保障部对十三届全国人大二次会议第 6979 号建议的答复》（人社建字〔2019〕37 号）

您提出的关于撤销《中华人民共和国劳动合同法实施条例》第二十一条的建议收悉，现答复如下：

劳动合同法实施条例第二十一条的规定，主要考虑是：劳动者达到法定退休年龄，不再符合劳动法律法规规定的主体资格，即不具备建立劳动关系的条件，劳动合同自然终止。加之，2008 年劳动合同法施行后，大量用人单位反映，劳动者已达到法定退休年龄而未享受基本养老保险待遇的情况很复杂。有的是用人单位依法为劳动者缴纳了社会保险费，但由于劳动者累计缴费年限达不到规定年限，达到退休年龄时不能享受基本养老保险待遇。也有部分农民工因种种原因不愿意参加社会保险，而无法享受基本养老保险待遇的情况。还存在个别用人单位的高级管理人员即便达到法定退休年龄，也不办理退休手续，领取基本养老保险待遇。如果用人单位不能与已达到法定退休年龄而未享受基本养老保险待遇的劳动者终止劳动合同，用人单位可能将不得不一直与该劳动者保持劳动关系，直到劳动者死亡或用人单位注销。这对用人单位有失公平。为此，根据劳动合同法第四十四条第六项关于有“法律、行政法规规定的其他情形”劳动合同终止的授权，2008 年 9 月公布施行的劳动合同法实施条例第二十一条明确，劳动者达到法定退休年龄的，劳动合同终止。对超过法定退休年龄的劳动者，愿意继续工作的，用人单位与劳动者的关系可以按劳务关系处理，依据民事法律关系调整双方的权利义务。

但由于我国劳动法律法规对劳动者权益的保障是建立在劳动关系的基础上，司法实践中，为保障超龄劳动者的权益，特别是妥善解决职业伤害问题，导致了对超过法定退休年龄但未享受基本养老保险待遇的劳动者与用人单位之间的法律关系认定不一致的问题。江苏、广东等地从保护劳动者权益角度出发，结合本地实际，区别不同情况在劳动争议仲裁和司法实践中对超龄劳动者基本劳动权益保护如工作时间、最低工资、劳动保护等进行了一定探索。我部也在积极与最高人民法院交换意见，拟对此问题加强裁审衔接。为了更好地保障超龄劳动者的权益，尽可能避免裁审衔接不畅问题，我部《关于执行〈工伤保险条例〉若干问题的意见（二）》明确，符合一定情形的超龄劳动者，由用人单位承担工伤保险责任，但未明确超龄劳动者和用人单位存在劳动关系。

下一步，我们将加强对此问题的研究，适时向立法机关提出完善劳动合同法律制度的建议,以更好地保障超龄劳动者的合法权益。同时,我部将按照十三届全国人大常委会立法规划的要求,对已纳入第三类需要继续研究论证的“基本劳动标准”立法项目开展深入研究论证,积极推动尽早出台《劳动基准法》,为难以纳入现行劳动保障法律法规调整的劳动者的基本劳动权益保障提供法律依据。

六、关联企业混同用工情形下劳动关系如何认定

裁判要旨

司法实践中,对于关联企业混同用工,劳动者和哪个用人单位存在劳动合同关系的问题并没有统一规定。笔者认为,劳动者在同一时间内,只能从属于一个用人单位,只存在一层劳动关系,只有实际用人单位才与劳动者之间存在劳动法意义上的劳动关系。

【案情总览】

康华(宁夏)公司成立日期为 2017 年 7 月 26 日,上海康华公司成立于 2016 年 12 月 16 日,上述两公司的法定代表人均为李某,公司住所地均在西夏区。王某于 2016 年 10 月 28 日入职正在筹备期的上海康华公司,主要负责项目实施,双方未签订书面劳动合同,通过银行转账方式支付劳动报酬。工作期间王某接受康华(宁夏)公司、上海康华公司的工作指挥和日常管理,二公司均未给王某缴纳各项社会保险。2020 年 10 月 20 日之后,王某从康华(宁夏)公司江西项目部自行离开。2021 年 6 月,王某以康华(宁夏)公司为第一被申请人、上海康华公司为第二被申请人申请劳动仲裁,请求裁决解除申请人与二被申请人之间的劳动关系及要求二被申请人支付未签订劳动合同双倍工资差额、解除劳动合同的经济补偿金等。

一审法院审理认为:本案的争议焦点为,关联企业混同用工情形下劳动关系的认定问题。

一、关于王某与康华(宁夏)公司、上海康华公司之间是否存在劳动关系的问题。根据《劳动和社会保障部关于确立劳动关系有关事项的通知》(劳社部

发〔2005〕12 号）第 1 条规定，用人单位招用劳动者未订立书面劳动合同，但同时具备下列情形的，劳动关系成立：（1）用人单位和劳动者符合法律、法规规定的主体资格；（2）用人单位依法制定的各项劳动规章制度适用于劳动者，劳动者受用人单位的劳动管理，从事用人单位安排的有报酬的劳动；（3）劳动者提供的劳动是用人单位业务的组成部分。本案中，康华（宁夏）公司、上海康华公司系注册登记并取得营业执照的有限责任公司，系劳动法律关系的主体，为具备用工主体资格的用人单位。因上海康华公司成立于 2016 年 12 月 16 日，王某自 2016 年 12 月 16 日起与上海康华公司存在事实劳动关系。2017 年 7 月 26 日康华（宁夏）公司成立之后，王某工作期间接受上海康华公司、康华（宁夏）公司负责人李某的工作指挥和日常管理，工资由李某、康华（宁夏）公司、上海康华公司发放，又因两公司的法定代表人均为李某，在办公场所、人员构成、业务内容等方面均存在关联关系，且两公司均向王某发放过工资，并为其申报过个税，故两公司存在混同用工的情形。结合王某最后一笔工资由康华（宁夏）公司进行发放以及工作时间、工作地点、工作内容与康华（宁夏）公司更为紧密，加之根据相关案件在法院及仲裁的处理情况，康华（宁夏）公司曾出具过授权委托书，内容均载明王某的职务为副总经理，委托权限为特别授权的事实，故认定自 2017 年 7 月 26 日起王某与康华（宁夏）公司之间存在事实劳动关系。

二、关于劳动关系的解除问题。判断劳动关系的存在，劳动合同的签订只是一种形式体现，实质上应以劳动者提供劳动、用人单位支付劳动报酬的事实为基础。在司法实务中普遍认为双方的劳动关系在劳动者不再提供劳动，用人单位也不再支付工资及福利待遇的事实出现时可以视为解除。本案中，两公司主张王某自 2020 年 10 月 20 日自行离职后再未为其提供过劳动和服务。考虑到王某作为副总经理，属于高级管理人员，2020 年 6 月至 2020 年 10 月这段期间的工作地点应主要在江西项目部，其工作内容主要为完成该项目，但自 2020 年 10 月 21 日起王某返回家中，而江西的项目并未结束，其作为项目负责人居家办公不符合常理，且两公司均不认可其居家办公的形式及事实，根据其所提供的微信聊天记录及双方的资金往来，亦不足以证明 2020 年 10 月 21 日之后其仍继续为两公司提供劳动的事实，故王某应承担对其不利后果。结合 2020 年 11 月 3 日康华（宁夏）公司向王某转款 1 万余元，摘要中载明“工资”，以及此后再无发放工资记录的事实，应视为双方的劳动关系事实上已于2020年10月20日协商一致解除。

三、关于解除劳动关系的经济补偿金问题。依前所述，按照相关法律规定，康华(宁夏)公司应按照王某的工作年限以及解除劳动合同前12个月的平均工资向其支付解除劳动合同经济补偿金，根据《劳动合同法实施条例》第10条规定，王某的工作年限应从2016年12月16日连续计算至2020年10月20日止。因王某解除劳动关系前12个月的平均工资为8000元，故康华(宁夏)公司应向王某支付解除劳动关系的经济补偿金为32000元(8000元×4个月)，上海康华公司对上述费用承担连带责任。

后一审法院经审理，判决康华(宁夏)公司支付王某解除劳动关系经济补偿金、拖欠工资、未休年休假工资等共计90156元，上海康华公司对上述费用承担连带责任。

二审法院认为：本案的争议焦点为：一、案涉劳动合同解除时间的认定；二、关于工作报销费用的问题。关于争议焦点一，上诉人王某作为公司副总经理，属于高级管理人员，2020年6月至2020年10月这段期间的工作地点应主要在江西项目部，其工作内容主要为完成江西的项目，但自2020年10月21日起王某返回家中，虽然王某主张其在家办公并每天进行钉钉外勤打卡，但江西的项目并未结束，其作为项目负责人居家办公不符合常理，且康华(宁夏)公司、上海康华公司不认可上诉人居家办公的形式及事实，加之根据上诉人所提供的微信聊天记录及双方的资金往来，不足以证明2020年10月21日之后其仍继续为康华(宁夏)公司、上海康华公司提供劳动的事实，一审法院认定双方的劳动关系于2020年10月20日协商一致解除并无不当，本院予以确认。关于争议焦点二工作报销费用的问题。依据法律规定，上诉人王某诉请工作报销费用事项不适用于举证责任倒置的情形，上诉人对康华(宁夏)公司、上海康华公司欠付其工作报销费用131841.29元的主张负有举证责任。但上诉人一审提交的有关要求报销的凭证及微信聊天截图中未有康华(宁夏)公司、上海康华公司主管人员和财务人员的签字确认，也未能提供其他证据予以佐证，无法证明其所主张的上述费用的真实使用情况及是否与公司经营管理有关，亦不符合用人单位的报销流程，故上诉人王某应承担举证不能的法律后果，一审法院未支持其该项诉讼请求符合法律规定,本院予以确认。综上所述,王某的上诉请求不能成立,应予驳回;一审判决认定事实清楚,适用法律正确,应予维持。

【法官释法】

劳动争议审判实践中对关联企业混同用工、劳动者和哪个用人单位存在劳动关系的问题并没有统一规定。那么,何为关联企业?何为混同用工?如何界定关联企业与劳动者的劳动关系,进而判定责任承担主体?以上种种,均是处理劳动争议案件中亟须厘定的难点问题。

一、什么是关联企业?

司法实务中,对关联企业的定义虽没有明确描述,但普遍认为《公司法》第265条对关联关系的注解可以借鉴,该条明确:关联关系,是指公司控股股东、实际控制人、董事、监事、高级管理人员与其直接或者间接控制的企业之间的关系,以及可能导致公司利益转移的其他关系。但是,国家控股的企业之间不仅因为同受国家控股而具有关联关系。但是,劳动争议审判实践中,对关联企业的认定不限于此,除关联企业本身所具有的独立法人资格条件外,工资的发放、实际管理与被管理是其重要的判断条件。

二、什么是混同用工?

关于混同用工,司法实践中主要有三类:

1.“一套人马,两块牌子”,甚至于几块牌子,即用人单位主体混同。如本案中的康华(宁夏)公司、上海康华公司,上述两公司的法定代表人均为李某,公司住所地均为西夏区,该两家公司在法定代表人、办公场所以及人员管理、经营范围均高度重合,劳动者在同一时期内接受两个用人单位的交叉管理,工资发放也是由李某、康华(宁夏)公司、上海康华公司交叉发放,劳动者无法辨识为哪一个单位提供劳务很正常。在司法实务中,用人单位往往在发生争议时互相推诿,因而劳动者在维权时会遇到困难。

2.“几套人马,几块牌子”,即用人单位、用工均混同。此种情况多存在于总公司与诸多分公司之间,各分公司依据其业务要求频繁交替使用劳动者,致使劳动者的劳动合同的签订、用工管理、工资发放、社保缴纳等主体频繁变换,导致劳动者对自己身份认知混淆,分不清楚自己的责任主体,此乃用人单位的

"金蝉脱壳"之策,在劳动者具备订立无固定期限劳动合同的签署之时,可以达到企业"全身而退"之目的。

3."几块牌子,亲清不分",即有关联关系的用人单位用工混同。实务中许多企业表面上看似毫无关联,但是事实上其公司控股股东、实际控制人、董事、监事、高级管理人员往往系关系密切的家庭成员或高管交叉任职,公司之间在业务范围、人员管理、财务上均呈交叉、混淆状态,甚至共用一个财务、一个账号等,如本案中两个公司的实际管理人与公司的法定代表人为亲属关系,劳动者受其管理和支配,发生争议时不知向哪个公司主张权利。

三、如何界定关联企业劳动者的劳动关系?

具有关联关系的用人单位以交叉、轮换等方式对劳动者进行用工,劳动者请求确认与用人单位的劳动关系,界定劳动者与哪个单位之间存在劳动关系,此为劳动争议审判中的难点。笔者认为,在劳动争议领域关联企业混同用工的情形下,应首要解决采用单一、双重,甚至多重劳动关系的问题。在司法实务中有两种观点:一种观点认为,对同一劳动者而言,出现同一时期内与不同用人单位同时存在数个符合劳动关系构成要件的情形,因而应确认双重劳动关系甚至多重劳动关系。另一种观点认为,对同一劳动者而言,在同一时间,劳动者只能从属于一个用人单位。笔者倾向于第二种观点,即单一劳动关系的理论。《最高人民法院关于审理劳动争议案件适用法律问题的解释(一)》第32条第2款规定,企业停薪留职人员、未达到法定退休年龄的内退人员、下岗待岗人员以及企业经营性停产放长假人员,因与新的用人单位发生用工争议而提起诉讼的,人民法院应当按劳动关系处理。显然,我国劳动关系的认定除去上述司法解释中涉及的四种特殊情形可确认双重劳动关系外,均未突破单一劳动关系的确认理念。据此,在不突破单一劳动关系确认的基础上,应如何判定责任承担的主体呢?司法实务中的主流观点认为:

1.已订立书面劳动合同的,劳动者按照劳动合同要求确认劳动关系的,应该认定劳动者与与其签订劳动合同的用人单位存在劳动关系。

2.未订立书面劳动合同的,可以根据案件实际将有关联关系的用人单位列为当事人,将劳动者工作时间、工作内容、工资发放、社会保险缴纳等因素作为判断存在劳动关系的因素,进而根据与哪个公司间存在更紧密型特征来判定劳动关系的所属。

3. 在有关联关系的用人单位交叉轮换使用劳动者、工作内容交叉重叠的情况下,劳动者与关联企业之间的法律关系均符合劳动关系构成要件,对劳动者涉及给付内容的主张,可根据劳动者的主张,由一家用人单位承担责任,或由多家用人单位承担连带责任。另外,关联企业之间对劳动者的工资报酬、社会保险、福利待遇等有明确约定且符合法律法规等规定,劳动者知道且未提出异议的,可以按照约定处理;无约定或者约定不明确,劳动者请求关联企业承担共同清偿责任的,应予支持。

【法条链接】

《中华人民共和国公司法》(2023 年修订)

第二百六十五条 本法下列用语的含义:

(一)高级管理人员,是指公司的经理、副经理、财务负责人,上市公司董事会秘书和公司章程规定的其他人员。

(二)控股股东,是指其出资额占有限责任公司资本总额超过百分之五十或者其持有的股份占股份有限公司股本总额超过百分之五十的股东;出资额或者持有股份的比例虽然低于百分之五十,但依其出资额或者持有的股份所享有的表决权已足以对股东会的决议产生重大影响的股东。

(三)实际控制人,是指通过投资关系、协议或者其他安排,能够实际支配公司行为的人。

(四)关联关系,是指公司控股股东、实际控制人、董事、监事、高级管理人员与其直接或者间接控制的企业之间的关系,以及可能导致公司利益转移的其他关系。但是,国家控股的企业之间不仅因为同受国家控股而具有关联关系。

《中华人民共和国劳动合同法》(2012 年修正)

第七条 用人单位自用工之日起即与劳动者建立劳动关系。用人单位应当建立职工名册备查。

第十条 建立劳动关系,应当订立书面劳动合同。

已建立劳动关系,未同时订立书面劳动合同的,应当自用工之日起一个月内订立书面劳动合同。

用人单位与劳动者在用工前订立劳动合同的,劳动关系自用工之日起建立。

《最高人民法院关于审理劳动争议案件适用法律问题的解释(一)》(法释〔2020〕26号)

第三十二条 用人单位与其招用的已经依法享受养老保险待遇或者领取退休金的人员发生用工争议而提起诉讼的,人民法院应当按劳务关系处理。

企业停薪留职人员、未达到法定退休年龄的内退人员、下岗待岗人员以及企业经营性停产放长假人员,因与新的用人单位发生用工争议而提起诉讼的,人民法院应当按劳动关系处理。

《劳动和社会保障部关于确立劳动关系有关事项的通知》(劳社部发〔2005〕12号)

一、用人单位招用劳动者未订立书面劳动合同,但同时具备下列情形的,劳动关系成立。

(一)用人单位和劳动者符合法律、法规规定的主体资格;

(二)用人单位依法制定的各项劳动规章制度适用于劳动者,劳动者受用人单位的劳动管理,从事用人单位安排的有报酬的劳动;

(三)劳动者提供的劳动是用人单位业务的组成部分。

二、用人单位未与劳动者签订劳动合同,认定双方存在劳动关系时可参照下列凭证:

(一)工资支付凭证或记录(职工工资发放花名册)、缴纳各项社会保险费的记录;

(二)用人单位向劳动者发放的“工作证”、“服务证”等能够证明身份的证件;

(三)劳动者填写的用人单位招工招聘“登记表”、“报名表”等招用记录;

(四)考勤记录;

(五)其他劳动者的证言等。

其中,(一)、(三)、(四)项的有关凭证由用人单位负举证责任。

七、外卖骑手与平台企业之间是否存在劳动关系

裁判要旨

外卖骑手与所服务企业之间的法律关系应根据双方之间的实际权利义务内容予以认定。骑手与所服务企业签署了合作、承揽协议，但主张双方存在劳动关系的，也应考虑劳动者与用人单位之间是否有建立劳动关系的合意，结合劳动者是否实际接受用人单位的管理、指挥与监督，劳动者提供的劳动是否是用人单位业务的组成部分，用人单位是否向劳动者提供基本劳动条件，以及向劳动者支付报酬等因素综合认定。对于某些外卖骑手在提供劳动的过程中，要遵守平台企业确定的算法和劳动规则，平台企业虽对其有一定的管理，但系为维系双方关系而衍生的较为松散的管理，不应视为劳动关系中隶属性较强的规章制度，不符合劳动关系中人身依附性的特征，故其与平台企业之间不完全符合确认劳动关系的情形，可认定双方之间不存在劳动关系。

【案情总览】

某分公司系沈阳黑曼巴公司的分公司，经营范围为货物配送信息咨询及配送服务。王某于 2019 年 11 月 21 日通过“58 同城”发布的招聘信息入职该分公司担任送餐员一职，入职当日与沈阳黑曼巴公司签订了《订单配送（承揽）协议》约定：协议期限 1 年，王某根据蜂鸟配送线上服务准则及沈阳黑曼巴公司所属公司相关要求规定执行承包代理的线下配送业务，在线上业务发生的时间内从事线下自由配送等相关订单配送承揽任务。协议签订后，王某在饿了么 App 平台注册后，在某分公司代理的商圈范围内从事饿了么订单送餐配送员工作，按单计酬，每单 5 ~ 5.5 元，单量有系统自动记录，王某提交的《招商银行户口历

史交易明细表》显示，其工资由天津某劳动服务公司等发放，每月工资不固定。2020年5月4日，王某送货时发生交通事故受伤。2021年2月1日，王某以某分公司为被申请人向劳动争议仲裁委员会申请仲裁请求确认双方自2019年11月21日起存在事实劳动关系。该仲裁委员会作出裁决确认双方存在事实劳动关系。某分公司不服诉至法院，请求依法判令其与王某之间不存在事实劳动关系。

法院审理认为：互联网时代下，随着平台经济的快速发展，新型用工关系层出不穷，本案所涉网约送餐骑手与"互联网+"企业纠纷就是新类型劳动争议案件之一。由于平台的用工形式和新就业形态劳动者的就业方式相对灵活，网约配送员、网约车驾驶员、网约货车司机、互联网营销师等新就业形态劳动者数量大幅增加，大量新就业形态劳动者难以与企业直接确认劳动关系，难以简单纳入我国现行劳动法律调整，其权益保障面临新问题。而认定劳动关系，应考虑劳动者与用人单位之间是否有建立劳动关系的合意，结合劳动者是否实际接受用人单位的管理、指挥与监督，劳动者提供的劳动是否是用人单位业务的组成部分，用人单位是否向劳动者提供基本劳动条件，以及向劳动者支付报酬等因素综合认定。本案中，区别于其他劳动争议案件有以下几点：

一是对于王某与某分公司之间是否存在劳动关系的审查重点在于对劳动者是如何管理以及工资如何发放，这直接关系到双方法律关系性质的判断。具体而言，王某与沈阳黑曼巴公司签订承揽协议后，通过饿了么App平台注册从事饿了么订单送餐配送员工作，某分公司未与其签订劳动合同，也未就王某的劳动时间、地点、强度、薪酬等作具体约定。根据王某提供的《招商银行户口历史交易明细表》显示，其工资系天津某劳动服务公司等发放，而非某分公司发放。王某提交的《薪资账单》显示其每月工资并不固定，亦不符合银川市的最低工资标准。王某提交的证据也无法证明双方约定了工资底薪。某分公司虽然对某站点的人员进行了钉钉打卡考勤，但从王某提交的钉钉打卡考勤统计可以看出，其每月基本上是缺卡、迟到、旷工，没有所谓劳动法意义上的考勤，只是每天统计配送人员，且这并不影响其工资待遇，其工资是饿了么平台所属公司根据App显示的送餐单数计付工资，日酬月结，故某分公司对某站点骑手的管理行为并不符合劳动关系意义下的管理。依据《劳动和社会保障部关于确立劳动关系有关事项的通知》(劳社部发〔2005〕12 号)第 1 条规定,本案中,某分公司和王某虽然都符合法律规定的主体资格,但王某送餐的工作内容无法看出系履行某分公司的职务行为,某分公司虽对王某有一定的管理,但均为维系双方关系而衍生的较为松散的管理,不应视为劳动关系中隶属性较强的规章制度,故不符合劳动关系中人身依附性的特征。

二是关于工资发放不符合劳动关系中由用人单位为劳动者按月发放工资较为稳定的劳动报酬特征。本案中,王某的工资不由某分公司发放,其每月的收入系其从饿了么平台接单数量乘以单价而确定,其工作安排和工资发放等均不受某分公司的管理和支配,工作时间及接单数量由其自己掌控,具有较大的起伏性,该模式不符合劳动关系中由用人单位为劳动者按月发放工资较为稳定的劳动报酬特征。由此,王某所提交的证据不能证明其与某分公司间存在劳动关系,应承担举证不能的法律后果。

一审法院经审理认为,某分公司与王某之间不存在事实劳动关系。该案宣判后,王某不服提出上诉,二审法院审理后驳回上诉,维持原判。

【法官释法】

近些年来,随着平台经济的迅速发展,出现了大量依托互联网平台就业的新就业形态劳动者,其中有部分劳动者工作有较大的自主性,比如可自主决定是否上线和接单等。司法实务中,关于外卖骑手与平台企业之间是否存在劳动关系的问题,根据个案实际情况的不同,具有不同的实践观点。

一种观点认为,外卖骑手与平台企业之间存在劳动关系。比如(2020)辽 01 民终 6056 号民事判决认为:上诉人与被上诉人沈阳黑曼巴物流服务有限公司未签订书面劳动合同,上诉人主张与被上诉人存在劳动关系,应提供初步证据予以证明。上诉人向一审法院提供的微信记录截屏载明群聊名称为“三台子站早班人员沟通群”,群公告为“明天早班不准迟到！最后一天挺一挺”,“饿了么”App 注册记录截屏载明上诉人的工人信息工号为 120 × × × ×65,所属代理商:沈阳黑曼巴物流服务有限公司,所属站点:沈阳黑曼巴—三台子站。薪资账单截图载明 2018 年 9 月至 12 月工资总额,亦载明“沈阳黑曼巴物流服务有限公司—沈阳黑曼巴—三台子站”“全职骑手”等信息,结合上诉人向本院提供的 2018 年 11 月工资明细截图，上诉人提供的证据足以证明其接受被上诉人管理，被上诉人向其支付劳动报酬的事实，双方当事人均符合建立劳动关系的主体资格，且上诉人所从事的骑手业务是被上诉人单位业务组成部分。另外，被上诉人虽主张双方系承揽关系，但未提供证据证明，故认定上诉人与被上诉人自 2018 年 7 月起存在劳动关系。

另一种观点认为，外卖骑手与平台企业之间不存在劳动关系。比如（2020）晋 01 民终 4212 号民事判决认为：认定事实劳动关系必须采取综合认定的方法，即劳动关系应该根据劳动者是否实际接受用人单位的管理、指挥或者监督，劳动者提供的劳动是否是用人单位业务的组成部分，用人单位是否向劳动者提供基本劳动条件，以及是否向劳动者支付报酬等因素综合认定。本案中，上诉人从事饿了么订单送餐配送员工作，被上诉人沈阳黑曼巴物流服务有限公司太原分公司未就上诉人的劳动时间、地点、强度等作具体约定，双方亦没有约定底薪，按单计酬、日酬月结，上诉人从事配送的电动车系其自备的劳动工具，故上诉人与被上诉人沈阳黑曼巴物流服务有限公司太原分公司之间不具备人格从属性和经济从属性，因此，双方之间不存在事实劳动关系。

《关于维护新就业形态劳动者劳动保障权益的指导意见》（人社部发〔2021〕56 号）中对诸如网约配送员、网约车驾驶员、网约货车司机、互联网营销师等新就业形态的劳动者的权益如何保障作出相关指导性意见，该意见一是明确了劳动者权益保障责任，二是健全了劳动者权益保障制度，三是优化了劳动者权益保障服务，四是完善了劳动者权益保障工作机制。该类案件中的部分劳动者具有工作自主性，但却要遵守平台企业确定的算法和劳动规则，双方之间不完全符合确认劳动关系的情形。正如本案王某而言，其可自主决定是否上线和接单，平台企业虽对其有一定的管理规定，但均为维系双方关系而衍生的较为松散的管理规定，不应视为劳动关系中隶属性较强的规章制度，不符合劳动关系中人身依附性的特征。然而，正所谓“万变不离其宗”，无论市场经济条件下用人单位的用工形式和劳动者的劳动方式如何灵活多变，法官居中裁判时仍然要围绕劳动关系是否成立的实质要件进行审查。所以，如何准确认定争议双方是否存在劳动关系，要把握好以下“四审查”“四判断”：一要审查合意，即判断双方是否存在用人单位招用劳动者为其提供劳动而劳动者愿意为其提供劳动以获取劳动报酬的建立劳动关系的意思表示；二要审查工资，即判断劳动报酬如何约定由谁支付以及该报酬是否低于该单位所在地的最低工资标准，如果低于该标准，则双方约定的报酬性质可能为非劳动关系意义下的工资；三要审查管理，即判断劳动者由谁管理，是否需要严格遵守用人单位的劳动考勤、绩效考核，根据其与用人单位的人身依附程度，判断是否存在真正劳动法意义上的管理与被管理的关系；四要审查劳动条件，即判断用人单位是否根据其业务范围和生产经营需要，为劳动者的劳动提供必要的劳动条件、安全卫生保障和防护设备。

【法条链接】

《劳动和社会保障部关于确立劳动关系有关事项的通知》(劳社部发〔2005〕12号)

一、用人单位招用劳动者未订立书面劳动合同，但同时具备下列情形的，劳动关系成立。

(一)用人单位和劳动者符合法律、法规规定的主体资格；

(二)用人单位依法制定的各项劳动规章制度适用于劳动者，劳动者受用人单位的劳动管理，从事用人单位安排的有报酬的劳动；

(三)劳动者提供的劳动是用人单位业务的组成部分。

二、用人单位未与劳动者签订劳动合同，认定双方存在劳动关系时可参照下列凭证：

(一)工资支付凭证或记录(职工工资发放花名册)、缴纳各项社会保险费的记录；

(二)用人单位向劳动者发放的“工作证”、“服务证”等能够证明身份的证件；

(三)劳动者填写的用人单位招工招聘“登记表”、“报名表”等招用记录；

(四)考勤记录；

(五)其他劳动者的证言等。

其中，(一)、(三)、(四)项的有关凭证由用人单位负举证责任。

《关于维护新就业形态劳动者劳动保障权益的指导意见》(人社部发〔2021〕56号)

近年来，平台经济迅速发展，创造了大量就业机会，依托互联网平台就业的网约配送员、网约车驾驶员、货车司机、互联网营销师等新就业形态劳动者数量大幅增加，维护劳动者劳动保障权益面临新情况新问题。为深入贯彻落实党中央、国务院决策部署，支持和规范发展新就业形态，切实维护新就业形态劳动者劳动保障权益，促进平台经济规范健康持续发展，经国务院同意，现提出以下意见：

一、规范用工，明确劳动者权益保障责任

(一)指导和督促企业依法合规用工，积极履行用工责任，稳定劳动者队伍。主动关心关爱劳动者，努力改善劳动条件，拓展职业发展空间，逐步提高劳动者权益保障水平。培育健康向上的企业文化，推动劳动者共享企业发展成果。

（二）符合确立劳动关系情形的，企业应当依法与劳动者订立劳动合同。不完全符合确立劳动关系情形但企业对劳动者进行劳动管理（以下简称不完全符合确立劳动关系情形）的，指导企业与劳动者订立书面协议，合理确定企业与劳动者的权利义务。个人依托平台自主开展经营活动、从事自由职业等，按照民事法律调整双方的权利义务。

（三）平台企业采取劳务派遣等合作用工方式组织劳动者完成平台工作的，应选择具备合法经营资质的企业，并对其保障劳动者权益情况进行监督。平台企业采用劳务派遣方式用工的，依法履行劳务派遣用工单位责任。对采取外包等其他合作用工方式，劳动者权益受到损害的，平台企业依法承担相应责任。

二、健全制度，补齐劳动者权益保障短板

（四）落实公平就业制度，消除就业歧视。企业招用劳动者不得违法设置性别、民族、年龄等歧视性条件，不得以缴纳保证金、押金或者其他名义向劳动者收取财物，不得违法限制劳动者在多平台就业。

（五）健全最低工资和支付保障制度，推动将不完全符合确立劳动关系情形的新就业形态劳动者纳入制度保障范围。督促企业向提供正常劳动的劳动者支付不低于当地最低工资标准的劳动报酬，按时足额支付，不得克扣或者无故拖欠。引导企业建立劳动报酬合理增长机制，逐步提高劳动报酬水平。

（六）完善休息制度，推动行业明确劳动定员定额标准，科学确定劳动者工作量和劳动强度。督促企业按规定合理确定休息办法，在法定节假日支付高于正常工作时间劳动报酬的合理报酬。

（七）健全并落实劳动安全卫生责任制，严格执行国家劳动安全卫生保护标准。企业要牢固树立安全"红线"意识，不得制定损害劳动者安全健康的考核指标。要严格遵守安全生产相关法律法规，落实全员安全生产责任制，建立健全安全生产规章制度和操作规程，配备必要的劳动安全卫生设施和劳动防护用品，及时对劳动工具的安全和合规状态进行检查，加强安全生产和职业卫生教育培训，重视劳动者身心健康，及时开展心理疏导。强化恶劣天气等特殊情形下的劳动保护，最大限度减少安全生产事故和职业病危害。

（八）完善基本养老保险、医疗保险相关政策，各地要放开灵活就业人员在就业地参加基本养老、基本医疗保险的户籍限制，个别超大型城市难以一步实现的，要结合本地实际，积极创造条件逐步放开。组织未参加职工基本养老、职工基本医疗保险的灵活就业人员，按规定参加城乡居民基本养老、城乡居民基本医疗保险，做到应保尽保。督促企业依法参加社会保险。企业要引导和支持不完全符合确立劳动关系情形的新就业形态劳动者根据自身情况参加相应的社会保险。

（九）强化职业伤害保障，以出行、外卖、即时配送、同城货运等行业的平台企业为重点，组织开展平台灵活就业人员职业伤害保障试点，平台企业应当按规定参加。采取政府主导、信息化引领和社会力量承办相结合的方式，建立健全职业伤害保障管理服务规范和运行机制。鼓励平台企业通过购买人身意外、雇主责任等商业保险，提升平台灵活就业人员保障水平。

（十）督促企业制定修订平台进入退出、订单分配、计件单价、抽成比例、报酬构成及支付、工作时间、奖惩等直接涉及劳动者权益的制度规则和平台算法，充分听取工会或劳动者代表的意见建议，将结果公示并告知劳动者。工会或劳动者代表提出协商要求的，企业应当积极响应，并提供必要的信息和资料。指导企业建立健全劳动者申诉机制，保障劳动者的申诉得到及时回应和客观公正处理。

四、齐抓共管，完善劳动者权益保障工作机制

（十六）保障新就业形态劳动者权益是稳定就业、改善民生、加强社会治理的重要内容。各地区要加强组织领导，强化责任落实，切实做好新就业形态劳动者权益保障各项工作。人力资源社会保障部、国家发展改革委、交通运输部、应急部、市场监管总局、国家医保局、最高人民法院、全国总工会等部门和单位要认真履行职责，强化工作协同，将保障劳动者权益纳入数字经济协同治理体系，建立平台企业用工情况报告制度，健全劳动者权益保障联合激励惩戒机制，完善相关政策措施和司法解释。

（十七）各级工会组织要加强组织和工作有效覆盖，拓宽维权和服务范围，积极吸纳新就业形态劳动者加入工会。加强对劳动者的思想政治引领，引导劳动者理性合法维权。监督企业履行用工责任，维护好劳动者权益。积极与行业协会、头部企业或企业代表组织开展协商，签订行业集体合同或协议，推动制定行业劳动标准。

（十八）各级法院和劳动争议调解仲裁机构要加强劳动争议办案指导，畅通裁审衔接，根据用工事实认定企业和劳动者的关系，依法依规处理新就业形态劳动者劳动保障权益案件。各类调解组织、法律援助机构及其他专业化社会组织要依法为新就业形态劳动者提供更加便捷、优质高效的纠纷调解、法律咨询、法律援助等服务。

（十九）各级人力资源社会保障行政部门要加大劳动保障监察力度，督促企业落实新就业形态劳动者权益保障责任，加强治理拖欠劳动报酬、违法超时加班等突出问题，依法维护劳动者权益。各级交通运输、应急、市场监管等职能部门和行业主管部门要规范企业经营行为，加大监管力度，及时约谈、警示、查处侵害劳动者权益的企业。

各地区各有关部门要认真落实本意见要求，出台具体实施办法，加强政策宣传，积极引导社会舆论，增强新就业形态劳动者职业荣誉感，努力营造良好环境，确保各项劳动保障权益落到实处。

八、单位缴纳社保，就一定与劳动者存在劳动关系吗

裁判要旨

《劳动法》第72条规定，用人单位和劳动者必须依法参加社会保险，缴纳社会保险费。显然，用人单位与劳动者存在劳动关系，用人单位为劳动者缴纳社会保险是法定义务。但司法实务中，用人单位为劳动者缴纳了社会保险，双方之间就一定存在劳动关系吗？不尽然，社保的缴纳记录只是认定劳动关系的重要证据之一。笔者认为，依照《劳动合同法》第7条规定，用人单位自用工之日起即与劳动者建立劳动关系。由此可见，引起劳动关系产生的基本法律事实是用工，而非订立劳动合同或缴纳社会保险。即使用人单位没有与劳动者签订劳动合同或为其缴纳社会保险，只要存在用工行为，该用人单位与劳动者之间的劳动关系即成立。反之，即使用人单位与劳动者签订劳动合同或为其缴纳社会保险，但不存在用工行为，双方之间则不存在真实的劳动关系。

【案情总览】

王某的丈夫李某在某公司担任后勤部经理并保管该公司公章。王某陈述其于2014年7月1日入职某公司担任质检员并配合后勤部检查合作工程，双方于2014年5月1日签订《劳动合同》一份，约定合同为有固定期限：从2014年5月1日起至2027年5月1日止；工资标准为3000元/月。该份《劳动合同》的尾部甲方（公章）处显示加盖有某公司的公章、法定代表人的个人印章及签名。庭审时，王某认可《劳动合同》上单位法定代表人的签字系其丈夫李某

所签,公章也是李某加盖。2016 年 8 月 18 日,某公司向李某出具《告知函》,内容为:“你妻子王某从未在公司上班,请尽快转出相关社会保险。如未在规定时间内办理手续,所产生的后果由你本人和你妻子承担。”2018 年 4 月 18 日,某公司向王某出具了《解除劳动合同证明书》,载明解除时间为 2018 年 3 月 30 日。王某及某公司均认可从未向王某发放过工资,且均认可某公司为王某缴纳养老、失业、医疗保险以及上述保险的个人缴纳和单位缴纳的部分均由某公司全额承担的事实。王某提交的养老保险缴费花名册以及某公司提交的代扣养老保险明细表、代扣失业保险明细表、医疗保险缴纳明细单等证据显示:王某 2014 年 10 月至 2018 年 4 月期间养老保险单位以及个人缴纳部分共计 35823 元、失业保险单位以及个人缴纳部分共计 1164 元,2014 年 10 月至 2018 年 5 月期间医疗保险单位以及个人缴纳部分(含大病医疗)共计 14092 元。2019 年 3 月 22 日,王某因与某公司发生劳动争议申请仲裁,请求依法裁决某公司为其支付 2014 年 5 月至今工资 30 万元并要求继续履行劳动合同。在仲裁审理时,某公司提出反请求,请求依法裁决王某向某公司退还养老保险金 35328.8 元、医疗保险金 16563.6 元、失业保险金 2186.29 元等。因双方均对仲裁裁决不服故诉至法院。

根据在案证据及各方陈述,本案争议焦点分述如下:

焦点一,关于王某与某公司之间是否形成真实的劳动关系的问题。劳动关系是劳动者与用人单位之间形成的相对稳定的具有劳动内容的权利义务关系。认定劳动关系,应考虑劳动者与用人单位之间是否有建立劳动关系的合意,结合劳动者是否实际接受用人单位的管理、指挥与监督,劳动者提供的劳动是否是用人单位业务的组成部分,用人单位是否向劳动者提供基本劳动条件,以及向劳动者支付报酬等因素综合认定。《最高人民法院关于审理劳动争议案件适用法律若干问题的解释》[①]第 13 条规定,因用人单位作出的开除、除名、辞退、解除劳动合同、减少劳动报酬、计算劳动者工作年限等决定而发生的劳动争议,用人单位负举证责任。显然,确认劳动关系的基础举证责任不属于上述法

① 该司法解释已被 2020 年 12 月 29 日发布的《最高人民法院关于废止部分司法解释及相关规范性文件的决定》所废止。因案件审理时尚有效,故保留原法律依据。——编者注

定倒置举证责任的情形,故从举证责任分配上,应由劳动者承担。本案是王某欲证明其与某公司之间存在劳动关系的纠纷,故应由王某承担举证责任。劳动关系最主要的特征是劳动者提供劳动,用人单位为其发放劳动报酬,但在本案中,王某主张其于 2014 年 7 月从事质检员工作,并提交了劳动合同、养老保险缴费花名册、二级建造师考试报名表、准考证、培训合格证书(质量员、资料员)、绩效考核统计表、企业人员名单等证据,上述证据仅能证明双方之间签订了劳动合同,某公司亦为其缴纳了社会保险,但不能证明其为某公司提供过劳动、履行工作职责的事实。另外,王某提交的《劳动合同》中载明合同期限系自 2014 年 5 月 1 日起至 2027 年 5 月 1 日止,为有固定期限的劳动合同,以及某公司从未向其发放过工资但却为其全额缴纳社会保险的情形,无论是劳动合同的期限还是全额缴纳社会保险的情形,均明显不符合常理亦不符合相关劳动法律的规定,加之,其提交的《劳动合同》尾部"王某"签字系其丈夫李某书写、某公司法定代表人的签字也系李某所签,李某时任某公司后勤部经理,并管理某公司印章,虽《劳动合同》中加盖有某公司印章,但是合同尾部实际签字情况与常理不符,不能排除其利用职权便利的可能性,故该《劳动合同》不能证实其与某公司就双方劳动关系自愿达成的真实意思表示。同时,王某提交的两份《二级建造师考试报名表》中有一份时间为 2014 年 3 月 31 日,该时间早于王某主张的 2014 年 7 月入职某公司的时间,也早于 2014 年 5 月签订《劳动合同》的时间,王某提交的绩效考核统计表、企业人员名单等证据中亦仅有某公司印章,没有其他任何个人签字确认,而某公司印章由王某的丈夫李某保管。综上,可以认定某公司虽为其缴纳过社会保险,但王某并未向某公司提供过劳动、履行过工作职责,某公司亦未向其支付过劳动报酬,故双方之间没有形成真实的劳动关系。

焦点二,关于王某是否应向某公司退还社会保险费用的问题。《劳动法》第 72 条规定,社会保险基金按照保险类型确定资金来源,逐步实行社会统筹。用人单位和劳动者必须依法参加社会保险,缴纳社会保险费。因此,为劳动者缴纳各项社会保险,是用人单位的义务。依前所述,王某与某公司之间不存在真实的劳动关系,某公司要求王某全额返还某公司为其缴纳的养老保险金、失业保险金、医疗保险金的诉讼请求,应予支持。因某公司为王某缴纳了 2014 年

10月至2018年4月期间养老保险单位以及个人缴纳部分共计35823元,2014年10月至2018年4月期间失业保险单位以及个人缴纳部分共计1164元,2014年10月至2018年5月期间医疗保险单位以及个人缴纳部分(含大病医疗)14092元,以上合计50585元,上述费用应由王某向某公司予以返还。

法院经审理后判决王某向某公司返还养老保险费、失业保险费、医疗保险费等共计50585元。王某不服提起上诉,二审法院经审理后判决驳回上诉,维持原判。

【法官释法】

司法实务中,用人单位为劳动者缴纳了社会保险,双方之间就一定存在劳动关系吗?并不尽然,社保的缴纳记录只是认定劳动关系的重要证据之一。依照《劳动合同法》第7条规定,用人单位自用工之日起即与劳动者建立劳动关系。由此可见,引起劳动关系产生的基本法律事实是用工,而非订立劳动合同或缴纳社会保险。即使用人单位没有与劳动者签订劳动合同或为其缴纳社会保险,只要存在用工行为,该用人单位与劳动者之间的劳动关系即成立。反之,即使用人单位与劳动者签订劳动合同或为其缴纳社会保险,但不存在用工行为,双方之间则不存在真实的劳动关系。

一、劳动关系认定的实质要件

所谓用工,是指用人单位招用劳动者为其提供劳动,劳动者受用人单位管理,用人单位向其支付劳动报酬的行为。根据《劳动合同法》第7条的规定,用工应为劳动关系建立判断的唯一标准。目前,关于用工的理解,根据侧重点的不同,学术界一直存在两种观点:

使用说。所谓使用说,就是指用人单位对于劳动者的实际使用、支配,该说侧重于劳动者被实际使用的事实。按照上述观点,如双方虽签订了劳动合同,但并未实际用工,在此期间劳动者在上班途中发生交通事故的,则不能认定为工伤。

控制说。所谓控制说,就是指用人单位对于劳动者所有的劳动力的使用权处于控制状态,换言之,就是劳动者的使用权控制在用人单位,该说侧重于劳动者处于用人单位的控制状态的事实。笔者认为,控制说既包含对劳动者的实际使用,也包含劳动者还未被实际使用但已经处于用人单位有权使用的状态。如《山西省劳动合同条例》第 8 条规定,用人单位自用工之日起即与劳动者建立劳动关系。建立劳动关系应当订立书面劳动合同;已建立劳动关系,未同时订立书面劳动合同的,应当自用工之日起 1 个月内订立书面劳动合同。前款所称用工之日,是指劳动者根据用人单位的安排,到用人单位报到之日。又如《山东省劳动合同条例》第 12 条规定,用人单位自用工之日起即与劳动者建立劳动关系。用人单位安排劳动者接受上岗前培训、学习的,劳动关系自劳动者参加之日起建立。《江苏省劳动合同条例》第 13 条规定,用人单位自用工之日起即与劳动者建立劳动关系。用人单位安排劳动者参加上岗前培训、学习的,劳动关系自劳动者参加之日起建立。显然,上述条款均采用了控制说。

笔者倾向于控制说。因为控制说更加有利于保护劳动者的合法权益,且保护范围、保护时限更广泛更延伸,更加符合劳动法规“向劳动者倾斜”的立法原则。而在双方建立了劳动关系的前提下,劳动关系的“用工”与其他非劳动关系,如劳务关系、承揽关系最主要的区别在于是否具有从属性,如:劳务关系只存在财产关系即经济关系,彼此之间无从属性,不存在管理与被管理、支配与被支配的权利和义务;承揽关系是自带工具,双方之间不存在控制、支配和服从关系。笔者认为,劳动关系中“用工”的从属性,应包含人格从属性和组织从属性。顾名思义,劳动者被招入用人单位,成为用人单位的劳动组织成员之后,按照《劳动法》《劳动合同法》等相关劳动法律的规定,应当遵守用人单位的规章制度、保密义务及竞业禁止义务等,因此,用人单位安排劳动者接受上岗前培训、学习的,应属于用工的延伸性特征,故劳动关系自劳动者参加之日起建立,更具有其合理性。

二、事实劳动关系的认定

《劳动合同法》第 10 条规定,建立劳动关系,应当订立书面劳动合同。已建立劳动关系,未同时订立书面劳动合同的,应当自用工之日起一个月内订立书面劳动合同。用人单位与劳动者在用工前订立劳动合同的,劳动关系自用工之日起建立。那么,在没有书面劳动合同的情况下,到底以哪些要件来认定存在事实劳动关系,实务中并没有统一标准。笔者认为,在审理劳动争议案件时,如何准确认定争议双方是否存在劳动关系,要把握好以下“四审查”“四判断”:

一要审查合意,即判断双方是否存在用人单位招用劳动者为其提供劳动而劳动者愿意为其提供劳动以获取劳动报酬的建立劳动关系的意思表示;二要审查工资,即判断劳动报酬如何约定由谁支付以及该报酬是否低于该单位所在地的最低工资标准,如果低于该标准,则双方约定的报酬性质可能为非劳动关系意义下的工资;三要审查管理,即判断劳动者由谁管理,是否需要严格遵守用人单位的劳动考勤、绩效考核,根据其与用人单位的人身依附程度,判断是否存在真正劳动法意义上的管理与被管理的关系;四要审查劳动条件,即判断用人单位是否根据其业务范围和生产经营需要,为劳动者的劳动提供必要的劳动条件、安全卫生保障和防护设备。

三、劳动关系举证责任分配

司法实务中,并非所有的劳动争议案件都能查明是否存在用工的事实。此时,就存在举证责任的分配问题。简言之,就是谁主张谁举证。《最高人民法院关于审理劳动争议案件适用法律问题的解释(一)》第 44 条规定,因用人单位作出的开除、除名、辞退、解除劳动合同、减少劳动报酬、计算劳动者工作年限等决定而发生的劳动争议,用人单位负举证责任。该条属于劳动争议法定倒置举证责任的情形。显然,该条排除了确认劳动关系的情形。由此,笔者认为,确认劳动关系的基础举证责任应由劳动者承担,但劳动者已举证证明其在用人单位工作,但用人单位主张劳动关系不成立的,用人单位应当提交反证。至于如何举证存在用工的事实,应参照《劳动和社会保障部关于确立劳动关系有关事项的通知》(劳社部发〔2005〕12 号)第 2 条规定,提交下列凭证:(1)工资支付凭证或记录(职工工资发放花名册)、缴纳各项社会保险费的记录;(2)用人单位向劳动者发放的“工作证”“服务证”等能够证明身份的证件;(3)劳动者填写的用人单位招工招聘“登记表”“报名表”等招用记录;(4)考勤记录;(5)其他劳动者的证言等。其中第(1)(3)(4)项有关的证据材料由用人单位负举证责任。从上述分析可见,在司法实务层面,判断劳动者与用人单位是否存在实质的劳动关系,是相当复杂疑难的过程,在法律层面,当审查发现劳动者所提供的劳动符合劳动关系中用工的本质属性时,应遵循劳动法规的立法本意,原则上应认定双方之间存在劳动关系。

【法条链接】

《中华人民共和国劳动合同法》(2012年修正)

第七条 用人单位自用工之日起即与劳动者建立劳动关系。用人单位应当建立职工名册备查。

第十条 建立劳动关系,应当订立书面劳动合同。

已建立劳动关系,未同时订立书面劳动合同的,应当自用工之日起一个月内订立书面劳动合同。

用人单位与劳动者在用工前订立劳动合同的,劳动关系自用工之日起建立。

《山西省劳动合同条例》

第八条 用人单位自用工之日起即与劳动者建立劳动关系。建立劳动关系应当订立书面劳动合同;已建立劳动关系,未同时订立书面劳动合同的,应当自用工之日起1个月内订立书面劳动合同。

前款所称用工之日,是指劳动者根据用人单位的安排,到用人单位报到之日。

《山东省劳动合同条例》

第十二条 用人单位自用工之日起即与劳动者建立劳动关系。用人单位安排劳动者接受上岗前培训、学习的,劳动关系自劳动者参加之日起建立。

建立劳动关系应当订立书面劳动合同;已建立劳动关系,未同时订立书面劳动合同的,应当自用工之日起一个月内订立书面劳动合同。

《江苏省劳动合同条例》

第十三条 用人单位自用工之日起即与劳动者建立劳动关系。

用人单位安排劳动者参加上岗前培训、学习的,劳动关系自劳动者参加之日起建立。

《劳动和社会保障部关于确立劳动关系有关事项的通知》(劳社部发〔2005〕12号)

一、用人单位招用劳动者未订立书面劳动合同,但同时具备下列情形的,劳动关系成立。

(一)用人单位和劳动者符合法律、法规规定的主体资格;

(二)用人单位依法制定的各项劳动规章制度适用于劳动者,劳动者受用人单位的劳动管理,从事用人单位安排的有报酬的劳动;

(三)劳动者提供的劳动是用人单位业务的组成部分。

二、用人单位未与劳动者签订劳动合同,认定双方存在劳动关系时可参照下列凭证:

(一)工资支付凭证或记录(职工工资发放花名册)、缴纳各项社会保险费的记录;

(二)用人单位向劳动者发放的“工作证”、“服务证”等能够证明身份的证件;

(三)劳动者填写的用人单位招工招聘“登记表”、“报名表”等招用记录;

(四)考勤记录;

(五)其他劳动者的证言等。

其中,(一)、(三)、(四)项的有关凭证由用人单位负举证责任。

三、用人单位招用劳动者符合第一条规定的情形的,用人单位应当与劳动者补签劳动合同,劳动合同期限由双方协商确定。协商不一致的,任何一方均可提出终止劳动关系,但对符合签订无固定期限劳动合同条件的劳动者,如果劳动者提出订立无固定期限劳动合同,用人单位应当订立。

用人单位提出终止劳动关系的,应当按照劳动者在本单位工作年限每满一年支付一个月工资的经济补偿金。

四、建筑施工、矿山企业等用人单位将工程(业务)或经营权发包给不具备用工主体资格的组织或自然人,对该组织或自然人招用的劳动者,由具备用工主体资格的发包方承担用工主体责任。

五、劳动者与用人单位就是否存在劳动关系引发争议的,可以向有管辖权的劳动争议仲裁委员会申请仲裁。

九、建筑企业与实际施工人招用的劳动者之间的法律关系如何认定

裁判要旨

目前，在建筑施工领域，对于实际施工人招用的劳动者与发包人、承包人等具有劳动用工主体资格的单位之间究竟是什么关系，成为突出的法律问题。因为缺乏相应的立法规范，司法解释也鲜有涉及，导致审判工作中认识和操作较为混乱，"同案不同判"的现象时有发生。笔者认为，在确认或不确认劳动关系的背后，往往牵连着被招用劳动者受伤后的工伤责任承担问题。因此，对于实际施工人聘用的劳动者与具备用工主体资格的建筑施工企业之间的法律关系应采用"两分法则"，即将劳动关系确认与工伤责任承担问题分开而论。根据目前建筑业的基本情况，并结合我国基本国情和有关法律及司法解释规定，绝大部分被实际施工人招用的劳动者与其"名义上的雇主"（建筑公司）不宜认定二者之间存在劳动关系，但是，即便如此，也应当根据案件的具体情况具体分析，对于符合确定劳动关系构成要件的，应当认定为劳动关系；对于不符合确定劳动关系构成要件的，可以不认定劳动关系，但是对于有工程（业务）层层违法分包情形而劳动者又被人力资源和社会保障部门认定为工伤，要求由建筑企业参照工伤的有关规定进行赔偿的，应予支持。

【案情总览】

某公司承建某高校综合教学楼施工工程后将该工程中模板支设、拆除等施工内容分包给李某。杨某经李某招录于 2021 年 5 月 29 日进入该施工工地从

事木工工作,2021 年 11 月 30 日离开工地。2021 年 5 月 26 日,杨某与某公司签订《建筑行业农民工合同》一份,约定:根据劳动法、劳动合同法等法律法规订立本合同,用人单位为某公司,劳动者为杨某;合同期限为 2021 年 6 月 10 日至 2021 年 9 月 10 日止或至该综合楼工程结束即行终止;执行标准工时工作制;工资支付为每月 15 日;实行计时工资制,完成生产工作任务,每日工资 350 元,按照每月实际出勤天数或实际完成的工作量据实核算,并按月支付;因履行本合同发生劳动争议,双方均可向劳动争议仲裁委申请仲裁。在合同履行过程中,某公司对杨某进行实名制打卡,工资由某公司根据打卡记录进行核算,并通过农民工工资专用账户发放给杨某。诉讼中,杨某提交了《情况说明》(日期为 2022 年 1 月 14 日)一份,内容为:“杨某自 2021 年 5 月 29 日至 2021 年 11 月 30 日在综合楼教学楼施工项目工地从事木工工作,项目木工班组负责人为李某。本人每日工资 400 元,总共干 102.5 天,实名制打卡考勤为 53.8 天,工资总计 40500 元,现已支付 21500 元,未支付 19000 元。未支付工资以某公司银行流水为准。”李某在班组负责人处签名捺印,杨某在承诺人处签名捺印。杨某主张其实名制打卡天数为 102.5 天及已收到工资 30670 元,某公司对此无异议。2023 年 4 月 12 日,杨某以某公司、李某为被告起诉至法院,要求李某、某公司支付杨某劳务费 15375 元。法院经审理后以本案应当适用仲裁前置程序为由驳回了杨某的起诉。2023 年 5 月,杨某(申请人)以某公司、李某为被申请人申请劳动仲裁,劳动仲裁委以被申请人主体不适格为由作出不予受理案件通知书,故杨某诉至本院,要求某公司、李某向其支付拖欠的工资 15375 元并要求某公司向其支付解除劳动关系经济补偿金 5955 元。

杨某认为:其与某公司及李某之间均系劳务合同关系。工作期间其接受李某管理和工作安排,并与某公司、李某按每天 400 元的标准结算工资。工程完工后,某公司、李某仅支付了部分工资,拖欠工资多次催要未果,有银行转账记录和某公司、李某组织杨某共同协商并出具《情况说明》予以证明。

某公司认为:一、其与杨某之间系劳动关系,但未曾办理过解除劳动合同的相关手续。二、杨某的诉请根据《劳动争议调解仲裁法》的规定,已经超过一年的仲裁时效,实体上的胜诉权利已经丧失。三、其已与杨某签订了住建部门要求签订的劳动合同,并按照其实际的工作天数支付了对应的劳动报酬,不存在拖欠工资的问题。四、根据双方签订的合同约定,若工人离场,合同自动解除,进一步说明杨某的诉求已超过诉讼时效。

李某认为:一、其非本案适格主体,依据《关于确立劳动关系有关事项的通知》第4条的规定,某公司是涉案工程的用工主体,向杨某发放工资并签订用工合同。二、杨某的工资一直由某公司发放,据某公司提交的用工合同可看出,其并未足额向杨某支付工资,剩余工资某公司理应支付。三、杨某提交的《情况说明》,内容系杨某自行书写,李某只是起到证明、说明的作用,并不能证明该工资系李某所欠,该《情况说明》中备注以某公司支付工资银行流水为准。

一审法院认为:本案的争议焦点为:一、关于某公司与杨某之间的用工关系如何认定的问题。《劳动法》第16条规定,劳动合同是劳动者与用人单位确立劳动关系、明确双方权利和义务的协议。建立劳动关系应当订立劳动合同。本案中,某公司与杨某签订的《建筑行业农民工合同》系双方真实意思表示,双方在该合同中明确约定了用人单位和劳动者基本信息、劳动合同期限、工作内容、工作地点、工作时间、劳动报酬等事项,符合劳动合同法律关系的一般特征,不违反法律、行政法规的强制性规定,亦不违反公序良俗,合法有效,予以确认。虽然杨某每天的工作由李某安排,但实际上由某公司实际进行管理,在劳动合同履行过程中,某公司对杨某进行实名制打卡,工资也是由某公司根据打卡记录进行核算,并通过农民工工资专用账户按月向杨某发放,符合相关劳动法规所规定的工时制度、工资按月发放、劳动者身份不可替代性、提供劳务连续性、稳定性等特征,加之某公司对双方之间系劳动合同关系亦无异议,故双方之间系劳动合同关系。二、关于李某是否应承担付款责任的问题。依前所述,本案系劳动争议纠纷,建立劳动合同关系的双方系某公司与杨某。同时,李某仅是在《情况说明》上的班组负责人处签名捺印,不能表明其愿意向杨某支付《情况说明》中载明的工资金额,故杨某要求李某向其支付工资无事实依据。三、关于杨某的各项诉讼请求是否成立的问题。1.关于拖欠工资。双方对工资标准和打卡天数均各持己见,故确定某公司是否拖欠工资的关键是杨某的工资标准和考勤天数。首先,关于工资标准。杨某与某公司之间系劳动合同关系,杨某与李某之间关于工资的约定对某公司不产生约束力,双方之间的工资应以劳动合同约定标准为准,即杨某日工资为350元;其次,关于考勤天数。杨某的考勤记录及相关请假手续虽由某公司掌管，但杨某主张其实名制打卡天数为102.5天，某公司对此无异议。据此，杨某应发工资为35875元（102.5天×350元/天），现某公司已向杨某支付工资30670元，还应支付5205元。2.关于解除劳动合同经济补偿金。杨某与某公司所签订的涉案《建筑行业农民工合同》系以完成一定工作任务为期限的劳动合同，根据在案证据及双方当事人陈述，可以认定杨某系2021年11月30日离开工地，根据双方在案涉合同中关于"合同期限为2021年6月10日至2021年9月10日止或至综合楼东楼工作（工程）结束即行终止，若工人离场，合同自动解除"的约定，可以认定双方的劳动关系自2021年11月30日起事实上已经解除。依据《劳动合同法实施条例》第22条"以完成一定工作任务为期限的劳动合同因任务完成而终止的，用人单位应当依照劳动合同法第四十七条的规定向劳动者支付经济补偿"的规定，杨某要求某公司支付其解除劳动合同经济补偿金的诉讼请求，符合上述法律规定，应予支持。又因《劳动合同法实施条例》第27条规定，《劳动合同法》第47条规定的经济补偿的月工资按照劳动者应得工资计算，包括计时工资或者计件工资以及奖金、津贴和补贴等货币性收入。劳动者工作不满12个月的，按照实际工作的月数计算平均工资。因杨某自2021年5月29日入职，当年11月30日离开工地，实际在案涉工地工作了6个月零2天，按照其实际工作的月数计算其解除劳动合同前12个月的平均工资为5979元（35875元÷6个月），故某公司应支付其解除劳动合同经济补偿金为5979元，杨某对于该项诉讼请求主张5955元，视为对其权利的处分，予以支持。

二审法院认为：二审案件应当围绕上诉人的上诉请求进行审查。本案争议焦点：一、关于工资的认定。上诉人某公司与杨某签订《建筑行业农民工合同》明确约定实行计时工资制，杨某完成生产工作任务，每日工资350元，按照劳动者每月实际出勤天数或实际完成的工作量据实核算。一审中某公司对杨某主张其实名制打卡天数予以认可，一审法院据此按照劳动合同约定的工资标准计算打卡天数工资并无不当，且对于双方认可已经支付工资予以扣减，故一审法院认定欠付工资金额正确，本院予以确认。二、关于本案是否经过仲裁时效期间的认定。经审查，某公司与杨某签订的《建筑行业农民工合同》约定的合同期限自2021年6月10日至2021年9月10日止或至综合教学楼东楼工作结束即行终止。杨某主张其离开工地后，一直向某公司、李某主张欠付工资，结合某公司于2022年4月27日向杨某继续支付工资的事实，本案符合《劳动争议调解仲裁法》第27条规定的仲裁时效期间中断的情形，故一审法院认定本案未经过仲裁时效期间符合法律规定。综上所述，某公司的上诉请求不能成立，应予驳回；一审判决认定事实清楚，适用法律正确，应予维持。

【法官释法】

建筑业是劳动密集型产业，就业容量大、吸纳农民工进城务工人数所占比例大。目前，在建筑施工领域，对于实际施工人招用的劳动者与发包人、承包人等具有劳动用工主体资格的单位之间究竟是什么关系，成为突出的法律问题，因为缺乏相应的立法规范，司法解释也鲜有涉及，导致审判工作中认识和操作较为混乱，“同案不同判”的现象时有发生。对于上述问题的判断，当前审判实务中，大致有三种观点：

不存在劳动关系说。此为目前的主流观点。《最高人民法院办公厅关于印发〈全国民事审判工作会议纪要〉的通知》（法办〔2011〕442号）第59条规定，建设单位将工程发包给承包人，承包人又非法转包或违法分包给实际施工人，实际施工人招用的劳动者请求确认与具有用工主体资格的发包人之间存在劳动关系的，不予支持。2014年4月，最高人民法院《对最高人民法院〈全国民事审判工作会议纪要〉第59条作出进一步释明的答复》中明确：实际施工人与其招用的劳动者之间应认定为雇佣关系，但实际施工人的前一手具有用工主体资格的承包人、分包人或转包人与劳动者之间既不存在雇佣关系，也不存在劳动关系。因为双方并没有建立劳动关系的意思表示，更没有建立劳动关系的合意，承包人、分包人或转包人违反了《建筑法》的相关规定，应当承担相应的行政责任或民事责任。不能为了达到制裁这种违法发包、分包或者转包行为的目的，就可以任意超越《劳动合同法》的有关规定，强行认定本来不存在的劳动关系。如马鞍山市劳动人事争议仲裁委员会《关于审理劳动人事争议案件若干问题的意见》（马劳人仲〔2016〕1号）第13条规定，建筑施工、矿山企业等单位将工程（业务）或经营权转包、分包给不具备用工主体资格的组织或者自然人，以及车辆挂靠情形下，该组织或自然人招用的劳动者以及挂靠人聘用的司机，请求确认其与具备用工主体资格的建筑工程施工企业、矿山企业、车辆被挂靠单位之间建立劳动关系的，不予支持。

事实劳动关系说。此种观点认为，虽然案涉工程层层转包、分包给不具备用工主体资格的实际施工人，但实际施工人所招用的劳动者在具体提供劳务的过程中，受实际施工人的前一手即具有用工主体资格的承包人、分包人、转包人管理，工资由其进行发放，劳动关系的特征完全符合《劳动和社会保障部关于确立劳动关系有关事项的通知》（劳社部发〔2005〕12 号）所规定的认定劳动关系的构成要件，此时应当认定双方存在劳动关系。本案中即采用了上述观点。

用工主体责任说。《劳动和社会保障部关于确立劳动关系有关事项的通知》（劳社部发〔2005〕12 号）第 4 条规定，建筑施工、矿山企业等用人单位将工程（业务）或经营权发包给不具备用工主体资格的组织或自然人，对该组织或自然人招用的劳动者，由具备用工主体资格的发包方承担用工主体责任。《劳动合同法》第 94 条对这一问题作了进一步的规定，即个人承包经营违法招用劳动者，给劳动者造成损害的，发包的组织与个人承包经营者承担连带赔偿责任。对于上述两个规定如何理解和把握，《江苏省高级人民法院劳动争议案件审理指南（2010）》中认为，不具备用工主体资格的承包人违法招用劳动者，其与劳动者之间系无效的劳动合同关系，对于该无效劳动合同，由于劳动者已经实际提供了劳务，因此，承包人应当按照劳动法的规定承担用人单位所应承担的各种赔偿责任，如给付工资报酬、给予工伤保险赔偿、社会保险待遇的赔偿等；同时，对于该劳动合同的无效，因前一手有用工资质的建筑施工企业、矿山企业也存在过错，故应与承包人承担连带赔偿责任。因此，劳动者如果起诉要求确认劳动关系，或要求与建筑施工企业、矿山企业建立无固定期限劳动合同的，应当不予支持，但是对于劳动者主张的劳动法意义上的各种赔偿，可以根据《劳动合同法》第 94 条的规定要求承包人与建筑施工企业、矿山企业承担连带赔偿责任。

笔者认为，在确认或不确认劳动关系的背后，往往牵连着被招用劳动者受伤时的工伤责任承担问题。因此，对于实际施工人聘用的劳动者与具备用工主体资格的建筑施工企业之间的法律关系应采用“两分法则”，即将劳动关系确认与工伤责任承担问题分开而论。根据目前建筑业的基本情况，并结合我国基本国情和有关法律及司法解释规定，绝大部分被实际施工人招用的劳动者与其“名义上的雇主”（建筑企业）不宜认定二者之间存在劳动关系，这是司法实务中的主流观点。但是，即便如此，也应当根据案件的具体情况具体分析，对于符合确定劳动关系构成要件的，应当认定为劳动关系；对于不符合确定劳动关系构成要件的，可以不认定劳动关系，但是对于有工程（业务）层层违法分包情形而劳动者又被人力资源和社会保障部门认定为工伤，要求由建筑企业参照工伤的有关规定进行赔偿的，应予支持。主要理由如下：一是符合建筑行业的客观实际。尽管法律法规对于建设工程明文禁止肢解分包，然而，现实的情况不容乐观，建筑施工、矿山企业等用人单位将工程或者业务发包、转包或者层层发包、转包给不具备用工主体资格的组织或自然人的情况屡见不鲜。《保障农民工工资支付条例》第 28 条第 1 款规定，施工总承包单位或者分包单位应当依法与所招用的农民工订立劳动合同并进行用工实名登记，具备条件的行业应当通过相应的管理服务信息平台进行用工实名登记、管理。未与施工总承包单位或者分包单位订立劳动合同并进行用工实名登记的人员，不得进入项目现场施工。《建筑工人实名制管理办法（试行）》（建市〔2019〕18 号）明确要求建筑企业应与农民工签订劳动合同。同时，实务中劳动监察部门把是否签订书面劳动合同作为检查的重点。因此，随着国家层面对于建筑行业的规范管理，对不符合建立劳动关系情形的，应依法订立用工书面协议，对于符合劳动关系的，应该订立劳动合同。二是符合劳动关系的社会属性。劳动法是调整劳动关系以及与劳动关系密切联系的一切社会关系的法律。而劳动关系是基于用人单位与劳动者之间生产要素的结合而产生的关系，确认劳动关系要重点考察双方当事人之间是否具有管理与被管理的人身隶属性。根据《劳动和社会保障部关于确立劳动关系有关事项的通知》（劳社部发〔2005〕12 号）中的规定，认定事实劳动关系的要件包括主体资格、劳动人事管理、劳动报酬支付、劳动业务组成四大要素，适用于所有劳动关系确认情形。然而，尽管劳动法由国家基于社会需要出面指导、干预、监督，但劳动法强调劳动关系的自主形成——约定即为关系之基础，其基本原则为契约自由。因此，应秉持实事求是的作风，根据个案实际具体来认定。对于虽在建筑工地为建筑企业工作，但是并非建筑企业所聘用，系实际施工人聘用并受其管理的劳动者，双方之间不具备管理与被管理的人身隶属性,不具有建立劳动关系之合意的,不应认定为劳动关系。三是符合承担民事赔偿责任的理论。《劳动合同法》第94条规定,个人承包经营违反本法规定招用劳动者,给劳动者造成损害的,发包的组织与个人承包经营者承担连带赔偿责任。此为承担民事赔偿责任的条款,而非确认劳动关系的依据。如《江苏省高级人民法院劳动争议案件审理指南(2010)》规定,施工、矿山企业等用人单位将工程(业务)或经营权发包给不具备用工主体资格的组织或自然人,该组织或自然人招用的劳动者受到工伤的,根据2005年5月25日劳社部发〔2005〕12号《劳动和社会保障部关于确立劳动关系有关事项的通知》第4条和《劳动合同法》第94条的规定,应由承包人与具有用工主体资格的发包方承担连带赔偿责任。因此,实务中,对于劳动者依据人力资源和社会保障部门作出的因工伤亡或职业病确认结论和劳动能力鉴定结论请求工伤保险待遇,并要求发包人与承包人承担连带赔偿责任的,应予支持。

【法条链接】

《中华人民共和国劳动法》(2018年修正)

第十六条 劳动合同是劳动者与用人单位确立劳动关系、明确双方权利和义务的协议。

建立劳动关系应当订立劳动合同。

《中华人民共和国劳动合同法》(2012年修正)

第十五条 以完成一定工作任务为期限的劳动合同,是指用人单位与劳动者约定以某项工作的完成为合同期限的劳动合同。

用人单位与劳动者协商一致,可以订立以完成一定工作任务为期限的劳动合同。

第十六条 劳动合同由用人单位与劳动者协商一致,并经用人单位与劳动者在劳动合同文本上签字或者盖章生效。

劳动合同文本由用人单位和劳动者各执一份。

第四十七条 经济补偿按劳动者在本单位工作的年限,每满一年支付一个月工资的标准向劳动者支付。六个月以上不满一年的,按一年计算;不满六个月的,向劳动者支付半个月工资的经济补偿。

劳动者月工资高于用人单位所在直辖市、设区的市级人民政府公布的本地区上年度职工月平均工资三倍的,向其支付经济补偿的标准按职工月平均工资三倍的数额支付,向其支付经济补偿的年限最高不超过十二年。

本条所称月工资是指劳动者在劳动合同解除或者终止前十二个月的平均工资。

《中华人民共和国劳动合同法实施条例》

第二十二条 以完成一定工作任务为期限的劳动合同因任务完成而终止的,用人单位应当依照劳动合同法第四十七条的规定向劳动者支付经济补偿。

第二十七条 劳动合同法第四十七条规定的经济补偿的月工资按照劳动者应得工资计算,包括计时工资或者计件工资以及奖金、津贴和补贴等货币性收入。劳动者在劳动合同解除或者终止前12个月的平均工资低于当地最低工资标准的,按照当地最低工资标准计算。劳动者工作不满12个月的,按照实际工作的月数计算平均工资。

《最高人民法院办公厅关于印发〈全国民事审判工作会议纪要〉的通知》(法办〔2011〕442号)

第59条 建设单位将工程发包给承包人,承包人又非法转包或违法分包给实际施工人,实际施工人招用的劳动者请求确认与具有用工主体资格的发包人之间存在劳动关系的,不予支持。

《劳动和社会保障部关于确立劳动关系有关事项的通知》(劳社部发〔2005〕12号)

四、建筑施工、矿山企业等用人单位将工程(业务)或经营权发包给不具备用工主体资格的组织或自然人,对该组织或自然人招用的劳动者,由具备用工主体资格的发包方承担用工主体责任。

《人力资源社会保障部关于执行〈工伤保险条例〉若干问题的意见》(人社部发〔2013〕34号)

第七条 具备用工主体资格的承包单位违反法律、法规规定,将承包业务转包、分包给不具备用工主体资格的组织或者自然人,该组织或者自然人招用的劳动者从事承包业务时因工伤亡的,由该具备用工主体资格的承包单位承担用人单位依法应承担的工伤保险责任。

第二章

劳动合同的履行

一、试用期不合格，能随意辞退吗

裁判要旨

实践中，很多用人单位认为试用期用不用员工，由其说了算，随便找个“不符合录用条件”的理由就可理所当然地将员工辞退。《劳动合同法》第 21 条规定，在试用期中，除劳动者有本法第 39 条和第 40 条第 1 项、第 2 项规定的情形外，用人单位不得解除劳动合同。用人单位在试用期解除劳动合同的，应当向劳动者说明理由。显然，用人单位以劳动者在试用期内不符合录用条件为由，解除与劳动者的劳动合同时，应当举证证明劳动者在试用期间存在“不符合录用条件”的情形。笔者认为，如果用人单位未尽到上述举证责任的，应被认定属于违法解除劳动合同。

【案情总览】

李某于 2019 年 8 月 14 日入职某公司担任总经办副主任一职，月工资 5600 元（转正工资的 80%），双方签订了为期 5 年的劳动合同，并约定试用期为 6 个月，自 2019 年 10 月 1 日起至 2020 年 4 月 1 日止，该合同签订日期显示为 2019 年 10 月 1 日。2020 年 1 月 8 日，某公司作出《关于李某工作违纪的处理公告》及《解聘通知书》，以李某借为公司办事，将办事剩余款项挪为他用，事后经公司一再催还，仍拒绝按时归还，态度恶劣为由，不予为其职务转正，并解除劳动合同。2020 年 1 月 9 日，李某办理完交接手续后再未上班。2020 年 1 月 10 日，某公司以 EMS 特快专递形式向李某邮寄了《解聘通知书》，并于 2020 年 1 月 16 日通过《银川晚报》以公告的形式发布《解除合同通知》，内容为：“李某在试用期间不符合录用条件，我司决定与其解除劳动合同。”2020 年 1 月 20 日，某公司将李某的解除劳动关系相关手续在劳动人事局进行了备案。2020 年 3 月 26 日,李某申请劳动仲裁,因对仲裁裁决不服,李某诉至法院,请求依法判令某公司向其支付违法解除劳动合同经济补偿金、2019 年 8 月 14 日—2019 年 10 月 1 日未与其签订劳动合同 1.5 个月双倍工资、加班工资及 2020 年 1 月 10 日—2020 年 8 月未开具离职证明无法继续就业期间的工资损失等共计 102201.82 元,并要求开具正式解除劳动合同关系证明。

一审法院经审理认为:关于李某与某公司劳动合同签订日期的认定问题。《劳动合同法》第 82 条第 1 款规定,用人单位自用工之日起超过一个月不满一年未与劳动者订立书面劳动合同的,应当向劳动者每月支付二倍的工资。本案中,李某于 2019 年 8 月 14 日入职某公司,某公司陈述李某入职当日就与其签订了劳动合同,但在某公司为其网上申报办理社保时,因李某的医疗保险仍由失业保险机构进行缴纳,故为其劳动合同加盖电子印章失败,经公司人力资源科经办人与李某沟通,李某答复称 9 月的医保已经缴纳,失业金无法取消,故要求某公司于 10 月为其办理社保。诉讼中,李某认可某公司上述关于社保缴纳情况的陈述,也认可某公司实际上于 2019 年 8 月 14 日李某入职当日就与其签订劳动合同以及劳动合同最后一页的签名也是其本人于 2019 年 8 月 14 日所签的事实。由此,因李某个人原因未在入职前处理好社保关系且未告知某公司,因其仍在领取失业保险金,导致某公司无法正常为其缴纳 2019 年 8 月、9 月的各项社会保险费。某公司当庭提交的由李某本人签名的《劳动合同》可以证明其系自愿与某公司签订劳动合同,因上述原因劳动合同的签订日期显示为 2019 年 10 月 1 日,李某虽不认可劳动合同签订时间写成 2019 年 10 月 1 日系经本人同意,但不影响双方于 2019 年 8 月 14 日已签订劳动合同的事实存在,故某公司无须承担 2019 年 8 月 14 日—2019 年 10 月 1 日期间未签订劳动合同二倍工资的法律责任。

关于李某的试用期起止时间的认定问题。《劳动合同法》第 19 条第 1 款规定,劳动合同期限 3 个月以上不满 1 年的,试用期不得超过 1 个月;劳动合同期限 1 年以上不满 3 年的,试用期不得超过 2 个月;3 年以上固定期限和无固定期限的劳动合同,试用期不得超过 6 个月。本案中,关于劳动合同中显示的试用期 2019 年 10 月 1 日至 2020 年 4 月 1 日,某公司陈述:“关于合同修改的日期有协商过，但是试用期按照系统直接生成的，我们认可的试用期是6个月，到2020年2月13日到期，实际执行的也是6个月的试用期"；李某陈述："没有协商过，劳动合同2019年8月14日签订后，我再没见过合同。"虽然双方《劳动合同》中试用期期限的条款系某公司添加，并非双方协商，但是李某认可知晓他的试用期为6个月，并陈述其工资就是按照试用期工资发放，李某对试用期工资的发放并未表示异议，且其在起诉状中亦称约定试用期为6个月。综上，根据双方当事人所提交的相关证据并结合双方当事人的陈述，可以认定李某的试用期为6个月，起算日期以实际入职时间为准，自2019年8月14日起至2020年2月13日止。

关于某公司解除与李某之间的劳动合同是否合法的问题。本案中，根据已查明的事实，李某在试用期间，不能适当履行工作职责、完成工作任务，并存在收取的押金不能及时上交公司财务的行为，某公司根据《劳动合同法》第39条第1款第1项规定，以李某试用期不符合录用条件为由解除与李某之间的劳动合同，并向其说明了具体理由并发布公告，符合《劳动合同法》的相关规定。

据此，一审法院经审理后判决某公司向李某支付欠发工资2940.69元、休息日加班工资1338.84元、法定节假日加班工资231.72元并判决某公司于本判决生效之日起十五日内向李某出具解除劳动合同证明书。李某不服提起上诉。

二审法院认为：结合一审证据及当事人陈述，可以认定李某与某公司2019年8月14日入职当日即签订了劳动合同。李某知晓其试用期为6个月，故以其实际入职时间为起算点，李某的试用期应为自2019年8月14日起至2020年2月13日止。李某在试用期间，存在收取的押金不能及时上交公司财务的行为，某公司以李某试用期不符合录用条件为由解除劳动合同，向李某告知了具体理由并发布公告，不违反法律规定。故对李某主张补发工资7000元、支付经济补偿7000元、支付违法解除赔偿金14000元的请求，均不予采纳。李某于试用期内被解除，且双方在《劳动合同》中并未对14薪进行约定，故一审法院对李某要求某公司按14薪支付2019年8月14日至2019年12月31日的工资不予支持并无不当。社会保险费的缴纳属于行政管理范畴，不属于人民法院受理范围，一审法院对其该项诉讼请求不予支持亦无不当。关于李某主张某公司应向其支付加班工资 2458.86 元、2019 年 12 月 26 日至 2020 年 1 月 10 日上班工资 4827.6 元、继续就业期间的工资损失 39200 元,但其并未提供足够证据加以证明,应承担举证不利的后果。综上所述,上诉人的上诉请求不能成立,应予驳回,一审判决认定事实清楚,适用法律正确,应予维持。

再审法院认为:本案中,依据双方提交的证据及当事人陈述,能够认定李某于 2019 年 8 月 14 日入职当日即与某公司签订了劳动合同,李某亦知晓其试用期为 6 个月,故原审法院认定李某的试用期为 2019 年 8 月 14 日至 2020 年 2 月 13 日正确。因李某在试用期间有不符合录用条件的行为,某公司以此为由解除劳动合同,并向李某进行了告知,不违反法律规定,故原审法院对李某主张补发工资 7000 元、支付经济补偿及违法解除赔偿金的请求未予支持并无不当。因李某于试用期内被解聘,且双方在劳动合同中并未对 14 薪进行约定,故原审法院对李某要求某公司按 14 薪支付 2019 年 8 月 14 日至 12 月 31 日工资的请求未予支持亦无不当。因社会保险费的缴纳不属于人民法院审理范围,原审法院对李某主张的社会保险费未予支持正确。关于李某主张的加班工资 2458.86 元、2019 年 12 月 26 日至 2020 年 1 月 10 日上班工资、继续就业期间的工资损失,因其未能提供充分证据予以证明,原审法院未予支持正确,李某的再审理由均不能成立。据此,裁定驳回李某的再审申请。

【法官释法】

所谓试用期,是指包含在劳动合同期限内,劳动关系还处于非正式状态,用人单位对劳动者是否合格进行考核,劳动者对用人单位是否适合自己要求进行了解的期限。实践中,由于试用期是劳动者和用人单位的相互考察期,劳动者和用人单位的劳动关系还处于不稳定状态,很多用人单位认为试用期是否符合录用条件,最终用不用该员工,由其说了算,随便找个理由就可理所当然地将员工辞退。根据《劳动合同法》第 21 条的规定,用人单位以劳动者在试用期内不符合录用条件为由,解除与劳动者的劳动合同时,应当举证证明劳动者在试用期间存在“不符合录用条件”的情形。笔者认为,用人单位未尽到上述举证责任的,应被认定属于违法解除劳动合同。有鉴于此,由于用人单位及劳动者对于试用期的种种误解,有必要进行以下提示:

劳动合同订立时,必须遵守“两原则”。劳动合同,又称劳动契约、劳动协议,是确立劳动者与用人单位劳动关系的基本前提。《劳动法》第 16 条规定,劳动合同是劳动者与用人单位确立劳动关系、明确双方权利和义务的协议。建立劳动关系应当订立劳动合同。试用期既然包含在劳动合同期限内,就应遵守签订劳动合同的相关原则,特别是以下“两原则”尤为重要。一是诚实信用原则。又称诚信履行原则,是道德原则的法律化,要求当事人应当忠实自己的义务,尊重他人利益。《劳动合同法》第 8 条规定,用人单位招用劳动者时,应当如实告知劳动者工作内容、工作条件、工作地点、职业危害、安全生产状况、劳动报酬,以及劳动者要求了解的其他情况;用人单位有权了解劳动者与劳动合同直接相关的基本情况,劳动者应当如实说明。显然,上述条款系规范用人单位及劳动者在预备建立劳动关系之初各自的如实陈述义务,不得有欺诈行为,不得隐瞒真实情况。二是合法原则。合法原则系劳动合同订立的根本性原则,系劳动合同有效的前提条件,签订劳动合同要求“三必须”,即必须具备主体资格、必须内容合法、必须形式合法。如《劳动合同法》第 19 条规定,3 年以上固定期限和无固定期限的劳动合同,试用期不得超过 6 个月。在这种情况下即使双方在合同中约定了 6 个月以上的试用期,也是违反法律规定的,该条款将被视为无效。对此,用人单位应承担由此而产生的法律责任。

劳动合同履行时,必须遵守“七限制”。劳动合同的内容可以分为必备条款和约定条款,根据《劳动合同法》第 17 条第 2 款关于“劳动合同除前款规定的必备条款外,用人单位与劳动者可以约定试用期、培训、保守秘密、补充保险和福利待遇等其他事项”的规定可以看出,关于试用期的约定系劳动合同的约定条款。具体而言,《劳动合同法》为规范试用期,作了如下“七限制”:一是次数限制:同一用人单位与同一劳动者只能约定一次试用期。二是最长期限限制:试用期不得超过 6 个月。三是禁止约定试用期限制:以完成一定工作任务为期限的劳动合同或者劳动合同期限不满 3 个月的,不得约定试用期。四是试用期与合同期限相结合的限制:劳动合同期限 3 个月以上不满 1 年的,试用期不得超过 1 个月;劳动合同期限 1 年以上不满 3 年的,试用期不得超过 2 个月;3 年以上固定期限和无固定期限的劳动合同,试用期不得超过 6 个月。五是工资标准限制:试用期的工资不得低于本单位相同岗位最低档工资或者劳动合同约定工资的百分之八十,并不得低于用人单位所在地的最低工资标准。六是解除劳动合同限制:在试用期中,除劳动者有《劳动合同法》第39条和第40条第1项、第2项规定的情形外,用人单位不得解除劳动合同。七是需在劳动合同中进行约定的限制:试用期包含在劳动合同期限内。劳动合同仅约定试用期的,试用期不成立,该期限为劳动合同期限。同时,《劳动合同法》第83条规定,用人单位违反本法规定与劳动者约定试用期的,由劳动行政部门责令改正;违法约定的试用期已经履行的,由用人单位以劳动者试用期满月工资为标准,按已经履行的超过法定试用期的期间向劳动者支付赔偿金。可见,用人单位如果违反了上述试用期"七限制",将要承担相应的法律责任。

劳动合同解除时,必须向劳动者说明理由。《劳动合同法》第21条规定,用人单位在试用期解除劳动合同的,应当向劳动者说明理由。同时,该法第39条规定,劳动者在试用期间被证明不符合录用条件的,用人单位可以解除劳动合同。笔者认为,用人单位适用该情形解除劳动合同时,应同时具备以下"四要件":一是双方约定的试用期符合法律规定,且处于试用期内;二是有明确的文字记载的录用条件;三是劳动者的表现不符合录用条件;四是用人单位提供的证据足以证明劳动者不符合录用条件。有鉴于此,笔者认为,用人单位要想合法辞退试用期职工,必须规范其作为用人单位的聘用、履行、解聘的流程,保存相关证据,否则,将承担举证不能的法律后果。具体包括:一是录用条件须明确。所谓录用条件,指的是用人单位在招用劳动者时提出的具体要求和标准,包括文化、技能、身体、品质等条件。《劳动合同法》第8条规定,用人单位招用劳动者时,应当如实告知劳动者工作内容、工作条件、工作地点、职业危害、安全生产状况、劳动报酬,以及劳动者要求了解的其他情况。用人单位有权了解劳动者与劳动合同直接相关的基本情况,劳动者应当如实说明。从上述规定来看,用人单位应当对劳动者说明的事项采用了"列举+概括"的方式,劳动者应当说明的事项则采用了概括的方式。因此种规定方式,使得用人单位行使其说明的义务更具有操作性,故用人单位在发布招聘广告时,应尽可能对岗位的描述、工作内容、工作要求、录用条件具体化、细化,另外,要将录用条件、规章制度、考核制度、入职登记表作为劳动合同的附件,由员工签字确认。二是考核评估须完善。员工在试用期间是否存在"不符合录用条件"的情形,应对其进行公平公开公正的考核评估。用人单位应建立完善的考核评估制度,且该考核评估制度应是向劳动者公示并签名确认。三是解聘程序须合法。《劳动合同法》规定试用期内劳动者解除劳动合同只需要提前3天即可,没有要求书面形式,劳动者可以书面解除,也可以口头解除。但是,并没有规定用人单位试用期内辞退员工要提前通知的期限。笔者认为,用人单位以“不符合录用条件”辞退员工,应在试用期间内提出并送达员工。就如本案,某公司所提交的证据可以证明李某在试用期间,不能适当履行工作职责、完成工作任务,并存在收取的押金不能及时上交公司财务的行为,遂根据《劳动合同法》第39条第1款第1项规定,以李某试用期不符合录用条件为由解除与李某之间的劳动合同,并向其说明了具体理由并发布公告,符合《劳动合同法》的相关规定。

【法条链接】

《中华人民共和国劳动合同法》(2012年修正)

第八条 用人单位招用劳动者时,应当如实告知劳动者工作内容、工作条件、工作地点、职业危害、安全生产状况、劳动报酬,以及劳动者要求了解的其他情况;用人单位有权了解劳动者与劳动合同直接相关的基本情况,劳动者应当如实说明。

第十七条 劳动合同应当具备以下条款:

(一)用人单位的名称、住所和法定代表人或者主要负责人;

(二)劳动者的姓名、住址和居民身份证或者其他有效身份证件号码;

(三)劳动合同期限;

(四)工作内容和工作地点;

(五)工作时间和休息休假;

(六)劳动报酬;

(七)社会保险;

(八)劳动保护、劳动条件和职业危害防护;

(九)法律、法规规定应当纳入劳动合同的其他事项。

劳动合同除前款规定的必备条款外,用人单位与劳动者可以约定试用期、培训、保守秘密、补充保险和福利待遇等其他事项。

第十九条 劳动合同期限三个月以上不满一年的,试用期不得超过一个月;劳动合同期限一年以上不满三年的,试用期不得超过二个月;三年以上固定期限和无固定期限的劳动合同,试用期不得超过六个月。

同一用人单位与同一劳动者只能约定一次试用期。

以完成一定工作任务为期限的劳动合同或者劳动合同期限不满三个月的,不得约定试用期。

试用期包含在劳动合同期限内。劳动合同仅约定试用期的,试用期不成立,该期限为劳动合同期限。

第二十条 劳动者在试用期的工资不得低于本单位相同岗位最低档工资或者劳动合同约定工资的百分之八十,并不得低于用人单位所在地的最低工资标准。

第二十一条 在试用期中,除劳动者有本法第三十九条和第四十条第一项、第二项规定的情形外,用人单位不得解除劳动合同。用人单位在试用期解除劳动合同的,应当向劳动者说明理由。

第三十九条 劳动者有下列情形之一的,用人单位可以解除劳动合同:

(一)在试用期间被证明不符合录用条件的;

(二)严重违反用人单位的规章制度的;

(三)严重失职,营私舞弊,给用人单位造成重大损害的;

(四)劳动者同时与其他用人单位建立劳动关系,对完成本单位的工作任务造成严重影响,或者经用人单位提出,拒不改正的;

(五)因本法第二十六条第一款第一项规定的情形致使劳动合同无效的;

(六)被依法追究刑事责任的。

《对〈工资支付暂行规定〉有关问题的补充规定》(劳部发〔1995〕226 号)

二、关于加班加点的工资支付问题

1.《规定》第十三条第(一)、(二)、(三)款规定的在符合法定标准工作时间的制度工时以外延长工作时间及安排休息日和法定休假节日工作应支付的工资,是根据加班加点的多少,以劳动合同确定的正常工作时间工资标准的一定倍数所支付的劳动报酬,即凡是安排劳动者在法定工作日延长工作时间或安排在休息日工作而又不能补休的,均应支付给劳动者不低于劳动合同规定的劳动者本人小时或日工资标准 150%、200% 的工资;安排在法定休假节日工作的,应另外支付给劳动者不低于劳动合同规定的劳动者本人小时或日工资标准 300% 的工资。

二、员工被追究刑事责任，用人单位能否随时解除劳动合同

裁判要旨

《劳动合同法》第 39 条第 6 项规定，赋予了用人单位在劳动者被追究刑事责任的情形下可以即时解除劳动合同的权利，即便是劳动者被确认为工伤的情形之下，依然可以解除劳动合同，且不用支付经济补偿金。然而，实践中存在用人单位在明知劳动者被追究刑事责任，在其服刑期间直至服刑期满后较长时间内均未提出与劳动者解除劳动关系的情形，双方劳动关系如何确定？若用人单位并未立即作出解除决定，而是隔了很长一段时间之后再以此为由作出解除劳动关系的决定，该解除行为是否有效？如果劳动者服刑期满后又继续在原单位工作的，其以用人单位违反《劳动合同法》第 38 条规定提出解除劳动关系，要求经济补偿金的是否应支持？因相关法律法规及司法解释并无规定，实践中处理不一。笔者认为，用人单位行使过错性解除权，也必须要在合理期限内行使，在上述合理期限内未行使的，视为用人单位放弃了单方解除权；劳动者在上述合理期限之后，以用人单位违反《劳动合同法》第 38 条规定为由要求解除劳动合同并要求支付经济补偿金的，应予支持。

【案情总览】

王某于 2019 年 9 月入职某建设公司从事电工工作，双方未签订书面劳动合同，某建设公司也未给王某缴纳各项社会保险。2019 年 11 月 26 日，王某驾驶某建设公司所有的车辆去工地途中发生交通事故，造成同车的一名公司员工

死亡,王某受伤,王某负事故全部责任。2019 年 12 月 30 日,王某因涉嫌犯交通肇事罪被某市公安局交通警察分局依法取保候审。2020 年 9 月 24 日,王某被某区人民法院继续取保候审。2020 年 11 月 18 日,王某因犯交通肇事罪经某区人民法院判处有期徒刑二年,缓期二年,自 2020 年 12 月 1 日起至 2022 年 11 月 30 日止,该判决于 2020 年 12 月 1 日生效。2021 年 3 月,王某被认定为工伤并鉴定伤残等级伤残八级,停工留薪期为 10 个月。王某自述其月工资为 6000 元、2019 年 9 月 5 日至 2019 年 11 月 26 日期间的工资未支付。2023 年 4 月,王某因"工伤待遇"等发生纠纷申请劳动仲裁,请求裁决:双方解除劳动关系、支付解除劳动合同经济补偿金并支付因工伤产生的各项费用 40 余万元。因王某和某建设公司均不服仲裁裁决,诉至法院。

一审法院认为:关于某建设公司与王某之间的劳动关系解除问题。《劳动合同法》第 39 条的规定赋予了用人单位在劳动者被追究刑事责任的情形下可以单方解除劳动合同的权利,即便是劳动者被确认为工伤的情形之下,依然在合理期限内有权行使单方解除权,且不用支付经济补偿金。但是,本案中,王某于 2020 年 11 月 18 日因犯交通肇事罪被依法追究刑事责任,判决于 2020 年 12 月 1 日生效。某建设公司在明知王某被追究刑事责任的情况下,在王某服刑期间直至王某于 2023 年 4 月 13 日就工伤保险待遇提起仲裁时,均未提出与王某解除劳动合同关系。据此,某建设公司关于其与王某之间基于工伤认定的劳动关系于 2019 年 11 月 26 日解除的诉讼请求不成立。同时,根据《工伤保险条例》第 37 条第 2 项以及《劳动合同法》第 38 条第 2、3 项的规定,王某于 2020 年 9 月 26 日停工留薪期满后再未回某建设公司上班,某建设公司也从未要求王某返岗上班,结合某建设公司从未向王某发放过工资,未为王某缴纳社会保险的事实及王某治疗康复的情况,并结合双方因发生劳动争议进行仲裁、诉讼的情况及王某本人因某建设公司未为其缴纳社会保险、发放工资而自愿提出解除劳动合同的情形,加之劳动争议仲裁委员会于 2023 年 4 月 17 日向某建设公司送达了仲裁申请书副本的情况,视为双方劳动关系于 2023 年 4 月 17 日解除。

关于某建设公司是否应向王某支付解除劳动关系经济补偿金的问题。依前所述,自 2019 年 9 月 5 日起至 2023 年 4 月 16 日期间,双方的劳动关系依然存续,依据《劳动法》第 72 条关于"社会保险基金按照保险类型确定资金来源,逐步实行社会统筹。用人单位和劳动者必须依法参加社会保险,缴纳社会保险费”的规定,王某以某建设公司未为其缴纳社会保险、发放工资为由,要求向其支付经济补偿金符合劳动者自愿提出解除劳动合同而用人单位应当支付解除劳动合同经济补偿金的情形,故某建设公司应按照王某在其单位的工作年限每满一年支付一个月工资的标准向王某支付。

关于某建设公司是否应向王某支付生活费的问题。根据《宁夏回族自治区实施〈工伤保险条例〉办法》第27条的规定,停工留薪期间,用人单位不得与工伤职工解除劳动关系。停工留薪期满,用人单位应当为工伤职工安排适当工作;确因伤情不能安排工作的,用人单位应当以工伤职工受伤前12个月月平均工资为标准按月发给生活费,待评定伤残等级后,按照《条例》的规定享受相关待遇。本案中,王某于2019年11月26日发生工伤,于2023年3月22日被鉴定伤残等级为八级,确认停工留薪期为10个月,故王某停工留薪期满之日为2020年9月26日。但因王某2020年9月24日被某区人民法院继续取保候审,并于2020年11月18日因犯交通肇事罪被判处有期徒刑二年,缓期二年,自2020年12月1日起至2022年11月30日止。综合案件的实际情况,王某主张支付其2022年8月至2023年5月期间的生活费的诉讼请求,不属于《宁夏回族自治区实施〈工伤保险条例〉办法》第27条中所规定的“确因伤情不能安排工作的”情形,故该项诉讼请求,无事实和法律依据。据此,一审法院经审理后判决某建设公司与王某劳动关系于2023年4月17日解除并支付王某解除劳动合同经济补偿金、工资及工伤保险待遇等共计35万余元。王某及某建设公司均不服提起上诉。

二审法院认为:关于某建设公司主张其与王某之间不存在劳动关系,因生效法律文书已经确认,本院不予采信。某建设公司主张在事故发生之后,王某未向其提供任何劳务,故双方解除劳动关系的时间是2019年11月26日。一方面,依据法律规定王某在工伤期间可以暂停工作接受工伤医疗,另一方面某建设公司并未依据《劳动合同法》第39条规定作出单方解除劳动合同的行为,故一审法院认定双方劳动关系存续期间符合法律规定进而支持相应经济补偿金,并无不当。某建设公司主张医疗费已经通过保险公司理赔,王某属于重复主张,与一审查明事实不符,某建设公司亦未提交相应证据予以佐证,本院不予采信。王某经行政机关确认构成工伤,依照法律规定应当享受相应的工伤保险待遇,某建设公司主张不应支持王某主张的停工留薪期工资及相关工伤保险待遇,与法律规定不符,不予采纳。本案系劳动争议案件,某建设公司主张向王某追偿给付的他人死亡赔偿金,不属于本案审理范围。王某主张其在一审中提交的仲裁裁决等相关证据可以证明其工资标准为6000元,劳动争议案件前置的仲裁裁决不能作为其证明工资标准的证据,一审法院在双方均未提交证据情形下结合案件事实参照2019年度宁夏地区建筑行业年平均工资确定计算经济补偿金的工资标准,并无不当。《工伤保险条例》《宁夏回族自治区实施〈工伤保险条例〉办法》对一次性伤残补助金、一次性医疗补助金、一次性伤残就业补助金分别作出明确规定,一审法院依据上述规定计算相应金额准确无误。关于护理费、住院伙食补助费、劳动者待岗期间的生活费,一审法院依据案件事实结合法律规定处理得当,本院不再赘述。综上,一审判决认定的事实清楚,适用法律正确。上诉人的上诉请求均不能成立,依法应予驳回。

【法官释法】

一、关于过错性解除

所谓用人单位过错性解除,亦称过错性辞退、惩戒解雇、过错性解雇、即时辞退,是指用人单位可以依法不必提前预告而立即解除劳动合同的行为。《劳动合同法》第39条在《劳动法》第25条的基础上,将用人单位过错性解除的条件规定为六种情形。简言之,只有用人单位在证明员工有上述六种情形之一的情况下,才可行使过错性解除权。对于劳动者被依法追究刑事责任,用人单位并未立即作出解除决定,而是隔了很长一段时间之后再以此为由作出解除劳动关系的决定的,该解除行为是否有效?实践中认识不一,主要有两种观点。

无效说。过错性解除权也是一种民事权利,按照我国民事权利制度规则,只要是权利,那么对其保障就不是无期限的,就要受诉讼时效、仲裁时效、除斥期间、最长权利保护期限等制度约束。换言之,在法定期限内行使法律所赋予的法定权利才能得到法律的保护。如《天津市人社局关于印发〈天津市贯彻落实劳动合同法若干问题实施细则〉的通知》(津人社规字〔2023〕7号)第15条第2款规定,劳动者有劳动合同法第39条第2项、第3项、第4项、第5项、第6

项情形之一,用人单位与劳动者解除劳动合同的,应自知道或应当知道劳动者存在上述情形之日起6个月内作出解除劳动合同的决定。

有效说。劳动者被追究刑事责任,一方面存在不能正常工作的可能,另一方面考虑继续从事工作可能会损害用人单位的利益,所以赋予用人单位的合同解除权。因此,劳动者只要存在违反《劳动合同法》第39条的情形,此后即便经过较长时间,用人单位依然有权以此为由解除与劳动者的劳动合同。

二、关于劳动关系

实践中,存在用人单位明知劳动者被追究刑事责任,在其服刑期间直至服刑期满后均未提出与劳动者解除劳动关系的情形,此时双方劳动关系如何确定?司法实践中存在不同的观点。

存续说。《劳动合同法》第39条第6项赋予用人单位在劳动者被追究刑事责任时享有解除劳动关系的选择权,而不是必然导致劳动关系解除的后果。因此,在用人单位明知劳动者符合上述即时解除劳动合同的情形,而不在合理期限内与劳动者解除劳动合同的,双方的劳动关系依然存续。

中止说。根据劳动合同法的原理,劳动者被依法追究刑事责任,客观上无法正常履行劳动义务,此时劳动合同处于中止状态,劳动者不提供劳动,用人单位无须向劳动者支付工资、可以不缴纳相应的社会保险费用,该期间不计入今后也不计入双方劳动合同的期限内。如《江苏省劳动合同条例》第30条规定,有下列情形之一的,劳动合同可以中止:(1)经双方当事人协商一致的;(2)劳动者因涉嫌违法犯罪被限制人身自由的;(3)劳动合同因不可抗力暂时不能履行的;(4)法律、法规规定的其他情形。劳动合同中止期间,劳动关系保留,劳动合同暂停履行,用人单位可以不支付劳动报酬并停止缴纳社会保险费。劳动合同中止期间不计算为劳动者在用人单位的工作年限。劳动合同中止情形消失,除已经无法履行的外,应当恢复履行。

当然解除说。劳动者被追究刑事责任后,客观上劳动者本人因服刑影响了劳动合同的及时履行,也使得用人单位的生产、工作秩序无法正常进行,客观上劳动合同已无法履行。因此,在用人单位既未与劳动者订立劳动合同,也未及时作出解除劳动关系决定的前提下,视为双方劳动关系当然解除。

三、关于经济补偿金

《劳动合同法》第38条赋予了劳动者的即时解除权。那么，劳动者被追究刑事责任后，用人单位在合理期限内并未及时与其解除劳动关系，而劳动者依据《劳动合同法》第38条提出解除劳动合同，用人单位是否应支付经济补偿金？

支持说。劳动者虽被依法追究刑事责任，但其民事权利依然存在，在用人单位并没有及时地作出解除的意思表示，并且又与劳动者签订了新的劳动合同或者经过较长期限，超出了解除权行使的合理期间，若没有其他特殊原因限制，应视为用人单位放弃了单方解除权。而此时劳动者依据《劳动合同法》第38条的规定，要求与用人单位解除劳动合同，符合相关法律规定。

否定说。劳动者被依法追究刑事责任，用人单位虽没有作出解除劳动合同的相关意思表示，但是劳动者违法行为或者犯罪行为本身违反劳动纪律和用人单位的规章制度，使得用人单位的生产、工作秩序无法正常进行，此时，即便是劳动者提出解除劳动合同且符合《劳动合同法》第38条的情形，都不应支付经济补偿金。

笔者认为，劳动者被追究刑事责任的，用人单位可以行使过错性解除权，但必须要在一定合理期限内行使，在上述合理期限内未行使的，视为用人单位放弃了单方解除权；劳动者在上述合理期限之后，以用人单位违反《劳动合同法》第38条规定为由要求解除劳动合同并要求支付经济补偿金的，应予支持。

涉嫌刑事犯罪≠追究刑事责任。涉嫌刑事犯罪，是指劳动者有刑事犯罪的可能性，而由公安司法机关立案侦查的情形，包含两种可能：即被判有罪或无罪；追究刑事责任是指被人民法院判处刑罚的情形，实际上有两种：一是被法院判刑的，不管是判主刑，还是附加刑，或者是缓期执行，均属被判刑；二是被法院免予刑事处罚的。但是需要注意的是，被人民检察院作出不起诉决定的，不属于被依法追究刑事责任的情形。《关于贯彻执行〈中华人民共和国劳动法〉若干问题的意见》（劳部发〔1995〕309号）第28条规定，劳动者涉嫌违法犯罪被有关机关收容审查、拘留或逮捕的，用人单位在劳动者被限制人身自由时期间，可与其暂时停止劳动合同的履行。暂时停止履行劳动合同期间，用人单位不承担劳动合同规定的相应义务。劳动者经证明被错误限制人身自由时，暂时停止履行劳动合同期间劳动者的损失，可由其依据《国家赔偿法》要求有关部门赔偿。该意见第29条规定，劳动者被依法追究刑事责任的，用人单位可依据劳动法第25条解除劳动合同。“被依法追究刑事责任”是指：被人民检察院免予起诉的、被人民法院判处刑罚的、被人民法院依据刑法第32条免予刑事处分的。劳动者被人民法院判处拘役、3年以下有期徒刑缓刑的，用人单位可以解除劳动合同。显然，依据上述规定，劳动者涉嫌刑事犯罪时，用人单位不能解除劳动合同，只能暂时停止劳动合同的履行，只有在劳动者被追究刑事责任的情形下，用人单位才可以行使即时过错解除权。

即时过错解除权≠任意解除权。《劳动合同法》第39条第6项的法律规定，属于用人单位的单方即时解除权，但该单方解除权应当在合理期限内行使，如用人单位有权在任何时候追溯行使该项权利，将可能会导致劳动者工作、生活长期处于不确定的被动状态，这与劳动法构建和谐稳定劳动关系的基本理念相悖。

追究刑事责任≠劳动关系必然解除。《劳动合同法》第39条第6项赋予用人单位在劳动者被追究刑事责任时享有解除劳动关系的选择权，而不是必然导致劳动关系解除的后果。《关于贯彻执行〈中华人民共和国劳动法〉若干问题的意见》（劳部发〔1995〕309号）第28条规定劳动者涉嫌刑事犯罪时，用人单位不能解除劳动合同，只能暂时停止劳动合同的履行，但并没有规定劳动者被追究刑事责任时，双方劳动关系如何界定。目前，这是劳动法律的空白，虽一些地方对此作了相应的探索和尝试，如《江苏省劳动合同条例》第30条规定该段期间劳动合同可以中止，但是至今劳动法律法规及司法解释并无明文规定，值得商榷。因此，笔者认为，用人单位在明知劳动者被追究刑事责任的情形下，而不在合理期限内与劳动者解除劳动合同的，双方的劳动关系是中止还是存续，至今依然观点不一。

追究刑事责任≠不支付经济补偿金。对于劳动者被追究刑事责任，用人单位依据《劳动合同法》第39条规定，与其解除劳动关系，且不予支付经济补偿金，毋庸置疑。然而，对于劳动者虽被依法追究刑事责任，但用人单位并没有及时地作出解除的意思表示，并且又与劳动者签订了新的劳动合同或者经过较长期限，而此时劳动者依据《劳动合同法》第38条的规定，要求与用人单位解除劳动合同,用人单位应否支付经济补偿金,对此并无相关法律规定。笔者认为,用人单位超出了解除权行使的合理期间,若没有其他特殊原因限制,应视为用人单位放弃了单方解除权,而劳动者依据《劳动合同法》第38条规定提出解除劳动合同,而用人单位也符合上述第38条所规定的情形,经济补偿金要求应予支持。

【法条链接】

《中华人民共和国劳动法》(2018年修正)

第二十五条 劳动者有下列情形之一的,用人单位可以解除劳动合同:

(一)在试用期间被证明不符合录用条件的;

(二)严重违反劳动纪律或者用人单位规章制度的;

(三)严重失职,营私舞弊,对用人单位利益造成重大损害的;

(四)被依法追究刑事责任的。

《中华人民共和国劳动合同法》(2012年修正)

第三十八条 用人单位有下列情形之一的,劳动者可以解除劳动合同:

(一)未按照劳动合同约定提供劳动保护或者劳动条件的;

(二)未及时足额支付劳动报酬的;

(三)未依法为劳动者缴纳社会保险费的;

(四)用人单位的规章制度违反法律、法规的规定,损害劳动者权益的;

(五)因本法第二十六条第一款规定的情形致使劳动合同无效的;

(六)法律、行政法规规定劳动者可以解除劳动合同的其他情形。

用人单位以暴力、威胁或者非法限制人身自由的手段强迫劳动者劳动的,或者用人单位违章指挥、强令冒险作业危及劳动者人身安全的,劳动者可以立即解除劳动合同,不需事先告知用人单位。

第三十九条 劳动者有下列情形之一的,用人单位可以解除劳动合同:

(一)在试用期间被证明不符合录用条件的;

(二)严重违反用人单位的规章制度的;

(三)严重失职,营私舞弊,给用人单位造成重大损害的;

(四)劳动者同时与其他用人单位建立劳动关系,对完成本单位的工作任务造成严重影响,或者经用人单位提出,拒不改正的;

(五)因本法第二十六条第一款第一项规定的情形致使劳动合同无效的；

(六)被依法追究刑事责任的。

第四十六条　有下列情形之一的，用人单位应当向劳动者支付经济补偿：

(一)劳动者依照本法第三十八条规定解除劳动合同的；

(二)用人单位依照本法第三十六条规定向劳动者提出解除劳动合同并与劳动者协商一致解除劳动合同的；

(三)用人单位依照本法第四十条规定解除劳动合同的；

(四)用人单位依照本法第四十一条第一款规定解除劳动合同的；

(五)除用人单位维持或者提高劳动合同约定条件续订劳动合同，劳动者不同意续订的情形外，依照本法第四十四条第一项规定终止固定期限劳动合同的；

(六)依照本法第四十四条第四项、第五项规定终止劳动合同的；

(七)法律、行政法规规定的其他情形。

《关于贯彻执行〈中华人民共和国劳动法〉若干问题的意见》(劳部发〔1995〕309号)

28. 劳动者涉嫌违法犯罪被有关机关收容审查、拘留或逮捕的，用人单位在劳动者被限制人身自由期间，可与其暂时停止劳动合同的履行。

暂时停止履行劳动合同期间，用人单位不承担劳动合同规定的相应义务。劳动者经证明被错误限制人身自由的，暂时停止履行劳动合同期间劳动者的损失，可由其依据《国家赔偿法》要求有关部门赔偿。

29. 劳动者被依法追究刑事责任的，用人单位可依据劳动法第二十五条解除劳动合同。

"被依法追究刑事责任"是指：被人民检察院免予起诉的、被人民法院判处刑罚的、被人民法院依据刑法第三十二条免予刑事处分的。

劳动者被人民法院判处拘役、三年以下有期徒刑缓刑的，用人单位可以解除劳动合同。

《劳动和社会保障部办公厅关于职工被人民检察院作出不予起诉决定用人单位能否据此解除劳动合同问题的复函》(劳社厅函〔2003〕367号)

云南省劳动和社会保障厅：

你厅《关于职工被人民检察院作出不予起诉决定用人单位解除劳动合同适用依据问题的请示》(滇劳社厅办〔2003〕35号)收悉。经商最高人民检察院、全国人大常委会法制工作委员会，现答复如下：

人民检察院根据《中华人民共和国刑事诉讼法》第一百四十二条第二款规定作出不起诉决定的，不属于《劳动法》第二十五条第(四)项规定的被依法追究刑事责任的情形。因此，对人民检察院根据《中华人民共和国刑事诉讼法》第一百四十二条第二款规定作出不起诉决定的职工,用人单位不能依据《劳动法》第二十五条第(四)项规定解除其劳动合同。但其行为符合《劳动法》第二十五条其他情形的,用人单位可以解除劳动合同。

劳动部办公厅关于印发《关于〈劳动法〉若干条文的说明》的通知(劳办发〔1994〕289号)

第二十五条 劳动者有下列情形之一的,用人单位可以解除劳动合同:

(一)在试用期间被证明不符合录用条件的;

(二)严重违反劳动纪律或者用人单位规章制度的;

(三)严重失职,营私舞弊,对用人单位利益造成重大损害的;

(四)被依法追究刑事责任的。

本条中"严重违反劳动纪律"的行为,可根据《企业职工奖惩条例》和《国营企业辞退违纪职工暂行规定》等有关法规认定。

本条中的"重大损害"由企业内部规章来规定。因为企业类型各有不同,对重大损害的界定也千差万别,故不便于对重大损害作统一的解释。若由此发生劳动争议,可以通过劳动争议仲裁委员会对其规章规定的重大损害进行认定。

本条中"被依法追究刑事责任",具体指:(1)被人民检察院免予起诉的;(2)被人民法院判处刑罚(刑罚包括:主刑:管制、拘役、有期徒刑、无期徒刑、死刑;附加刑:罚金、剥夺政治权利、没收财产)的;(3)被人民法院依据刑法第32条免予刑事处分的。

三、员工违纪，企业有权对其进行罚款吗

裁判要旨

在用工管理实务中，当劳动者违反纪律时，很多用人单位会对其给予书面或口头警告甚至附之以经济处罚。那么，企业是否有权对员工进行罚款呢？企业罚款源于《企业职工奖惩条例》中第 12 条“对职工的行政处分分为：警告，记过，记大过，降级，撤职，留用察看，开除。在给予上述行政处分的同时，可以给予一次性罚款”及第 16 条“对职工罚款的金额由企业决定，一般不要超过本人月标准工资的百分之二十”之规定，但该条例已于 2008 年 1 月 15 日被废止，现有法律法规及司法解释均未对企业能否对员工实施罚款作明确规定，实务中存在截然不同的观点。笔者认为，根据民法“法无禁止皆可为”的原则，用人单位有权依据经过民主协商程序制定的合法规章制度对劳动者处以罚款性惩罚。

【案情总览】

王某于 2019 年 5 月入职某劳务公司，被派遣至某煤业公司下属的某煤矿从事井下挖掘工工作。工作期间，某劳务公司与其签订了书面劳动合同，并为其缴纳了各项社会保险。2020 年 9 月王某发生工伤，后被确定伤残等级为十级、停工留薪期三个月。王某发生工伤后，某煤矿安全环保科于 2020 年 9 月作出《关于综采队王某工伤事故的追查报告及处理决定》，依据《某煤矿“三违”管理制度》对王某罚款 7500 元。王某停工留薪期满后再未上班。2021 年 5 月某煤矿向王某出具《终止劳动关系通知书》，以王某合同到期，身体不能继续从事井下采掘工作为由要求与王某终止劳务关系。在本案审理过程中，某煤矿认可

从王某2020年10月工资和奖金中相应扣除安全生产考核罚款7500元。2021年6月2日,王某因"工伤待遇"发生争议提起仲裁,因对仲裁裁决不服,诉至法院。

王某认为:2019年5月其与某劳务公司签订劳动合同后,被派遣至某煤业公司所属的某煤矿从事井下挖掘工工作。2020年9月王某在工作时腰部受伤,后被认定为工伤,鉴定为伤残十级。因选择保守治疗方式,王某后期又多次住院治疗。现某劳务公司不仅拒发王某2021年3月工资,还以王某合同到期、身体状况不能继续从事井下工作为由,要求终止与王某的劳动关系,且在王某发生工伤后,向王某无故罚款7500元。现王某请求:1.解除王某与某劳务公司之间的劳动关系;2.某劳务公司向王某支付各项工伤保险待遇25万余元、返还罚款7500元;3.某煤业公司、某煤矿承担连带支付责任。

某劳务公司认为:关于解除劳动合同,其已在仲裁时就同意王某提出解除劳动关系的诉求,但王某不符合支付解除劳动合同经济补偿金的法定情形;关于罚款的7500元,王某的工资考核及发放均由某煤业公司、某煤矿负责,不应由某劳务公司返还;关于停发的工资,王某在三个月的停工留薪期和三个月的疾病医疗期均已满且未出勤的情形下,只能停发2021年3月的工资,但考虑到王某的实际困难,在4、5月某煤矿又以补发停工留薪期工资为由,向王某发放了8900元。

某煤业公司、某煤矿认为:王某与某煤矿没有签订劳动合同,因此不存在支付解除劳动合同经济补偿金的问题;王某2021年3月工资5590元已实际支付,仲裁开庭中已核对清楚;王某要求返还扣发的7500元是工伤考核,某煤矿依据安全管理制度中的三违管理办法扣发其工资,该制度制定程序合法、并已组织职工学习,故其考核处罚符合规定不应当返还。

一审法院经审理认为:关于安全生产考核扣款是否返还的问题。根据《劳动合同法》第4条的规定,用人单位在制定、修改或者决定有关劳动报酬、工作时间、休息休假、劳动安全卫生、保险福利、职工培训、劳动纪律以及劳动定额管理等直接涉及劳动者切身利益的规章制度或者重大事项时,应当经职工代表大会或者全体职工讨论,提出方案和意见,与工会或者职工代表平等协商确定。用人单位应当将直接涉及劳动者切身利益的规章制度和重大事项决定公示,或者告知劳动者。《最高人民法院关于审理劳动争议案件适用法律问题的解释(一)》第50条第1款规定,用人单位根据劳动合同法第4条规定,通过民主程序制定的规章制度,不违反国家法律、行政法规及政策规定,并已向劳动者公示的,可以作为确定双方权利义务的依据。本案中,某煤矿主张其依据安全生产管理制度作出对王某的考核罚款系用工单位的自主用工行为,但作出该处理决定所依据的安全生产管理制度涉及劳动者的切身利益,应通过民主程序制定并向包括王某在内的劳动者进行公示告知后方可实施。某煤矿提交的《关于对〈安全管理制度〉审议的复函》显示的时间(2019年12月某日)早于某煤矿分工会代表团(组)长联席会议签到表显示的联席会议召开的时间(2020年1月某日),且其所提交的培训学习记录中记载的学习内容并非某煤矿安全管理制度,故某煤矿不能证明其在制定安全生产管理制度过程中履行了上述法定程序并进行了公示,且2020年10月王某尚处于工伤停工留薪期,其工资福利待遇依法不应被扣减,因此,某煤矿从王某2020年10月工资奖金中进行安全生产考核罚款的做法不符合相关法律规定,应予返还。

关于某煤业公司、某煤矿责任承担的问题。根据《劳动合同法》第92条的规定,用工单位给被派遣劳动者造成损害的,劳务派遣单位与用工单位承担连带赔偿责任。某劳务公司与某煤业公司系劳务派遣关系,王某的实际用工地点虽为某煤矿,但其实际用工单位仍为某煤业公司。根据《公司法》第13条的规定,公司可以设立分公司。分公司不具有法人资格,其民事责任由公司承担。某煤矿作为某煤业公司的分支机构,仅对王某进行实际管理,其民事责任应由某煤业公司承担。综上,某煤业公司作为用工单位,应对王某的一次性伤残就业补助金、停工留薪期工资、返还扣发王某安全生产考核罚款承担连带赔偿责任。该案宣判后某煤业公司不服提起上诉。

二审法院认为:本案二审争议焦点为上诉人是否应当对王某主张的停工留薪期工资、返还扣发安全生产考核罚款及一次性伤残就业补助金承担连带责任。《劳动合同法》第92条第2款规定,劳务派遣单位、用工单位违反本法有关劳务派遣规定的,由劳动行政部门责令限期改正;逾期不改正的,以每人5000元以上1万元以下的标准处以罚款,对劳务派遣单位,吊销其劳务派遣业务经营许可证。用工单位给被派遣劳动者造成损害的,劳务派遣单位与用工单位承担连带赔偿责任。本案中,王某受某煤业公司派遣在某煤矿工作时受伤,某市人力资源和社会保障局作出认定工伤决定书,认定王某受到的伤害属于工伤。王某有权享受工伤保险待遇。在王某停工留薪期内,某煤矿直接从王某的工资中扣除7500元作为罚款,且未足额向王某支付停工留薪期工资,给王某造成损害的,一审法院结合王某的诉讼请求判决实际用工人某煤业公司对返还扣款7500元并支付停工留薪期工资1000元承担连带赔偿责任符合法律规定。虽某煤业公司主张该行为系其依据安全生产管理制度作出自主用工行为,但其提交的证据不足以证实在制定安全生产管理制度过程中履行了法定程序并进行了公示,故对某煤业公司的该意见,本院不予采纳。对于上诉人主张其已补发8900元停工留薪期工资的意见,经核,实际补发金额为8135.84元,且补发性质实为病假期间的工资,与停工留薪期工资无关,故对上诉人的该意见,本院亦不予采纳。对于一次性伤残就业补助金,属于工伤待遇,上诉人作为用工单位对于工伤负有责任,一审法院判决其对一次性伤残就业补助金承担连带责任,并无不当。综上,上诉人某煤业公司的上诉请求,应予驳回。

【法官释法】

在用工管理实务中,当劳动者违反纪律时,很多用人单位会对其给予书面或口头警告甚至附之以经济处罚。那么,企业是否有权对员工进行罚款呢?企业罚款源于《企业职工奖惩条例》的相关规定,但该条例已于2008年1月15日被废止,因现有法律法规及司法解释均未对企业能否对员工实施罚款作明确规定,实务中存在截然不同的观点。

无权罚款说,即企业≠行政执法机关,无权对职工的违法行为进行罚款。理由有三:一是法律未赋予企业罚款权。根据《行政处罚法》第9条、第10条及第17条的规定,罚款是一种行政处罚,只能由具有行政处罚权的行政机关在法定职权范围内实施,而劳动法上的用人单位不是行政执法机关,目前法律并未赋予企业罚款权。二是经济处罚权被废止。《企业职工奖惩条例》对违反纪律的职工,坚持以思想教育为主、惩罚为辅的原则,赋予企业享有给予职工行政处分或者经济处罚的权利,该条例系国务院于1982年4月10日发布,为提高劳动生产率和工作效率,促进社会主义现代化建设而制定,但随着我国经济结构不断调整以及劳动用工制度不断改革，其已于2008年1月15日废止。三是劳动法规并未规定。《企业职工奖惩条例》被废止的原因系被《劳动法》和《劳动合同法》所代替，但上述法律法规对企业是否有权对员工罚款未作规定。《工资支付暂行规定》第16条关于“因劳动者本人原因给用人单位造成经济损失的，用人单位可按照劳动合同的约定要求其赔偿经济损失。经济损失的赔偿，可从劳动者本人的工资中扣除。但每月扣除的部分不得超过劳动者当月工资的20%。若扣除后的剩余工资部分低于当地月最低工资标准，则按最低工资标准支付”的规定，也主要适用于劳动者给用人单位造成损失的情形，并非本文中所涉及的经济处罚权。如山东省济宁市中级人民法院（2019）鲁08民终1461号认为，用人单位有权根据经营管理需要，制定内部规章制度，但用人单位制定的规章制度不得违反国家法律、行政法规及政策规定，不得损害劳动者的合法权益。我国现行法律没有赋予用人单位对员工进行罚款的权利，企业规章制度中的罚款条款没有法律依据。因此，用人单位不能在企业规章制度中约定罚款条款。故上诉人无权对被上诉人罚款4500元，一审法院判决上诉人返还被上诉人4500元，并无不当，应予维持。

有权罚款说，即企业处罚权≠行政机关处罚权，企业有权对内部员工实施罚款。理由有二：一是企业享有经营自主权。《劳动法》第47条规定，用人单位根据本单位的生产经营特点和经济效益，依法自主确定本单位的工资分配方式和工资水平。企业依据内部规章制度对于员工的违纪行为作出的经济处罚，属于企业内部管理手段，无须法律法规的专门授权。二是合法的规章制度应予遵守。《最高人民法院关于审理劳动争议案件适用法律问题的解释（一）》第50条第1款规定，用人单位根据劳动合同法第4条规定，通过民主程序制定的规章制度，不违反国家法律、行政法规及政策规定，并已向劳动者公示的，可以作为确定双方权利义务的依据。有鉴于此，制定主体合法、制定程序合法、制度内容合法、必须公示的合法的规章制度应属于双方均认可的“契约规范”，可以作为确定双方权利义务的依据，企业罚款权也属于此范围。如四川省高级人民法院（2015）川民申字第2512号民事裁定书认为，××公司作为用人单位，为实现内部管理职能，制定《员工奖惩管理制度》《秩序维护管理细则》等一系列的内部管理规章制度，并不违反法律规定。又因王××存在前述违反××公司规章制度的行为，××公司依据企业内部规章制度对王××的行为作出罚款等处罚，属于企业内部管理手段，并不等同于国家行政机关管理社会公共事务作出的行政处罚，亦无须法律法规专门授权。

笔者倾向于有权罚款说。主要理由如下：

一是法无禁止皆可为。《行政处罚法》规定的是行政机关的处罚权，而非企业处罚权，企业并非行政机关，《行政处罚法》中没有规定企业处罚权，并非企业就不享有处罚权。现行《劳动法》《劳动合同法》等法律法规对用人单位能否对劳动者进行罚款并未作出禁止性规定，但根据民法"法无禁止皆可为"的原则，用人单位有权依据经过民主协商程序制定的合法规章制度对劳动者处以罚款性惩罚。

二是劳动法律所必须。劳动法律的目的是保护劳动者的合法权益，构建和发展和谐稳定的劳动关系，建立和维护适应社会主义市场经济的劳动制度，促进经济发展和社会进步。也就是说，既要维护劳动者的合法权益又要兼顾企业的管理效益，那么，只要企业罚款权的制定经过了相应合法的民主程序，并向劳动者送达或者公示，即为"合法的规章制度"，劳动者及用人单位均明知和认可，应属于"集体合意的契约规范"，可以作为处理劳动者与用人单位双方权利义务关系的依据。

三是经营管理之必要。虽然《企业职工奖惩条例》已被废止，但该条例所规定的对违反纪律的职工，坚持以思想教育为主、惩罚为辅的原则在实践中仍具有一定的指导意义。根据《劳动法》第 47 条的规定，企业享有用工自主权，其可以对违反用人单位依法制定的规章制度的劳动者处以一定金额的罚款，在用工管理实务中，企业对内部员工不但有权实施罚款，而且罚款是企业对员工实行有效管理的一种手段，将纪律规范、纪律考核、违纪惩戒三者结合起来，实际上既达到了企业合法合理地行使用工自主权的管理目的，也能够促使企业良性发展，从而更有效地保护劳动者收入稳定的合法权益。

有鉴于此，为更好地规避法律风险，笔者在此建议企业在行使罚款权时要注意三点：一要合法；二要有限制；三要合理利用绩效考核制度。具体而言：关于合法，即应从四个方面认定用人单位规章制度的效力：制定主体合法、内容必须合法、制定程序必须合法、必须公示或告知；关于有限制，即对罚款的数额有限制，不能影响员工的生存权，如不能超过其基本工资的20%等；关于合理利用绩效考核制度，即在设置经济处罚等条款时尽量避免直接使用“罚款”内容，例如对于迟到等违纪行为，可以在绩效考核等职工奖励性收入中予以体现。

【法条链接】

《中华人民共和国行政处罚法》（2021年修订）

第九条　行政处罚的种类：

（一）警告、通报批评；

（二）罚款、没收违法所得、没收非法财物；

（三）暂扣许可证件、降低资质等级、吊销许可证件；

（四）限制开展生产经营活动、责令停产停业、责令关闭、限制从业；

（五）行政拘留；

（六）法律、行政法规规定的其他行政处罚。

第十条　法律可以设定各种行政处罚。

限制人身自由的行政处罚，只能由法律设定。

《中华人民共和国劳动法》（2018年修正）

第四十七条　用人单位根据本单位的生产经营特点和经济效益，依法自主确定本单位的工资分配方式和工资水平。

《中华人民共和国劳动合同法》（2012年修正）

第四条　用人单位应当依法建立和完善劳动规章制度，保障劳动者享有劳动权利、履行劳动义务。

用人单位在制定、修改或者决定有关劳动报酬、工作时间、休息休假、劳动安全卫生、保险福利、职工培训、劳动纪律以及劳动定额管理等直接涉及劳动者切身利益的规章制度或者重大事项时，应当经职工代表大会或者全体职工讨论，提出方案和意见，与工会或者职工代表平等协商确定。

在规章制度和重大事项决定实施过程中，工会或者职工认为不适当的，有权向用人单位提出，通过协商予以修改完善。

用人单位应当将直接涉及劳动者切身利益的规章制度和重大事项决定公示，或者告知劳动者。

《最高人民法院关于审理劳动争议案件适用法律问题的解释(一)》

第五十条 用人单位根据劳动合同法第四条规定,通过民主程序制定的规章制度,不违反国家法律、行政法规及政策规定,并已向劳动者公示的,可以作为确定双方权利义务的依据。

用人单位制定的内部规章制度与集体合同或者劳动合同约定的内容不一致,劳动者请求优先适用合同约定的,人民法院应予支持。

四、工作岗位变动，用人单位要支付经济补偿吗

裁判要旨

司法实务中，用人单位对其员工进行人员调动和工作地点变动的情况时有发生，既包括用人单位经营之需要，也包括国家政策调整而引发的变迁。而用人单位作出岗位调整通知后，劳动者往往不予配合。在此情况下，用人单位能否以劳动者拒绝调岗为由解除劳动合同？劳动者能否以用人单位未按劳动合同约定提供劳动条件为由提出解除劳动关系并要求经济补偿？笔者认为，上述问题的核心在于，用人单位能否依据其制定的规章制度单方变更劳动合同约定的内容？工作地点变更时，应否征得劳动者的同意？归根结底，用人单位的调岗是否属于企业行使的用工自主权，调岗是否具有合理性的问题。目前，由于劳动法律法规及相关司法解释尚无明确规定，实践中观点不一，争议颇大。

【案情总览】

2011 年 1 月 1 日，张某入职某环卫公司，双方签订《劳动合同书》约定：合同期限自 2011 年 1 月 1 日至 2017 年 12 月 31 日止；工作地点为某城区所辖区域；工作内容是道路清扫保洁；甲方因生产经营需要调整乙方的工作内容，应协商一致，按变更本合同办理。后双方均认可张某的工作岗位调整为清扫队司机。2017 年 12 月 31 日劳动合同到期后，张某继续在原单位原岗位工作。2020 年 6 月 24 日，某环卫公司向张某送达《通知书》一份，内容为："张某：因工作需要已于 2020 年 6 月 25 日通知你到某片区继续进行清扫保洁工作。若按期未到岗，将对你进行依法依章处理。"张某在该《通知书》本人签字处签名捺印。

2020年6月25日开始，张某再未到某环卫公司工作，也未到新岗位报到。2020年7月13日，张某书写《申请》一份，内容为："因本人违反单位规章制度，同意与单位解除劳动合同。"同日，某环卫公司向张某出具《解除劳动合同证明书》一份，载明："本单位与张某签订的劳动合同由于本人违反单位规章制度与单位解除劳动合同原因，自2020年7月13日解除。其档案及社会保险转移手续于2020年7月20日前办理。经济补偿已按下列第1项支付：1.无经济补偿。"张某在该《解除劳动合同证明书》劳动者（签名）处签字捺印。2021年7月9日，张某申请劳动仲裁，请求某环卫公司向其支付违法解除劳动合同的经济赔偿金62900元。后因对仲裁裁决不服，张某诉至法院。

张某认为：对于调整岗位一事，某环卫公司从未与其进行沟通协商，并未取得张某的同意。而某片区距离城区30多公里，张某家住城区，该工作地点过于遥远；且张某一直从事的是司机工作而非保洁。因此，该调岗通知不仅未取得张某同意，且改变了张某的工作岗位和工作条件。另外，因张某也知晓某环卫公司早已将某片区环境卫生工作移交当地镇街管理，显然某环卫公司当时并没有直接向某片区派遣工作人员的权利，因此调岗也不具备履行的客观条件。综合前述原因，张某当即拒绝调岗。但某环卫公司却强令张某交回车辆钥匙、办公室钥匙、宿舍钥匙，并明确告知张某只有两个选择，要么按照调岗通知去某片区干保洁，要么就回家待着，拒绝接受张某继续在原岗位出勤及工作。2020年7月21日，某环卫公司工作人员李某突然向张某发微信，要求其到单位办理档案转移手续。张某去单位后，公司工作人员让其在解除劳动合同证明书上签字（解除原因记载为张某违反单位规章制度），张某这才知道某环卫公司解除了双方之间的劳动合同。而在2020年6月24日调岗通知发出后到2020年7月21日接到前述通知期间，张某从未接到过某环卫公司任何通知或催告。

某环卫公司认为：因为工作需要，某环卫公司于2020年6月24日书面通知张某到某片区进行清扫保洁工作，张某收到后签字捺印，知悉了若未按期到岗，某环卫公司将依据单位规章制度处理，但张某并未按照要求到某片区工作。因张某连续旷工，到2020年7月13日，张某签写解除劳动合同证明书，载明由于张某违反单位规章制度的原因，单位与其解除劳动合同，并且无经济补偿，张某签字捺印。因此，某环卫公司并没有违法解除劳动关系，张某请求某环卫公司向其支付经济赔偿金无事实和法律依据。

一审法院认为:关于某环卫公司与张某劳动关系的解除是否合法的问题。本案中,因某环卫公司将其管理的某片区保洁工作全部移交给属地镇街负责,某环卫公司将张某的工作岗位调整至某片区并进行了通知,张某认可收到该通知书并签字捺印,知悉了若未按期到岗,某环卫公司将依据单位规章制度处理,虽然通过双方的陈述和提交的证据可以得知双方对工作岗位的调整并未协商一致,但张某未按规定的时间到新岗位报到且其亦一直未到某环卫公司工作已超过 15 日,并且自己书写了同意与单位解除劳动合同的《申请》,根据某环卫公司提交的《申请》载明:“因本人违反单位规章制度,同意与单位解除劳动合同。”张某认可该份《申请》由其本人书写,其主张该份《申请》非其本人真实意思表示,但未能提供相应证据予以证明。根据《劳动合同法实施条例》第 19 条第 10 项的规定,本案中,某环卫公司依据张某本人提交的同意解除劳动关系的申请而出具解除劳动关系证明书,不违反相关法律规定,其行为不符合《劳动合同法》第 87 条规定用人单位因违法解除或者终止劳动合同应支付赔偿金的情形。故张某的主张没有事实和法律依据,不予支持。

二审法院认为:关于被上诉人某环卫公司是否应当支付上诉人张某因违法解除或者终止劳动合同而支付赔偿金的问题。经审查,上诉人与被上诉人对工作岗位的调整虽然并未协商一致,但上诉人未按规定的时间到新岗位报到且其亦一直未到被上诉人处工作已超过 15 日,并且书写了同意与单位解除劳动合同的《申请》,上诉人认可该份《申请》由其本人书写,其主张该份《申请》非其本人真实意思表示,但未能提供相应证据予以证明。被上诉人依据上诉人本人提交的同意解除劳动关系的申请而出具解除劳动关系证明书,不违反相关法律规定,其行为不符合《劳动合同法》第 87 条规定用人单位因违法解除或者终止劳动合同应支付赔偿金的情形。

【法官释法】

司法实务中,用人单位对其员工进行人员调动和工作地点变动的情况时有发生。目前,劳动法律法规对于劳动合同变更的概念并无立法上的定义,虽学者对于劳动合同变更的概念界定不尽相同,但通说认为是劳动合同双方当事人在劳动合同生效后,在尚未履行或尚未全部履行之前对劳动合同的内容进行修改补充的行为。笔者认为,实务中劳动合同的变更有四种:一为协议变更,即双方协商一致之变更。法条依据为《劳动合同法》第 35 条第 1 款,用人单位与劳动者协商一致,可以变更劳动合同约定的内容。变更劳动合同,应当采用书面形式。二为默示变更,即劳动者对变更未提出异议,视为同意调整。法条依据为《最高人民法院关于审理劳动争议案件适用法律问题的解释(一)》第 43 条,用人单位与劳动者协商一致变更劳动合同,虽未采用书面形式,但已经实际履行了口头变更的劳动合同超过一个月,变更后的劳动合同内容不违反法律、行政法规且不违背公序良俗,当事人以未采用书面形式为由主张劳动合同变更无效的,人民法院不予支持。三为法定变更,即用人单位可以单方变更的法定情形。法条依据为《劳动合同法》第 40 条,劳动者患病或者非因工负伤,在规定的医疗期满后不能从事原工作,也不能从事由用人单位另行安排的工作的;劳动者不能胜任工作,经过培训或者调整工作岗位,仍不能胜任工作的;劳动合同订立时所依据的客观情况发生重大变化,致使劳动合同无法履行,经用人单位与劳动者协商,未能就变更劳动合同内容达成协议的。四为单方变更,即在法定单方变更的情形之外,用人单位予以变更。此为法律未有规定的"灰色地带",由此而导致的争议,如有关工作岗位及工作地点的调整。实务中,用人单位作出岗位调整通知后,劳动者往往不予配合。在此情况下,用人单位能否以劳动者拒绝调岗为由解除劳动合同?劳动者能否以用人单位未按劳动合同约定提供劳动条件为由提出解除劳动关系并要求经济补偿?笔者认为,上述问题的核心在于,用人单位能否依据其制定的规章制度单方变更劳动合同约定的内容?工作地点变更时,应否征得劳动者的同意?归根结底,用人单位的调岗是否属于企业行使的用工自主权,调岗是否具有合理性的问题。目前,由于劳动法律法规及相关司法解释尚无明确规定,实践中观点不一,争议颇大。

一、用人单位调岗的合理性如何认定?

实务中,对于用人单位调岗是否合理,各地司法实务存在不同观点:观点一,调岗为内部之行为,即调岗完全是企业内部之行为,体现了用人单位用工自主权。其法律依据为《劳动法》第 47 条"用人单位根据本单位的生产经营特点和经济效益,依法自主确定本单位的工资分配方式和工资水平"及《就业促进法》第 8 条第 1 款“用人单位依法享有自主用人的权利”。如江苏省昆山市人民法院、昆山市劳动争议仲裁院、苏州市中级人民法院、苏州市劳动争议仲裁处联合发布的《劳动争议座谈会纪要(2010)》第 5 条明确规定,调岗纠纷如何处理?调岗降薪是企业内部行为,不予支持。观点二,调岗为企业自主用工,但有一定限制,即用人单位享有用工自主权,但对其范围进行了限定。如《佛山市中级人民法院、佛山市劳动争议仲裁委员会关于审理劳动争议案件若干问题的指导意见》(2011 年)第 30 条规定,用人单位调整劳动者工作岗位并同时符合以下情形的,视为用人单位合法行使用工自主权,劳动者以《劳动合同法》第 38 条第 1 款第 1 项的规定,要求解除劳动合同并支付经济补偿金的,不予支持:(1)对用人单位调整劳动者工作岗位劳动合同中有约定或用人单位的规章制度有规定;(2)调整劳动者工作岗位是用人单位生产经营的需要;(3)调整工作岗位后劳动者的工资水平与原岗位基本相当;(4)不具有侮辱性和惩罚性;(5)无其他违反劳动合同或劳动法律、法规的行为。同样,《广东省高级人民法院、广东省劳动人事争议仲裁委员会关于审理劳动人事争议案件若干问题的座谈会纪要》(2012 年)第 22 条也有类似规定。观点三,调岗一般应经劳动者同意。如浙江省高级人民法院民一庭《关于审理劳动争议案件若干问题的意见(试行)》(2009 年　浙法民一〔2009〕3 号)第 42 条规定,用人单位调整劳动者工作岗位,一般应经劳动者同意。如没有变更劳动合同主要内容,或虽有变更但确属用人单位生产经营所必需,且对劳动者的报酬及其他劳动条件未作不利变更的,劳动者有服从安排的义务。观点四,调岗的合理性由用人单位举证。如《上海市高级人民法院民一庭关于审理劳动争议案件若干问题的解答》(2002 年)第 15 条规定,劳动合同中约定用人单位有权随时调整劳动者岗位发生争议的,应如何处理?答:用人单位和劳动者因劳动合同中约定,用人单位有权根据生产经营需要随时调整劳动者工作内容或岗位,双方为此发生争议的,应由用人单位举证证明其调职具有充分的合理性。用人单位不能举证证明其调职具有充分合理性的,双方仍应按原劳动合同履行。

在一般情况下,只要用人单位与劳动者协商一致,即可变更劳动合同约定的内容。但是鉴于工作岗位的调整有多种情形,理由也是千变万化,对于用人单位单方变更的,不能一概而论,既不能完全否认用人单位的用工自主权,也不能一味强调“权利绝对”，使用人单位权利滥用，而损害劳动者自身的劳动权、休息权与获取报酬等权利。换言之，在实务中要注意把握企业的用工自主权与劳动者生存权保护之间的动态平衡，主要结合订立劳动合同的目的、其他条款、工作地点、订立时的相关因素来判断。有学者认为，判断岗位或工作地点调整的合理性一般考虑以下六因素：(1)是否基于用人单位生产经营需要；(2)是否属于对劳动合同约定的较大变更；(3)是否对劳动者有歧视性、侮辱性；(4)是否对劳动报酬及其他劳动条件产生较大影响；(5)劳动者是否能够胜任调整的岗位；(6)工作地点作出不便调整后，用人单位是否提供必要协助或补偿措施等。笔者认为如是，但认为同时应把握“三原则”：合法性原则、可操作性原则、合理性原则，理由同上。

二、用人单位调岗违反合理性，应承担何种法律责任？

实务中，如果用人单位调整工作岗位违背了法律所要求的合理性原则，应承担何种法律责任？目前，实务中有三种观点：一是视为“推定解除”，应支付经济补偿金。也就是说如果造成劳动者辞职的，应视为劳动者被迫辞职，用人单位应当支付经济补偿金。如《重庆市第五中级人民法院关于当前审理劳动争议案件若干实务问题座谈纪要》第20条规定，劳动合同约定了劳动者的工作性质，未约定具体的工作岗位，因用人单位调整劳动者工作岗位改变了工作性质，导致劳动合同解除的，用人单位应当支付经济补偿金。二是视为“程序瑕疵”，可额外支持一个月工资，即不构成违法解除，对赔偿金不予支持。如浙江高院民一庭、浙江劳动人事争议仲裁院《关于审理劳动争议案件若干问题的解答(三)》第9条规定，用人单位解除劳动合同符合《劳动合同法》第40条规定的情形，但未提前30日通知劳动者，也未额外支付劳动者一个月工资的，属于程序瑕疵，不构成违法解除。劳动者要求用人单位支付违法解除劳动合同赔偿金的，不予支持。但劳动者要求用人单位额外支付一个月工资的，可予支持。三是视为“违法解除”，应支付赔偿金。如江苏高院《劳动争议案件审理指南(2010)》中规定，如果用人单位的岗位调整行为违背了法律所要求的合理性原则……如果用人单位借此解除劳动合同的，应当属于违法解除劳动合同，应按照《劳动合同法》第87条规定，承担违法解除的法律责任。再如四川高院民一庭《关于审理劳动争议案件若干疑难问题的解答》(2016年1月15日)第22条规定，劳动合同中对劳动者工作岗位、地点有约定的，按照约定履行；没有约定的，用人单位具有合理事由可以调整劳动者工作岗位、地点。用人单位对劳动者工作岗位、地点的调整不具有合理事由，因劳动者拒不履行而解除劳动合同，劳动者主张违法解除劳动合同赔偿金的，应予支持。笔者认为，前提是用人单位调岗的行为违背法律所要求的合理性原则，结果有两种：造成劳动者辞职，应支付经济补偿金；用人单位借此解除劳动合同的，应支付赔偿金。

三、劳动者不服调岗，拒绝去新岗位工作是否构成旷工？

旷工，我国现行法律并无明确的定义，实践中旷工一般是指职工应当提供劳动但无正当理由未提供劳动的缺勤行为，其往往被作为用人单位解除劳动者劳动合同的理由。实务中，时有用人单位调整劳动者岗位，而劳动者往往不同意调岗安排，双方僵持不下，劳动者不到新岗位报到，用人单位又催促按时上岗，此种情形之下是否构成旷工？实践中观点不一，争议颇大。主要观点有以下两种，一为构成说。《就业促进法》第 8 条规定，用人单位依法享有自主用人的权利。用人单位应当依照本法以及其他法律、法规的规定，保障劳动者的合法权益。按照前述条款，基于生产经营需要，用人单位调整劳动者的工作岗位，没有降低薪酬待遇，劳动条件也未发生明显变化，不具有惩罚性、歧视性、侮辱性，属于合法合理调岗。如《上海高院民一庭调研与参考》(〔2014〕15 号)“倾向认为”：虽《劳动合同法》规定用人单位与劳动者协商一致可以变更劳动合同，但也不可否认用人单位因生产结构、经营范围进行调整或外部市场发生变化的情况下行使经营管理自主权，在合法、合理的前提下对劳动者岗位进行适当调整，对此劳动者应当予以配合，这也是劳动关系人身从属性的具体体现。如劳动者对调整工作岗位有异议，应当采用协商的方式解决，而不应当以消极怠工的方式进行抵制或对抗。故如劳动者既未到新的工作岗位报到也未到原岗位出勤的，按照用人单位规章制度规定确属严重违纪的，用人单位可以与劳动者解除劳动合同。二为否认说。是否构成旷工，关键在于用人单位调岗的合理性，即必须要具有《劳动合同法》第 40 条、第 41 条中规定的情形，且用人单位需对其调整的合理性进行举证，举证不能则以劳动者旷工为由解除劳动合同极易构成违法解除，需要向员工支付赔偿金。笔者认同第二种观点，并在此提醒劳动者：对于用人单位的调岗，一要尽快提出书面异议；二要到用人单位人力资源部门报到并保留上下班证据;三要及时向劳动部门投诉。

【法条链接】

《中华人民共和国劳动合同法》(2012 年修订)

第三十五条 用人单位与劳动者协商一致,可以变更劳动合同约定的内容。变更劳动合同,应当采用书面形式。

变更后的劳动合同文本由用人单位和劳动者各执一份。

第四十条 有下列情形之一的,用人单位提前三十日以书面形式通知劳动者本人或者额外支付劳动者一个月工资后,可以解除劳动合同:

(一)劳动者患病或者非因工负伤,在规定的医疗期满后不能从事原工作,也不能从事由用人单位另行安排的工作的;

(二)劳动者不能胜任工作,经过培训或者调整工作岗位,仍不能胜任工作的;

(三)劳动合同订立时所依据的客观情况发生重大变化,致使劳动合同无法履行,经用人单位与劳动者协商,未能就变更劳动合同内容达成协议的。

《中华人民共和国就业促进法》(2015 年修正)

第八条 用人单位依法享有自主用人的权利。

用人单位应当依照本法以及其他法律、法规的规定,保障劳动者的合法权益。

《最高人民法院关于审理劳动争议案件适用法律问题的解释(一)》

第四十三条 用人单位与劳动者协商一致变更劳动合同,虽未采用书面形式,但已经实际履行了口头变更的劳动合同超过一个月,变更后的劳动合同内容不违反法律、行政法规且不违背公序良俗,当事人以未采用书面形式为由主张劳动合同变更无效的,人民法院不予支持。

五、加班工资的计算基数如何确定

裁判要旨

《劳动法》第 44 条规定，有下列情形之一的，用人单位应当按照下列标准支付高于劳动者正常工作时间工资的工资报酬：(1) 安排劳动者延长工作时间的，支付不低于工资的 150% 的工资报酬；(2) 休息日安排劳动者工作又不能安排补休的，支付不低于工资的 200% 的工资报酬；(3) 法定休假日安排劳动者工作的，支付不低于工资的 300% 的工资报酬。毋庸置疑，按照上述法律规定，用人单位需按照不低于工资的 150%、200%、300% 向劳动者支付加班费，而随着市场的不断变化和发展，用人单位管理方式的多样化，劳动者的工资结构、计算方法和发放方式的复杂化，对于加班费基数如何确定，各地在司法实践中认识不一。笔者认为，加班费的计算基数应以"正常工作时间的工资"为标准，津贴、补贴、奖金、福利应否纳入计算加班工资的基数，应遵循"三扣除二原则一个不低于"来确定，即：扣除用人单位可自行决定给付的福利、工资以外的工资、非固定工资；有约定从约定，无约定从集体合同；不低于当地最低工资标准。

【案情总览】

李某于 2012 年 9 月 25 日到某公司工作，工作职位为动力车间水处理岗位锅炉水处理工种。2015 年 6 月 1 日，双方签订了为期一年的劳动合同，合同期限自 2015 年 6 月 1 日至 2016 年 6 月 1 日止，合同约定：工资制度为计件工资，分配形式以部门产量、质量、消耗定额、绩效考核为依据。合同到期后，双方又续订了自 2016 年 7 月 1 日至 2017 年 7 月 30 日止、2017 年 7 月 1 日至 2020 年

7月1日止的劳动合同。2020年2月25日,李某因不满调岗向某公司提交辞职报告,后双方签订了解除劳动合同协议书,协议书中约定无经济补偿金。2020年3月11日,某公司以李某"自愿离职"为由向其出具解除劳动合同证明书,李某予以签字确认。2020年5月31日,李某因"支付加班工资、解除劳动合同经济补偿金"等发生争议,向劳动争议仲裁委员会申请仲裁,请求裁决某公司支付其超时加班工资76734元、休息日加班工资76160元、法定节假日加班工资16464元、解除劳动合同经济补偿金10980元。因对仲裁裁决不服,李某诉至法院。

法院经审理查明:事实一,某公司属于某乳业集团的子公司。2016年12月8日,经某市劳动和社会保障局作出的某市劳社发(2016)135号文件批复:同意某乳业集团所属的利乐车间、百利车间、瓶装车间、包装车间和原奶公司所有岗位的职工,按年度实行综合计算工时工作制以及营销公司下属的市场分公司销售人员实行不定时工作制。2019年9月15日,经某市劳动和社会保障局作出的某市劳社发(2019)145号文件批复:同意某乳业集团所属的营运中心、技术研发部、质量管理部、生产部、设备部、采购部、原奶部及子公司此系统工作人员所有岗位的职工,按年度实行综合计算工时工作制以及营销中心下属的市场办事处销售人员实行不定时工作制。

事实二,根据某公司提交的《考勤表》及《职工工资表》显示,工资支付名册中列明了李某加班工资及其他项目,李某的加班工资支付情况为:2018年1月应支付284.74元(已支付231.64元)、2月应支付871.4元(已支付334.71元)、3月应支付210.29元、4月应支付184.55元、5月应支付287.5元(已支付158.16元)、6月应支付322.7元、7月应支付236.03元、8月应支付210.29元、9月应支付313.25元、10月应支付442元(已支付596.78元)、11月应支付261.77元、12月应支付287.5元;2019年1月应支付261.77元(已支付77.24元)、2月应支付210.29元(已支付360.46元)、3月应支付55.85元、4月应支付210.3元(已支付77.24元)、5月应支付184.55元(已支付77.24元)、6月应支付107.33元(已支付77.24元)、7月应支付133.07元、8月应支付133.07元、9月应支付158.81元、10月应支付339元(已支付231.72元)、11月应支付158.81元、12月应支付184.55元;2020年1月应支付210.3元

（已支付77.24元）、2月应支付154.44元。

事实三，根据李某提交的《锅炉水质化验记录》15本显示：李某在2018年11月28日至2020年2月15日期间有超时加班加点的情况，某公司应支付李某超时工资共计3927.07元，其中：2018年12月应支付478.42元、2019年1月应支付593.97元、2月应支付468.78元、3月应支付295.44元、4月应支付541.01元、5月应支付362.85元、8月应支付463.97元、9月应支付261.74元、10月应支付189.52元、11月应支付271.37元。

法院认为：关于李某的工作岗位应该适用何种工时制度的问题。因李某在某公司的工作职位为动力车间水处理岗位担任锅炉水处理工种，该工作岗位不属于某公司经劳动行政部门批准实行不定时工作制和综合计算工时制的岗位，根据宁夏回族自治区劳动人事厅《关于印发〈宁夏回族自治区不定时工作制和综合计算工时工作制审批办法〉的通知》①（宁劳人（护）字〔1995〕120号）第11条规定，企业需要实行不定时工作制的，应履行一定的审批手续，其中，中央直属企业实行不定时工作制的，要经国务院行业主管部门审核，报国务院劳动行政部门批准；地方企业（除中央在宁直属企业外）实行不定时工作制的按隶属关系，向所在地的市、县劳动行政部门和自治区行业主管部门提出申请，经审核同意后，报自治区劳动人事厅批准。但与综合计算工时工作制一样，实行不定时工作制的企业在履行了法定的审批手续后，可选用集中工作、集中休息、轮休调休等适当方式进行，确保职工的休息权和工作任务的完成。由此可见，是否审批是实行不定时工作制的法定要件，故某公司主张李某系适用不定时工作制的岗位，不予采纳。本案中，李某的工作岗位虽适合上述特点，但某公司所提交的审批文件中并没有李某所在的岗位，故可视为某公司对李某的工作岗位并未履行审批手续，由此，李某的工作岗位应视为实行标准工作时间工作制。

关于李某要求某公司支付超时加班工资、休息日加班工资、法定节假日加班工资的问题。《最高人民法院关于审理劳动争议案件适用法律若干问题的

① 该文件已于2022年7月1日被《关于进一步规范优化不定时工作制和综合计算工时工作制审批管理服务工作的通知》（宁人社规字〔2022〕6号）所废止。——编者注

解释(三)》[①]第9条规定,劳动者主张加班费的,应当就加班事实的存在承担举证责任。但劳动者有证据证明用人单位掌握加班事实存在的证据,用人单位不提供的,由用人单位承担不利后果。李某提交了2019年11月28日至2020年2月15日期间的《锅炉水质化验记录》记录本15本,依据该记录本显示李某有超时加班加点的情况,根据某公司提交的《考勤表》及《职工工资表》显示李某在2018年1月至2020年2月期间的法定节假日、休息日有加班情况,李某未提交2018以前某公司拖欠休息日、法定节假日加班工资以及2019年11月28日以前某公司拖欠超时加班工资的相关证据,亦未提交证据证明用人单位掌握上述期间加班事实存在的证据,应承担对其不利后果。据此,一审法院经审理后判决某公司向李某支付休息日、法定节假日加班工资4114.49元、超时工作工资3927.07元,合计8041.56元。李某及某公司均不服提起上诉,二审法院经审理后判决驳回上诉,维持原判。

【法官释法】

按照《劳动法》第44条规定,用人单位需按照不低于工资的150%、200%、300%向劳动者支付加班费。对于加班费的核算,主要在于确定当月工资的标准。然而,随着市场的不断变化和发展,用人单位管理方式的多样化,劳动者的工资结构、计算方法和发放方式的复杂化,对于加班费基数如何确定,是否应将津贴、补贴、奖金、福利纳入计算加班工资的基数,各地在司法实践中认识不一。目前,主要有两种观点:

包含说。此种观点认为,津贴、补贴、奖金均属于"正常工作时间的工资"中的工资,因此均应包含在加班费计算基数之内。如《湖北省高级人民法院民事审判工作座谈会会议纪要》第25条规定,关于加班工资的计算基数,实践中,区分情况处理:(1)用人单位与劳动者已在劳动合同中明确约定了加班工资计算基数,且该计算基数并不低于当地最低工资标准的,可按照双方约定计算加班工资;(2)劳动合同中未对加班工资的计算方式进行明确约定,但用人单位

---

① 该司法解释已被2020年12月29日发布的《最高人民法院关于废止部分司法解释及相关规范性文件的决定》所废止。因案件审理时尚有效,故保留原法律依据。——编者注

在其内部规章制度中对加班工资进行明确规定,若该规章制度经过合法程序制定并已向劳动者公示,且该工资基数并不低于当地最低工资标准的,可以按照该规章制度的规定计算加班工资;(3)在既没有劳动合同约定,也没有单位内部规章制度的规定的情况下,可以根据劳动者前12个月正常工作时间的平均工资计算,包括正常工作时间内的计时工资或者正常工作时间内的计件工资以及奖金、津贴和补贴等货币性收入。如果前12个月正常工作时间的平均工资低于当地最低工资标准的,则以当地最低工资标准为计算基数。再如《北京市高级人民法院、北京市劳动人事争议仲裁委员会关于审理劳动争议案件法律适用问题的解答》第22条规定加班费计算基数应包括"基本工资""岗位津贴"等所有工资项目。不能以"基本工资""岗位工资"或"职务工资"单独一项作为计算基数。

排除说。此种观点认为,计算加班基数时所用的"正常工作时间的工资"应仅限于劳动者本人的基本工资,津贴、补贴、奖金、提成均属于用人单位向员工发放的各种福利,应该排除在外。如《上海市企业工资支付办法》(沪人社综发〔2016〕29号)第9条第2款规定,加班工资和假期工资的计算基数为劳动者所在岗位相对应的正常出勤月工资,不包括年终奖,上下班交通补贴、工作餐补贴、住房补贴,中夜班津贴、夏季高温津贴、加班工资等特殊情况下支付的工资。再如《广东省工资支付条例》(2016年9月29日修正)第62条第2项规定,正常工作时间工资,是指劳动者在法定工作时间内提供了正常劳动,用人单位依法应当支付的劳动报酬。正常工作时间工资不包括下列各项:(1)延长工作时间工资;(2)中班、夜班、高温、低温、井下、有毒有害等特殊工作环境、条件下的津贴;(3)法律、法规和国家规定的劳动者福利待遇等。

加班费的计算基数是建立在正常劳动情形下的工资收入。那么,何为"正常劳动情形下的工资收入"呢?《关于贯彻执行〈中华人民共和国劳动法〉若干问题的意见》(劳部发〔1995〕第309号)第53条规定,劳动法中的"工资"是指用人单位依据国家有关规定或劳动合同的约定,以货币形式直接支付给本单位劳动者的劳动报酬,一般包括计时工资、计件工资、奖金、津贴和补贴、延长工作时间的工资报酬以及特殊情况下支付的工资等。"工资"是劳动者劳动收入的主要组成部分。劳动者的以下劳动收入不属于工资范围:(1)单位支付给劳动者个人的社会保险福利费用,如丧葬抚恤救济费、生活困难补助费、计划生育补贴等;(2)劳动保护方面的费用,如用人单位支付给劳动者的工作服、解毒剂、清凉饮料费用等;(3)按规定未列入工资总额的各种劳动报酬及其他劳动收入,如根据国家规定发放的创造发明奖、国家星火奖、自然科学奖、科学技术进步奖、合理化建议和技术改进奖、中华技能大奖等,以及稿费、讲课费、翻译费等。可见,该解释中对于工资包含以及排除的项目均作了明确的规定。目前,对于加班工资的计算基数系建立在劳动者正常劳动情形下的工资收入没有争议,但因每个用人单位的工资构成不同,对于工资构成中的哪些项目应该计算在加班费的基数之内确有争议。笔者认为,加班费的计算基数应为"正常工作时间的工资",津贴、补贴、奖金、福利应否纳入计算加班工资的基数,应遵循"三扣除二原则一个不低于"来确定,即:扣除用人单位可自行决定给付的福利、工资以外的工资、非固定工资;有约定从约定,无约定从集体合同;不低于当地最低工资标准。具体而言,劳动者加班费计算基数,应当按照法定工作时间内劳动者提供正常劳动应得工资确定。首先,要扣除用人单位可自行决定给付的福利以及非工资性补贴等不属于工资的项目,如饮料费、集体福利费、职工上下班交通补助费、探亲路费、取暖补贴、生活困难补助等;要扣除用人单位可自行决定给付的正常工作时间工资以外的工资,如季度奖、半年奖、年终奖、年底双薪以及按照季度、半年、年结算的业务提成等,但双方约定的报酬属于提成制以及该提成报酬建立在固定工作时间内的除外;要扣除并非每月固定发放的工资项目。其次,根据"有约定从约定"原则,劳动合同中对劳动者月工资有明确约定的,按双方约定的劳动者所在岗位相对应的月工资确定;实际履行中与劳动合同约定不一致的,按实际履行的劳动者所在岗位相对应的月工资确定。再次,劳动合同对劳动者月工资未明确约定,集体合同对岗位相对应的月工资有约定的,按集体合同约定的与劳动者岗位相对应的月工资确定。最后,劳动合同、集体合同对劳动者月工资均无约定的,按劳动者正常出勤月的工资确定。但是,依照前款所规定的工资收入应不低于当地最低工资标准。如《佛山市中级人民法院、佛山市劳动争议仲裁委员会关于审理劳动争议案件若干问题的指导意见》(2011 年 2 月 25 日)第 38 条规定,加班工资的计算基数为劳动者正常工作时间的工资,正常工作时间的工资以双方约定为准。劳动者与用人单位就正常工作时间的工资数额约定不明且无法查清的，以当地最低工资标准作为正常工作时间的工资标准。

【法条链接】

《中华人民共和国劳动法》(2018 年修正)

第四十四条　有下列情形之一的，用人单位应当按照下列标准支付高于劳动者正常工作时间工资的工资报酬：

（一）安排劳动者延长工作时间的，支付不低于工资的百分之一百五十的工资报酬；

（二）休息日安排劳动者工作又不能安排补休的，支付不低于工资的百分之二百的工资报酬；

（三）法定休假日安排劳动者工作的，支付不低于工资的百分之三百的工资报酬。

《关于贯彻执行〈中华人民共和国劳动法〉若干问题的意见》(劳部发〔1995〕309 号)

55. 劳动法第四十四条中的“劳动者正常工作时间工资”是指劳动合同规定的劳动者本人所在工作岗位（职位）相对应的工资。鉴于当前劳动合同制度尚处于推进过程中，按上述规定执行确有困难的用人单位，地方或行业劳动部门可在不违反劳动部《关于工资〈支付暂行规定〉有关问题的补充规定》（劳部发〔1995〕226 号）文件所确定的总的原则的基础上，制定过渡办法。

《工资支付暂行规定》(劳部发〔1994〕489 号)

第十三条第一款　用人单位在劳动者完成劳动定额或规定的工作任务后，根据实际需要安排劳动者在法定标准工作时间以外工作的，应按以下标准支付工资：

（一）用人单位依法安排劳动者在日法定标准工作时间以外延长工作时间的，按照不低于劳动合同规定的劳动者本人小时工资标准的 150% 支付劳动者工资；

（二）用人单位依法安排劳动者在休息日工作，而又不能安排补休的，按照不低于劳动合同规定的劳动者本人日或小时工资标准的 200% 支付劳动者工资；

（三）用人单位依法安排劳动者在法定休假节日工作的，按照不低于劳动合同规定的劳动者本人日或小时工资标准的 300% 支付劳动者工资。

《对〈工资支付暂行规定〉有关问题的补充规定》(劳部发〔1995〕226 号)

一、《规定》第十一条、第十二条、第十三条所称“按劳动合同规定的标准”，系指劳动合同规定的劳动者本人所在的岗位（职位）相对应的工资标准。……

二、关于加班加点的工资支付问题

1.《规定》第十三条第（一）、（二）、（三）款规定的在符合法定标准工作时间的制度工时以外延长工作时间及安排休息日和法定休假节日工作应支付的工资,是根据加班加点的多少,以劳动合同确定的正常工作时间工资标准的一定倍数所支付的劳动报酬,即凡是安排劳动者在法定工作日延长工作时间或安排在休息日工作而又不能补休的,均应支付给劳动者不低于劳动合同规定的劳动者本人小时或日工资标准150%、200%的工资;安排在法定休假节日工作的,应另外支付给劳动者不低于劳动合同规定的劳动者本人小时或日工资标准300%的工资。

六、单位未出具离职证明，劳动者主张赔偿能否支持

裁判要旨

《劳动合同法》第89条规定，用人单位违反本法规定未向劳动者出具解除或者终止劳动合同的书面证明，由劳动行政部门责令改正；给劳动者造成损害的，应当承担赔偿责任。笔者认为，该条明确了两点：一是明确了为劳动者出具离职证明，是用人单位的法定义务；二是明确了用人单位不出具离职证明的法律后果。但是，该条对于如何赔偿而言却系原则性规定。司法实务中，关于赔偿的范围有哪些？赔偿损失的举证责任由谁来承担？赔偿标准如何确定？赔偿的期限如何确定？是否应受仲裁时效的限制？等等均有争议，上述争点均系劳动者主张的赔偿能否获得支持的关键因素。

【案情总览】

2019年6月，李某入职某公司担任业务员一职。2020年6月10日，某公司作出《劳动合同终止/解除通知函》，以李某违反单位规章制度为由解除与李某的劳动合同关系，并以邮寄形式向李某送达了该份通知函，李某于2020年7月1日签收。2020年8月，李某就劳动关系解除事宜申请劳动仲裁，因其对仲裁裁决不服诉至法院，后经法院调解，双方于2021年7月8日达成调解协议：确认双方的劳动关系于2020年6月10日解除，某公司向其支付经济补偿金等35000元。2021年7月15日，某公司向李某邮寄了解除劳动合同证明书，李某于当日签收。2021年8月16日，李某再次申请劳动仲裁，请求某公司赔偿未

及时出具离职证明导致其就业损失 60000 元及无法申领失业保险金 21060 元、无法申请失业补助金 10530 元,因对仲裁裁决不服,李某诉至法院。

一审法院认为:当事人未能提供证据或者提供的证据不足以证明其事实主张的,由负有举证证明责任的当事人承担不利的后果。根据在案证据及各方陈述,本案争议焦点分述如下:

关于某公司是否应向李某出具解除劳动合同证明的问题。《劳动合同法》第 50 条第 1 款规定,用人单位应当在解除或者终止劳动合同时出具解除或者终止劳动合同的证明,并在 15 日内为劳动者办理档案和社会保险关系转移手续。《劳动合同法实施条例》第 24 条规定,用人单位出具的解除、终止劳动合同的证明,应当写明劳动合同期限、解除或者终止劳动合同的日期、工作岗位、在本单位的工作年限。某公司主张 2020 年 7 月 1 日已通过邮寄方式向李某送达解除劳动关系证明书,其提交的证据无法证明其主张,应承担不利后果。某公司于 2020 年 7 月 1 日寄送的《劳动合同终止/解除通知函》不能等同于解除(终止)劳动合同证明书,且该份《劳动合同终止/解除通知函》载明某公司以李某违反单位规章制度为由,从 2020 年 6 月 10 日起解除或终止与李某的劳动合同关系,加之某公司已于 2020 年 6 月 17 日通过网络申报的方式为李某办理了劳动关系解除备案手续,故应当按照劳动法律的相关规定为李某出具解除劳动合同的证明。

关于某公司是否应向李某支付因未及时出具离职证明导致其无法就业的损失问题。根据《劳动合同法》第 89 条规定,某公司未在劳动法律所规定的期限内向李某出具解除劳动关系证明,李某在仲裁庭审时以及本案庭审时均提交了案外公司出具的《不予录用通知书》,能够证明因某公司未向其出具解除劳动关系证明,导致李某到其他公司入职时因未能提供离职证明而被拒绝录用,损害了其再就业的权益并发生实际损失,应依照法律规定予以赔偿。因李某在仲裁庭审时提交的《不予录用通知书》所载明的日期为 2020 年 9 月 16 日,故其应从此时起就已知晓离职证明对其再就业的影响,此时应主动采取救济措施予以维权,但其于 2021 年 8 月 16 日才提起劳动仲裁,对其怠于行使权利所致扩大损失的部分应自行承担,故对其未就业损失酌情支持 4 个月,其标准以李某在某公司工作期间的月平均工资作为计算损失的依据为宜,又因李某解除劳动合同前12个月的平均工资为5000元,故某公司应支付因未及时出具离职证明导致李某就业损失为20000元(5000元×4个月)。

关于某公司是否应向李某支付因未及时出具离职证明导致其无法申领失业保险金损失的问题。《社会保险法》第45条规定,失业人员符合下列条件的,从失业保险基金中领取失业保险金:(1)失业前用人单位和本人已经缴纳失业保险费满一年的;(2)非因本人意愿中断就业的;(3)已经进行失业登记,并有求职要求的。第50条第1、2款规定,用人单位应当及时为失业人员出具终止或者解除劳动关系的证明,并将失业人员的名单自终止或者解除劳动关系之日起15日内告知社会保险经办机构。失业人员应当持本单位为其出具的终止或者解除劳动关系的证明,及时到指定的公共就业服务机构办理失业登记。根据上述规定,如果用人单位不能及时为劳动者出具终止或者解除劳动关系的证明,将导致劳动者无法办理失业登记手续,不能依法领取失业保险金。因此,解除或终止劳动合同证明直接影响到劳动者失业保险利益的实现。本案中,某公司以李某违反单位规章制度为由解除劳动关系,但因某公司在2020年6月17日网报解除劳动关系时,作出的解除劳动证明书和解除劳动合同协议书相互矛盾,且某公司于2021年7月才向李某寄送解除劳动关系证明,导致李某未能领取失业保险金,故李某要求某公司支付其无法申领失业保险金损失的诉讼请求,符合相关规定。依据《宁夏回族自治区失业保险办法》第18条规定,失业人员领取失业保险金的期限按照下列规定计算:累计缴费满1年的,领取3个月。李某在某公司工作1年以上不满2年,其与某公司解除劳动关系的事实发生在2020年6月10日,故按照《宁夏回族自治区人力资源和社会保障厅、宁夏回族自治区财政厅关于调整失业保险金标准的通知》(宁人社发〔2018〕29号)的规定,该项损失应为3735元(1660元×0.75×3个月)。

关于某公司是否应向李某支付未及时出具离职证明导致其无法申领失业补助金损失的问题。根据《宁夏回族自治区人力资源和社会保障厅、宁夏回族自治区财政厅关于阶段性实施失业补助政策的通知》(宁人社发〔2020〕61号)规定,2020年3月至12月,领取失业保险金期满仍未就业的失业人员、不符合领取失业保险金条件的参保失业人员,可申领6个月的失业补助金。各市、县(区)公共就业服务机构在核实领取失业补助金人员条件时,应以社保信息系统中该人员在2020年3月1日至12月31日期间,停止缴纳失业保险费的时间为依据(至少有1个月以上的参加失业保险并缴费记录),不得要求参保失业人员提供终止或者解除劳动关系证明、失业登记证明等证明材料,不得增加其他义务、条件或时限要求。失业补助金是国家为切实保障失业人员基本生活的一项政策,由失业人员自行申领,与解除劳动关系的原因无关,也不要求提供解除劳动关系证明,故李某要求某公司支付无法申领失业补助金损失,没有事实和法律依据。

据此判决某公司向李某支付未及时出具离职证明导致李某就业损失24886.48元、支付未及时出具离职证明导致李某无法申领失业保险金损失3735元等。宣判后,李某不服,提起上诉。

二审法院认为:本案争议焦点为某公司是否应当向李某支付未及时出具离职证明导致的就业损失、无法申领失业保险金损失以及无法申领失业补助金的损失。具体分述如下:

关于因某公司是否应当向李某支付未及时出具离职证明导致的就业损失。依据《劳动合同法》第89条规定,用人单位违反本法规定未向劳动者出具解除或者终止劳动合同的书面证明,由劳动行政部门责令改正;给劳动者造成损害的,应当承担赔偿责任。用人单位应当积极履行出具离职证明的法律义务,劳动者因此而遭受损害后,应积极维权,并举证证明用人单位因未出具离职证明产生的损害后果。本案中,李某举证证实因某公司未及时提供离职证明其于2020年9月16日收到其他公司的不予录用通知书。故李某于2020年9月16日就知道某公司未及时提供离职证明对其就业造成影响,其作为受害人此时应该积极维权,但其于2021年8月16日才提起劳动仲裁,故一审法院酌定用人单位赔偿其4个月的就业损失并无不当。

关于失业保险金,依据《社会保险法》第50条第3款规定,失业人员凭失业登记证明和个人身份证明,到社会保险经办机构办理领取失业保险金的手续。失业保险金领取期限自办理失业登记之日起计算。因某公司未及时出具离职证明,导致李某未能申领失业保险金,对于该损失某公司应当予以赔偿。李某主张失业保险金的计算标准应以2021年9月1日起的新标准计算,但李某与某公司解除劳动关系的法律事实发生于2020年6月10日,一审法院适用该法律事实发生时的计算标准并无不当。

关于失业补助金。领取的条件与用人单位是否开具解除劳动关系证明无关,一审法院没有支持李某的该项诉讼请求,符合法律规定。另外,某公司主张其已邮寄解除合同通知书以证明劳动关系解除,但该解除劳动关系通知书系某公司单方解除劳动关系的意思表示,不能证明劳动关系已经解除,故对该项主张本院不予认可。据此,驳回上诉,维持原判。

再审法院认为:李某与某公司于2020年6月10日解除劳动关系,李某提交的《不录用通知书》载明日期为2020年9月16日,原审法院认定李某此时起应已知晓离职证明对其再就业的影响,但其于2021年8月16日才提起劳动仲裁,故判决对其未就业损失按照李某解除劳动合同前12个月的平均工资6221.62元的标准酌情支持4个月,对其怠于行使权利所致扩大损失的部分认定由李某自行承担并无不当;对失业保险金按照李某与某公司解除劳动关系的法律事实发生时施行的《社会保险法》规定的计算标准予以计算并判决,认定事实及适用法律亦无不当。李某申请再审提交其对本案的起诉书和上诉状各一份、一审庭审笔录一份、二审庭审笔录两份、二审辩论意见一份以及银川市西夏区人民法院(2021)宁0105民初3173号民事调解书一份,上述证据均不属于《最高人民法院关于适用〈中华人民共和国民事诉讼法〉的解释》第386条规定的新证据,亦不足以推翻原判决。李某申请再审亦未提交符合该条规定的其他足以推翻原判决的新证据,其关于有新的证据足以推翻原判决的申请再审主张不能成立。据此,裁定驳回王某的再审申请。

【法官释法】

实践中,离职证明最重要的作用大抵有两点:一为入职凭证,用于劳动者再次就职;二为领取凭证,用于劳动者领取失业金。《劳动合同法》第89条"用人单位违反本法规定未向劳动者出具解除或者终止劳动合同的书面证明,由劳动行政部门责令改正;给劳动者造成损害的,应当承担赔偿责任"的规定,一是明确了为劳动者出具离职证明,是用人单位的法定义务;二是明确了用人单位不出具离职证明的法律后果。那么,如果用人单位未按法律规定向劳动者出具离职证明,影响的应该是劳动者再次就业及领取失业金的相关权利,给劳动者造成经济损失的,用人单位应当承担相应的赔偿责任。但是,司法实务中,由于上述条款过于原则不够细化,导致关于赔偿损失的举证责任由谁来承担?赔偿的工资标准如何确定?赔偿的期限如何确定?是否应受仲裁时效的限制?等等均有争议。目前,越来越多的用人单位为了避免卷入法律纠纷,同时也为了对劳动者的就业经历和职业操守等有全面的了解,一般都在招用劳动者时要求其提供原用人单位开出的离职证明,如果劳动者无法提供,则影响其就业的权利。本文仅对用人单位不出具离职证明,对劳动者再次就业造成经济损失的赔偿问题进行探讨。

一、关于举证责任的分配

所谓举证责任,是指当事人对自己提出的请求,有提出证据加以证明的责任,如果未能提供证据或者提供的证据不足以证明其事实主张的,由负有举证证明责任的当事人承担不利的后果。简言之,就是谁主张谁举证。劳动争议案件的举证责任分配原则上亦遵循上述民事诉讼原则,但是基于劳动者弱势群体的地位以及劳动法规“向劳动者倾斜”的立法原则,对举证责任有例外规定:如根据《劳动争议调解仲裁法》第 6 条规定,与争议事项有关的证据属于用人单位掌握管理的,用人单位应当提供;用人单位不提供的,应当承担不利后果。再如《最高人民法院关于审理劳动争议案件适用法律问题的解释(一)》第 44 条规定,因用人单位作出的开除、除名、辞退、解除劳动合同、减少劳动报酬、计算劳动者工作年限等决定而发生的劳动争议,用人单位负举证责任。笔者认为,从《劳动合同法》第 89 条可以看出,用人单位未出具离职证明而承担赔偿责任的前提有三:一是用人单位确有未出具离职证明之行为;二是劳动者确有实际损害发生;三是因用人单位未出具离职证明而导致劳动者损害发生,二者之间具有直接的因果关系。显然,对于上述损害的赔偿责任,归责时应采用过错原则,即由用人单位与劳动者根据各自的过错承担相应的后果,但在举证责任分配上应采取区分原则。具体而言:

关于离职证明的举证,用人单位具有出具书面离职证明的法定义务,对于该证明用人单位是否及时出具过、是否向劳动者直接送达过、是否穷尽手段向劳动者送达过都应承担举证责任。以本案为例,某公司主张 2020 年 7 月 1 日已通过邮寄方式向李某送达过解除劳动关系证明书,但其提交的证据无法证明其主张,故应承担不利后果。

关于损害事实的举证,劳动者应对因用人单位未向其出具离职证明导致其未被录用的事实承担举证责任。就本案而言,李某为证明损害事实的发生,提交以下证据:(1)案外人某保安公司向其出具的《员工不录用通知书》1份,证明由于李某未提供离职证明,导致无法正常入职到其他公司工作,该《不录用通知书》显示的时间为2020年9月16日,载明的原因为未能在约定时间提供相关入职材料(未提供离职证明)。(2)案外人某服务公司向其出具的《录用通知书》及《不予录用通知书》各1份,其中:2021年3月8日出具的《录用通知书》载明:"二、报到所需材料:您服务的上一家公司出具的离职证明。报到时间:2021年3月12日8时。三、录用通知书的效力:公司将为您保留此工作岗位至2021年3月31日";2021年4月1日出具的《不予录用通知书》载明:"李某您好!非常遗憾地通知您,经过考核审查,您未能在规定时间内提供有效的与原单位解除或终止劳动关系的证明文件,不符合我司的录用条件,现特此通知您,本公司暂不录用阁下。"

关于因果关系的举证,劳动者应就用人单位未向其出具离职证明而导致其未就业之间存在因果关系承担举证责任。实践中,可能存在劳动者一直在找工作,但并不受就业证明的影响,未造成其录用的原因也可能是其他诸如学历、技能、经历、能力等方面的原因,而非未出具离职证明所致,故司法实务中应结合综合因素予以考量,严格把握在劳动者未就业确系用人单位未及时出具离职证明而被拒绝录用,损害了其再就业的权益并发生实际损失,二者之间确系具有直接的因果关系。

二、关于赔偿的标准

目前,关于用人单位未及时出具离职证明所致劳动者未就业所造成的经济损失的计算标准问题,司法实务中有以下四种观点:一是以原用人单位的月工资标准计算;二是按拟入职单位的月工资标准计算;三是按照当地最低工资标准计算;四是按照当地生活费的标准计算。上述观点均具有其合理性,但也有不足之处。笔者倾向于第一种观点,理由如下:一是《最低工资规定》(劳动和社会保障部令第21号)第3条第1款规定,本规定所称最低工资标准,是指劳动者在法定工作时间或依法签订的劳动合同约定的工作时间内提供了正常劳动的前提下,用人单位依法应支付的最低劳动报酬。同时,该规定第12条第3款还规定,劳动者由于本人原因造成在法定工作时间内或依法签订的劳动合同约定的工作时间内未提供正常劳动的,不适用于本条规定。关于生活费,《关于贯彻执行〈中华人民共和国劳动法〉若干问题的意见》(劳部发〔1995〕309号)第58条规定,企业下岗待工人员,由企业依据当地政府的有关规定支付其生活费,生活费可以低于最低工资标准,下岗待工人员中重新就业的,企业应停发其生活费。女职工因生育、哺乳请长假而下岗的,在其享受法定产假期间,依法领取生育津贴;没有参加生育保险的企业,由企业照发原工资。显然,依据上述规定,最低工资标准及生活费的支付均有其所适用的特殊情形,比如生活费的支付前提系用人单位停工停产,系用人单位的客观原因所致,与劳动者无关,故以最低工资标准及生活费作为赔偿标准,对劳动者而言,显失公平且不符合上述两项费用的立法本意,与保护劳动者合法权益的宗旨相悖。二是以拟入职单位的月工资标准计算,增加了劳动者的举证难度以及拟入职单位的风险,可操作性差,实践中亦不能排除劳动者与其他单位恶意串通的可能性。三是以原用人单位的月工资标准计算,便于劳动者举证,也很好认定,具有可操作性。

三、关于赔偿的期限

实践中,经常有劳动者离开原用人单位后很长一段时间未再就业,那么,对于因用人单位未及时出具离职证明而导致劳动者未就业的损失的期间从何时开始计算?计算到何时?法律并没有明确规定,司法实务中也观点不一。关于起算日期,观点有三:(1)从离职之日;(2)从离职之日起算一个月;(3)入职新单位之日。笔者认为,从离职之日计算更具有合理性及可操作性。关于终止日期,观点有二:(1)入职新单位之日;(2)从知道或应当知道其权利受侵害之日。笔者认为,根据《劳动争议调解仲裁法》第27条规定,仲裁时效期间从当事人知道或者应当知道其权利被侵害之日起计算。由此可见,劳动者自首次因用人单位未出具离职证明而导致未被录用起,就应该知道其权利被侵害,从此时起就已知晓离职证明对其再就业的影响,此时应主动采取救济措施予以维权,对其怠于行使权利所致扩大损失的部分应自行承担,本案即采用了上述观点。

四、关于赔偿的时效期间

所谓仲裁时效,是指劳动人事争议当事人向仲裁委员会提出仲裁申请的有效期限,即劳动人事争议当事人在法定时间内不行使申请仲裁的权利,当时效届满时,就丧失通过仲裁程序保护其合法权益的权利。《劳动争议调解仲裁法》第 27 条规定了一般仲裁时效以及特殊仲裁时效,司法实务中,对于因未出具离职证明导致无法入职损害的,应当适用一般仲裁时效并无争议,但是对时效起算点,有两种观点:一是离职之日;二是解除或者终止劳动关系之日,笔者倾向于第二种观点,因为实践中,离职之日并非解除或者终止劳动关系之日的情形比比皆是,比如劳动者发生工伤后未再上班,其经过工伤认定等程序后才向用人单位解除劳动合同,又如双方因劳动争议而进行仲裁、诉讼,上述两个日期并不重合,因而,以解除或者终止劳动关系之日作为起算点,更具有其合理性。

【法条链接】

《中华人民共和国劳动合同法》(2012 年修正)

第五十条　用人单位应当在解除或者终止劳动合同时出具解除或者终止劳动合同的证明,并在十五日内为劳动者办理档案和社会保险关系转移手续。

劳动者应当按照双方约定,办理工作交接。用人单位依照本法有关规定应当向劳动者支付经济补偿的,在办结工作交接时支付。

用人单位对已经解除或者终止的劳动合同的文本,至少保存二年备查。

第八十九条　用人单位违反本法规定未向劳动者出具解除或者终止劳动合同的书面证明,由劳动行政部门责令改正;给劳动者造成损害的,应当承担赔偿责任。

《中华人民共和国社会保险法》(2018 年修正)

第四十五条　失业人员符合下列条件的,从失业保险基金中领取失业保险金:

(一)失业前用人单位和本人已经缴纳失业保险费满一年的;

(二)非因本人意愿中断就业的;

(三)已经进行失业登记,并有求职要求的。

第五十条第一款　用人单位应当及时为失业人员出具终止或者解除劳动关系的证明,并将失业人员的名单自终止或者解除劳动关系之日起十五日内告知社会保险经办机构。

《实施〈中华人民共和国社会保险法〉若干规定》

第十三条　失业人员符合社会保险法第四十五条规定条件的,可以申请领取失业保险金并享受其他失业保险待遇。其中,非因本人意愿中断就业包括下列情形:

(一)依照劳动合同法第四十四条第一项、第四项、第五项规定终止劳动合同的;

（二）由用人单位依照劳动合同法第三十九条、第四十条、第四十一条规定解除劳动合同的；

（三）用人单位依照劳动合同法第三十六条规定向劳动者提出解除劳动合同并与劳动者协商一致解除劳动合同的；

（四）由用人单位提出解除聘用合同或者被用人单位辞退、除名、开除的；

（五）劳动者本人依照劳动合同法第三十八条规定解除劳动合同的；

（六）法律、法规、规章规定的其他情形。

《失业保险条例》

第十四条 具备下列条件的失业人员，可以领取失业保险金：

（一）按照规定参加失业保险，所在单位和本人已按照规定履行缴费义务满1年的；

（二）非因本人意愿中断就业的；

（三）已办理失业登记，并有求职要求的。

失业人员在领取失业保险金期间，按照规定同时享受其他失业保险待遇。

第十七条 失业人员失业前所在单位和本人按照规定累计缴费时间满1年不足5年的，领取失业保险金的期限最长为12个月；累计缴费时间满5年不足10年的，领取失业保险金的期限最长为18个月；累计缴费时间10年以上的，领取失业保险金的期限最长为24个月。重新就业后，再次失业的，缴费时间重新计算，领取失业保险金的期限可以与前次失业应领取而尚未领取的失业保险金的期限合并计算，但是最长不得超过24个月。

第十八条 失业保险金的标准，按照低于当地最低工资标准、高于城市居民最低生活保障标准的水平，由省、自治区、直辖市人民政府确定。

《宁夏回族自治区失业保险办法》（2017年修正）

第十七条 失业保险金按照自治区人民政府规定的当地最低工资标准的百分之六十五发放。

第十八条 失业人员领取失业保险金的期限按照下列规定计算：

（一）累计缴费满一年的，领取三个月。

（二）累计缴费满二年的，领取六个月。

（三）累计缴费满三年的，领取九个月。

（四）累计缴费满四年的，领取十二个月。

（五）累计缴费满五年的，领取十四个月。

（六）从第六年起，每满一年增加一个月失业保险金，但最长不得超过二十四个月。

失业人员重新就业后，再次失业的，缴费时间重新计算，领取失业保险金期限可以与前次失业应领取而尚未领取的失业保险金的期限合并计算,但最长不得超过二十四个月。

《宁夏回族自治区人力资源和社会保障厅、宁夏回族自治区财政厅关于调整失业保险金标准的通知》(宁人社发〔2018〕29号)

二、失业保险金标准的确定

统筹考虑我区失业人员及其家庭基本生活需要和失业保险基金运行安全,坚持"保生活"和"促就业"相统一,在确保失业保险基金安全有效运行和制度可持续发展的前提下,综合考虑我区经济社会发展及经济增长水平和物价水平,按照积极稳妥、分步实施、循序渐进的原则,用3至5年时间逐步提高失业保险金标准,2018年一次性提高10个百分点,即从2018年1月1日起将失业保险金标准从全区最低工资标准的65%提高到75%。

《宁夏回族自治区人力资源和社会保障厅、宁夏回族自治区财政厅关于阶段性实施失业补助政策的通知》(宁人社发〔2020〕61号)

一、实施范围及期限

2020年3月至12月,领取失业保险金期满仍未就业的失业人员、不符合领取失业保险金条件的参保失业人员,可申领6个月的失业补助金。

三、核实依据。各市、县(区)公共就业服务机构在核实领取失业补助金人员条件时,应以社保信息系统中该人员在2020年3月1日至12月31日期间,停止缴纳失业保险费的时间为依据(至少有1个月以上的参加失业保险并缴费记录),不得要求参保失业人员提供终止或者解除劳动关系证明、失业登记证明等证明材料,不得增加其他义务、条件或时限要求。

《最低工资规定》(劳动和社会保障部令第21号)

第三条 本规定所称最低工资标准,是指劳动者在法定工作时间或依法签订的劳动合同约定的工作时间内提供了正常劳动的前提下,用人单位依法应支付的最低劳动报酬。

本规定所称正常劳动,是指劳动者按依法签订的劳动合同约定,在法定工作时间或劳动合同约定的工作时间内从事的劳动。劳动者依法享受带薪年休假、探亲假、婚丧假、生育(产)假、节育手术假等国家规定的假期间,以及法定工作时间内依法参加社会活动期间,视为提供了正常劳动。

七、女职工"三期",劳动权益如何保护

裁判要旨

男女平等是我国宪法确立的基本原则。随着我国经济社会改革的不断深入,女职工作为劳动关系的一方,逐渐成为职场主力军。但同时,由于女性生理、心理方面的特殊性,使得女性职工对劳动关系的要求往往不同于男性,因此,女职工在劳动过程中的权益保护问题显得尤为突出,如何更好地维护女职工的特殊劳动权益,值得深思。实践中,用人单位应当根据女职工的特点,依法保护女职工在工作和劳动时的安全、健康以及休息的权利,如《劳动合同法》第42条第1款第4项规定旨在保障女职工"三期"期间的合法权益,即用人单位不得与女职工解除劳动关系的情形。

【案情总览】

李某于2014年10月到某公司任人力资源部经理。2014年11月1日,李某填写了某公司提供的员工登记表,双方未签订书面劳动合同,某公司也未给李某缴纳各项社会保险。李某自行缴纳了2014年10月至2014年12月期间的养老保险费,2014年10月至2015年6月期间的医疗保险费。2014年10月24日李某被医院确诊怀孕。2015年2月11日,某公司作出解聘李某的决定。同日,李某停止上班。2015年2月24日,某公司下发与李某解聘决定的复函,内容为:"经试用,公司认为您并不符合录用条件。2015年2月11日公司作出的解聘决定没有过错。您提出的所谓补偿方案,于法无据,我公司不能接受。公司是依据《劳动合同法》第三十九条第一款决定对您不予正式聘用,解除您的劳动合同,不受孕期影响且没有经济补偿。"李某于2015年3月2日收到该

复函并签字。2015 年 3 月 8 日,李某申请劳动仲裁,请求继续履行劳动合同关系并由某公司向其支付未签订劳动合同的二倍工资、生育津贴等。某公司因不服仲裁委员会所作出的裁决,因而成讼。

法院经审理认为:某公司与李某之间的劳动关系是否应继续履行的问题。当事人对自己提出的诉讼请求所依据的事实或反驳对方诉讼请求所依据的事实有责任提供证据加以证明。本案中,李某在某公司工作期间,双方虽未订立书面劳动合同,但依据《关于确立劳动关系有关事项的通知》第 2 条第 1 款之规定,应认定双方于 2014 年 10 月起建立劳动关系。某公司主张与李某口头约定试用期,但未出示其与李某约定试用期的有效证据,故认定双方未约定试用期。由于某公司未出示李某在工作期间被证明不符合录用条件的相关证据,且某公司已知悉李某存在怀孕的事实,故某公司解除与李某的劳动关系不符合《劳动合同法》第 39 条、第 42 条规定,应认定某公司作出与李某解聘的决定违法。但是,是否应继续履行劳动合同,还要视劳动者的具体要求而定。《劳动合同法》第 48 条规定,用人单位违反本法规定解除或者终止劳动合同,劳动者要求继续履行劳动合同的,用人单位应当继续履行;劳动者不要求继续履行劳动合同或者劳动合同已经不能继续履行的,用人单位应当依照本法第 87 条规定支付赔偿金。由此,李某要求与某公司继续履行劳动合同,应予支持。

某公司是否应向李某支付未签订劳动合同的二倍工资、生育津贴等问题。因李某于 2014 年 10 月至 2015 年 2 月期间在某公司正常工作,某公司未与李某签订书面劳动合同,依据《劳动合同法》第 82 条第 1 款之规定,某公司应当向李某每月支付二倍的工资。因李某 2014 年 11 月至 2015 年 1 月的工资收入为 12955.18 元(2015 年 2 月上班 1 天),故某公司应向李某支付未签订书面劳动合同二倍工资差额为 12955.18 元。某公司作为用人单位,为劳动者办理社会保险缴纳各项社会保险费是其应尽的责任。李某在某公司工作期间,某公司未为其缴纳各项社会保险费,因李某自行缴纳了 2014 年 10 月至 2014 年 12 月期间的养老保险费,2014 年 10 月至 2015 年 6 月期间的医疗保险费,上述费用应由某公司承担。关于生育津贴,《宁夏回族自治区职工生育保险办法》[①]第11条规定,女职工生育、终止妊娠或者实施计划生育手术的,在下列法定产假期间由领取工资改为享受生育津贴。(1)女职工正常生育的产假为90天;难产的增加产假15天;晚育的增加产假14天;产假期间领取《独生子女父母光荣证》的,增加产假40天;多胞胎生育的每多生育1个婴儿增加产假15天。(2)女职工怀孕2个月以下终止妊娠的,产假15天;怀孕满2个月以上不满4个月终止妊娠的,产假30天;怀孕满4个月以上终止妊娠的,产假42天。生育津贴按照女职工本人生育保险月缴费基数除以30再乘以产假天数计算。由财政支付工资的用人单位职工,在产假期间享受原工资待遇,不享受生育津贴。据此,某公司应按照李某生育保险缴费基础支付其2015年6月18日后的生育津贴为13500元(4500元÷30天×90天)。

一审法院经审理后判决某公司与李某继续履行劳动合同并向李某支付未签订劳动合同二倍工资12955.18元、生育津贴13500元。宣判后,某公司不服提起上诉,二审法院经审理后驳回上诉,维持原判。

【法官释法】

2022年10月30日第十三届全国人民代表大会常务委员会第三十七次会议修订通过了《妇女权益保障法》。该法第47条规定,用人单位应当根据妇女的特点,依法保护妇女在工作和劳动时的安全、健康以及休息的权利。妇女在经期、孕期、产期、哺乳期受特殊保护。第48条第1款规定,用人单位不得因结婚、怀孕、产假、哺乳等情形,降低女职工的工资和福利待遇,限制女职工晋职、晋级、评聘专业技术职称和职务,辞退女职工,单方解除劳动(聘用)合同或者服务协议。上述规定均是对女职工工作时特殊权益的保护。详言之,女职工在劳动工作中所享有的特殊权益包括我国法律、法规、政策对女职工经期、孕期、产期、哺乳期、更年期的保护,具体内容在《女职工劳动保护特别规定》中有明确的体现。

---

① 该规定已于2021年8月20日修正,此处为案件审理时适用的文本,请读者注意辨别。——编者注

一、何为女职工"三期"？

女职工的"三期"一般是指孕期、产期和哺乳期，至于经期在《劳动合同法》中并未列入其中。其中孕期是指怀孕期间，产期是指生育期间，哺乳期是指女职工哺乳其婴幼儿的时间。在三期内，出于生理上的需要，用人单位应当严格按照国家的有关规定，给予女职工相应的保护。不能安排其从事一定级别体力劳动强度的工作，同时对于三期内禁忌从事的劳动也不得安排给女职工。（见表2）除此之外，一般处于三期内的女职工，单位也不能要求其从事夜班劳动工作。如国务院《女职工劳动保护特别规定》（国务院令第619号）第5条规定，用人单位不得因女职工怀孕、生育、哺乳降低其工资、予以辞退、与其解除劳动或者聘用合同。第6条第3款还规定，因怀孕女职工在劳动时间内进行产前检查，所需时间计入劳动时间。但是，实践中，往往有的用人单位单纯追求经济利益，认为女职工在生育期间创造的价值低，且不愿承担因女职工生育而加大的生产成本，如本案中所涉及的某公司就是在李某怀孕期间以实习期不合格为由将其解聘，侵害了李某的合法权益。另外，实践中某些用人单位对怀孕女职工孕期检查身体，视为事假扣发工资是错误的，应当立即纠正给予补发。由此对女职工身心健康造成危害的，还应根据有关规定，予以赔偿损失。

表2　女职工禁忌从事的劳动范围

禁忌从事的劳动范围	1. 矿山井下作业 2. 体力劳动强度分级标准中规定的第四级体力劳动强度的作业 3. 每小时负重6次以上、每次负重超过20公斤的作业，或者间断负重、每次负重超过25公斤的作业
在经期禁忌从事的劳动范围	1. 冷水作业分级标准中规定的第二级、第三级、第四级冷水作业 2. 低温作业分级标准中规定的第二级、第三级、第四级低温作业 3. 体力劳动强度分级标准中规定的第三级、第四级体力劳动强度的作业 4. 高处作业分级标准中规定的第三级、第四级高处作业
在孕期禁忌从事的劳动范围	1. 作业场所空气中铅及其化合物、汞及其化合物、苯、镉、铍、砷、氰化物、氮氧化物、一氧化碳、二硫化碳、氯、己内酰胺、氯丁二烯、氯乙烯、环氧乙烷、苯胺、甲醛等有毒物质浓度超过国家职业卫生标准的作业 2. 从事抗癌药物、己烯雌酚生产，接触麻醉剂气体等的作业 3. 非密封源放射性物质的操作，核事故与放射事故的应急处置 4. 高处作业分级标准中规定的高处作业

续表

	5. 冷水作业分级标准中规定的冷水作业 6. 低温作业分级标准中规定的低温作业 7. 高温作业分级标准中规定的第三级、第四级的作业 8. 噪声作业分级标准中规定的第三级、第四级的作业 9. 体力劳动强度分级标准中规定的第三级、第四级体力劳动强度作业 10. 在密闭空间、高压室作业或者潜水作业,伴有强烈振动的作业,或者需要频繁弯腰、攀高、下蹲的作业
在哺乳期禁忌从事的劳动范围	1. 孕期禁忌从事的劳动范围的第一项、第三项、第九项 2. 作业场所空气中锰、氟、溴、甲醇、有机磷化合物、有机氯化合物等有毒物质浓度超过国家职业卫生标准的作业

二、女职工"三期"内有何特殊保护?

女性在经期、孕期、产期、哺乳期需要给予特殊照顾,但事实上,由于认识不够、某些女性自身素质不高、劳资双方地位的不平等、行政执法力度不大、相关社会组织未能充分发挥应有作用等原因,使得女职工在特殊时期并没有得到有效保护,事实上所谓照顾实际上明显不足,许多用人单位不仅没有设置产假,对于怀孕的女职工甚至会采取自动离职的方式,对于在孕期、哺乳期的女职工,也并没有给予应有的休息时间以及保护措施,而是按照用人单位的工作量予以安排。对于处于经期的女职工,极少有用人单位会主动关心并给予相应假期和休息。另外,对于处于孕期、产假和哺乳期的女职工,许多用人单位还往往采取工资不足额发放等方式予以限制,部分用人单位还不按照法律规定给女职工投交生育险,这些做法均有违劳动法律的相关规定。

目前,司法实务中,用人单位在"三期"内侵害女职工合法权益情况依然存在,如改变女职工的工作条件及待遇,从而迫使其辞职;制造理由,单方解除与"三期"女职工的劳动合同;调岗降薪,降低女职工的待遇,诸如种种。笔者认为,要从根本上提高女职工地位和维护女职工劳动权益,就要做到"四完善四提高",即:一要完善宣传措施,提高社会认识。不但要求各用人单位普及法律知识、自觉维护女职工劳动权益,还要充分利用好新闻媒体等多种形式进行大规模、全方位的宣传,女职工自身也要增强法律意识,提升自己的技能水平。二要完善法律法规,提高执行力度。目前,关于女职工权利保护的法律法规还不够完善,需要进一步健全配套司法解释,提高“三期”女职工劳动权益保护法律法规的可操作性。同时,提高各项相关法律法规的执行力。三要完善监督制度,提高保障机制。充分发挥政府部门的宏观调控作用,组织各级工会、妇联加大与用人单位的联系和沟通,主动进驻用人单位,第一时间对女职工给予法律咨询和帮助。四要完善生育制度,提高惩戒机制。建立有效的社会保障和惩戒机制,不仅如此,在女职工特殊期的保护上,应鼓励用人单位为女职工购买生育保险等险种,使女职工的权益保护从单一的用人单位维护走向更广阔的社会共同维护。“三期”女职工享有的假期见表3。

表3　“三期”女职工享有的假期

产检	怀孕的女职工,在劳动时间内进行产前检查,所需时间计入劳动时间
产假	女职工产假98天,其中产前可以休假15天;难产的,增加产假15天;多胞胎生育的,每多生育一个婴儿,增加产假15天
流产假	女职工怀孕未满4个月流产的,享受15天产假;怀孕满4个月流产的,享受42天产假
哺乳假	有不满1周岁婴儿的女职工,用人单位不得延长劳动时间或安排夜班劳动。用人单位应当在每天的劳动时间内为哺乳期女职工安排1小时哺乳时间;女职工生育多胞胎的,每多哺乳1个婴儿,每天增加1小时哺乳时间
病假	产假期满,因身体原因不能工作的,经医务部门证明后,依照职工患病的相关规定执行

【法条链接】

《中华人民共和国劳动合同法》(2012年修正)

第四十二条　劳动者有下列情形之一的,用人单位不得依照本法第四十条、第四十一条的规定解除劳动合同:

(一)从事接触职业病危害作业的劳动者未进行离岗前职业健康检查,或者疑似职业病病人在诊断或者医学观察期间的;

(二)在本单位患职业病或者因工负伤并被确认丧失或者部分丧失劳动能力的;

(三)患病或者非因工负伤,在规定的医疗期内的;

(四)女职工在孕期、产期、哺乳期的;

(五)在本单位连续工作满十五年,且距法定退休年龄不足五年的;

(六)法律、行政法规规定的其他情形。

第四十八条 用人单位违反本法规定解除或者终止劳动合同,劳动者要求继续履行劳动合同的,用人单位应当继续履行;劳动者不要求继续履行劳动合同或者劳动合同已经不能继续履行的,用人单位应当依照本法第八十七条规定支付赔偿金。

《中华人民共和国妇女权益保障法》(2022 年修订)

第四十一条 国家保障妇女享有与男子平等的劳动权利和社会保障权利。

第四十二条 各级人民政府和有关部门应当完善就业保障政策措施,防止和纠正就业性别歧视,为妇女创造公平的就业创业环境,为就业困难的妇女提供必要的扶持和援助。

第四十三条 用人单位在招录(聘)过程中,除国家另有规定外,不得实施下列行为:

(一)限定为男性或者规定男性优先;

(二)除个人基本信息外,进一步询问或者调查女性求职者的婚育情况;

(三)将妊娠测试作为入职体检项目;

(四)将限制结婚、生育或者婚姻、生育状况作为录(聘)用条件;

(五)其他以性别为由拒绝录(聘)用妇女或者差别化地提高对妇女录(聘)用标准的行为。

第四十四条 用人单位在录(聘)用女职工时,应当依法与其签订劳动(聘用)合同或者服务协议,劳动(聘用)合同或者服务协议中应当具备女职工特殊保护条款,并不得规定限制女职工结婚、生育等内容。

职工一方与用人单位订立的集体合同中应当包含男女平等和女职工权益保护相关内容,也可以就相关内容制定专章、附件或者单独订立女职工权益保护专项集体合同。

第四十五条 实行男女同工同酬。妇女在享受福利待遇方面享有与男子平等的权利。

第四十六条 在晋职、晋级、评聘专业技术职称和职务、培训等方面,应当坚持男女平等的原则,不得歧视妇女。

第四十七条 用人单位应当根据妇女的特点,依法保护妇女在工作和劳动时的安全、健康以及休息的权利。

妇女在经期、孕期、产期、哺乳期受特殊保护。

第四十八条 用人单位不得因结婚、怀孕、产假、哺乳等情形,降低女职工的工资和福利待遇,限制女职工晋职、晋级、评聘专业技术职称和职务,辞退女职工,单方解除劳动(聘用)合同或者服务协议。

女职工在怀孕以及依法享受产假期间,劳动(聘用)合同或者服务协议期满的,劳动(聘用)合同或者服务协议期限自动延续至产假结束。但是,用人单位依法解除、终止劳动(聘用)合同、服务协议,或者女职工依法要求解除、终止劳动(聘用)合同、服务协议的除外。

用人单位在执行国家退休制度时,不得以性别为由歧视妇女。

第七十四条　用人单位侵害妇女劳动和社会保障权益的,人力资源和社会保障部门可以联合工会、妇女联合会约谈用人单位,依法进行监督并要求其限期纠正。

《女职工劳动保护特别规定》(国务院令第619号)

第四条　用人单位应当遵守女职工禁忌从事的劳动范围的规定。用人单位应当将本单位属于女职工禁忌从事的劳动范围的岗位书面告知女职工。

女职工禁忌从事的劳动范围由本规定附录列示。国务院安全生产监督管理部门会同国务院人力资源社会保障行政部门、国务院卫生行政部门根据经济社会发展情况,对女职工禁忌从事的劳动范围进行调整。

第五条　用人单位不得因女职工怀孕、生育、哺乳降低其工资、予以辞退、与其解除劳动或者聘用合同。

第六条　女职工在孕期不能适应原劳动的,用人单位应当根据医疗机构的证明,予以减轻劳动量或者安排其他能够适应的劳动。

对怀孕7个月以上的女职工,用人单位不得延长劳动时间或者安排夜班劳动,并应当在劳动时间内安排一定的休息时间。

怀孕女职工在劳动时间内进行产前检查,所需时间计入劳动时间。

第八条　女职工产假期间的生育津贴,对已经参加生育保险的,按照用人单位上年度职工月平均工资的标准由生育保险基金支付;对未参加生育保险的,按照女职工产假前工资的标准由用人单位支付。

女职工生育或者流产的医疗费用,按照生育保险规定的项目和标准,对已经参加生育保险的,由生育保险基金支付;对未参加生育保险的,由用人单位支付。

第十条　女职工比较多的用人单位应当根据女职工的需要,建立女职工卫生室、孕妇休息室、哺乳室等设施,妥善解决女职工在生理卫生、哺乳方面的困难。

第十二条　县级以上人民政府人力资源社会保障行政部门、安全生产监督管理部门按照各自职责负责对用人单位遵守本规定的情况进行监督检查。

工会、妇女组织依法对用人单位遵守本规定的情况进行监督。

第十三条　用人单位违反本规定第六条第二款、第七条、第九条第一款规定的,由县级以上人民政府人力资源社会保障行政部门责令限期改正,按照受侵害女职工每人1000元以上5000元以下的标准计算,处以罚款。

用人单位违反本规定附录第一条、第二条规定的，由县级以上人民政府安全生产监督管理部门责令限期改正，按照受侵害女职工每人1000元以上5000元以下的标准计算，处以罚款。用人单位违反本规定附录第三条、第四条规定的，由县级以上人民政府安全生产监督管理部门责令限期治理，处5万元以上30万元以下的罚款；情节严重的，责令停止有关作业，或者提请有关人民政府按照国务院规定的权限责令关闭。

第十四条 用人单位违反本规定，侵害女职工合法权益的，女职工可以依法投诉、举报、申诉，依法向劳动人事争议调解仲裁机构申请调解仲裁，对仲裁裁决不服的，依法向人民法院提起诉讼。

第十五条 用人单位违反本规定，侵害女职工合法权益，造成女职工损害的，依法给予赔偿；用人单位及其直接负责的主管人员和其他直接责任人员构成犯罪的，依法追究刑事责任。

八、因个人原因离职劳动关系已经解除的，用人单位是否有义务为劳动者出具职业病鉴定委托书

裁判要旨

《职业病防治法》第35条第1款规定，对从事接触职业病危害的作业的劳动者，用人单位应当按照国务院卫生行政部门的规定组织上岗前、在岗期间和离岗时的职业健康检查，并将检查结果书面告知劳动者，职业检查费用由用人单位承担。根据此条规定，组织离岗时的劳动者进行职业健康检查是用人单位应当履行的义务。然而，司法实务中，对于因个人原因离职且双方劳动关系已经解除的劳动者，用人单位是否有义务为其出具职业病鉴定委托书尚有争议。笔者认为，对于属于从事接触职业病危害作业的劳动者，无论因何种原因离职，用人单位都有组织劳动者进行离岗前职业健康检查的法定义务。

【案情总览】

2017年10月，王某入职某公司担任所属牧场兽医一职。2019年5月9日，王某以家中有事为由请假12天，到期后再未返岗工作。2019年8月王某提出辞职，其递交的《辞职信》中表明系因个人原因，某公司向其出具了《解除劳动合同证明书》并向劳动人事部门进行备案。王某陈述经常出现发烧、出汗、乏力、双下肢酸痛等症状，自2019年5月23日起开始看病，离职后一直在看病，再没有到其他公司入职。其提交的一份《尿液检验报告单》载明，临床诊断：布氏菌病；采集时间：2019.11.15。2020年1月7日王某经医院诊断为布氏

菌病后入院治疗。2021 年 3 月王某申请劳动仲裁,仲裁委员会以“仲裁请求不属于劳动人事争议处理范围”为由作出不予受理案件通知书。王某不服诉至法院。庭审时,某公司提交了《情况说明》一份,内容为:“王某 2017 年 10 月入职后一直在我公司牧场工作,岗位为兽医。截至 2021 年 4 月,牧场共有职工 140 人,其中兽医 11 人。自牧场 2013 年成立以来罹患布氏菌病共计 6 人,公司一旦发现职工患上布氏菌病,会让职工到定点医院进行积极治疗,休养期间公司给予工资补助,医药费用全部报销。”另查明,布氏菌病是由布鲁氏菌感染导致的疾病,典型症状为发热、多汗、关节痛、肌肉酸痛、疲乏无力、头痛、抑郁等。与人类有关的传染源主要是羊、牛及猪,其次是犬。《国家卫生和计划生育委员会、人力资源和社会保障部、国家安全生产监督管理总局、中华全国总工会关于印发〈职业病分类和目录〉的通知》(国卫疾控发〔2013〕48 号)载明:“八、职业性传染病:……3. 布鲁氏菌病”。

王某认为:其于 2017 年 10 月到某公司所属牧场从事奶牛养殖工作。2019 年 4 月起,其本人经常出现发烧、出汗、乏力、双下肢酸痛等症状,自行到医院看病吃过药后症状缓解,但过一段时间再次发烧。2019 年 8 月,王某因身体不适辞职回家休养。2019 年 11 月王某因双膝疼痛难忍前往医院检测,经诊断为关节积液,后于 2020 年 1 月确诊为布氏菌病。2020 年 10 月王某申请工伤认定时,被告知需要专业机构作出职业病鉴定,但做职业病鉴定必须要由工作单位委托向鉴定机构申请,职工个人无权委托。王某多次找某公司沟通,但某公司称王某已辞职,不再是公司员工,拒绝为其出具职业病鉴定委托书。

某公司认为:一、王某于 2019 年 8 月提出辞职申请,辞职原因明确写明因个人原因,并非其所称的因身体疾病原因,故双方之间已不存在劳动合同关系,因此没有以用人单位身份为其出具职业病鉴定委托书的义务。二、王某诉请的职业病鉴定委托基础不存在,其并未做职业病诊断,因此就没有职业病鉴定一说。三、王某在 2019 年 5 月已经脱离岗位,距离其初次诊断布氏菌病已经过半年之久,其在岗的时间与诊断为布鲁氏菌病的时间不符,且感染布鲁氏菌并非只有通过牧场感染,只要接触病牛、病羊或者饮用带菌的饮用品均可导致感染。四、并没有明确的法律规定职业病鉴定必须由用人单位提出,因此导致王某不能进行职业病鉴定的原因并非某公司。

一审法院审理认为:关于王某离职时某公司是否应履行职业健康检查职责的问题。劳动者享有获得劳动安全卫生保护的权利。根据《职业病防治法》第35条规定组织离岗时的劳动者进行职业健康检查是用人单位应当履行的义务,其目的在于了解劳动者离开工作岗位时的健康状况,以便分清健康损害的责任。本案中,从某公司提交的《情况说明》可以看出,该公司兽医感染布鲁氏菌的概率很高,因此兽医具有感染布鲁氏菌的极大风险,属于从事接触职业病危害作业的人群。王某于2017年10月入职某公司担任兽医一职,属于从事接触职业病危害作业的劳动者,其自2019年5月9日请假后再未回公司上班,本人陈述经常出现发烧、出汗、乏力、双下肢酸痛等症状,自2019年5月23日起开始看病,因身体原因无法继续工作。因此,2019年8月双方劳动关系解除时,无论王某是因何种原因离职,某公司都应当为王某组织离岗前职业健康检查,某公司未为王某组织离岗前职业健康检查,未尽到该义务即和王某解除了劳动关系,不符合相关法律规定。

关于王某离职后某公司是否应履行职业健康检查义务的问题。《职业病诊断与鉴定管理办法》第6条规定,用人单位应当依法履行职业病诊断、鉴定的相关义务:(1)及时安排职业病病人、疑似职业病病人进行诊治;(2)如实提供职业病诊断、鉴定所需的资料;(3)承担职业病诊断、鉴定的费用和疑似职业病病人在诊断、医学观察期间的费用;(4)报告职业病和疑似职业病;(5)《职业病防治法》规定的其他相关义务。第21条规定,职业病诊断需要以下资料:(1)劳动者职业史和职业病危害接触史(包括在岗时间、工种、岗位、接触的职业病危害因素名称等);(2)劳动者职业健康检查结果;(3)工作场所职业病危害因素检测结果;(4)职业性放射性疾病诊断还需要个人剂量监测档案等资料。第23条规定,职业病诊断机构进行职业病诊断时,应当书面通知劳动者所在的用人单位提供本办法第21条规定的职业病诊断资料,用人单位应当在接到通知后的10日内如实提供。以上规定表明,劳动者申请职业病诊断须经用人单位组织,或有用人单位的支持和配合才能完成,特别是职业病诊断、鉴定所需的劳动者职业史和职业病危害接触史、工作场所职业病危害因素检测结果等资料,只有用人单位才能够提供。因此,用人单位负有组织职工进行离岗前的职业健康检查的义务,同时,职业病的诊断必须由用人单位组织去完成。综上所述,某公司辩称双方劳动关系已经解除,无义务为其出具职业病鉴定委托书的意见,不予采信。王某被医院诊断为布氏菌病后入院治疗,其要求某公司为其出具职业病鉴定委托书,符合相关法律法规规定。据此,判决某公司于本判决书生效之日起15日内为王某出具职业病鉴定委托书。某公司不服提起上诉。

二审法院经审理认为:被上诉人王某于2017年10月入职上诉人某公司,某公司提交的《情况说明》证实上诉人某公司中兽医感染布鲁氏菌的概率很高,因此兽医具有感染布鲁氏菌的极大风险,被上诉人担任牧场兽医一职,属于从事接触职业病危害作业的劳动者,2019年8月8日上诉人与被上诉人解除劳动关系时上诉人未依据《职业病防治法》第35条的规定为王某组织离岗前的职业健康检查。因用人单位负有组织职工进行离岗前的职业健康检查的义务,且经一审法院查明职业病诊断须经用人单位组织,或有用人单位的支持和配合才能完成,而上诉人与被上诉人解除劳动关系时未履行该义务,2020年1月7日王某在宁夏回族自治区第四人民医院经门诊诊断为布氏菌病后入院治疗。被上诉人陈述自2019年5月9日请假后经常出现发烧、出汗、乏力、双下肢酸痛等症状,自2019年5月23日起开始看病,因身体原因无法继续工作。上诉人提出感染布鲁氏菌并非只有通过牧场感染,只要接触病牛、病羊或者饮用带菌的饮用品均可导致感染,但上诉人未出具相关证据证实被上诉人自2019年5月9日请假后接触了病牛、病羊或者饮用带菌的饮用品的相关证据。故一审法院支持被上诉人要求某公司为其出具职业病鉴定委托书的诉讼请求适当。被上诉人对该诉请先向某市劳动人事争议仲裁委员会申请仲裁,该仲裁委以"申请人的仲裁请求不属于劳动人事争议处理范围"为由作出不予受理案件通知书,后被上诉人向一审法院提起诉讼,程序并不违法。综上,上诉人的上诉理由不能成立,应予驳回。

【法官释法】

职业病是指企业、事业单位和个体经济组织等用人单位的劳动者在职业活动中,因接触粉尘、放射性物质和其他有毒、有害因素而引起的疾病。目前,我国经济结构不断调整,劳动用工制度亦不断改革,因多年来经济高速发展、劳动保护力度薄弱积累下来的职业病隐患进入高发期和矛盾凸显期。然而,从我国职业病诊断的现状以及救济途径来看,存在诸多缺陷和问题。比如职业病作为工伤保险待遇赔付的一部分,职业病诊断是其赔付的前提所在,但相关司法实践案例表明职业病诊断难的关键,在于劳动者无法按照相关要求提供个人职业史和职业病危害接触史、工作场所职业病危害因素检测结果等资料,上述材料往往属于用人单位所掌握的内容,如果用人单位不提供,则个人根本无法获取,也就无法进行职业病处理的后续程序。司法实务中,劳动者患有职业病却无法诊断为职业病的原因有三个方面,且都与用人单位息息相关:一是用人单位拒绝提供;二是用人单位提供材料不实,甚至于提供篡改、伪造的材料;三是用人单位已破产或解散无法提供。针对前述三种现状,《职业病防治法》中虽规定“用人单位应当如实提供职业病诊断、鉴定所需的劳动者职业史和职业病危害接触史、工作场所职业病危害因素检测结果等资料”以及“用人单位在指定期限内不提供的,应当承担不利后果”,然而,并未对作为直接利害关系人的劳动者,赋予申请相关部门调取资料的权利,其权利主体地位并未得到体现。另外,根据《职业病防治法》第 49 条的规定,职业病诊断、鉴定过程中,在确认劳动者职业史、职业病危害接触史时,当事人对劳动关系、工种、工作岗位或者在岗时间有争议的,可以向当地的劳动人事争议仲裁委员会申请仲裁。该条虽规定了发生争议时进行仲裁与诉讼的途径,但是亦存在诸多问题,比如并未采用一裁终局制度,以致用人单位仍可以提起诉讼,从而加重劳动者维权的时间及经济成本。据此,为了保障职工在工伤事故和罹患职业病的情形下得以充分获得赔偿的权利,有必要强化职业伤害预防和工伤康复,促进工伤预防和职业病康复等多重保障功能,这对于目前我国的职业病防治工作具有重要的意义。

【法条链接】

《中华人民共和国劳动法》(2018 年修正)

第三条第一款　劳动者享有平等就业和选择职业的权利、取得劳动报酬的权利、休息休假的权利、获得劳动安全卫生保护的权利、接受职业技能培训的权利、享受社会保险和福利的权利、提请劳动争议处理的权利以及法律规定的其他劳动权利。

第五十四条　用人单位必须为劳动者提供符合国家规定的劳动安全卫生条件和必要

的劳动防护用品，对从事有职业危害作业的劳动者应当定期进行健康检查。

《中华人民共和国职业病防治法》(2018 年修正)

第四条 劳动者依法享有职业卫生保护的权利。

用人单位应当为劳动者创造符合国家职业卫生标准和卫生要求的工作环境和条件，并采取措施保障劳动者获得职业卫生保护。

工会组织依法对职业病防治工作进行监督，维护劳动者的合法权益。用人单位制定或者修改有关职业病防治的规章制度，应当听取工会组织的意见。

第三十五条 对从事接触职业病危害的作业的劳动者，用人单位应当按照国务院卫生行政部门的规定组织上岗前、在岗期间和离岗时的职业健康检查，并将检查结果书面告知劳动者。职业健康检查费用由用人单位承担。

用人单位不得安排未经上岗前职业健康检查的劳动者从事接触职业病危害的作业；不得安排有职业禁忌的劳动者从事其所禁忌的作业；对在职业健康检查中发现有与所从事的职业相关的健康损害的劳动者，应当调离原工作岗位，并妥善安置；对未进行离岗前职业健康检查的劳动者不得解除或者终止与其订立的劳动合同。

职业健康检查应当由取得《医疗机构执业许可证》的医疗卫生机构承担。卫生行政部门应当加强对职业健康检查工作的规范管理，具体管理办法由国务院卫生行政部门制定。

第四十六条 职业病诊断，应当综合分析下列因素：

(一)病人的职业史；

(二)职业病危害接触史和工作场所职业病危害因素情况；

(三)临床表现以及辅助检查结果等。

没有证据否定职业病危害因素与病人临床表现之间的必然联系的，应当诊断为职业病。

职业病诊断证明书应当由参与诊断的取得职业病诊断资格的执业医师签署，并经承担职业病诊断的医疗卫生机构审核盖章。

第四十七条 用人单位应当如实提供职业病诊断、鉴定所需的劳动者职业史和职业病危害接触史、工作场所职业病危害因素检测结果等资料；卫生行政部门应当监督检查和督促用人单位提供上述资料；劳动者和有关机构也应当提供与职业病诊断、鉴定有关的资料。

职业病诊断、鉴定机构需要了解工作场所职业病危害因素情况时，可以对工作场所进行现场调查，也可以向卫生行政部门提出，卫生行政部门应当在十日内组织现场调查。用人单位不得拒绝、阻挠。

第四十九条 职业病诊断、鉴定过程中，在确认劳动者职业史、职业病危害接触史时，当事人对劳动关系、工种、工作岗位或者在岗时间有争议的，可以向当地的劳动人事争议仲裁委员会申请仲裁；接到申请的劳动人事争议仲裁委员会应当受理，并在三十日内作出裁决。

当事人在仲裁过程中对自己提出的主张，有责任提供证据。劳动者无法提供由用人单位掌握管理的与仲裁主张有关的证据的，仲裁庭应当要求用人单位在指定期限内提供；用人单位在指定期限内不提供的，应当承担不利后果。

劳动者对仲裁裁决不服的，可以依法向人民法院提起诉讼。

用人单位对仲裁裁决不服的，可以在职业病诊断、鉴定程序结束之日起十五日内依法向人民法院提起诉讼；诉讼期间，劳动者的治疗费用按照职业病待遇规定的途径支付。

《最高人民法院关于审理劳动争议案件适用法律问题的解释(一)》

第一条　劳动者与用人单位之间发生的下列纠纷，属于劳动争议，当事人不服劳动争议仲裁机构作出的裁决，依法提起诉讼的，人民法院应予受理：

(七)劳动者因为工伤、职业病，请求用人单位依法给予工伤保险待遇发生的纠纷；

《职业病诊断与鉴定管理办法》

第六条　用人单位应当依法履行职业病诊断、鉴定的相关义务：

(一)及时安排职业病病人、疑似职业病病人进行诊治；

(二)如实提供职业病诊断、鉴定所需的资料；

(三)承担职业病诊断、鉴定的费用和疑似职业病病人在诊断、医学观察期间的费用；

(四)报告职业病和疑似职业病；

(五)《职业病防治法》规定的其他相关义务。

第二十一条　职业病诊断需要以下资料：

(一)劳动者职业史和职业病危害接触史(包括在岗时间、工种、岗位、接触的职业病危害因素名称等)；

(二)劳动者职业健康检查结果；

(三)工作场所职业病危害因素检测结果；

(四)职业性放射性疾病诊断还需要个人剂量监测档案等资料。

第二十三条　职业病诊断机构进行职业病诊断时，应当书面通知劳动者所在的用人单位提供本办法第二十一条规定的职业病诊断资料，用人单位应当在接到通知后的十日内如实提供。

第二十四条　用人单位未在规定时间内提供职业病诊断所需要资料的，职业病诊断机构可以依法提请卫生健康主管部门督促用人单位提供。

九、因疫情停工停产期间工资待遇如何确定及受疫情影响劳动合同无法继续履行经济补偿金应否支持

裁判要旨

受疫情影响企业停工停产在一个工资支付周期内的，企业应按劳动合同规定的标准支付职工工资。超过一个工资支付周期的，若职工提供了正常劳动，企业支付给职工的工资不低于当地最低工资标准。职工没有提供正常劳动的，企业应当发放生活费，生活费标准按各省、自治区、直辖市规定的办法执行。因受疫情影响劳动合同无法继续履行，用人单位应按《劳动合同法》的相关规定支付经济补偿金。

【案情总览】

A 驾校与某培训学校的法定代表人均系李某。2012 年 5 月至 2018 年 5 月 31 日某培训学校与 B 驾校合作办校，双方约定：在合作办学点挂“A 驾校分校”校牌，某培训学校聘用的所有人员与 B 驾校不存在劳动用工关系。2014 年 4 月刘某进入 A 驾校分校担任实操教练员一职。2016 年 1 月刘某与某培训学校签订《劳动合同》一份，约定合同期限自 2016 年 1 月 1 日起至 2019 年 12 月 31 日止，工作地点为 A 驾校分校。2018 年 5 月 31 日 B 驾校与某培训学校合作到期后不再招生，之前招收的学员以 A 驾校分校的名义继续培训，该状态一直持续至 2019 年年底。2018 年 9 月因教育厅下发通知，某培训学校被撤销登记，其工作人员、场地均归 A 驾校所有，2019 年年底遗留的学员转至 A 驾校，刘某

继续在原场地担任教练员。2020 年 2 月开始,因新冠肺炎疫情影响,刘某一直在家等待通知返岗上班,并按照 A 驾校的规定每日在家进行钉钉打卡。2020 年 4 月因疫情影响 A 驾校将该场地承包给案外人经营。2020 年 4 月 26 日刘某向劳动仲裁委申请仲裁,请求 A 驾校支付其解除劳动关系的经济补偿金、工资等共计 15 万余元。仲裁委裁决 A 驾校支付刘某工资、解除劳动关系的经济补偿金等共计 60730.55 元。A 驾校不服,诉至法院,请求依法判决不支付上述费用。

本案的争议焦点为:一、关于刘某劳动关系的认定问题。刘某系 2014 年 4 月通过李某面试,进入 A 驾校分校担任实操教练员一职,于 2016 年 1 月 1 日与某培训学校签订了《劳动合同》,在此期间刘某与某培训学校存在劳动关系。2018 年 9 月某培训学校撤销登记时,刘某与某培训学校的劳动合同尚未到期,刘某仍在原场地从事教练员工作,工资仍由李某安排发放。某培训学校撤销登记后,其工作人员、场地、学员均归 A 驾校承继,2019 年年底 A 驾校分校遗留的学员亦转到 A 驾校,刘某接受 A 驾校的管理,可以认定 A 驾校承继了某培训学校与刘某形成的劳动关系的权利义务,且 A 驾校与某培训学校为关联企业,有混同用工现象。综上,可以认定自某培训学校撤销登记之日起刘某与 A 驾校建立劳动关系。2019 年 12 月 31 日,李某的劳动合同到期后,其与 A 驾校虽未续签劳动合同,但其仍在原岗位原工作场地从事原工作,视为双方按原劳动合同继续履行。

二、关于刘某劳动合同解除的认定以及用人单位是否应支付经济补偿金的问题。刘某称 A 驾校于 2020 年 4 月 14 日口头将其辞退,但未提交有效证据予以证明;A 驾校称没有给刘某说过辞退之类的话。由此,没有有效证据显示 A 驾校解除与刘某之间的劳动关系,且双方均认可 A 驾校自始至终未向刘某作出过书面解除劳动关系的相关手续。因此案发生在疫情期间,A 驾校陈述在“五一”之后才逐渐复产并于 2020 年 4 月将该场地承包给案外人经营,结合刘某提起劳动仲裁时要求支付解除劳动合同经济补偿金的相关请求,及 A 驾校表示同意解除与刘某之间的劳动合同,视为双方协商一致解除劳动合同,A 驾校向刘某支付解除劳动合同经济补偿金符合本案的实际情况,且符合相关法律规定。关于经济补偿金的支付年限,依据《劳动合同法实施条例》第 10 条的规定，劳动者非因本人原因从原用人单位被安排到新用人单位的，劳动者在原用人单位的工作年限合并计算为新用人单位的工作年限。《最高人民法院关于审理劳动争议案件适用法律问题的解释（一）》第46条第2款规定，用人单位符合下列情形之一的，应当认定属于"劳动者非因本人原因从原用人单位被安排到新用人单位工作"：（1）劳动者仍在原工作场所、工作岗位工作，劳动合同主体由原用人单位变更为新用人单位；（2）用人单位以组织委派或任命形式对劳动者进行工作调动；（3）因用人单位合并、分立等原因导致劳动者工作调动；（4）用人单位及其关联企业与劳动者轮流订立劳动合同；（5）其他合理情形。本案中，某培训学校撤销登记后，并未向刘某支付经济补偿金，A驾校与刘某自2018年9月28日起建立劳动关系，刘某由A驾校安排继续在原岗位工作，工作场所、管理人员均未发生变化，刘某的工作年限应合并计算为6年（2014年4月至2020年4月），故A驾校应支付刘某解除劳动合同经济补偿金18000元（3000元/月×6个月）。

三、关于刘某停工停产期间工资待遇如何确定的问题。刘某主张每月平均工资为3000元，A驾校认可刘某每月平均工资为3000元的事实。因2020年2月、3月正处于疫情暴发期，刘某未提供正常劳动，按照相关政策规定，2020年2月，A驾校应按照刘某的实际工资标准支付其工资3000元，2020年3月已超过一个工资支付周期，A驾校应按照银川市最低生活保障支付刘某2020年3月工资1245元（1660元×75%）。

一审法院经审理，判决A驾校支付刘某解除劳动合同经济补偿金18000元、2020年2月、3月工资4245元以及休息日加班工资、年休假工资等费用共计29014元。该案宣判后，双方均未上诉。

【法官释法】

一、关于疫情期间工资如何确定的问题。2020年1月24日，《人力资源社会保障部办公厅关于妥善处理新型冠状病毒感染的肺炎疫情防控期间劳动关系问题的通知》（人社厅明电〔2020〕5号）规定，企业因受疫情影响导致生产经营困难的，可以通过与职工协商一致采取调整薪酬、轮岗轮休、缩短工时等方式稳定工作岗位，尽量不裁员或者少裁员。符合条件的企业，可按规定享受稳岗补贴。企业停工停产在一个工资支付周期内的,企业应按劳动合同规定的标准支付职工工资。超过一个工资支付周期的,若职工提供了正常劳动,企业支付给职工的工资不得低于当地最低工资标准。职工没有提供正常劳动的,企业应当发放生活费,生活费标准按各省、自治区、直辖市规定的办法执行。2020 年 1 月 25 日,宁夏回族自治区人力资源和社会保障厅作出《关于转发〈关于妥善处理新型冠状病毒感染的肺炎疫情防控期间劳动关系问题的通知〉的通知》,要求各市、县(区)人力资源和社会保障局根据通知要求抓好贯彻落实,切实维护职工合法权益,保障企业正常生产经营秩序,促进劳动关系和谐稳定。企业发放的生活费标准不得低于当地最低工资标准的 70%。《宁夏回族自治区人力资源和社会保障厅、宁夏回族自治区财政厅关于调整失业保险金标准的通知》(宁人社发〔2018〕29 号)中"失业保险金标准的确定"规定,统筹考虑我区失业人员及其家庭基本生活需要和失业保险基金运行安全,坚持"保生活"和"促就业"相统一,在确保失业保险基金安全有效运行和制度可持续发展的前提下,综合考虑我区经济社会发展及经济增长水平和物价水平,按照积极稳妥、分步实施、循序渐进的原则,用 3 至 5 年时间逐步提高失业保险金标准,2018 年一次性提高 10 个百分点,即从 2018 年 1 月 1 日起将失业保险金标准从全区最低工资标准的 65% 提高到 75%。本案中,因 2020 年 2 月、3 月劳动者未提供正常劳动,用人单位应按照相关政策规定,向劳动者支付 2020 年 2 月、3 月的工资,其中 2020 年 3 月已超过一个工资支付周期,应按照银川市最低生活保障支付劳动者 2020 年 3 月工资为 1245 元(1660 元 ×75%)。

二、用人单位与劳动者均未提出解除劳动合同关系,是否可以认定为协商解除。《劳动合同法》第 36 条规定,用人单位与劳动者协商一致,可以解除劳动合同。协商解除,即用人单位与劳动者协商解除劳动合同关系,支付一定的经济补偿金,系双方好聚好散处理劳动关系的一种常用方式。当用人单位与劳动者都没有做出解除动作,但是客观上劳动关系已经解除,且双方都无法证明是对方先提出解除劳动合同关系,特别是双方对于解除方式各执一词时,可认定为双方协商解除。本案中,用人单位因疫情期间经营不善需要对劳动者工作的场地承包给案外人经营,用人单位安排劳动者到案外人经营的驾校工作,但劳动者自疫情后再未上班。根据现有证据情况,双方均未能就各自主张的离职原因提供充足证据加以证明，考虑到双方劳动关系解除原因不明，劳动合同已无法继续履行，结合劳动者要求支付解除劳动合同经济补偿金的相关请求，以及用人单位表示同意解除与劳动者之间的劳动合同，视为双方协商一致解除劳动合同。该解除行为非用人单位的违法解除，亦非劳动者主动提出离职。此时，用人单位需要向劳动者支付经济补偿金。

由于受新冠疫情的影响，部分企业面临一定的经济困难，若劳动者因此遭受企业解除劳动关系，可向用人单位要求相应的经济补偿金。经济补偿按劳动者在本单位工作的年限，每满1年支付1个月工资的标准向劳动者支付。6个月以上不满1年的，按1年计算；不满6个月的，向劳动者支付半个月工资的经济补偿。劳动者月工资高于用人单位所在直辖市、设区的市级人民政府公布的本地区上年度职工月平均工资3倍的，向其支付经济补偿的标准按职工月平均工资3倍的数额支付，向其支付经济补偿的年限最高不超过12年。而经济补偿的月工资按照劳动者应得工资计算，包括计时工资或者计件工资以及奖金、津贴和补贴等货币性收入。劳动者在劳动合同解除或者终止前12个月的平均工资低于当地最低工资标准的，按照当地最低工资标准计算。劳动者工作不满12个月的，按照实际工作的月数计算平均工资。因疫情原因影响用工，劳动者与用人单位协商不成的，可向有管辖权的劳动争议仲裁机构申请仲裁。

【法条链接】

《中华人民共和国劳动合同法》(2012年修正)

第三十六条 用人单位与劳动者协商一致，可以解除劳动合同。

第四十条 有下列情形之一的，用人单位提前三十日以书面形式通知劳动者本人或者额外支付劳动者一个月工资后，可以解除劳动合同：

（一）劳动者患病或者非因工负伤，在规定的医疗期满后不能从事原工作，也不能从事由用人单位另行安排的工作的；

（二）劳动者不能胜任工作，经过培训或者调整工作岗位，仍不能胜任工作的；

（三）劳动合同订立时所依据的客观情况发生重大变化，致使劳动合同无法履行，经用人单位与劳动者协商，未能就变更劳动合同内容达成协议的。

《最高人民法院关于审理劳动争议案件适用法律问题的解释(一)》

第四十六条　劳动者非因本人原因从原用人单位被安排到新用人单位工作,原用人单位未支付经济补偿,劳动者依据劳动合同法第三十八条规定与新用人单位解除劳动合同,或者新用人单位向劳动者提出解除、终止劳动合同,在计算支付经济补偿或赔偿金的工作年限时,劳动者请求把在原用人单位的工作年限合并计算为新用人单位工作年限的,人民法院应予支持。

用人单位符合下列情形之一的,应当认定属于“劳动者非因本人原因从原用人单位被安排到新用人单位工作”:

(一)劳动者仍在原工作场所、工作岗位工作,劳动合同主体由原用人单位变更为新用人单位;

(二)用人单位以组织委派或任命形式对劳动者进行工作调动;

(三)因用人单位合并、分立等原因导致劳动者工作调动;

(四)用人单位及其关联企业与劳动者轮流订立劳动合同;

(五)其他合理情形。

人力资源社会保障部办公厅关于妥善处理新型冠状病毒感染的肺炎疫情防控期间劳动关系问题的通知(人社厅明电〔2020〕5号)

为做好新型冠状病毒感染的肺炎疫情防控工作,妥善处理好疫情防控期间劳动关系问题,维护职工合法权益,保障企业正常生产经营秩序,促进劳动关系和谐稳定,现就有关问题通知如下:

一、对新型冠状病毒感染的肺炎患者、疑似病人、密切接触者在其隔离治疗期间或医学观察期间以及因政府实施隔离措施或采取其他紧急措施导致不能提供正常劳动的企业职工,企业应当支付职工在此期间的工作报酬,并不得依据劳动合同法第四十条、四十一条与职工解除劳动合同。在此期间,劳动合同到期的,分别顺延至职工医疗期期满、医学观察期期满、隔离期期满或者政府采取的紧急措施结束。

二、企业因受疫情影响导致生产经营困难的,可以通过与职工协商一致采取调整薪酬、轮岗轮休、缩短工时等方式稳定工作岗位,尽量不裁员或者少裁员。符合条件的企业,可按规定享受稳岗补贴。企业停工停产在一个工资支付周期内的,企业应按劳动合同规定的标准支付职工工资。超过一个工资支付周期的,若职工提供了正常劳动,企业支付给职工的工资不得低于当地最低工资标准。职工没有提供正常劳动的,企业应当发放生活费,生活费标准按各省、自治区、直辖市规定的办法执行。

三、因受疫情影响造成当事人不能在法定仲裁时效期间申请劳动人事争议仲裁的,仲裁时效中止。从中止时效的原因消除之日起，仲裁时效期间继续计算。因受疫情影响导致劳动人事争议仲裁机构难以按法定时限审理案件的，可相应顺延审理期限。

四、各地人力资源社会保障部门要加强对受疫情影响企业的劳动用工指导和服务，加大劳动保障监察执法力度，切实保障职工合法权益。

《宁夏回族自治区人力资源和社会保障厅、宁夏回族自治区财政厅关于调整失业保险金标准的通知》（宁人社发〔2018〕29号）

二、失业保险金标准的确定

统筹考虑我区失业人员及其家庭基本生活需要和失业保险基金运行安全，坚持“保生活”和“促就业”相统一，在确保失业保险基金安全有效运行和制度可持续发展的前提下，综合考虑我区经济社会发展及经济增长水平和物价水平，按照积极稳妥、分步实施、循序渐进的原则，用3至5年时间逐步提高失业保险金标准，2018年一次性提高10个百分点，即从2018年1月1日起将失业保险金标准从全区最低工资标准的65%提高到75%。

十、保安工作岗位的加班时间如何认定

裁判要旨

司法实务中，保安岗位有其特殊的岗位特性，劳动者主张加班费的，其加班时间应结合劳动合同、劳动管理制度、实际工作特点及日常生活经验等客观分析后进行综合认定。

【案情总览】

2016年6月，李某通过招聘广告入职某物业公司担任保安员一职，双方签订《劳动合同》约定实行标准工时制，即每日工作8小时，每周工作5天，每周正常工作不超过40小时，并至少休息一天。李某在某物业公司工作期间，被派往某单位上班，其间未休过带薪年休假，某物业公司没有为其缴纳各项社会保险。因李某多次要求某物业公司为其缴纳各项社保未果，其于2020年9月30日离职后申请仲裁，要求解除双方劳动关系并支付经济补偿金、加班工资等共计214429元。经查，李某在某单位担任门岗，每天上班11个小时，中间无休息时间，下岗后需要在值班室里备勤，随时有事随时去处理。某物业公司提交的《保安部保安员签到签退本》载明：李某上班到岗时间为早上7:30，离岗时间为晚上6:30左右。其中，2019年：10月上班24天，法定节假日（国庆节1日、2日、3日）加班3天；11月上班25天；12月上班27天。2020年：1月上班26天，法定节假日（元旦、春节24日、25日、26日）加班4天；2月上班28天，休息日加班3天；3月上班26天；4月上班27天，休息日加班1天；5月上班24天，法定节假日（劳动节1日）加班1天；6月上班26天；7月上班27天；8月上班25天；9月上班27天，休息日加班1天。综上，李某2019年10月、11月、2020年

1 月、2 月共计上班 103 天(24 + 25 + 26 + 28),法定节假日加班共计 7 天,休息日加班 3 天;2019 年 12 月上班 27 天;2020 年 3 月上班 26 天;2020 年 4 月上班 27 天,休息日加班 1 天;2020 年 5 月上班 24 天,法定节假日加班 1 天;2020 年 6 月、7 月上班共计 53 天(26 + 27);2020 年 8 月、9 月上班共计 52 天(25 + 27),休息日加班共计 1 天。

某物业公司提交的工资发放明细表显示:1. 李某 2019 年 10 月、11 月、2020 年 1 月、2 月工资构成为:岗位工资 1694 元 + 绩效工资 540 元 + 加班工资 466 元 + 司龄工资 60 元 + 误餐/交通补贴 300 元 = 3060 元,日工资为 119.26 元[(3060 元 - 466 元) ÷ 21.75 天],每小时工资为 14.91 元(119.26 元 ÷ 8 小时);2. 李某 2019 年 12 月工资构成为:岗位工资 1694 元 + 绩效工资 540 元 + 加班工资 466 元 + 司龄工资 60 元 + 误餐/交通补贴 300 元 + 考核工资 27 元 = 3087 元,日工资为 120.51 元[(3087 元 - 466 元) ÷ 21.75 天],每小时工资为 15.06 元(120.51 元 ÷ 8 小时);3. 李某 2020 年 3 月工资构成为:岗位工资 1694 元 + 加班工资 1006 元 + 司龄工资 60 元 + 误餐/交通补贴 300 元 = 3060 元,日工资为 94.44 元[(3060 元 - 1006 元) ÷ 21.75 天],每小时工资为 11.81 元(94.44 元 ÷ 8 小时);4. 李某 2020 年 4 月工资构成为:岗位工资 1694 元 + 加班工资 1006 元 + 司龄工资 60 元 + 误餐/交通补贴 300 元 + 考核工资 54 元 = 3114 元,日工资为 96.92 元[(3114 元 - 1006 元) ÷ 21.75 天],每小时工资为 12.12 元(96.92 元 ÷ 8 小时);5. 李某 2020 年 5 月工资构成为:岗位工资 1694 元 + 加班工资 1006 元 + 司龄工资 60 元 + 误餐/交通补贴 300 元 - 考核工资 0.54 元 = 3059.46 元,日工资为 94.41 元[(3059.46 元 - 1006 元) ÷ 21.75 天],每小时工资为 11.8 元(94.41 元 ÷ 8 小时);6. 2020 年 6 月、7 月工资构成为:岗位工资 1694 元 + 加班工资 1006 元 + 司龄工资 80 元 + 误餐/交通补贴 300 元 - 考核工资 0.54 元 = 3079.46 元,日工资为 95.33 元[(3079.46 元 - 1006 元) ÷ 21.75 天],每小时工资为 11.92 元(95.33 元 ÷ 8 小时);7. 2020 年 8 月工资构成为:基本工资 1660 元 + 加班工资 640 元 + 司龄工资 80 元 + 社保补贴 400 元 + 误餐/交通补贴 300 元 - 考核工资 0.54 元 = 3079.46 元,日工资为 112.16 元[(3079.46 元 - 640 元) ÷ 21.75 天],每小时工资为 14.02 元(112.16 元 ÷ 8 小时)。2019 年 10 月至 2020 年 8 月期间,某物业公司向李某

共计支付加班工资为 8000 元(466 元×5+1006 元×5+640 元)。

李某认为:其于 2016 年 6 月通过招聘广告到某物业公司担任保安一职,后被派到某单位保安室担任门岗,每天早上 7 点 20 分上班到晚上 6 点 30 分下班,白班工作 11 小时,每周休息一天,法定节假日正常上班,劳动合同约定每日工作 8 小时,每周工作 40 小时,实际每天工作 11 小时,每周工作 66 小时,每日超时工作 3 小时,每周超时工作 18 小时,某物业公司从未按照法律规定安排补休或发放加班工资。

某物业公司认为:李某没有双休日及法定节假日加班的情形,其工作方式为每月休息 4 至 5 天,工作时间内每工作 1 个小时休息 1 个小时,法定节假日 2 个人轮休,其休息日远远大于国家法定的休息日,应视为对其法定节假日和双休日进行了调休和轮休,超出部分视为补齐延时工作时间,且其主张的部分加班工资已超过仲裁时效。

法院审理认为:劳动者的合法权益应受法律保护。劳动者进入用人单位工作,双方应按照所签订的书面劳动合同依约全面履行。李某作为劳动者,某物业公司在劳动合同约定的每天工作 8 小时,每周工作 5 天的约定外安排李某进行工作,某物业公司应依法向李某支付加班工资。《劳动法》第 44 条规定,有下列情形之一的,用人单位应当按照下列标准支付高于劳动者正常工作时间工资的工资报酬:(1)安排劳动者延长工作时间的,支付不低于工资的 150% 的工资报酬;(2)休息日安排劳动者工作又不能安排补休的,支付不低于工资的 200% 的工资报酬;(3)法定休假日安排劳动者工作的,支付不低于工资的 300% 的工资报酬。依据《劳动争议调解仲裁法》第 27 条规定,劳动争议申请仲裁的时效期间为一年。仲裁时效期间从当事人知道或者应当知道其权利被侵害之日起计算。因李某于 2020 年 9 月 30 日离开某物业公司再未上班,其于 2020 年 10 月 30 日申请劳动争议仲裁,故其所要求的 2019 年 9 月 30 日之前的休息日、法定节假日、超时加班工资,已过仲裁时效。李某主张的 2019 年 10 月 1 日至 2020 年 9 月 30 日期间的加班工资,依据《最高人民法院关于审理劳动争议案件适用法律问题的解释(一)》第 42 条的规定,劳动者主张加班费的,应当就加班事实的存在承担举证责任。但劳动者有证据证明用人单位掌握加班事实存在的证据,用人单位不提供的,由用人单位承担不利后果。根据某物业公司提交的《保安部保安员签到签退本》载明:李某到岗时间为早上 7:30,离岗时间为晚上 6:30 左右,某物业公司辩称李某工作期间存在休息的情况,因其未提交相关证据予以证明,应承担不利后果。结合李某工作岗位为保安员的实际情况,除去上班时间内的吃饭累计时间 1 小时,每天超时 2 小时,并结合某物业公司提交的工资发放明细表中载明的工资发放情况,李某 2019 年 10 月 1 日至 2020 年 9 月 30 日期间的超时工资为:1. 2019 年 10 月、11 月、2020 年 1 月、2 月:日工资为 119.26 元,法定节假日加班工资为 2504.46 元(119.26 元 ×7 天 ×300%);上班共计 103 天,每小时工资为 14.91 元,故超时加班工资为 4607.19 元(103 天 ×2 小时 ×14.91 元 ×150%);2. 2019 年 12 月:上班共计 27 天,每小时工资为 15.06 元,故超时加班工资为 1219.86 元(27 天 ×2 小时 ×15.06 元 ×150%);3. 2020 年 3 月:上班共计 26 天,每小时工资为 11.81 元,故超时加班工资为 921.18 元(26 天 ×2 小时 ×11.81 元 ×150%);4. 2020 年 4 月:上班共计 27 天,日工资为 96.92 元,每小时工资为 12.12 元,故超时加班工资为 981.72 元(27 天 ×2 小时 ×12.12 元 ×150%);5. 2020 年 5 月:日工资为 94.41 元,法定节假日加班工资为 283.23 元(94.41 元 ×1 天 ×300%);上班共计 24 天,每小时工资为 11.8 元,故超时加班工资为 849.6 元(24 天 ×2 小时 ×11.8 元 ×150%);6. 2020 年 6 月、7 月:上班共计 53 天,每小时工资为 11.92 元,故超时加班工资为 1895.28 元(53 天 ×2 小时 ×11.92 元 ×150%);7. 2020 年 8 月、9 月:日工资为 112.16 元,休息日加班工资为 224.32 元(112.16 元 ×1 天 ×200%),上班共计 52 天,每小时工资为 14.02 元(9 月比照 8 月),故超时加班工资为 2187.12 元(52 ×2 小时 ×14.02 元 ×150%)。李某主张的休息日加班工资,双方签订的劳动合同约定每周正常工作不超过 40 小时,并至少休息一天。因李某 2019 年 10 月 1 日至 2020 年 9 月 30 日期间,除 2020 年 2 月休息日加班 3 天、4 月休息日加班 1 天、9 月休息日加班 1 天外,其余每月每周至少安排休息 1 天。故李某 2019 年 10 月 1 日至 2020 年 9 月 30 日期间的休息日加班工资为:1. 2020 年 2 月:日工资为 119.26 元,休息日加班工资为 715.56 元(119.26 元 ×3 天 ×200%);2. 2020 年 4 月:日工资为 96.92 元,休息日加班工资为 193.84 元(96.92 元 ×1 天 ×200%);3. 2020 年 9 月:日工资为 112.16 元,休息日加班工资为 224.32 元(112.16 元 ×1 天 ×200%),综上,某物业公司应向李某支付2019年10月1日至2020年9月30日期间法定节假日加班工资为2787.69元(2504.46元+283.23元),休息日加班工资1133.72元(715.56元+193.84元+224.32元),超时加班工资10474.83元(4607.19元+1219.86元+921.18元+981.72元+849.6元+1895.28元),扣减2019年10月至2020年8月期间并至少休息一天向李某已支付加班工资8000元,还应支付超时加班工资为2474.83元(10474.83元-8000元)。

【法官释法】

司法实务中,公司保安等值班人员作为一种特殊的岗位,其主要职责为看守及防盗,鉴于其工作时间的特殊性,主张加班费的情况屡见不鲜。目前,因我国法律没有对值班进行过规定或解释,对于劳动者在正常工作时间外出现在工作岗位上的情形,是认定为值班还是加班,对此问题司法实践中一直存在分歧。

支持说。此种观点认为,劳动者只要加班就应该有权要求加班工资。保安工作岗位虽特殊,但其亦是劳动法律所保护的劳动者,超过每周40小时工作时间的,超过的工作时间应当认为是加班,用人单位就应该向劳动者支付加班费。

驳回说。此种观点认为,根据行业惯例,保安的岗位主要以值班为主,虽然时间一般较长,但工作强度并不大,其工作的部分内容具有值班性质。加班是有偿劳动,值班是无偿劳动,因此,对于超过的时间应该认定为值班,不应该支持其加班费。持此种观点的如《北京市高级人民法院、北京市劳动争议仲裁委员会关于劳动争议案件法律适用问题研讨会会议纪要》第22条:"下列情形中,劳动者要求用人单位支持加班工资的,一般不予支持:……(2)用人单位安排劳动者从事与其本职工作有关的值班任务,但值班期间可以休息的。"《上海市高级人民法院关于审理劳动争议案件若干问题的解答》中也有相同观点。

综合说。此种观点认为,保安岗位有其特殊的岗位特性,劳动者主张加班费的,其加班时间应结合劳动合同、劳动管理制度、实际工作特点及日常生活经验等客观分析后进行综合认定。所谓工作时间,是指劳动者为用人单位从事生产和工作的时间。工作时间一般以小时为计算单位,它包括每日工作的小时数和每周工作的天数和小时数。工作时间有如下特征:工作时间法定;不限于实际工作时间;劳动者履行劳动义务的时间;计发劳动者报酬的依据之一。由此,劳动者的工作时间包含正常工作时间和加班时间。所谓正常工作时间是指劳动法所规定的法定工作时间即每周工作五天、每天工作8小时，当然劳动合同约定的正常时间短于此法定时间，则以劳动合同约定的工作时间为正常工作时间。而用人单位在此正常工作时间外安排劳动者工作的时间即为加班时间。由此可见，加班时间应理解为：将本应属于劳动者的休息时间安排劳动者进行了工作。因工作岗位的不同，故劳动者的加班时间应根据其岗位的特性进行综合认定。

笔者基本倾向于第三种观点，即综合说。理由如下：首先，《最高人民法院关于当前形势下做好劳动争议纠纷案件审判工作的指导意见》（法发〔2009〕41号）第8条规定，妥善处理因拖欠基本工资和追索加班费引发的纠纷。要从充分保护劳动者生存权利的角度出发，依法及时处理因拖欠基本工资引发的劳动争议，按照“快立、快调、快审、快执”的原则，尽快受理，适时调解，及时判决，优先执行。在审理涉及加班费的案件中，就加班事实应注意合理分配举证责任；加班费的确定，应当结合劳动合同约定、劳动者的岗位性质以及工作要求等因素综合考量、合理裁判。显然，该说符合上述的规定。其次，值班不需要支付加班费，只能要求用人单位按照劳动合同、规章制度等支付相应待遇，这是司法实务界的普遍共识。但是，对于加班抑或值班的认定，确需要进行综合考量，这亦是笔者采综合说的理由之一。有学者认为：认定加班或是值班，主要看劳动者是否继续在原来的岗位上工作，或者是否有具体的生产或经营任务。笔者认为如是。通常值班应该具有如下特点：与本职工作不同；工作强度小；自由安排时间；可以休息；无实际生产任务等等。但以上均是需要结合个案的实际情况进行综合考量认定。最后，劳动者在岗期间是否有休息的情形应该由用人单位承担举证责任。《安徽省劳动人事争议仲裁案例研讨会纪要》第8条规定，认定加班还是值班，应当结合劳动者日常工作岗位工作内容、工作强度、工作量，用人单位有无提供休息场所，劳动者能否提供休息等综合评判。劳动者认为是加班的，用人单位认为是值班的，由用人单位承担举证责任。显然，劳动者与用人单位各执一词，如果用人单位无法证明，而加班与值班之间又存在相互混同情形的，则用人单位应承担举证不能的不利后果。

近年来，我国经济结构不断调整，劳动用工制度不断改革，劳动关系和用工形式呈现活跃多变、类型复杂等特质。毋庸置疑的是,诸多新的用工方式并未在劳动法律法规中加以规范。目前,我国劳动法律法规中并没有引入值班的概念,值班还是加班一直是司法实务界所争议的话题。笔者认为,值班这种用工形式在实践中普遍存在,由此引发的法律问题诸多,因法律认识不一,从而导致处理结果上的偏颇,应尽快将值班的概念在劳动法律法规中加以规范,以此来填补法律的空白。由此,更加有利于保持劳动关系之和谐稳定,更加有利于保证工作生活之良好秩序。

【法条链接】

《中华人民共和国劳动合同法》(2012 年修正)

第三十六条 国家实行劳动者每日工作时间不超过八小时、平均每周工作时间不超过四十四小时的工时制度。

第三十八条 用人单位应当保证劳动者每周至少休息一日。

第四十条 用人单位在下列节日期间应当依法安排劳动者休假:

(一)元旦;

(二)春节;

(三)国际劳动节;

(四)国庆节;

(五)法律、法规规定的其他休假节日。

第四十三条 用人单位不得违反本法规定延长劳动者的工作时间。

第四十四条 有下列情形之一的,用人单位应当按照下列标准支付高于劳动者正常工作时间工资的工资报酬:

(一)安排劳动者延长工作时间的,支付不低于工资的百分之一百五十的工资报酬;

(二)休息日安排劳动者工作又不能安排补休的,支付不低于工资的百分之二百的工资报酬;

(三)法定休假日安排劳动者工作的,支付不低于工资的百分之三百的工资报酬。

《中华人民共和国劳动争议调解仲裁法》

第六条 发生劳动争议,当事人对自己提出的主张,有责任提供证据。与争议事项有关的证据属于用人单位掌握管理的,用人单位应当提供;用人单位不提供的,应当承担不利后果。

《对〈工资支付暂行规定〉有关问题的补充规定》(劳部发〔1995〕226号)

二、关于加班加点的工资支付问题

1.《规定》第十三条第(一)、(二)、(三)款规定的在符合法定标准工作时间的制度工时以外延长工作时间及安排休息日和法定休假节日工作应支付的工资,是根据加班加点的多少,以劳动合同确定的正常工作时间工资标准的一定倍数所支付的劳动报酬,即凡是安排劳动者在法定工作日延长工作时间或安排在休息日工作而又不能补休的,均应支付给劳动者不低于劳动合同规定的劳动者本人小时或日工资标准150%、200%的工资;安排在法定休假节日工作的,应另外支付给劳动者不低于劳动合同规定的劳动者本人小时或日工资标准300%的工资。

《最高人民法院关于当前形势下做好劳动争议纠纷案件审判工作的指导意见》(法发〔2009〕41号)

8.妥善处理因拖欠基本工资和追索加班费引发的纠纷。要从充分保护劳动者生存权利的角度出发,依法及时处理因拖欠基本工资引发的劳动争议,按照"快立、快调、快审、快执"的原则,尽快受理,适时调解,及时判决,优先执行。在审理涉及加班费的案件中,就加班事实应注意合理分配举证责任;加班费的确定,应当结合劳动合同约定、劳动者的岗位性质以及工作要求等因素综合考量、合理裁判。

十一、疫情期间劳动者居家隔离用人单位以劳动者旷工为由主张解除劳动关系应如何认定

裁判要旨

根据《传染病防治法》第12条的规定，在中华人民共和国领域内的一切单位和个人，必须接受疾病预防控制机构、医疗机构有关传染病的调查、检验、采集样本、隔离治疗等预防、控制措施，如实提供有关情况。国家卫生健康委已明确将新冠肺炎纳入该法规定管理的乙类传染病，并采取甲类传染病的预防、控制措施。据此，疫情期间县级以上地方人民政府根据疫情防控对已经发生甲类传染病病例的场所或者该场所内特定区域的人员所作出的停工、停业、停课及居家隔离等措施，均在法律授权范围之内。笔者认为，疫情期间劳动者居家隔离，用人单位以劳动者旷工为由主张解除劳动关系的，不予支持。

【案情总览】

宋某于2011年5月17日入职某货运公司担任火车接运员一职，工资采用基本工资+岗位工资+加班补贴的形式发放。2020年2月28日，因宋某妻子接到单位因间接性接触新型冠状肺炎疑似患者的居家隔离观察通知，宋某2020年2月29日至3月15日期间居家隔离，于3月16日上班。2020年4月某货运公司以旷工为由让宋某待岗学习。2020年7月6日，某货运公司以宋某未按照公司考勤制度管理规定办理请假手续，实属旷工，且在待岗期间培训不合格为由，出具《解除劳动合同证明书》解除与宋某的劳动合同关系，并于当

日送达宋某。宋某认为其妻因工作原因间接性接触新冠肺炎疑似患者需居家隔离,宋某作为与妻子共同生活的人,应当按照政府要求履行居家隔离的义务,公司将宋某疫情期间隔离事实认定为旷工,明显有悖案件事实,且违背了人道主义精神。故宋某要求某货运公司支付违法解除劳动合同赔偿金、2020 年 4 月至 5 月的工资差额、加班费等共计 189680.78 元。

一审法院经审理认为:

本案争议焦点有以下几点:

一、关于某货运公司解除与宋某的劳动关系是否合法的问题。《最高人民法院关于审理劳动争议案件适用法律若干问题的解释(一)》第 44 条规定,因用人单位作出的开除、除名、辞退、解除劳动合同、减少劳动报酬、计算劳动者工作年限等决定而发生的劳动争议,用人单位负举证责任。某货运公司主张宋某旷工,应对其旷工的事实承担举证责任。某货运公司提交的《考勤及管理(暂行)办法》规定:"请休假必须填写《员工请休假与销假申请表》,部门负责人审批同意,人力资源部签字确认,负责人签字确认后,交由人力资源部备案。由于客观原因未能事前填表申请的,必须先口头或以电子邮件方式请示相关负责人同意,并告知人力资源部备案,假期结束后两天内补办申请手续。未按规定办理审批手续的,视为旷工;……员工连续旷工超过 3 天或 1 年内累计旷工超过 5 天的,公司可以按照《中华人民共和国劳动合同法》第三十九条规定与其解除劳动合同关系。"该管理办法不违反相关法律规定,且经过工会讨论通过并组织宋某等劳动者进行了学习,视为已向劳动者公示,可以作为确定双方权利义务的依据。本案中,某货运公司主张宋某于 2020 年 2 月 29 日至 3 月 15 日期间自行隔离,没有提交任何补办请假手续,也没提交任何被隔离的相关证明,符合旷工情形,连续旷工 16 天,因此对宋某作出待岗的处理决定。在待岗学习期间,宋某最终的待岗考试未通过。基于上述原因,某货运公司参照考勤管理制度的规定,解除了与宋某之间的劳动合同。宋某陈述:"在隔离期间的 3 月 2 日左右向单位人力资源部提交了情况说明,同时 3 月 4 日公司微信向我确认,我妻子所接触的疑似病例确诊消息,问我是不是此人,所以单位应该是知悉的,同时 3 月 3 日有疑似病例确诊的消息可以在人民网上查到。"同时,宋某提交了由某街道办事处红星居委会于 2021 年 1 月 25 日出具的《情况说明》一份,内容为:"宋某与妻子李某在红星小区 52－1－201 共同居住,2020 年 2 月 28 日宋某向社区报告情况后,建议其自行在家居家观察,宋某本人也承诺遵守居家观察规定。情况属实,特此说明。"综上,某货运公司以宋某旷工为由主张解除劳动关系不符合相关法律规定,属于违法解除。

二、关于宋某要求某货运公司支付 2020 年 4 月、5 月的工资差额,2020 年 6 月、7 月的工资的问题。依前所述,某货运公司在未查明违纪事实真相的情况下让宋某待岗培训,并按照最低工资标准 70% 的标准支付其工资的行为不妥,但因宋某在此期间属于待岗培训,并未实际提供劳务,应该支付宋某待岗培训期间的基础性工资。宋某计薪周期为上月 21 日至当月 20 日,其 3 月 21 日至 31 日工资应在 4 月工资中支付。根据《关于贯彻执行〈中华人民共和国劳动法〉若干问题的意见》(劳部发〔1995〕309 号)第 53 条的规定,宋某工资构成中基本工资、岗位工资、工龄工资、学历/独子补贴应计入基础性工资;项目月奖、安全卫生奖、计件/提成、值班补贴等需根据宋某的当月劳动贡献、出勤、值班等情况进行核算,宋某在待岗培训期间,事实上没有正常参加劳动,不产生上述奖励性工资或补贴。因此,某货运公司应支付宋某 2020 年 4 月工资 3260 元(基本工资 1660 元＋岗位工资 1280 元＋工龄工资 270 元＋学历/独子补贴 50 元),某货运公司已经支付该月待岗工资 1482 元(不含值班/补贴 200 元),还应支付差额 1778 元(3260 元－1482 元);某货运公司应支付宋某 2020 年 5 月工资 3260 元,已经支付该月待岗工资 1776 元,还应支付差额 1484 元(3260 元－1776 元)。某货运公司主张宋某于 2020 年 6 月 2 日后再未上班,但未提交证据证明,应当承担不利后果。宋某提交的考勤查询记录显示 2020 年 6 月宋某正常出勤,某货运公司应当支付宋某该月工资。某货运公司虽然核算出宋某 2020 年 6 月工资,但实际未支付,因此某货运公司应支付宋某 2020 年 6 月工资 3260 元。某货运公司于 2020 年 7 月 2 日制发了《用人单位解除劳动合同通知书》,并于 2020 年 7 月 6 日送达宋某,双方劳动关系已经解除。宋某没有证据证明其在 2020 年 7 月期间为某货运公司提供了劳动,故其主张某货运公司支付其 2020 年 7 月工资没有依据。

三、关于某货运公司向宋某支付 2019 年 9 月至 2020 年 3 月期间加班费的问题。根据《最高人民法院关于审理劳动争议案件适用法律若干问题的解释

(一)》第42条规定,劳动者主张加班费的,应当就加班事实的存在承担举证责任。但劳动者有证据证明用人单位掌握加班事实存在的证据,用人单位不提供的,由用人单位承担不利后果。某货运公司的考勤机除23时至24时外,其余时间均能记录考勤时间,是否上班均可打卡考勤,休息日也可打卡考勤,这是某货运公司管理的缺陷。正常情况下,某货运公司要求早晚两次考勤,中午休息时间在两次考勤之间,劳动者在早上上班前、下午下班后自主打卡考勤。某货运公司的《考勤请休假管理(暂行)办法》规定:“出勤是指在公司规定的工作时间有考勤记录并且在工作岗位工作。”由此,考勤只能反映劳动者早上到达单位及晚上离开单位的时间,不能如实反映劳动者实际提供劳动的时间,达不到证明宋某存在加班及加班时长的证明目的。且除考勤记录查询照片打印件外,宋某没有其他有效证据证明其存在加班的情形,应当承担举证不能的后果。另外,某货运公司提交的工资表显示宋某的加班费用均在每月工资中足额发放。故宋某要求某货运公司向其支付2019年9月至2020年3月期间加班费,无事实依据。据此,判决某货运公司向宋某支付解除劳动合同经济赔偿金、2020年4月、5月工资差额、6月工资等共计120000元等。某货运公司不服提起上诉,二审法院经审理后驳回上诉,维持原判。

【法官释法】

新冠肺炎疫情期间,劳动关系领域不稳定、不确定因素增加。企业出现停工停产,劳动者面临待岗失业。妥善处理劳动争议纠纷,就要始终秉持协商和调解优先之柔性争议处理之思路,既要保障劳动者的基本权利,又要兼顾促进用人单位承担起必要的社会责任,实现风险共担。

根据《传染病防治法》第12条的规定,国家卫生健康委已明确将新冠肺炎纳入该法规定管理的乙类传染病,并采取甲类传染病的预防、控制措施。据此,疫情期间县级以上地方人民政府根据疫情防控对已经发生甲类传染病病例的场所或者该场所内特定区域的人员所作出的停工、停业、停课及居家隔离等措施,均在法律授权范围内。《最高人民法院关于依法妥善审理涉新冠肺炎疫情民事案件若干问题的指导意见(一)》(法发〔2020〕12号)中规定,依法处理劳动争议案件。加强与政府及有关部门的协调,支持用人单位在疫情防控期间依法依规采用灵活工作方式。审理涉疫情劳动争议案件时，要准确适用《劳动法》第26条、《劳动合同法》第40条等规定。用人单位仅以劳动者是新冠肺炎确诊患者、疑似新冠肺炎患者、无症状感染者、被依法隔离人员或者劳动者来自疫情相对严重的地区为由主张解除劳动关系的，人民法院不予支持。就相关劳动争议案件的处理，应当正确理解和参照适用国务院有关行政主管部门以及省级人民政府等制定的在疫情防控期间妥善处理劳动关系的政策文件。本案中，宋某因被实施居家隔离措施，某货运公司以宋某旷工、未办理请假手续违反了公司的考勤管理制度为由，据此解除与宋某之间所签订的劳动合同，该行为违反相关法律规定，属于违法解除，应当向宋某支付赔偿金。江苏省高级人民法院、江苏省人力资源和社会保障厅、江苏省司法厅《关于做好涉新冠肺炎疫情劳动争议调解和案件审理工作的指导意见》亦规定，劳动者因隔离治疗、医学观察、政府实施隔离措施或者采取其他紧急措施而不能提供正常劳动，用人单位以此为由解除劳动合同，或者终止在上述期间到期的劳动合同，劳动者请求继续履行劳动合同的，应予支持；劳动者不要求继续履行或者劳动合同已经不能继续履行的，劳动者请求用人单位支付违法解除劳动合同赔偿金的，应予支持。

本案中法官充分运用劳动法的基本原理，从案件的实际情况出发，以疫情防控大背景下防控措施的合法性依据为切入点，全面审查劳动者与用人单位的举证责任与证据情况，据此作出裁判，不仅彰显了司法的温度，亦提醒用人单位应切实承担起企业应有的遵守法律、关怀员工的社会责任，对探索构建和谐稳定的劳动关系，具有一定的典型意义。

【法条链接】

《中华人民共和国传染病防治法》(2013年修正)

第十二条第一款　在中华人民共和国领域内的一切单位和个人，必须接受疾病预防控制机构、医疗机构有关传染病的调查、检验、采集样本、隔离治疗等预防、控制措施，如实提供有关情况。疾病预防控制机构、医疗机构不得泄露涉及个人隐私的有关信息、资料。

第四十一条　对已经发生甲类传染病病例的场所或者该场所内的特定区域的人员，所在地的县级以上地方人民政府可以实施隔离措施，并同时向上一级人民政府报告；接到报告的上级人民政府应当即时作出是否批准的决定。上级人民政府作出不予批准决定的，实施隔离措施的人民政府应当立即解除隔离措施。

在隔离期间，实施隔离措施的人民政府应当对被隔离人员提供生活保障；被隔离人员有工作单位的，所在单位不得停止支付其隔离期间的工作报酬。

隔离措施的解除，由原决定机关决定并宣布。

第四十二条 传染病暴发、流行时，县级以上地方人民政府应当立即组织力量，按照预防、控制预案进行防治，切断传染病的传播途径，必要时，报经上一级人民政府决定，可以采取下列紧急措施并予以公告：

（一）限制或者停止集市、影剧院演出或者其他人群聚集的活动；

（二）停工、停业、停课；

（三）封闭或者封存被传染病病原体污染的公共饮用水源、食品以及相关物品；

（四）控制或者扑杀染疫野生动物、家畜家禽；

（五）封闭可能造成传染病扩散的场所。

上级人民政府接到下级人民政府关于采取前款所列紧急措施的报告时，应当即时作出决定。

紧急措施的解除，由原决定机关决定并宣布。

《关于贯彻执行〈中华人民共和国劳动法〉若干问题的意见》（劳部发〔1995〕309号）

53. 劳动法中的“工资”是指用人单位依据国家有关规定或劳动合同的约定，以货币形式直接支付给本单位劳动者的劳动报酬，一般包括计时工资、计件工资、奖金、津贴和补贴、延长工作时间的工资报酬以及特殊情况下支付的工资等。“工资”是劳动者劳动收入的主要组成部分。劳动者的以下劳动收入不属于工资范围：（1）单位支付给劳动者个人的社会保险福利费用，如丧葬抚恤救济费、生活困难补助费、计划生育补贴等；（2）劳动保护方面的费用，如用人单位支付给劳动者的工作服、解毒剂、清凉饮料费用等；（3）按规定未列入工资总额的各种劳动报酬及其他劳动收入，如根据国家规定发放的创造发明奖、国家星火奖、自然科学奖、科学技术进步奖、合理化建议和技术改进奖、中华技能大奖等，以及稿费、讲课费、翻译费等。

最高人民法院印发《关于依法妥善审理涉新冠肺炎疫情民事案件若干问题的指导意见（一）》的通知（法发〔2020〕12号）

为贯彻落实党中央关于统筹推进新冠肺炎疫情防控和经济社会发展工作部署会议精神，依法妥善审理涉新冠肺炎疫情民事案件，维护人民群众合法权益，维护社会和经济秩序，维护社会公平正义，依照法律、司法解释相关规定，结合审判实践经验，提出如下指导意见。

一、充分发挥司法服务保障作用。各级人民法院要充分认识此次疫情对经济社会产生的重大影响，立足统筹推进疫情防控和经济社会发展工作大局，充分发挥司法调节社会关系的作用，积极参与诉源治理，坚持把非诉讼纠纷解决机制挺在前面，坚持调解优先，积极引导当事人协商和解、共担风险、共渡难关，切实把矛盾解决在萌芽状态、化解在基层。在涉疫情民事案件审理过程中，根据案件实际情况，准确适用法律，平衡各方利益，保护当事人合法权益，服务经济社会发展，实现法律效果与社会效果的统一。

二、依法准确适用不可抗力规则。人民法院审理涉疫情民事案件，要准确适用不可抗力的具体规定，严格把握适用条件。对于受疫情或者疫情防控措施直接影响而产生的民事纠纷，符合不可抗力法定要件的，适用《中华人民共和国民法总则》第一百八十条、《中华人民共和国合同法》第一百一十七条和第一百一十八条等规定妥善处理；其他法律、行政法规另有规定的，依照其规定。当事人主张适用不可抗力部分或者全部免责的，应当就不可抗力直接导致民事义务部分或者全部不能履行的事实承担举证责任。

四、依法处理劳动争议案件。加强与政府及有关部门的协调，支持用人单位在疫情防控期间依法依规采用灵活工作方式。审理涉疫情劳动争议案件时，要准确适用《中华人民共和国劳动法》第二十六条、《中华人民共和国劳动合同法》第四十条等规定。用人单位仅以劳动者是新冠肺炎确诊患者、疑似新冠肺炎患者、无症状感染者、被依法隔离人员或者劳动者来自疫情相对严重的地区为由主张解除劳动关系的，人民法院不予支持。就相关劳动争议案件的处理，应当正确理解和参照适用国务院有关行政主管部门以及省级人民政府等制定的在疫情防控期间妥善处理劳动关系的政策文件。

《最高人民法院关于审理劳动争议案件适用法律问题的解释（一）》

第四十二条　劳动者主张加班费的，应当就加班事实的存在承担举证责任。但劳动者有证据证明用人单位掌握加班事实存在的证据，用人单位不提供的，由用人单位承担不利后果。

第四十四条　因用人单位作出的开除、除名、辞退、解除劳动合同、减少劳动报酬、计算劳动者工作年限等决定而发生的劳动争议，用人单位负举证责任。

第五十条　用人单位根据劳动合同法第四条规定，通过民主程序制定的规章制度，不违反国家法律、行政法规及政策规定，并已向劳动者公示的，可以作为确定双方权利义务的依据。

用人单位制定的内部规章制度与集体合同或者劳动合同约定的内容不一致，劳动者请求优先适用合同约定的，人民法院应予支持。

十二、用人单位对其享有的竞业限制选择权是否生效应负举证责任

裁判要旨

司法实务中，用人单位为了规避竞业禁止风险，常常采用与劳动者签订竞业禁止协议的方式，且在劳动合同中约定劳动合同解除或终止后用人单位享有竞业限制选择权，决定劳动者是否可在两年内继续从事同行业工作。用人单位的竞业限制选择权如何认定？是否生效？在司法实务中认定比较困难。笔者认为，用人单位虽未提交双方所签订的有效的《竞业限制合同生效通知书》，但是通过对其一系列行为的认定，可以视为用人单位以实际的民事行为对竞业限制进行了选择的默示意思表示。

【案情总览】

某公司系经营半导体材料的有限责任公司，可以从事单晶硅产品的设计、开发、生产及相关管理活动，该公司与新疆某公司均属于太阳能光伏行业，为同行业竞争对手。王某于 2010 年 6 月 8 日入职某公司担任高管，双方先后于 2012 年 1 月 17 日、2014 年 10 月 8 日、2015 年 11 月 6 日签订《竞业限制合同》。2017 年 1 月 11 日，双方签订《保密协议》一份，就王某任职期间及离职后保守秘密的有关事项达成协议，并约定双方解除或者终止劳动合同后的七天内，某公司拥有竞业限制选择权，若某公司选择竞业限制生效，则本合同继续有效，某公司应当在 2 年内定期向王某支付竞业限制经济补偿费；若某公司选择竞业限制失效，则本合同自然中止。2018 年 6 月 21 日，某公司（甲方）与王某（乙方）

签订无固定期限劳动合同,约定:“不论本合同以任何方式解除或终止后,甲方均有选择权,决定乙方是否可在两年内继续从事同行业(单晶/多晶/光伏行业)工作。若选择禁止,则根据权利对等原则,甲方每月需支付给乙方补偿金月工资的1/3,若逾期不支付,则视为本竞业禁止条款自动失效。”2019年3月12日,王某因个人原因离职,某公司称双方于当日签订《竞业限制合同生效通知书》,约定王某的竞业限制期为24个月,某公司每月依约向其支付竞业限制经济补偿金,王某依约应提交要求的资料并履行约定的竞业限制义务等。王某离职后,某公司先后于2019年4月10日、5月10日、6月10日、7月9日向王某发放竞业限制补偿金9969元、9638.08元、8272.10元、9472.10元,合计37351.28元。王某陈述从某公司离职后,入职于上饶市某公司,担任总监职务,于2019年7月10日离职。2019年6月13日,某公司申请仲裁,因仲裁委作出不予受理案件通知书,某公司不服诉至法院,请求依法判令王某向其支付违反竞业限制合同的违约金615000元(含调查、制止违约行为的合理开支10000元)、返还已支付的补偿金29907元并要求依约继续履行竞业限制义务等。

本案争议焦点之一:某公司与王某所签涉案竞业限制协议是否对王某具有拘束力?

竞业限制是指劳动者与用人单位依照法律规定或当事人的约定,劳动者在一定期限或范围内不得从事与用人单位相同、相似或有密切联系的以获取经济利益为目的的竞争性营业行为。《劳动合同法》第23条、第24条创设我国竞业限制制度的目的,在于保护用人单位的商业秘密和与知识产权相关的秘密,同时对劳动者的劳动权和自主择业权予以合理限制,作为补偿,用人单位给予劳动者一定数额的经济补偿金,以平衡劳动者的就业权和劳动权。本案中,王某系某公司的高管,在劳动关系存续期间签订了《劳动合同》《保密协议》《竞业限制合同》,在上述合同及协议中双方对竞业限制事项进行了约定,这是双方真实意思表示,且其内容亦符合竞业限制的原则规定,对双方均应具有约束力而应恪守履行。其中双方在《劳动合同书》中约定,不论本合同以任何方式解除或终止后,某公司均有选择权,决定王某是否可在两年内继续从事同行业工作。若选择禁止,某公司需每月向王某支付补偿金,若逾期不支付,则视为本竞业禁止条款自动失效。王某因个人原因于 2019 年 3 月 12 日离职，某公司陈述双方于当日签订《竞业限制合同生效通知书》，约定王某的竞业限制期为 24 个月，某公司每月依约向其支付竞业限制经济补偿金，王某依约应提交要求的资料并履行约定的竞业限制义务等。王某离职后，某公司先后向王某发放竞业限制补偿金共计 37351.28 元，可以视为某公司以实际的民事行为对竞业限制进行了选择的默示意思表示。综上，某公司与王某所签涉案竞业限制协议合法有效，对王某具有拘束力，双方均应依约履行。

争议焦点之二：王某是否违反了涉案竞业限制协议的约定？

当事人对自己提出的诉讼请求所依据的事实或反驳对方诉讼请求所依据的事实有责任提供证据加以证明。没有事实或者证据不足以证明当事人的事实主张的，由负有举证责任的当事人承担不利后果。从举证责任分配上，某公司作为用人单位应就其提出王某违反涉案竞业限制协议的主张负举证责任。本案中，某公司主张王某无视法律及双方约定的竞业限制义务就职于同行竞争对手公司，其陈述与新疆某公司均属于太阳能光伏行业，为同行业竞争对手。某公司提交了视频、照片、微信截图等证据，用于证明王某于工作时间出入新疆某公司食堂及办公楼，但是视频、照片的原始载体并不存在，且上述证据并不能证明王某在新疆某公司就职，与新疆某公司存在劳动关系，王某存在竞业限制义务的违约行为，另外，王某从某公司离职后入职于上饶市某公司，并于 2019 年 7 月 10 日离职，该公司的企业信息记载的经营范围“光伏材料生产、销售”虽与某公司的经营范围重合，但该项经营范围变更于 2019 年 7 月 18 日，是在王某离职之后。综上，某公司主张王某违反竞业限制义务就职于同行竞争对手公司，证据不足，不予支持。据此，一审法院判决：一、王某继续履行与某公司竞业限制义务至 2021 年 3 月 11 日止；二、驳回某公司的其他诉讼请求。宣判后，某公司不服提起上诉，后经二审法院审理判决：驳回上诉，维持原判。

【法官释法】

为了保护用人单位最富于经济价值秘密——商业秘密，用人单位往往与劳动者签订竞业限制协议，用以约束高级管理人员、高级技术人员及其他负有保密义务的劳动者，在劳动合同解除或终止后一定期限内，不得到与本单位生产或经营同类产品、从事同类业务有竞争关系的其他用人单位任职,也不得自己生产或者经营同类业务。实务中,往往在劳动合同中约定劳动合同解除或终止后用人单位享有竞业限制选择权,决定劳动者是否可在两年内继续从事同行业工作。若选择禁止,则根据权利对等原则,用人单位每月需支付给劳动者补偿金,反之则视为本竞业禁止条款自动失效。

第一,用人单位对于是否需要该员工履行竞业限制义务有选择权。首先,在劳动合同履行期间,用人单位可以通过书面形式单方面告知劳动者无须履行竞业限制义务,放弃竞业限制权。由于在劳动者开始履行竞业限制义务前,用人单位已明确告知其无须履行竞业限制义务,不会对劳动者的自主择业造成影响。因此,笔者认为,用人单位在劳动合同履行期间单方放弃竞业限制权的,无须向劳动者支付经济补偿。其次,根据《最高人民法院关于审理劳动争议案件适用法律若干问题的解释(一)》第 39 条的规定,在竞业限制期限内,用人单位请求解除竞业限制协议的,人民法院应予支持。在解除竞业限制协议时,劳动者请求用人单位额外支付劳动者三个月的竞业限制经济补偿的,人民法院应予支持。可见,在竞业限制期内,用人单位对于是否解除竞业限制有选择权。但是,应当充分考虑到劳动者的权益,由于劳动者找新工作需要一定的时间,因此,需要用人单位额外支付三个月的竞业限制补偿金作为补偿。

第二,用人单位行使竞业限制选择权时,对竞业限制协议是否生效负有举证责任。《最高人民法院关于审理劳动争议案件适用法律若干问题的解释(一)》第 44 条规定,因用人单位作出的开除、除名、辞退、解除劳动合同、减少劳动报酬、计算劳动者工作年限等决定而发生的劳动争议,用人单位负举证责任。笔者认为,竞业限制协议是否生效开始实行,让劳动者举证比较困难,笔者认为竞业限制选择权可以被认为是用人单位的“某种决定”,故举证责任应由用人单位承担。

第三,用人单位是否行使了竞业限制选择权的证据认定问题。本案中,王某因个人原因于 2019 年 3 月 12 日离职,某公司陈述双方于当日签订《竞业限制合同生效通知书》,约定王某的竞业限制期为 24 个月,某公司每月依约向其支付竞业限制经济补偿金,王某依约应提交要求的资料并履行约定的竞业限制义务等,虽然某公司当庭提交的《竞业限制合同生效通知书》为复印件,但是王某离职后，某公司先后于2019年4月10日、5月10日、6月10日、7月9日向王某发放竞业限制补偿金共计37351.28元，王某在此期间并未提出异议（按双方协议约定如乙方拒绝领取经济补偿费，甲方可以将经济补偿费向有关公证部门提存，该等提存费用由乙方承担），综合本案其他证据并结合双方的陈述，某公司享有竞业限制选择权。笔者认为，用人单位虽未提交双方所签订的有效的《竞业限制合同生效通知书》。但是，法院通过对用人单位的一系列行为的认定，可以视为用人单位以实际的民事行为对竞业限制进行了选择的默示意思表示。

【法条链接】

《中华人民共和国劳动合同法》（2012年修正）

第三条 订立劳动合同，应当遵循合法、公平、平等自愿、协商一致、诚实信用的原则。

依法订立的劳动合同具有约束力，用人单位与劳动者应当履行劳动合同约定的义务。

第二十三条 用人单位与劳动者可以在劳动合同中约定保守用人单位的商业秘密和与知识产权相关的保密事项。

对负有保密义务的劳动者，用人单位可以在劳动合同或者保密协议中与劳动者约定竞业限制条款，并约定在解除或者终止劳动合同后，在竞业限制期限内按月给予劳动者经济补偿。劳动者违反竞业限制约定的，应当按照约定向用人单位支付违约金。

第二十四条 竞业限制的人员限于用人单位的高级管理人员、高级技术人员和其他负有保密义务的人员。竞业限制的范围、地域、期限由用人单位与劳动者约定，竞业限制的约定不得违反法律、法规的规定。

在解除或者终止劳动合同后，前款规定的人员到与本单位生产或者经营同类产品、从事同类业务的有竞争关系的其他用人单位，或者自己开业生产或者经营同类产品、从事同类业务的竞业限制期限，不得超过二年。

第九十条 劳动者违反本法规定解除劳动合同，或者违反劳动合同中约定的保密义务或者竞业限制，给用人单位造成损失的，应当承担赔偿责任。

《最高人民法院关于审理劳动争议案件适用法律问题的解释（一）》

第三十六条 当事人在劳动合同或者保密协议中约定了竞业限制，但未约定解除或者终止劳动合同后给予劳动者经济补偿，劳动者履行了竞业限制义务，要求用人单位按照劳动者在劳动合同解除或者终止前十二个月平均工资的30%按月支付经济补偿的，人民法院应予支持。

前款规定的月平均工资的30%低于劳动合同履行地最低工资标准的，按照劳动合同履行地最低工资标准支付。

第三十七条 当事人在劳动合同或者保密协议中约定了竞业限制和经济补偿，当事人解除劳动合同时，除另有约定外，用人单位要求劳动者履行竞业限制义务，或者劳动者履行了竞业限制义务后要求用人单位支付经济补偿的，人民法院应予支持。

第三十八条 当事人在劳动合同或者保密协议中约定了竞业限制和经济补偿，劳动合同解除或者终止后，因用人单位的原因导致三个月未支付经济补偿，劳动者请求解除竞业限制约定的，人民法院应予支持。

第三十九条 在竞业限制期限内，用人单位请求解除竞业限制协议的，人民法院应予支持。

在解除竞业限制协议时，劳动者请求用人单位额外支付劳动者三个月的竞业限制经济补偿的，人民法院应予支持。

第四十条 劳动者违反竞业限制约定，向用人单位支付违约金后，用人单位要求劳动者按照约定继续履行竞业限制义务的，人民法院应予支持。

第四十四条 因用人单位作出的开除、除名、辞退、解除劳动合同、减少劳动报酬、计算劳动者工作年限等决定而发生的劳动争议，用人单位负举证责任。

十三、用人单位拖欠停工留薪期工资，劳动者可否以此为由主张解除劳动合同的经济补偿金

裁判要旨

工资属于劳动者提供劳动而用人单位以货币形式向其发放的劳动报酬，停工留薪期工资仅系一种工伤保险待遇，并非用人单位向其支付的劳动报酬，劳动者以用人单位未按相关规定向其支付停工留薪期工资为由而提出解除劳动关系并要求用人单位支付解除劳动合同的经济补偿金，不符合《劳动合同法》第38条以及第46条规定的劳动者可以提出解除劳动合同而用人单位应当向其支付经济补偿金的情形。

【案情总览】

某劳务公司与某煤业公司系劳务派遣关系。2012年5月17日，张某入职某劳务公司，双方签订了书面劳动合同后，被派遣至某煤业公司下属煤矿从事井下掘砌工。2016年6月30日，张某在煤矿井下工作时受伤。2016年8月22日张某被确认为工伤，后被评定伤残等级八级，无护理依赖，并确认停工留薪期为10个月。2017年12月19日，经劳动能力鉴定委员会确认，张某的停工留薪期延长1个月。张某受伤后再未到煤矿上班。2018年5月7日，张某向某劳务公司提交书面《辞职报告》称：“因为公司不能按照《工伤保险条例》及相关规定向本人支付停工留薪期的工资，损害了本人的合法权益，现本人申请辞职。”2018年5月9日，张某向劳动争议仲裁委员会申请仲裁，仲裁委作出裁决后，

张某不服诉至法院,请求判令其与某劳务公司的劳动关系于 2018 年 5 月 21 日解除,由某劳务公司支付其解除劳动关系的经济补偿金 20000 元,并要求支付各项工伤待遇 160000 元。在案件审理过程中,张某与某劳务公司均同意解除劳动合同关系,解除劳动合同关系的时间为 2018 年 5 月 7 日。2018 年 7 月 26 日,某劳务公司向张某送达了《解除劳动合同证明书》,张某向其出具了《收条》一张,并作出说明对解除时间 2018 年 5 月 7 日没有异议。

本案的争议焦点为:停工留薪期工资属于工伤保险待遇还是属于劳动报酬?因工负伤是由劳动过程中的职业危害因素所致,劳动者由此而丧失或部分丧失劳动能力,用人单位负有保障劳动者生活或劳动权利的义务,劳动者因工作遭受事故伤害进行治疗,享受工伤保险待遇。本案中,张某系某劳务公司的职工,被派遣至某煤业公司工作。某劳务公司系张某的用人单位,某煤业公司系张某的用工单位。张某在工作时间因工作原因发生事故,经人力资源和社会保障部门认定为工伤,经劳动能力鉴定委员会鉴定伤残等级为八级,属于因工负伤并被确认为部分丧失劳动能力的情形,依法应当享受工伤保险待遇。

一、关于劳动关系是否解除的问题。张某要求与某劳务公司的劳动关系于 2018 年 5 月 21 日解除并出具解除劳动关系证明的诉讼请求,因在本案审理过程中,双方均同意解除劳动合同关系,且对解除劳动合同关系时间为 2018 年 5 月 7 日均无异议,加之张某亦收到某劳务公司向其出具的《解除劳动合同证明书》一份并向某劳务公司出具了《收条》,故对该项诉讼请求,不予支持。

二、关于是否支付解除劳动关系经济补偿金的问题。因工资属于劳动者提供劳动而用人单位以货币形式向其发放的劳动报酬,本案中,张某工伤期间并未上班且未提供劳动,停工留薪期工资仅系一种工伤保险待遇,并非用人单位向其支付的劳动报酬,故张某以某劳务公司未按相关规定向其支付停工留薪期工资为由提出解除劳动关系,不符合《劳动合同法》第 38 条以及第 46 条规定的劳动者可以提出解除劳动合同而用人单位应当向其支付经济补偿金的情形,故张某要求某劳务公司支付解除劳动合同经济补偿金的诉讼请求,不予支持。

三、关于工伤保险待遇的相关诉讼请求。1. 医疗费、交通费、一次性工伤医疗补助金。因某劳务公司为张某办理了工伤保险并缴纳了工伤保险费,依据《宁夏回族自治区实施〈工伤保险条例〉办法》第10条之规定,医疗费、交通费、一次性工伤医疗补助金依法由工伤保险基金予以支付,张某要求差额部分由某劳务公司补偿的诉讼请求,没有事实和法律依据,不予支持。2. 一次性伤残就业补助金。因张某解除劳动合同前12个月的月平均缴费工资为3392元,且张某系自愿提出解除劳动合同关系,依据《宁夏回族自治区实施〈工伤保险条例〉办法》第31条之规定,某劳务公司应当以张某解除或者终止劳动关系前十二个月的本人月平均缴费工资为基数,向其支付一次性伤残就业补助金为40704元(3392元/月×12个月)。3. 停工留薪期工资差额。依据《工伤保险条例》第33条第1款之规定,职工因工作遭受事故伤害或者患职业病需要暂停工作接受工伤医疗的,在停工留薪期内,原工资福利待遇不变,由所在单位按月支付。本案中,张某的停工留薪期确定为10个月,在此期间,张某一直未停止治疗,后因其伤情变化仍需住院治疗,劳动能力鉴定委员会将其停工留薪期延长了1个月。某劳务公司辩称张某的停工留薪期为5.5个月,不予采信。按照相关劳动法律规定,停工留薪期的起止日期与伤残等级的定残日没有必然关系,张某尚在治疗期内,不能据此认定其停工留薪期已满,否则不会有劳动能力鉴定委员会延长其停工留薪期之说。因张某受伤前12个月的月平均工资为4368元,某劳务公司应向张某支付的停工留薪期工资为48048元(4368元/月×11个月),因某劳务公司已经向其支付停工留薪期工资27463.18元,还应支付停工留薪期工资差额20584.82元(48048元-27463.18元)。

四、关于工伤保险主体的相关问题。依据《劳动合同法》第92条第2款之规定,用工单位给被派遣劳动者造成损害的,劳务派遣单位与用工单位承担连带赔偿责任。张某系入职到某劳务公司并被派遣至某煤业公司下属煤矿从事井下掘砌工时受伤,故某煤业公司作为用工单位应就张某的工伤保险待遇与某劳务公司承担连带赔偿责任。据此,一审法院经审理后判决某劳务公司向张某支付一次性伤残就业补助金、停工留薪期工资差额、住院期间护理费等共计62364.20元;某煤业公司对上述费用承担连带赔偿责任。宣判后,张某不服,提出上诉,二审法院经审理后判决驳回其上诉,维持原判。

【法官释法】

停工留薪期工资属于工伤保险待遇还是属于劳动报酬的认定,直接决定是否支持解除劳动合同经济补偿金的问题。在司法实务中,存在两种观点:

一种观点认为,停工留薪期工资待遇并不是用人单位支付给劳动者的劳动报酬,而是工伤保险待遇。根据《工伤保险条例》第 33 条规定,职工因工作遭受事故伤害或者患职业病需要暂停工作接受工伤医疗的,在停工留薪期内,原工资福利待遇不变,由所在单位按月支付。本案中,张某工伤后再未上班亦未提供劳动,用人单位为其发放的停工留薪期工资应属于工伤保险待遇。张某以某劳务公司没有足额支付停工留薪期工资为由提出解除劳动关系的情形,不符合《劳动合同法》第 38 条和第 46 条的相关规定,不予支持。

一种观点认为,工伤职工停工留薪期工资属于特殊情况下的工资,属于工资总额的组成部分,属于劳动报酬的范围,即,停工留薪期工资 = 特殊情况下的工资 = 劳动报酬。关于劳动报酬的概念,《关于工资总额组成的规定》第 3 条指出,工资总额是指各单位在一定时期内直接支付给本单位全部职工的劳动报酬总额。第 4 条规定,工资总额由下列六个部分组成:(1)计时工资;(2)计件工资;(3)奖金;(4)津贴和补贴;(5)加班加点工资;(6)特殊情况下支付的工资。《最高人民法院关于审理拒不支付劳动报酬刑事案件适用法律若干问题的解释》(法释〔2013〕3 号)第 1 条规定,劳动者依照《劳动法》和《劳动合同法》等法律的规定应得的劳动报酬,包括工资、奖金、津贴、补贴、延长工作时间的工资报酬及特殊情况下支付的工资等,应当认定为《刑法》第 276 条之一第 1 款规定的"劳动者的劳动报酬"。《关于工资总额组成的规定》第 10 条规定,特殊情况下支付的工资。包括:(1)根据国家法律、法规和政策规定,因病、工伤、产假、计划生育假、婚丧假、事假、探亲假、定期休假、停工学习,执行国家或社会义务等原因按计时工资标准或计时工资标准的一定比例支付的工资;(2)附加工资、保留工资。据此,特殊情况下的工资就是未付出劳动义务情形下的工资,工伤职工停工留薪期工资就属于特殊情况下的工资,属于工资总额的组成部分,属于劳动报酬的范围。工伤职工享受停工留薪期待遇的前提是:(1)与本单位有劳动关系;(2)在提供劳动过程中身体受到伤害。所以工伤待遇是工伤职工劳动权益的组成部分。本案中采用的是第一种观点。

【法条链接】

《工伤保险条例》(2010年修订)

第三十条 职工因工作遭受事故伤害或者患职业病进行治疗,享受工伤医疗待遇。

职工治疗工伤应当在签订服务协议的医疗机构就医,情况紧急时可以先到就近的医疗机构急救。

治疗工伤所需费用符合工伤保险诊疗项目目录、工伤保险药品目录、工伤保险住院服务标准的,从工伤保险基金支付。工伤保险诊疗项目目录、工伤保险药品目录、工伤保险住院服务标准,由国务院社会保险行政部门会同国务院卫生行政部门、食品药品监督管理部门等部门规定。

职工住院治疗工伤的伙食补助费,以及经医疗机构出具证明,报经办机构同意,工伤职工到统筹地区以外就医所需的交通、食宿费用从工伤保险基金支付,基金支付的具体标准由统筹地区人民政府规定。

工伤职工治疗非工伤引发的疾病,不享受工伤医疗待遇,按照基本医疗保险办法处理。

工伤职工到签订服务协议的医疗机构进行工伤康复的费用,符合规定的,从工伤保险基金支付。

第三十三条 职工因工作遭受事故伤害或者患职业病需要暂停工作接受工伤医疗的,在停工留薪期内,原工资福利待遇不变,由所在单位按月支付。

停工留薪期一般不超过12个月。伤情严重或者情况特殊,经设区的市级劳动能力鉴定委员会确认,可以适当延长,但延长不得超过12个月。工伤职工评定伤残等级后,停发原待遇,按照本章的有关规定享受伤残待遇。工伤职工在停工留薪期满后仍需治疗的,继续享受工伤医疗待遇。

生活不能自理的工伤职工在停工留薪期需要护理的,由所在单位负责。

第三十七条 职工因工致残被鉴定为七级至十级伤残的,享受以下待遇:

(一)从工伤保险基金按伤残等级支付一次性伤残补助金,标准为:七级伤残为13个月的本人工资,八级伤残为11个月的本人工资,九级伤残为9个月的本人工资,十级伤残为7个月的本人工资;

(二)劳动、聘用合同期满终止,或者职工本人提出解除劳动、聘用合同的,由工伤保险基金支付一次性工伤医疗补助金,由用人单位支付一次性伤残就业补助金。一次性工伤医疗补助金和一次性伤残就业补助金的具体标准由省、自治区、直辖市人民政府规定。

《宁夏回族自治区实施〈工伤保险条例〉办法》

第十条 工伤保险基金全部纳入社会保障基金财政专户,实行收支两条线管理,用于下列项目的支出：

（一）工伤医疗费和工伤康复费；

（二）住院伙食补助费；

（三）转外就医的交通、食宿费；

（四）伤残津贴；

（五）生活护理费；

（六）一次性工亡补助金；

（七）一次性伤残补助金；

（八）一次性医疗补助金；

（九）丧葬补助金；

（十）供养亲属抚恤金；

（十一）工伤伤残辅助器具配置费；

（十二）劳动能力鉴定费；

（十三）工伤预防教育、宣传、培训费；

（十四）法律、法规规定支付的其他与工伤保险有关的费用。

工伤预防教育、宣传、培训费按当期工伤保险基金收入的百分之八提取，国家另有规定的，从其规定。

第二十五条第二款　工伤医疗费用应当符合国家和自治区工伤保险诊疗项目目录、药品目录和医疗服务设施标准范围。超出工伤保险支付范围的费用，工伤保险基金不予支付。

第二十七条　工伤职工停工留薪期时限由工伤保险协议医疗机构按照受伤部位的常规治疗期限提出意见，经劳动能力鉴定委员会审核后予以确定。

停工留薪期间，用人单位不得与工伤职工解除劳动关系。

停工留薪期满，用人单位应当为工伤职工安排适当工作；确因伤情不能安排工作的，用人单位应当以工伤职工受伤前十二个月月平均工资为标准按月发给生活费，待评定伤残等级后，按照《条例》的规定享受相关待遇。

停工留薪期的具体确定办法，由自治区人力资源社会保障部门制定。

第二十八条　工伤职工在救治期间需要护理的，由工伤保险协议医疗机构出具证明，用人单位派人护理或者雇用人员护理。

第三十一条　工伤职工经鉴定为七级至十级伤残的，劳动合同期满终止或者职工本人提出解除劳动、聘用合同的，经双方协商一致后签订协议，解除劳动关系。

职工按照前款规定与用人单位解除劳动关系的，除按照《条例》规定享受相应待遇外，还享受以下工伤待遇：

（一）以解除或者终止劳动关系前十二个月本人月平均缴费工资为基数，由工伤保险基金支付一次性工伤医疗补助金，标准为：七级十五个月，八级十二个月，九级九个月，十级六个月。

（二）以解除或者终止劳动关系前十二个月本人月平均缴费工资为基数，由用人单位支付一次性伤残就业补助金，标准为：七级十五个月，八级十二个月，九级九个月，十级六个月。

十四、从事公益性岗位的劳动者能否要求签订无固定期限劳动合同及主张经济补偿金

裁判要旨

劳动者从事公益性岗位的，其公益性岗位补贴期限不超过3年，累计安置次数原则上不超过2次，其与用人单位签订劳动合同后，与用人单位形成劳动关系。但是，从事公益性岗位劳动者的工资及社会保险、岗位补贴，由政府从中央转移支付的再就业资金中支付，而不是由用人单位承担。其劳动合同不适用劳动合同法有关无固定期限劳动合同的规定以及支付经济补偿的规定。

【案情总览】

马某于2005年8月入职某单位职工餐厅担任厨师一职。2016年12月1日双方签订为期三年的《劳动合同》，合同约定，某单位安排马某从事公益性岗位，工资标准为1480元/月。2019年9月30日合同到期后，马某再未上班，其工资发放至2019年9月30日。2019年10月，该单位以合同到期为由与马某签订《解除劳动合同协议书》，并向其出具解除劳动合同证明书等手续。2020年4月，马某向劳动争议仲裁委员会申请仲裁。仲裁委员会以马某从事的是公益性岗位，不属于劳动争议处理范围为由不予受理。后马某诉至法院，请求支付未签订劳动合同的二倍工资、未依法签订无固定期限劳动合同赔偿金、经济补偿金等费用共计212400元。庭审时，马某认可自2013年12月起开始领取公益性岗位工资。

本案的争议焦点是：公益性岗位是否适用无固定期限劳动合同及经济补偿

金的规定？

一、关于马某请求向其支付未依法签订无固定期限劳动合同赔偿金的问题。无固定期限劳动合同，是指用人单位与劳动者约定无确定终止时间的劳动合同。《劳动合同法》第14条对无固定期限劳动合同的订立进行了具体规定。本案中，马某认为单位应自2009年12月起与其签订无固定期限劳动合同，因未签订，应向其支付2006年8月至2019年8月共计13年的双倍工资134400元。根据已查明事实，没有证据显示双方在2009年12月时已连续订立了两次固定期限劳动合同，也没有证据显示马某2009年12月时向单位提出签订无固定期限劳动合同的要求，且马某不符合《劳动合同法》第14条规定的应当订立无固定期限劳动合同的情形，再者，2013年12月至2019年9月期间马某从事的是公益性岗位，不适用劳动合同法有关无固定期限劳动合同的规定，加之该项诉讼请求已过法律规定的仲裁时效，故不予支持。

二、关于马某要求向其支付经济补偿金45000元的问题。《劳动合同法》第46条第1款第5项规定，除用人单位维持或者提高劳动合同约定条件续订劳动合同，劳动者不同意续订的情形外，因劳动合同期满劳动合同终止的，用人单位应当向劳动者支付经济补偿。本案中，马某自2005年8月起至2019年9月30日期间与单位存在劳动关系，其中2013年12月1日起至2019年9月30日期间的用工为公益性岗位，依照《劳动合同法实施条例》第12条规定，地方各级人民政府及县级以上地方人民政府有关部门为安置就业困难人员提供的给予岗位补贴和社会保险补贴的公益性岗位，其劳动合同不适用劳动合同法有关无固定期限劳动合同的规定以及支付经济补偿的规定。本案中，公益性岗位工作年限不应计入支付经济补偿年限，某单位支付马某经济补偿金工作年限应为2005年8月至2013年11月共计8年3个月，故对马某要求支付经济补偿金45000元的诉讼请求，予以支持22100元。据此，一审法院经审理后判决某单位支付马某经济补偿金22100元，并驳回马某的其他诉讼请求。马某不服提起上诉，二审法院经审理后驳回上诉，维持原判。

【法官释法】

公益性岗位是指各类用人单位开发并经人力资源社会保障部门认定，用于对就业困难人员以及其他特殊人群就业进行安置,以实现公共利益为主要目的,由政府设置的或社会筹集资金开发的非营利性公共管理和社会公益性服务的临时性救助岗位。《劳动和社会保障部关于开展下岗失业人员再就业统计的通知》(劳社厅发〔2003〕4 号)对公益性岗位的解释为:“主要由政府出资扶持或是社会筹集资金开发的符合公共利益的管理、服务岗位。”目前,公益性岗位多集中在基层公共服务类岗位,如机关单位聘用的从事安保、保洁、门卫、食堂、车辆管理、绿地维护等后勤服务岗位以及城管执法的协管等。由于公益性岗位的公益性、临时性、季节性和过渡性等公共利益的特征,使得在公益性岗位上的劳动者,区别于一般的劳动者。因此,根据《劳动合同法实施条例》第 12 条规定,公益性岗位劳动者无权要求用人单位与其签订无固定期限劳动合同,在劳动合同期满解除后,也不能要求用人单位给予经济补偿。

公益性岗位上的劳动者无权主张无固定期限劳动合同和经济补偿,但其他的劳动者权利呢?笔者认为,因为各地的具体办法不同,公益性岗位的认定应依据合同中约定的岗位性质以及各省市对于公益性岗位管理办法中的相关规定。此外,公益性岗位一旦发生纠纷,认定公益性岗位从业人员与相关用人单位之间是否成立劳动关系,需要考察用人单位与劳动者之间所形成的权利义务关系的具体内容。劳动者可参考《劳动和社会保障部关于确立劳动关系有关事项的通知》(劳社部发〔2005〕12 号)进行相应的举证或者质证。

【法条链接】

《中华人民共和国劳动合同法》(2012 年修正)

第十四条　无固定期限劳动合同,是指用人单位与劳动者约定无确定终止时间的劳动合同。

用人单位与劳动者协商一致,可以订立无固定期限劳动合同。有下列情形之一,劳动者提出或者同意续订、订立劳动合同的,除劳动者提出订立固定期限劳动合同外,应当订立无固定期限劳动合同:

(一)劳动者在该用人单位连续工作满十年的;

(二)用人单位初次实行劳动合同制度或者国有企业改制重新订立劳动合同时,劳动者在该用人单位连续工作满十年且距法定退休年龄不足十年的;

(三)连续订立二次固定期限劳动合同,且劳动者没有本法第三十九条和第四十条第一项、第二项规定的情形,续订劳动合同的。

用人单位自用工之日起满一年不与劳动者订立书面劳动合同的,视为用人单位与劳动者已订立无固定期限劳动合同。

第四十四条 有下列情形之一的,劳动合同终止:

(一)劳动合同期满的;

(二)劳动者开始依法享受基本养老保险待遇的;

(三)劳动者死亡,或者被人民法院宣告死亡或者宣告失踪的;

(四)用人单位被依法宣告破产的;

(五)用人单位被吊销营业执照、责令关闭、撤销或者用人单位决定提前解散的;

(六)法律、行政法规规定的其他情形。

第四十六条 有下列情形之一的,用人单位应当向劳动者支付经济补偿:

(一)劳动者依照本法第三十八条规定解除劳动合同的;

(二)用人单位依照本法第三十六条规定向劳动者提出解除劳动合同并与劳动者协商一致解除劳动合同的;

(三)用人单位依照本法第四十条规定解除劳动合同的;

(四)用人单位依照本法第四十一条第一款规定解除劳动合同的;

(五)除用人单位维持或者提高劳动合同约定条件续订劳动合同,劳动者不同意续订的情形外,依照本法第四十四条第一项规定终止固定期限劳动合同的;

(六)依照本法第四十四条第四项、第五项规定终止劳动合同的;

(七)法律、行政法规规定的其他情形。

第四十七条 经济补偿按劳动者在本单位工作的年限,每满一年支付一个月工资的标准向劳动者支付。六个月以上不满一年的,按一年计算;不满六个月的,向劳动者支付半个月工资的经济补偿。

劳动者月工资高于用人单位所在直辖市、设区的市级人民政府公布的本地区上年度职工月平均工资三倍的,向其支付经济补偿的标准按职工月平均工资三倍的数额支付,向其支付经济补偿的年限最高不超过十二年。

本条所称月工资是指劳动者在劳动合同解除或者终止前十二个月的平均工资。

第八十二条 用人单位自用工之日起超过一个月不满一年未与劳动者订立书面劳动合同的,应当向劳动者每月支付二倍的工资。

用人单位违反本法规定不与劳动者订立无固定期限劳动合同的,自应当订立无固定期限劳动合同之日起向劳动者每月支付二倍的工资。

《中华人民共和国劳动合同法实施条例》

第十二条　地方各级人民政府及县级以上地方人民政府有关部门为安置就业困难人员提供的给予岗位补贴和社会保险补贴的公益性岗位,其劳动合同不适用劳动合同法有关无固定期限劳动合同的规定以及支付经济补偿的规定。

十五、劳动者主张业务提成，应由谁举证

裁判要旨

目前，《劳动合同法》和《劳动法》以及《关于贯彻执行〈中华人民共和国劳动法〉若干问题的意见》有关工资的规定中，并无“提成”的专门性表述，认为业务提成属于计件工资，是劳动者非常规性、风险性的工资收入系目前主流观点。实务中，对于业务提成的举证责任、核算方法以及给付条件认识不一系发生争议的根源。笔者认为，劳动者业务提成工资的主张，属于对劳动报酬请求权的行使，应当适用“谁主张，谁举证”的原则，劳动者需要对双方约定的业务提成工资产生的基础事实、用人单位存在克扣或拖欠业务提成工资的行为、用人单位未发放或未足额发放业务提成工资等事实承担举证责任。但是，劳动者有合理的理由证明用人单位欠发劳动者业务提成工资的相关证据在用人单位掌控之下，用人单位应当提供；用人单位应当提供而拒不提供的，应当承担不利后果。

【案情总览】

某公司系某实业公司的全资子公司。2007 年 4 月起，刘某在某公司从事起重机设备的销售主管工作，双方签订了书面劳动合同，约定工资为基础工资(每月 1500 元) + 提成工资(税后)(回款提成、差价提成、超额完成任务提成)。某公司制定的《2019 年营销人员考核管理办法》载明：某公司将营销人员划分为华北、西北、华东、西南、宁夏五大区域，华北区域 2019 年度订货任务为 6600 万元、回款任务为 6000 万元；由各销售处独立完成的合同，按合同额 1.5% 计提；订货任务超额完成部分按 1% 计提；计提方法：提成额 = 回款额 × 提成系

数;超价部分提成实行年终结算;差额提成 = 合同净差价 × 回款比例 × 30% 系数;超订货任务提成年终结算。2021 年度下发的《备品备件销售提成奖管理办法》第 4 条仍规定根据销售人员备品备件销售合同回款额多少,从中提取一定比例作为提成奖金,具体比例为 4%、5%、6%,而刘某已完成备品备件销售合同的全部回款,按照 5% 的标准计提,2021 年 6 月 1 日之后备品备件提成均按该办法执行。刘某称现已发放 2.5%,剩余 2.5% 某公司未支付。刘某自 2014 年至 2023 年 1 月,属华北区域三人销售团队,其具体负责区域为河北省唐山市。刘某的仲裁请求中销售提成涉及五份主机的销售合同。2023 年 1 月 13 日,就前述 5 份主机合同项下某公司收到回款共计 719.6852 万元,某公司按 1.5%(某公司称该比例是按 0.5% 的提成及 1% 的奖励性提成核算)计算提成,并于 2023 年 5 月 18 日向刘某发放提成奖金 97814.55 元。2022 年 8 月 12 日,刘某与某公司签订《清收账款责任书》,载明:刘某按提成方案 A 进行考核……无产品质量问题,欠款时间为 3 年内,完成回款任务的 65% 以上,除按照原回款奖励政策提成外,额外按照回款金额 1% 进行奖励;欠款时间在 3 年(以质保期结束时间计算)以上,除按照原回款奖励政策提成外,按照回款金额 3% 进行奖励,完成回款任务的 65% 以下,按照未完成金额的 0.5% 扣罚。因某公司的销售产品系大型机械,货款回付周期较长,销售人员的销售提成按当年全部回款额核算、次年一次性发放。某公司提交的工资表显示刘某 2021 年度工资总额为 81600 元,2022 年度工资为 60421 元。某公司为刘某核算税前提成工资 2019 年为 40000 元、2020 年为 84120 元、2021 年为 63600 元、2022 年为 42421 元。其中 2022 年度核算提成工资对应的回款为三笔:1 月回款 258633.2 元、提成金额为 6465.83 元;5 月回款 1190000 元(实际回款为 1183000 元)、提成金额为 29750 元,按备品备件 2.5% 计算提成工资;6 月回款 1241040 元(实际回款为 624020 元)、提成金额为 6205.2 元,按设备货款 0.5% 计算提成工资。2023 年 5 月 5 日,刘某因“工资、经济补偿”等发生争议,以某公司为第一被申请人,某实业公司为第二被申请人申请仲裁,请求某公司向其支付 2019 年至 2022 年期间已经回款但未足额支付的提成工资 369535.45 元、解除劳动关系经济补偿金 311965.05 元、2019 年至 2022 年期间未回款金额的提成工资 120000 元、2019 年度项目超额总奖励提成工资 177000 元等,并由某实业公司承担连带责任。因对仲裁裁决不服,双方均诉至法院。

刘某认为:一、提成工资属于劳动报酬,适用“特殊时效”,即使适用“一般时效”,刘某在职期间一直不间断的主张提成工资,时效也多次中断,并未超过仲裁时效。二、《2019 年营销人员考核管理办法》明确备品备件提成为 5%,某公司未按照上述规定计算刘某的提成。三、《工资支付暂行规定》第 9 条明确规定,劳动关系双方依法解除或终止劳动合同时,用人单位应在解除或终止劳动合同时一次付清劳动者工资。提成奖金工资属于《关于工资总额组成的规定》中规定工资的组成部分,用人单位应当在员工离职时一次性付清。

某公司认为:一、某公司不存在克扣刘某任何提成工资的行为,其要求某公司支付未发放的提成工资、未回款部分的提成工资、超额完成部分的提成工资无任何依据。刘某在某公司从事销售工作,工资组成为基本工资 + 提成工资。首先,根据某公司制定的《营销人员管理办法》第 7 条第 3 项载明“由公司组织的项目,业务费投入由公司统一组织实施的,中标后从销售处提成中扣除或由公司审批确定提成比例”。刘某在工作期间,某公司已按公司规章管理制度及时足额支付了刘某 2019 年至 2023 年提成工资。其次,根据《营销人员管理办法》第 9 项载明“计提方法:提成额 = 回款额 × 提成系数,超额部分提成实行年终结算:差额提成 = 合同净差价 × 回款比例 ×30% 系数”。刘某主张的未回款合同金额提成工资,因该合同的价款尚未回款,且截至目前,已经远远超过合同约定的支付款项的时间,刘某要求支付未回款合同的提成工资无任何依据。最后,刘某陈述的超额部分提成工资,因该合同系公司维护签订的合同,不存在刘某陈述的所谓超额完成的情况。二、刘某认为某公司未足额及时发放提成工资,系双方对其提成工资发放数额发生争议,故应适用一年的诉讼时效的限制,其主张的未足额及时发放的 2019 年至 2021 年的提成工资已过诉讼时效。

某实业公司认为:一、某实业公司与刘某未签订任何书面劳动合同,未建立事实劳动关系,刘某不接受某实业公司的规章制度管理,某实业公司未给刘某支付过工资或缴纳社会保险费用,因此某实业公司不是本案适格被告;二、某实业公司与某公司均系独立的企业法人,某实业公司只是某公司的股东,且已履行完毕出资义务,在生产经营期间双方的人员、场所、经营范围均不相同,不存在财产混同的情形,因此刘某要求某实业公司承担连带支付责任无事实和法律依据;三、某实业公司与某公司目前进行的吸收合并事项尚未完成,不存在法定或约定的承担连带责任的理由。

一审法院经审理认为:一、关于2019年至2022年未发放提成工资356458.35元的问题。1.关于提成工资的仲裁时效。根据《关于工资总额组成的规定》第4条、第6条的规定,提成工资系计件工资的一种,系工资总额的组成部分。本案中,双方劳动合同关系于2023年6月14日解除,根据《劳动争议调解仲裁法》第27条第4款关于“劳动关系存续期间因拖欠劳动报酬发生争议的,劳动者申请仲裁不受本条第一款规定的仲裁时效期间的限制;但是,劳动关系终止的,应当自劳动关系终止之日起一年内提出”的规定,刘某一直在某公司工作,其于2023年5月24日提起劳动仲裁主张未付提成工资未超过法定仲裁时效期间,故某公司、某实业公司关于仲裁时效的抗辩不成立。2.刘某2019年度至2022年度的提成工资情况:(1)关于2019年度提成工资。《最高人民法院关于民事诉讼证据的若干规定》第63条第2款规定,当事人的陈述与此前陈述不一致的,人民法院应当责令其说明理由,并结合当事人的诉讼能力、证据和案件具体情况进行审查认定。本案中,诉讼阶段,某公司对《2019年营销人员考核管理办法》不认可,但其在仲裁阶段对该办法的真实性、合法性无异议,前后陈述不一,根据前述规定,对某公司在仲裁阶段的陈述予以确认。《2019年营销人员考核管理办法》明确规定,项目人员独立完成项目提成系数为1.5%,提成额=回款额×提成系数,某公司应依照规定履行义务。2019年度刘某主机货款回款355万元,其应得提成工资为53250元(355万元×1.5%),某公司已发放17750元(355万元×0.5%),还应向刘某支付33500元(53250元-17750元)。(2)关于2020年—2022年提成工资。《劳动法》第47条规定,用人单位根据本单位的生产经营特点和经济效益,依法自主确定本单位的工资分配方式和工资水平。因《2019年营销人员考核管理办法》明确规定,该办法考核期间为2019年1月1日至2019年12月31日,故2020年起的提成工资应按公司新的规定进行处理,刘某称2020年以后的提成也按1.5%计算,某公司主张按照0.5%计算,双方均未提交证据予以证实。但某公司提交的2020年至2022年期间年度营销考核办法均规定独立完成项目提成标准为1%,虽刘某不认可,但在双方均未提交合法的年度营销考核办法的情况下,应视为某公司自认

2020年至2022年期间的提成按1%计算。据此,关于2020年度提成工资。虽刘某提交的收据显示2020年设备货款回款金额为1724万元,但某公司确认的回款金额仅为16824000元,应以此为计算基数,故应发提成工资为168240元(16824000元×1%)。某公司向刘某发放提成工资84120元(含税),还应发放含税提成工资84120元(168240元-84120元)。关于2021年提成工资。2021年度备品备件共计回款897110元,某公司制作的《2021年销售提成》中按5%的提成系数计算刘某提成工资为44855.2元,某公司不欠付该年度备品备件提成工资。2021年主机合同回款8963974元,现刘某主张2021年主机合同回款880万元,予以确认,则按1%的提成系数计算提成为88000元(880万元×1%),故2021年度刘某应发提成工资为132855.2元(88000元+44855.2元)。某公司制作的《2021年销售提成》中按0.5%的提成系数计算刘某提成工资为44819.9元,2021年度提成工资已发放63600元,还欠付含税提成工资69255.2元(132855.2元-63600元)。关于2022年度提成工资。2022年备品备件回款1441633.2元(均为2022年5月31日前回款),应付提成工资为72081.66元(1441633.2元×5%),某公司已发放36215.8元,还应支付提成工资35865.86元(72081.66元-36215.8元)。2022年度主机回款金额为624020元(2022年6月回款),应发提成工资为6240.2元(624020元×1%),某公司已发放6205.2元(42421元-36215.8元),还应支付35元(6240.2元-6205.2元)。据此,某公司还应向刘某支付的提成工资为222776.06元(33500元+84120元+69255.2元+35865.86元+35元)。

二、关于离职时应一次性结清的已签销售合同项下的提成工资120000元。根据《工资支付暂行规定》第9条关于“劳动关系双方依法解除或终止劳动合同时,用人单位应在解除或终止劳动合同时一次付清劳动者工资”的规定,用人单位应在员工离职时一次性结清。但在用人单位与劳动者对回款的催要及提成的发放存在明确约定的情况下,应考虑双方之间的意思自治。本案中,双方约定回款由刘某负责催要,提成系按回款金额计算,在该部分货款刘某并未催要到账的情况下,应当尊重双方之间的意思自治,刘某主张未回款项提成工资与双方约定不符。

三、关于超额完成任务部分1%的提成177000元。《2019年营销考核管理办法》明确规定，本次考核以各区域为单位进行考核，获得超额完成任务部分提成的前提条件是刘某所在区域完成了订货任务及回款任务。现在案证据证实，2019 年刘某个人仅回款 355 万元，不符合领取超额完成任务提成的条件。再者，刘某系华北区域三个业务人员之一，也知悉区域的订货任务完成情况，现在案证据不能证实刘某所在的华北区域完成了区域全部订货指标，故其主张超额完成任务提成无事实依据。

二审法院认为：本案的争议焦点系原某公司是否应当向被上诉人刘某支付提成工资、经济补偿金、2021 年度未休年休假工资。其中关于提成工资。提成工资属于劳动报酬的组成部分，根据《劳动争议调解仲裁法》第 27 条的规定，刘某于 2023 年 5 月 24 日提起劳动仲裁主张支付提成工资未超过法定诉讼时效。根据双方提交的证据，对刘某主张的提成工资涉及的合同、提成标准等予以认可，并无不当。综上所述，某公司的上诉请求不能成立，应予驳回；一审判决认定事实清楚，适用法律正确，应予维持。

【法官释法】

随着我国经济结构不断调整及其劳动用工制度之不断改革，劳动关系和用工形式呈现活跃多变、类型复杂等特质，以致用人单位的激励手段也不断翻新，将"提成"与业绩挂钩激发劳动者工作动力，以此计为薪酬的主要组成部分的行业愈来愈多，由此引发用人单位与劳动者因为提成的计提标准、给付条件所产生的争议也愈来愈多。实务中，对于业务提成的性质、举证责任、核算方法以及给付条件争议颇多，观点不一。

一、关于业务提成的性质

《劳动合同法》和《劳动法》以及《关于贯彻执行〈中华人民共和国劳动法〉若干问题的意见》有关工资的规定中，并无"提成"的专门性表述，由于概念的不统一，关于业务提成的性质有两种观点。

计件工资说。此为目前主流观点。按照《关于工资总额组成的规定》第 4 条、第 6 条的规定，计件工资属于工资的组成部分，而业务提成属于计件工资的范畴，是按营业额提成或利润提成办法支付给个人的工资。

非工资说。按照《工资支付暂行规定》第 3 条的规定，工资是指用人单位依据劳动合同的规定，以各种形式支付给劳动者的劳动报酬。而业务提成系通过通常的计算依据或标准计算销售额、利润、包干等，即完成一定的任务量，按照一定的比例支付员工劳动的对价。二者概念不同，且目前《劳动合同法》和《劳动法》并无提成的相关表述，因此业务提成不属于工资，也不属于法院受理的劳动争议的案件处理范围。

二、关于业务提成工资的举证责任

众所周知，民事案件中举证责任的分配问题可能直接影响到案件的处理结果。在劳动者主张提成工资的案件中，举证责任应如何分配？实务中观点不一。

劳动者承担说。此观点认为，《民事诉讼法》第67条第1款规定，当事人对自己提出的主张，有责任提供证据。换言之，原则上应当由主张权利存在的当事人，对该权利发生原因的事实承担证明责任，而主张权利不存在的当事人，对权利消灭原因的事实承担证明责任。在法律没有对劳动者的业务提成工资明确规定举证责任倒置的情况下，劳动者对于业务提成工资的主张显然属于劳动报酬请求权的行使，因此，应当由劳动者对业务提成工资发生的原因事实即双方约定的业务提成工资产生的事实承担举证责任。如深圳市中级人民法院《关于〈审理劳动争议案件的裁判指引〉的说明》中指出，由于“未收回货款”属于否定性事实，而对于否定性事实，当事人无须承担举证责任。同时，在现实中要求用人单位对货款未收回这一事实进行举证也存在同样的困难和障碍。而依据举证责任分配的基本原则，主张条件成就的一方应当对条件成就承担举证责任。在法律法规或司法解释没有对相关问题明确规定举证责任倒置的情况下，仍应当按照举证责任分配的一般原则来确定举证责任的承担主体。因此，在用人单位与劳动者约定在货款收回后支付业务提成的情况下，劳动者主张支付业务提成的条件（即货款收回）已成就，就应当对条件成就的事实承担举证责任。又如《浙江省高级人民法院民一庭关于审理劳动争议案件若干问题的意见》（浙法民一〔2009〕3号）第32条规定，劳动者与用人单位约定业务提成在货款回收后才支付，且货款回收由劳动者经手的，劳动者应对货款回收的事实负举证责任。再如上海市高级人民法院（2020）沪民申76号案件认为，劳动者主张公司应向其发放提成奖金，对此，劳动者应承担相应的举证责任。

用人单位承担说。此观点认为,《劳动争议调解仲裁法》第 6 条规定,发生劳动争议,当事人对自己提出的主张,有责任提供证据。与争议事项有关的证据属于用人单位掌握管理的,用人单位应当提供;用人单位不提供的,应当承担不利后果。在实践中,行业不同则计提方法不同,确认劳动者业务提成工资数额的关键因素可能涉及合同额、工程成本、人员成本、行业标准等多种计算参数,而往往用人单位对核算上述参数的相关证据拒不提供,导致劳动者举证不能,由此承担不利后果对劳动者不公平。另外,依据《最高人民法院关于审理劳动争议案件适用法律问题的解释(一)》第 44 条中关于“因用人单位作出减少劳动报酬决定发生劳动争议的,由用人单位负举证责任”的规定,业务提成工资既然属于劳动报酬的范畴,用人单位不发或少发亦应属于减少劳动报酬的争议,故应由用人单位承担举证责任。如《山东省企业工资支付规定》第 43 条规定,企业与劳动者因工资支付发生纠纷或者争议的,企业应当负举证责任。

分担说。此观点认为,《劳动人事争议仲裁办案规则》第 13 条规定,当事人对自己提出的主张有责任提供证据。与争议事项有关的证据属于用人单位掌握管理的,用人单位应当提供;用人单位不提供的,应当承担不利后果。该规则第 14 条规定,法律没有具体规定、按照本规则第 13 条规定无法确定举证责任承担的,仲裁庭可以根据公平原则和诚实信用原则,综合当事人举证能力等因素确定举证责任的承担。业务提成工资计算方法纷繁复杂,不应机械地将举证责任全部归于劳动者一方,否则与劳动法所规定的保护劳动者合法权益的主旨相悖。目前,主流观点是劳动者主张业务提成工资应提供证据证明相关业务提成工资的存在,劳动者完成初步证明义务后,用人单位抗辩不存在业务提成工资或未满足业务提成工资的发放条件的,应由用人单位承担举证责任。最高人民法院民事审判第一庭《民事审判实务问答》一书认为:在确定这些具体参数时,法院还应当考虑双方当事人的举证能力,即由距离争议内较近的一方,也就是更容易取得证据的一方承担某一参数的具体举证责任。比如,涉及用人单位经营管理状况或者法定的完税义务等方面的数字,用人单位更有能力也有义务向法院提供证据证明;而对于劳动者已经达到约定的提成工资的支付条件,以及具体完成的工作任务数量等,一般由劳动者一方举证证明。如《青岛市中级人民法院、青岛市劳动人事争议仲裁委员会关于审理劳动人事争议案件会议纪要(十一)》(青中法联字〔2017〕4号)第5条规定,劳动者与用人单位对劳动者的劳动报酬标准有争议的,对于劳动人事争议仲裁委员会受理案件之日前两年内的劳动报酬标准应由用人单位承担举证责任,用人单位举证不能的,可按照劳动者的主张及查明事实综合进行认定。

三、关于业务提成工资的给付条件

对于业务提成的给付条件,因目前并无相关法律规定,故实务中的看法并不一致。

项目达成说。此种观点认为,业务提成往往与企业项目挂钩,通常情况下,劳动者不对用人单位的经营风险承担责任,第三方不能回款的风险不能由劳动者承担。对于劳动者而言,收款是用人单位的事情,只要达成项目,便应获得相应提成。

实际回款说。此种观点认为,业务提成具有一定的奖励性质,项目的达成距离实际回款还有一定的期限,劳动者只有在完成了某项工作、达到了某个业绩标准、完成了销售任务、实际回款后才认为支付条件成就。

劳动关系终止说。此种观点认为,《工资支付暂行规定》第9条规定,劳动关系双方依法解除或终止劳动合同时,用人单位应在解除或终止劳动合同时一次付清劳动者工资。因业务提成工资属于计件工资的范畴,也应该遵守上述规定,当双方劳动关系解除时,就视为业务提成工资给付条件成就。

约定说。此种观点认为,在用人单位与劳动者对业务回款的催要及提成的发放存在明确约定的情况下,应考虑双方之间的意思自治,尊重双方的约定。如深圳中院《关于审理劳动争议案件的裁判指引》第60条规定,如劳动者与用人单位约定业务提成在货款收回后才支付的,该约定应认定为有效。员工请求业务提成,在约定条件成就后予以支持。劳动者离职,业务提成支付周期在一个月内的,用人单位应立即支付;业务提成约定在货款收回后才支付的,则用人单位可在条件成就后支付。

笔者认为,劳动者业务提成工资的主张,属于对劳动报酬请求权的行使,应当适用"谁主张,谁举证"的原则,因此劳动者需要对双方约定的业务提成工资产生的基础事实、用人单位存在克扣或拖欠业务提成工资的行为、用人单位未发放或未足额发放业务提成工资等事实承担举证责任。但是,劳动者有合理的理由证明用人单位欠发劳动者业务提成工资的相关证据在用人单位掌控之下，用人单位应当提供；用人单位应当提供而拒不提供的，应当承担不利后果。关于业务提成工资的给付条件，原则上应尊重双方当事人的约定。另外，用人单位与劳动者约定无底薪、每月按业绩提成的情况下，劳动者有时月工资低于最低工资标准甚至完全没有工资，此种情况下劳动者主张对完全没有工资或工资低于当地最低工资标准的月份，要求按当地最低工资标准补足的，本着维护劳动者基本生存权利的精神，应予支持。

【法条链接】

《关于贯彻执行〈中华人民共和国劳动法〉若干问题的意见》（劳部发〔1995〕309号）

53. 劳动法中的“工资”是指用人单位依据国家有关规定或劳动合同的约定，以货币形式直接支付给本单位劳动者的劳动报酬，一般包括计时工资、计件工资、奖金、津贴和补贴、延长工作时间的工资报酬以及特殊情况下支付的工资等。“工资”是劳动者劳动收入的主要组成部分。

劳动者的以下劳动收入不属于工资范围：

（1）单位支付给劳动者个人的社会保险福利费用，如丧葬抚恤救济费、生活困难补助费、计划生育补贴等；

（2）劳动保护方面的费用，如用人单位支付给劳动者的工作服、解毒剂、清凉饮料费用等；

（3）按规定未列入工资总额的各种劳动报酬及其他劳动收入，如根据国家规定发放的创造发明奖、国家星火奖、自然科学奖、科学技术进步奖、合理化建议和技术改进奖、中华技能大奖等，以及稿费、讲课费、翻译费等。

《关于工资总额组成的规定》

第四条 工资总额由下列6个部分组成：

（一）计时工资；

（二）计件工资；

（三）奖金；

（四）津贴和补贴；

（五）加班加点工资；

（六）特殊情况下支付的工资。

第六条 计件工资是指对已做工作按计件单价支付的劳动报酬。包括：

(一)实行超额累进计件、直接无限计件、限额计件、超定额计件等工资制,按劳动部门或主管部门批准的定额和计件单价支付给个人的工资;

(二)按工作任务包干方法支付给个人的工资;

(三)按营业额提成或利润提成办法支付给个人的工资。

《劳动人事争议仲裁办案规则》(人力资源和社会保障部令第33号)

第十三条 当事人对自己提出的主张有责任提供证据。与争议事项有关的证据属于用人单位掌握管理的,用人单位应当提供;用人单位不提供的,应当承担不利后果。

第十四条 法律没有具体规定、按照本规则第十三条规定无法确定举证责任承担的,仲裁庭可以根据公平原则和诚实信用原则,综合当事人举证能力等因素确定举证责任的承担。

十六、劳动者达到法定退休年龄劳动合同终止，用人单位是否需要支付经济补偿

裁判要旨

《劳动合同法实施条例》第 21 条规定，劳动者达到法定退休年龄的，劳动合同终止。《劳动合同法》第 44 条、第 46 条对于劳动合同终止的情形及支付经济补偿的情形分别作出规定，但对于达到法定退休年龄劳动合同终止的情形并未包含在上述条款中。那么，对于达到法定退休年龄劳动合同终止的劳动者，用人单位是否需要向其支付经济补偿？实践中观点不一。笔者认为，劳动者在达到法定退休年龄时劳动合同终止，非因用人单位原因不能享受基本养老保险待遇的，劳动者主张经济补偿不符合《劳动合同法》第 46 条规定的用人单位应当支付经济补偿的情形。

【案情总览】

王某(女)出生于 1968 年 8 月 6 日，于 2013 年 4 月入职某人力公司从事保洁员工作，双方每两年签订一次劳动合同，最后一次签订劳动合同的时间为 2019 年 6 月 30 日，到期日为 2021 年 6 月 30 日。2017 年 5 月 18 日，王某在上班途中发生交通事故受伤，后被认定为工伤，并于 2017 年 9 月 26 日确定伤残等级九级、停工留薪期 8 个月。至本案诉讼时，尚未享受养老保险待遇。2018 年 8 月 6 日王某达到法定退休年龄时继续在某人力公司工作。王某陈述：“那时候没有说这个事，一直在干，继续签了劳动合同。”某人力公司陈述：“是为了给王某缴纳社保，又签订了劳动合同。”2021 年 7 月 1 日，某人力公司向王某出

具《解除劳动合同证明书》解除双方劳动关系，后进行了备案。2021 年 8 月王某申请仲裁，仲裁委以“申请人主体不适格（超过法定退休年龄）”为由不予受理。王某诉至法院，请求支付一次性伤残就业补助金、经济补偿金等。诉讼中，王某陈述因其社保没有交够年限所以还没有享受养老保险待遇；王某与某人力公司均认可王某终止劳动合同前 12 个月平均工资为 1750 元。

本案中各方观点如下：

王某观点：王某于 2013 年 4 月 1 日入职某人力公司，双方每两年签订一次劳动合同，截至某人力公司给王某办理解除劳动合同手续时已连续签订四次固定期限劳动合同。根据《劳动合同法》第 14 条规定应当签订无固定期限劳动合同。同时，《劳动合同法》第 16 条规定：劳动合同由用人单位与劳动者协商一致，并经用人单位与劳动者在劳动合同文本上签字或者盖章生效。劳动合同文本由用人单位和劳动者各执一份。从该条款可以看出劳动合同只需劳动者与用人单位协商一致便可建立，并无年满 50 周岁的女工人就不可以与用人单位建立劳动关系的规定。现某人力公司终止劳动关系的行为违反法律规定，应向王某支付经济补偿金和一次性伤残就业补助金。

某人力公司观点：根据《劳动合同法实施条例》第 21 条“劳动者达到法定退休年龄的，劳动合同终止”的规定和王某已达到法定退休年龄的事实，王某、某人力公司之间的劳动关系已于 2018 年 8 月 6 日被法定终止，之后王某、某人力公司之间形成的只能是劳务关系，自此王某便失去了享受一次性伤残就业补助金和经济补偿金的法定资格，不再受《劳动合同法》的保护，故王某的所有诉求没有法律依据。

一审观点：关于经济补偿金。建立劳动关系的用人单位和劳动者应当符合法定的主体条件。《劳动合同法实施条例》第 21 条规定：劳动者达到法定退休年龄的，劳动合同终止。《劳动和社会保障部关于制止和纠正违反国家规定办理企业职工提前退休有关问题的通知》（劳社部发〔1999〕8 号）第 1 条规定：国家法定的企业职工退休年龄是：男年满 60 周岁，女工人年满 50 周岁，女干部年满 55 周岁。本案中，王某从事保洁员工作，其在 2018 年 8 月 6 日时已年满 50 周岁，符合法定终止劳动合同的条件，之后双方之间形成的是劳务关系而非劳动关系，且其虽未享受基本养老保险待遇，但不可归咎于某人力公司，故王某要求某人力公司向其支付解除劳动合同经济补偿金的诉讼请求,没有事实与法律依据。关于一次性伤残就业补助金。依据《工伤保险条例》第37条第2项规定:劳动、聘用合同期满终止,或者职工本人提出解除劳动、聘用合同的,由工伤保险基金支付一次性工伤医疗补助金,由用人单位支付一次性伤残就业补助金。一次性工伤医疗补助金和一次性伤残就业补助金的具体标准由省、自治区、直辖市人民政府规定。根据《宁夏回族自治区实施〈工伤保险条例〉办法》第32条第2款的规定,工伤职工与用人单位解除或者终止劳动合同时,距法定退休年龄五年以上的,一次性伤残就业补助金全额支付;距法定退休年龄不足五年的,每减少一年一次性伤残就业补助金递减20%;距法定退休年龄不足一年的,按一次性伤残就业补助金全额的20%支付,王某构成九级伤残,其于2018年8月6日已年满50周岁,达到法定退休年龄,且于2021年7月1日离开某人力公司时已远超过法定退休年龄,故其要求某人力公司支付一次性伤残就业补助金的诉讼请求,没有法律依据。

二审观点:上诉人王某在2018年8月6日时已年满50周岁,依据《劳动合同法实施条例》第21条、《劳动和社会保障部关于制止和纠正违反国家规定办理企业职工提前退休有关问题的通知》(劳社部发〔1999〕8号)第1条的规定,符合法定终止劳动合同的条件,一审法院认定2018年8月6日之后上诉人与被上诉人之间形成劳务关系而非劳动关系,不予支持上诉人王某要求某人力公司向其支付解除劳动合同经济补偿金的诉讼请求并无不当。上诉人王某构成九级伤残,其于2018年8月6日已年满50周岁,达到法定退休年龄,且于2021年7月1日离开某人力公司时已远超过法定退休年龄,一审法院依据《工伤保险条例》第37条第2项、《宁夏回族自治区实施〈工伤保险条例〉办法》第32条第2款之规定,驳回上诉人的该项诉讼请求并无不当。上诉人王某的上诉请求不能成立,应予驳回。一审判决认定事实清楚,适用法律正确,应予维持。

再审观点:《劳动合同法》第44条规定:"有下列情形之一的,劳动合同终止:……(二)劳动者开始享受基本养老保险待遇的;……(六)法律、行政法规规定的其他情形。"《劳动合同法实施条例》第21条规定:"劳动者达到法定退休年龄的,劳动合同终止。"从立法目的上看,《劳动合同法实施条例》第21条属于《劳动合同法》第44条第6项"法律、行政法规规定的其他情形",即属于

《劳动合同法》的补充和完善，两者并不冲突。实践中，劳动者在达到法定退休年龄但未享受基本养老保险待遇时，其与用人单位之间属于劳动关系还是劳务关系，应结合劳动者不能享受基本养老保险待遇的原因区别适用法律。如劳动者在用人单位工作期间达到法定退休年龄，非因用人单位的原因不能享受基本养老保险待遇，应当适用《劳动合同法实施条例》第21条的规定，认定用工关系自劳动者达到法定退休年龄时劳动关系自然终止。如劳动者不能享受基本养老保险待遇是用人单位原因所致，则不能简单适用《劳动合同法实施条例》第21条的规定。本案中，王某于2013年4月1日入职某人力公司，某人力公司自2013年8月1日为其缴纳养老保险至其因达到法定退休年龄劳动合同解除，王某自认是因为其没有达到养老保险缴费年限导致未能享受养老保险待遇，属于不可归咎于用人单位的原因。原审法院根据经双方当庭质证的证据及当事人陈述，认定2018年8月6日之后王某与某人力公司之间属于劳务关系而非劳动关系，并依照《劳动合同法实施条例》第21条及《工伤保险条例》相关规定，判决驳回王某要求某人力公司支付解除劳动合同经济补偿金和一次性伤残就业补助金的诉讼请求，适用法律并无不当。

【法官释法】

实务中，对于劳动合同期满终止可以支付经济补偿并无争议。但是，《劳动合同法实施条例》第21条规定："劳动者达到法定退休年龄的，劳动合同终止。"那么，对于劳动者达到法定退休年龄劳动合同终止的，用人单位是否需要支付经济补偿？因劳动合同终止的条件，《劳动合同法》第44条与《劳动合同法实施条例》第21条规定不一致，因此对于上述问题，实务中观点不一。

支付说。此种观点认为，劳动者虽然达到法定退休年龄，但并没有享受养老保险待遇，依据《最高人民法院关于审理劳动争议案件适用法律问题的解释（一）》第32条"用人单位与其招用的已经依法享受养老保险待遇或者领取退休金的人员发生用工争议而提起诉讼的，人民法院应当按劳务关系处理"的规定，用人单位与劳动者之间仍存在特殊的劳动关系。因此，用人单位解除与劳动者的劳动关系，应该根据《劳动合同法》第44条、第46条规定向劳动者支付经济补偿。如湖北省武汉市中级人民法院（2022）鄂01民终6866号民事判决书认为:“黄某虽于 2017 年 12 月 4 日年满 50 周岁,达到法定退休年龄,但其 2017 年 3 月 1 日与某艺术公司签订无固定期限劳动合同时并未达到法定退休年龄,且未开始依法享受基本养老保险待遇,故黄某与某艺术公司的用人关系仍为劳动关系,属于劳动法调整范围,有关经济补偿的法律规定仍可适用。黄某达到法定退休年龄,某艺术公司可以根据《劳动合同法实施条例》第二十一条的规定,以黄某达到法定退休年龄为由行使用人单位劳动关系解除权。因黄某未享受养老保险待遇,某艺术公司应当支付经济补偿金。”

不支付说。此种观点认为,用人单位与劳动者签订的劳动合同因劳动者达到法定退休年龄而终止,不符合《劳动合同法》第 46 条规定的用人单位应当支付经济补偿的情形,因此,因劳动者达到退休年龄而终止劳动合同的,用人单位不应支付经济补偿。如《江苏省高级人民法院、江苏省劳动争议仲裁委员会关于审理劳动争议案件的指导意见》(苏高法审委〔2009〕47 号)第 21 条规定:“劳动者达到法定退休年龄,劳动合同关系终止,劳动者主张用人单位支付经济补偿的,不予支持。”又如《广州市中级人民法院关于审理劳动争议案件的参考意见》(2009 年 10 月)第 14 条规定:“劳动者达到退休年龄劳动合同终止的,用人单位无需支付经济补偿金;对于超过退休年龄的劳动者继续提供服务的,或者用人单位雇用超过退休年龄劳动者的,双方之间的用工关系按照雇佣关系对待。”再如《深圳市中级人民法院关于审理劳动争议案件的裁判指引》(2015 年)第 87 条规定:“劳动者达到法定退休年龄,劳动合同终止,劳动者要求用人单位支付经济补偿的,不予支持。”

有条件支付说。此种观点认为,劳动者达到法定退休年龄未能领取基本养老保险待遇的,用人单位应当支付经济补偿,反之,劳动者已领取基本养老保险待遇的,用人单位不支付经济补偿。司法实践中,亦有法院采用这种观点。如湖北省武汉市中级人民法院(2023)鄂 01 民终 6128 号民事判决书认为:“虽然《劳动合同法实施条例》第 21 条赋予了用人单位在劳动者已达法定退休年龄时,享有对劳动关系的终止权,但对于未享受养老保险待遇的劳动者,用人单位应当向劳动者支付经济补偿。”

过错支付说。在达到法定退休年龄时,劳动者未享受养老保险待遇,其未能享受养老保险待遇的原因多种多样,非因用人单位原因不能享受基本养老保险待遇的，用人单位可以终止与劳动者的劳动关系，并不需要支付经济补偿。本案例中就采用了此观点。

实务中，对于劳动者达到法定退休年龄劳动合同终止的用人单位是否支付经济补偿的问题，涉及用人单位与达到法定退休年龄但不能享受基本养老保险待遇人员建立的用工关系的认定问题，分歧颇大，主要观点有三：一是按劳动关系处理，劳动者达到法定退休年龄时未享受养老保险待遇，劳动关系不能自然终止；二是按劳务关系处理，劳动者达到法定退休年龄时未享受养老保险待遇，劳动关系自然终止；三是对劳动者达到法定退休年龄时未享受养老保险待遇分原因而论。对于非因用人单位原因，劳动关系自然终止，但是因用人单位原因而导致劳动者不能享受养老保险待遇的，用人单位因此丧失其在劳动者达到法定退休年龄时享有的劳动关系终止权，则劳动关系不能自然终止。

上述观点都有一定的道理，笔者倾向于第二种观点。理由有三：一是从立法目的上看，《劳动合同法实施条例》第 21 条属于《劳动合同法》第 44 条第 6 项“法律、行政法规规定的其他情形”，属于《劳动合同法》的补充和完善，两者并不冲突。二是我国正常达到法定退休年龄的人员为，男年满 60 周岁，女工人年满 50 周岁，女干部年满 55 周岁。虽法律不禁止上述已达退休年龄的人员就业，但其已不符合劳动法意义上劳动者主体资格身份，其不应该享受劳动法所规定的全部权利。三是司法实践中认为没有劳动关系可以认定工伤，达到法定退休年龄也可以认定工伤。因此，实际上达到法定退休年龄认定劳动关系与劳动者能否获得工伤赔偿并无关联性。有鉴于此，笔者认为，劳动者在达到法定退休年龄时劳动合同终止，非因用人单位原因不能享受基本养老保险待遇的，劳动者主张经济补偿不符合《劳动合同法》第 46 条规定的用人单位应当支付经济补偿的情形。

在此提醒劳动者：首先，达到法定退休年龄≠享受养老保险待遇。《劳动合同法》第 44 条规定了劳动合同终止的相关情形，依照该条第 2 项的规定，劳动者开始依法享受基本养老保险待遇的，劳动合同终止。但同时该条第 6 项规定，有法律、行政法规规定的其他情形的，劳动合同终止。《劳动合同法实施条例》系国务院颁布的行政法规，该条例第 21 条规定，劳动者达到法定退休年龄的，劳动合同终止。因此，劳动者达到法定退休年龄与劳动者开始依法享受基本养老保险待遇的情形，两者均可以产生劳动合同终止的法律效果，两者是并列关系，并不矛盾。但是，劳动者达到法定退休年龄并不必然享受基本养老保险待遇。实践中，由于种种原因，达到法定退休年龄不能享受养老保险待遇的劳动者大有人在。其次，享受养老保险待遇 = 劳动合同一定终止。依据《最高人民法院关于审理劳动争议案件适用法律问题的解释（一）》第 32 条"用人单位与其招用的已经依法享受养老保险待遇或者领取退休金的人员发生用工争议而提起诉讼的，人民法院应当按劳务关系处理"的规定，劳动者享受养老保险待遇后，其与用人单位构成劳务关系，而不再是劳动关系。最后，劳动合同终止≠必然支付经济补偿。依据《劳动合同法》第 46 条得知，劳动者主张经济补偿，有以下七种法定情形，即：劳动者被迫单方解除劳动合同，用人单位提出协商解除劳动合同，无过失性辞退，经济性裁员，劳动合同期满终止，用人单位破产、吊销、撤销或者解散合同终止，其他情形（兜底条款）。显然，劳动者达到法定退休年龄劳动合同终止的，不属于法律规定支付经济补偿的情形，且目前并未有相关的法律或行政法规规定此种情形需要支付经济补偿。笔者认为，在处理达到法定退休年龄却无法享受养老保险待遇的劳动者与用人单位之间用工关系时，应坚持劳动法保护劳动者合法权益的原则及构建和谐劳动关系的要求，平衡法律的公平性与实际情况，严格审查劳动者未能享受养老保险待遇的原因，不能有失偏颇。

【法条链接】

《中华人民共和国劳动合同法》（2012 年修正）

第四十四条　有下列情形之一的，劳动合同终止：

（一）劳动合同期满的；

（二）劳动者开始依法享受基本养老保险待遇的；

（三）劳动者死亡，或者被人民法院宣告死亡或者宣告失踪的；

（四）用人单位被依法宣告破产的；

（五）用人单位被吊销营业执照、责令关闭、撤销或者用人单位决定提前解散的；

（六）法律、行政法规规定的其他情形。

第四十六条　有下列情形之一的，用人单位应当向劳动者支付经济补偿：

（一）劳动者依照本法第三十八条规定解除劳动合同的；

（二）用人单位依照本法第三十六条规定向劳动者提出解除劳动合同并与劳动者协商一致解除劳动合同的；

（三）用人单位依照本法第四十条规定解除劳动合同的；

（四）用人单位依照本法第四十一条第一款规定解除劳动合同的；

（五）除用人单位维持或者提高劳动合同约定条件续订劳动合同，劳动者不同意续订的情形外，依照本法第四十四条第一项规定终止固定期限劳动合同的；

（六）依照本法第四十四条第四项、第五项规定终止劳动合同的；

（七）法律、行政法规规定的其他情形。

《中华人民共和国劳动合同法实施条例》

第二十一条 劳动者达到法定退休年龄的，劳动合同终止。

《最高人民法院关于审理劳动争议案件适用法律问题的解释（一）》

第三十二条 用人单位与其招用的已经依法享受养老保险待遇或者领取退休金的人员发生用工争议而提起诉讼的，人民法院应当按劳务关系处理。

企业停薪留职人员、未达到法定退休年龄的内退人员、下岗待岗人员以及企业经营性停产放长假人员，因与新的用人单位发生用工争议而提起诉讼的，人民法院应当按劳动关系处理。

第三章

社会保险争议

一、哪些社会保险争议属于人民法院劳动争议受案范围

裁判要旨

目前,司法实务中所审理的社会保险纠纷主要集中表现为四个类型:劳动者垫付社会保险费纠纷、用人单位没有缴纳或者漏交社会保险费纠纷、缴费基数纠纷、未参保纠纷。是否应把所有的社会保险争议纳入人民法院受案范围,司法实践中对此认识不一,且争论广泛。

【案情总览】

2006 年 2 月,王某到某物业公司工作,岗位为秩序维护员。2007 年 10 月 1 日,某物业公司与王某签订《用工协议书》一份,约定:1. 某物业公司安排王某在建发城市花园工作,合同期限为 1 年即 2007 年 10 月 1 日至 2008 年 9 月 30 日;2. 某物业公司支付王某的工资报酬不低于银川市最低工资标准,每月另负担王某各种福利费和社会保险费 40 元,每年年终一次性向王某发放,由王某自主缴纳。该协议到期后,王某继续在某物业公司工作。2015 年 5 月 26 日起,王某以"小孩有病"为由,向某物业公司书面请假至 2015 年 6 月 30 日。2015 年 6 月 26 日,王某向某物业公司寄出一封特快专递邮件,内件品名为"解除劳动合同申请书",某物业公司称未收到过该邮件。经电话查询,该邮件于 2015 年 6 月 27 日"本人签收"。某物业公司称与王某于 2010 年曾签订过书面劳动合同,并提供了日期为 2010 年 10 月 1 日的《劳动合同》。王某在某物业公司的主要工作职责为值班,上班时间分为白班和晚班,白班 11 小时 30 分钟(早 7 时

30 分至晚 7 时),夜班 12 小时 30 分钟(晚 7 时至早 7 时 30 分),共计 3 人轮流值班,白班和夜班交替进行,中间相隔 24 小时。工作期间,某物业公司未给王某缴纳过社会保险。王某自行缴纳了 2006 年 1 月至 2011 年 12 月期间的养老保险费 28624.8 元,以及 2006 年至 2015 年期间的基本医疗保险费 16575.72 元(2015 年缴费 3131.28 元,缴费基数为 31312.8 元,缴费比例为 10%,缴费时间为 2014 年 10 月 20 日)。王某提供其农业银行工资存折显示 2014 年 6 月至 2015 年 5 月即离职前 12 个月(2015 年 6 月未发放工资)王某月平均工资为 2057 元。某物业公司提供了该期间的工资表显示王某的工资组成为:岗位工资+加班工资;上述 12 个月当中,共有 8 个月发放了加班费,共计 930 元。2015 年 6 月 26 日,王某以某物业公司、某集团公司为被申请人向劳动争议仲裁委员会申请仲裁,因对仲裁结果不服,王某及某物业公司均诉至法院,王某请求某物业公司、某集团公司向其赔偿 2006 年 2 月 16 日至 2011 年 12 月 31 日期间的养老保险损失 20013.08 元、2006 年 2 月 16 日至 2015 年 6 月 30 日期间的医疗保险损失 12188.7 元,合计 32201.78 元,并缴纳 2012 年 1 月至 2015 年 6 月 30 日期间的养老保险费及支付解除劳动合同经济补偿金、加班费、未签订书面劳动合同二倍工资、失业金损失等;某物业公司要求不为王某补缴 2012 年 1 月至 2015 年 6 月期间的养老保险及滞纳金、不向王某支付解除劳动合同经济补偿金 19541.5 元。

王某认为:从 2006 年 2 月 16 日起,其即在某物业公司从事秩序维护员工作。2016 年 6 月 30 日,其以某物业公司长期不缴纳社会保险、不支付加班费为由,解除了与某物业公司的劳动关系。工作期间,其自行缴纳了 2006 年 2 月 16 日至 2011 年 12 月 31 日期间的养老保险、2006 年 2 月 16 日至 2015 年 6 月 30 日期间的医疗保险。同时,其每天工作 12 小时,法定休息日及节假日均被安排加班,应支付加班费。2015 年 6 月 26 日,王某向银川市劳动人事争议仲裁委员会申请仲裁,该仲裁委作出裁决:1. 某物业公司为王某补缴 2012 年 1 月至 2015 年 6 月期间的养老保险费;2. 某物业公司支付王某解除劳动合同经济补偿金 19541.5 元;3. 某物业公司支付王某 2014 年度带薪年休假工资报酬 917.9 元;4. 某物业公司支付王某法定节假日加班费不足部分 446.85 元;5. 某物业公司返还王某保证金 500 元。王某不服该仲裁裁决,故诉至法院。

某物业公司认为:王某确实长期在其公司工作,其公司也因故在一段时间内未给王某缴纳社会保险。但法律明确规定,用人单位未按时足额缴纳社会保险费的,由社会保险费征收机构责令限期缴纳或者补足,故补缴养老保险的行为属行政管理范围,不属于民事纠纷,法院应不予处理。另,王某于 2015 年 6 月起自行离职,属劳动者单方解除劳动合同的行为,不符合支付解除劳动合同补偿金的条件。同时,王某所有的诉请均应受劳动仲裁 1 年时效的限制。

某集团公司认为:其与王某之间并无劳动合同关系,王某起诉我公司主体不适格,请求驳回王某对我公司的诉请。

一审观点:某物业公司系独立法人,王某在该公司工作,即本案的用人单位系某物业公司,而非某集团公司。王某于 2006 年 2 月入职,于 2015 年 6 月 26 日离职,故王某与某物业公司之间于 2006 年 2 月至 2015 年 6 月 26 日期间存在劳动关系。劳动争议申请仲裁的时效期间为 1 年,自劳动者知道或者应当知道权利被侵害之日起计算。缴纳各项社会保险,是用人单位的法定义务,劳动者对此也应当知悉。但王某自行缴纳 2006 年至 2011 年期间的养老保险费,此后长达 4 年时间内未主张权利,王某主张的养老保险损失确已超过仲裁时效。王某主张的医疗保险费损失,因王某缴纳 2015 年医疗保险费的时间为 2014 年 10 月,其于 2015 年 6 月申请仲裁,故仅有 2015 年的医疗保险费诉请未超过仲裁时效。依据银川市关于城镇职工基本医疗保险的相关规定,医疗保险费应由用人单位与职工共同缴纳,缴费基数为职工工资总额,单位负担 8%,职工个人负担 2%;灵活就业人员个人缴纳的,最低缴费比例为缴费时本年度本地区职工年平均工资的 60%,缴费比例为 10%。本案中,王某 2015 年度缴费基数为宁夏地区 2014 年度职工年平均工资的 60%,故某物业公司应负担其中 8% 即 2505.02 元(31312.8 元 × 8%)。王某主张补缴养老保险费,依据《社会保险法》第 63 条"用人单位未按时足额缴纳社会保险费的,由社会保险费征收机构责令其限期缴纳或者补足"之规定,社会保险费的缴纳属行政管理范畴,不属于人民法院民事受理范围,本案不予处理。

二审观点:被上诉人某物业公司不为其职工上诉人王某缴纳社会保险费的行为违法,应予纠正。根据《劳动法》第 100 条、《社会保险费征缴暂行条例》第 26 条规定,征缴社会保险费是相关行政机关的法定职责,不属于人民法院受理民事案件的范围。《最高人民法院关于审理劳动争议案件适用法律若干问题的解释(三)》第1条规定,劳动者以用人单位未为其办理社会保险手续,且社会保险经办机构不能补办导致其无法享受社会保险待遇为由,要求用人单位赔偿损失而发生争议的,人民法院应予受理。本案并非属于上述情形,上诉人要求被上诉人某物业公司向其支付社会保险费的请求,不予支持。一审判决认定事实清楚,适用法律正确,应予维持。

抗诉观点:关于王某主张的社会保险问题。1. 某物业公司应否返还王某自行缴纳的社会保险费。《社会保险法》第2条规定:国家建立基本养老保险、基本医疗保险、工伤保险、失业保险、生育保险等社会保险制度,保障公民在年老、疾病、工伤、失业、生育等情况下依法从国家和社会获得物质帮助的权利。第10条第1款规定:职工应当参加基本养老保险,由用人单位和职工共同缴纳基本养老保险费。第23条第1款规定:职工应当参加职工基本医疗保险,由用人单位和职工按照国家规定共同缴纳基本医疗保险费。王某与某物业公司于2006年2月建立劳动关系,某物业公司应当为王某缴纳社会保险费但未缴纳。出于对自身合法权益的考虑,王某自行缴纳了2006年1月至2011年12月期间的基本养老保险费及2006年至2015年期间的基本医疗保险费,其中包括某物业公司应负担的部分。尽管某物业公司因王某已代其缴纳社会保险费而不存在向社会保险经办机构补缴的问题,但用人单位不能因其违法行为而获利,劳动者也不应负担其不应负担的义务,王某此举不能免除某物业公司需缴纳社会保险费的责任,某物业公司应返还王某代为缴纳的应由用人单位负担的社会保险费部分。2. 王某追索其垫付社会保险费应否受仲裁时效限制。《劳动争议调解仲裁法》第27条第1款规定:劳动争议申请仲裁的时效期间为一年。仲裁时效期间从当事人知道或者应当知道其权利被侵害之日起计算。用人单位不为职工缴纳社会保险费,不仅侵害了职工个人利益,而且侵害了国家利益,因为所缴纳的社会保险费一部分进入职工个人账户,另一部分作为国家财产进入国家社会保险基金。欠缴社会保险基金属于侵害国家利益的行为,对此行为的追诉不应受到诉讼时效的限制。鉴于仲裁时效与诉讼时效的立法宗旨一致,职工追缴社会保险费同样不应受仲裁时效的限制,如果受限制,将不利于保护和实现职工这一特定弱势群体的合法权益。在用人单位普遍不自觉缴纳社会保险费的当今,职工追缴社会保险费如困于其诉请受一年仲裁时效的约束,会理解为不得不每年对用人单位过往一年欠缴的社会保险费提起诉讼,无形中增加了职工的诉累和劳动争议仲裁机构、法院的负担。故二审法院仅支持王某2015年自行缴纳的基本医疗保险费,系适用法律确有错误。

再审观点:《劳动争议调解仲裁法》第2条规定:中华人民共和国境内的用人单位与劳动者发生的下列劳动争议,适用本法:(1)因确认劳动关系发生的争议;(2)因订立、履行、变更、解除和终止劳动合同发生的争议;(3)因除名、辞退和辞职、离职发生的争议;(4)因工作时间、休息休假、社会保险、福利、培训以及劳动保护发生的争议;(5)因劳动报酬、工伤医疗费、经济补偿或者赔偿金等发生的争议;(6)法律、法规规定的其他劳动争议。第27条规定:劳动争议申请仲裁的时效期间为一年。仲裁时效期间从当事人知道或者应当知道其权利被侵害之日起计算。据上述规定,王某与某物业公司之间因社会保险产生的争议应受《劳动争议调解仲裁法》以及该法关于仲裁时效期间的约束。《劳动法》第72条规定:用人单位和劳动者必须依法参加社会保险,缴纳社会保险费。王某于2006年2月入职后,某物业公司一直未给王某缴纳社会保险费,直至王某于2015年6月辞职,王某和某物业公司均未提交证据证明某物业公司在上述期间曾明确表示拒绝为王某缴纳上述期间的社会保险费,故王某知道其该项权利被侵害的仲裁时效期间应从王某与某物业公司解除劳动关系之日起计算。《社会保险费征缴暂行条例》第2条规定:基本养老保险费、基本医疗保险费、失业保险费的征收、缴纳,适用本条例。本条例所称缴费单位、缴费个人,是指依照有关法律、行政法规和国务院的规定,应当缴纳社会保险费的单位和个人。第12条规定:缴费个人应当缴纳的社会保险费,由所在单位从其本人工资中代扣代缴。据上规定,王某自行缴纳的基本养老保险费及基本医疗保险费中,某物业公司应当按照上述规定及相应缴费比例给王某支付应当由某物业公司缴纳的部分。据此,将该案撤销原判,发回重审。

发回重审后一审观点:王某于2015年6月26日通过向某物业公司寄送特快专递邮件的方式提出解除劳动关系,该邮件于2015年6月27日送达某物业公司,故可以认定王某与某物业公司的劳动关系至此解除。某物业公司一直未给王某缴纳社会保险费,王某和某物业公司均未举证证明某物业公司在劳动关系存续期间曾明确表示拒绝为王某缴纳社会保险费，故王某知道由某物业公司为其缴纳社会保险费的权利被侵害的仲裁时效期间应从王某与某物业公司解除劳动关系之日起计算。王某于2015年6月26日申请劳动仲裁，要求某物业公司支付其2006年2月16日至2011年12月31日的养老保险垫付款及2006年2月16日至2015年6月的医疗保险垫付款的诉请均未超过一年仲裁时效。依据银川市关于城镇职工基本养老保险和基本医疗保险的相关规定，本院支持某物业公司支付王某2006年2月至2011年12月期间的养老保险垫付款20064.6元[861元/月×11个月×20%+(1062元/月+1311元/月+1536元/月+1704元/月+1958元/月)×12个月×20%]、2006年2月至2015年6月期间的医疗保险垫付款13794.66元[861元/月×11个月×6%+(1062元/月+1311元/月+1536元/月+1704元/月+1958元/月+2229元/月)×12个月×6%+2448元/月×1个月×6%+2448元/月×11个月×8%+2610元/月×12个月×8%+2841元/月×6个月×8%]。王某诉请的养老保险垫付款银行同期存款利息和医疗保险垫付款银行同期存款利息，均于法无据，不予支持。某物业公司已为王某补缴2012年1月至2015年6月期间的养老保险费，故对王某要求某物业公司为其补缴该期间养老保险费的诉请，不予支持。

发回重审后二审观点：本案中上诉人王某与被上诉人某物业公司自用工之日起即2006年2月建立劳动关系直至2015年6月27日解除劳动关系。关于某物业公司支付王某养老保险垫付款20064.6元、医疗保险垫付款13794.66元并无不当，本院予以维持。关于加班费、休息日加班费、法定节假日加班工资问题。上诉人王某在某物业公司上班时，其主要工作职责为值班，共计三人轮流值班，白班与夜班交替进行，系综合工时制，对上诉人王某主张的工作日和法定休息日加班费，一审法院未予支持并无不当。对于法定节假日加班费，系劳动者根据用人单位的安排延长劳动时间而获得的报酬，属于劳动报酬。根据《劳动争议调解仲裁法》第27条第4款的规定，劳动关系存续期间因拖欠劳动报酬发生争议的，劳动者申请仲裁不受本条第1款规定的仲裁时效的限制；但是，劳动关系终止的，应当自劳动关系终止之日起一年内提出。具体到本案，上诉人王某于2015年6月26日提请仲裁，要求某物业公司和某集团公司支付其两年的法定节假日加班费，是在劳动关系终止之日一年内提出，在仲裁时效内，故对上诉人王某请求支付两年法定节假日加班费的请求,应予以支持。经统计,上诉人王某于2013年6月26日至2015年6月25日期间,法定节假日加班共计23天(2013年6月26日—2013年12月31日共计11天,2014年1月1日—2015年6月25日共计12天),法定节假日加班费为6525.66元(2057元/月÷21.75天×23天×300%),一审法院以一年仲裁时效为由仅支持某物业公司支付王某仲裁前一年的法定节假日加班费系适用法律错误,本院予以纠正。关于未签订劳动合同的双倍工资问题,《劳动合同法》第82条系惩罚性赔偿责任,旨在督促用人单位积极履行与劳动者签订书面劳动合同的义务,适用情形包括已签订书面劳动合同而未及时续签的情形,且其性质非劳动报酬,故适用一般的一年诉讼时效,从未签订书面劳动合同的第二个月起按月分别计算仲裁时效。具体到本案,上诉人王某与某物业公司于2007年10月1日签订《用工协议书》,约定:合同期限为1年即2007年10月1日至2008年9月30日。到期未续签合同,2008年10月1日即为新的用工之日,2008年11月1日应当签订书面合同而没有签,用人单位应当支付二倍工资,此时11个月的二倍工资需按月分别计算,最后一个月即2009年9月的二倍工资仲裁时效于2010年9月到期。故上诉人王某主张的未签订书面劳动合同的二倍工资已过仲裁时效,本院不予支持。

【法官释法】

对于社会保险争议范围,司法实践中大致有三种观点:

观点一,凡涉及社会保险纠纷的一律不予受理。理由为:依据《劳动法》第100条、《社会保险法》第63条规定,用人单位未按时足额缴纳社会保险费的,由社会保险费征收机构责令其限期缴纳或补足,征缴社会保险费是劳动行政部门的职责,劳动行政部门与缴费主体之间是一种管理与被管理的行政法律关系,因缴纳社会保险费引发的纠纷,不宜列入人民法院民事案件的受理范围。比如安徽省高级人民法院《关于审理劳动争议案件若干问题的意见》第3条规定,依法律、行政法规、政策规定用人单位必须为劳动者办理社会保险而未予办理,或用人单位拖欠应缴的社会保险费用,劳动者为此起诉的,不予受理。

观点二,涉及社会保险纠纷的全部受理。理由为:《劳动争议调解仲裁法》

第 2 条明确规定了社会保险争议属于劳动争议,劳动争议案件虽然要经过仲裁前置程序,但它仍然属于民事诉讼范畴,只要属于劳动争议案件,人民法院应予受理。

观点三,有选择性地受理社会保险纠纷案件。理由为:按照《最高人民法院关于审理劳动争议案件适用法律问题的解释(一)》第 1 条的规定,劳动者以用人单位未为其办理社会保险手续,且社会保险经办机构不能补办导致其无法享受社会保险待遇为由,要求用人单位赔偿损失发生的纠纷;劳动者退休后,与尚未参加社会保险统筹的原用人单位因追索养老金、医疗费、工伤保险待遇和其他社会保险待遇而发生的纠纷;属于劳动争议,当事人不服劳动争议仲裁机构作出的裁决,依法提起诉讼的,人民法院应予受理。《劳动争议调解仲裁法》实施后,社会保险争议作为劳动争议之一已在立法上予以明确,对于用人单位没有为劳动者办理社会保险手续而造成损失的,劳动者不仅可以向社保管理部门申请解决,而且还可以通过诉讼的方式维护其合法权益。因此,对于社会保险争议纠纷案件的受理,人民法院应视案件具体情况决定是否受理。

笔者倾向于上述第三种观点。

众所周知,社会保险系社会保障性之法律。从起源之初即为解决劳动者养老、医疗、工伤、失业、生育等诸多问题,其社会性、基本保障性、强制性、互济性、补偿性、非营利性之特征未变。然而,因社会保障本身之复杂性以及社会保险法条文之模糊性,相关社会保险纠纷实难得到法律上充分之救济。社会保险的救济是当前劳动争议纠纷的难点,也是劳动者权益保护的重点。当前,司法实践中社会保险纠纷主要集中表现为四个类型:劳动者垫付社会保险费纠纷、用人单位没有缴纳或者漏交社会保险费纠纷、缴费基数纠纷、未参保纠纷。

(1)未参保纠纷

法谚有云:“有权利必有救济。”然而,现实往往难偿所愿。举例而言,社会保险费的缴纳具有强制性特点,即缴费义务主体必须按照法定的标准及期限,及时、足额缴纳,如未及时、足额缴纳,应依法承担相应之法律责任。根据《劳动法》第 72 条规定,用人单位和劳动者必须依法参加社会保险,缴纳社会保险费。显然,用人单位缴纳社会保险费的义务具有双重性之特征:一方面基于社会保险法律规定,对国家承担公法义务;另一方面则是基于劳动合同,对劳动者所承担的私法义务。然,以司法实践中所涉争议最多的养老保险为例,用人单位与劳动者没有参加养老保险,也就意味着用人单位和劳动者双方都没有缴纳养老保险费,劳动者的利益受到明显的侵害,如果劳动者已达法定退休年龄,就无法享受养老保险待遇。此种情况下,劳动者往往要求用人单位为其办理或补缴养老保险费。实践中,各地法院的做法大致可以分为三种:第一种是支持补缴;第二种不支持补缴,但支持赔偿损失的诉求;第三种是既不支持补缴,也不支持赔偿损失。

案例1:金某于2006年3月到某冶炼公司工作,双方未签订劳动合同,某冶炼公司亦未为其缴纳各项社会保险。2015年年底,某冶炼公司以经营困难为由将金某辞退。金某请求判令某冶炼公司为其补缴2005年至2015年期间的养老、失业保险并支付拖欠工资。某冶炼公司辩称金某已于2015年2月10日达到法定退休年龄,之后双方之间不再具有劳动关系,应属于劳务关系,故不予补缴。法院审理后认为:依据《劳动法》第100条、《社会保险费征缴暂行条例》第26条规定,缴费单位逾期拒不缴纳社会保险费、滞纳金的,由劳动保障行政部门或者税务机关申请人民法院强制执行。可见,追缴社会保险是上述行政机关的法定职责,不属于法院受理民事案件的范围。故金某要求某冶炼公司补缴2005年至2015年期间的养老保险、失业保险的诉讼请求不属于本院受案范围,金某应向劳动保障行政部门或者税务机关申请解决。

案例2:赫某于2015年3月至2016年9月入职川龙公司,双方未签订书面劳动合同,川龙公司未为其缴纳社会保险。2016年9月,因川龙公司停产,赫某处于失业状态。2016年12月4日,赫某因"经济补偿金、补缴社会保险费"等发生争议申请仲裁,该委支持了赫某的各项仲裁请求。川龙公司不服诉至法院。法院审理后判决川龙公司为赫某补缴"2015年3月至2016年12月期间的各项社会保险费,以当年在岗职工平均工资的60%为缴费基数,缴费金额以社会保险经办机构核算为准,双方当事人按法定比例各自承担,滞纳金由川龙公司承担"。值得一提的是,该份判决书在适用法律条文部分并没有罗列支持社会保险的补缴所适用的法律条文。川龙公司上诉至中级人民法院,该院予以维持。关于补缴社会保险费部分,该院认为:"《劳动争议调解仲裁法》第二条规定:中华人民共和国境内的用人单位与劳动者发生的下列劳动争议,适用本法:……(四)因工作时间、休息休假、社会保险、福利、培训以及劳动保护发生的争议;……本案双方的争议之一的社会保险属于人民法院的受案范围。”

(2)用人单位没有缴纳或欠缴社会保险费纠纷

用人单位与劳动者参加了社会保险,但用人单位没有缴纳或者欠缴、漏缴一段时间的社会保险费。同时,劳动者亦没有自行缴纳社会保险费,这是另一种补缴社会保险纠纷。这种纠纷与之前未参保纠纷的不同之处在于:未参保纠纷是劳动者从未参加过社会保险,未办理过社会保险手续,而没有缴纳或欠缴社会保险费纠纷是办理过社会保险手续,只是由于劳动者或者用人单位的原因未缴纳而已。此类纠纷之下,劳动者往往要求用人单位及时、足额对其社会保险进行补足。理论上讲,该类纠纷应该首先分清造成没有缴纳和欠缴的根本原因,并分清系故意还是过失,根据主观因素进行判断。然而,司法实践中,对未参保纠纷以及欠缴、补缴的情况并未进行明确的划分,几乎是一概而论的。

案例3:乔某,现年51岁,于2004年11月到某公司从事送奶工工作。2016年9月8日因某公司未为其缴纳养老保险而离开。2017年1月25日乔某向仲裁委员会申请仲裁,要求某公司按照当地城镇人口年平均工资标准补缴其2004年12月至2016年12月期间共计12年的养老保险费(如社保经办机构不能补办则进行相应数额的赔偿)、经济补偿金、加班费等,因仲裁委员会驳回了其全部仲裁请求,乔某诉至法院。法院审理后认为,依照《劳动法》第72条,某公司作为用人单位一直未给乔某缴纳养老保险,故判决某公司为乔某缴纳2004年12月至2016年8月期间的养老保险,具体数额以社会保险经办机构核定的数据为准。某公司提起上诉,二审法院认为:双方在劳动关系存续期间,上诉人未依法为被上诉人缴纳养老保险,被上诉人离职,一审法院判决上诉人给被上诉人补缴养老保险并向被上诉人支付经济补偿金,符合法律规定。

(3)劳动者垫付社会保险费纠纷

劳动者垫付社会保险纠纷,顾名思义,为劳动者自行缴纳本应由用人单位为其缴纳的社会保险,形成了劳动者垫付社会保险费的情形。此种纠纷之下,劳动者往往诉求用人单位为其补偿其自行缴纳的社会保险费。司法实践中,将劳动者自行垫付的社会保险费又称为劳动者的经济损失。而此类纠纷,劳动争议仲裁委员会往往以“不属于劳动争议仲裁受理范围”为由不予受理。劳动者只能向法院提起劳动争议之诉。根据《最高人民法院关于审理劳动争议案件适用法律问题的解释(一)》,劳动者以用人单位未为其办理社会保险手续,且社会保险经办机构不能补办导致其无法享受社会保险待遇为由,要求用人单位赔偿损失而发生争议的,法院应予受理。笔者认为,该项损失应包含自己垫付的社会保险费用,亦包含劳动者退休后无法享受社会保险待遇的损失。

案例4:席某于2010年3月到某公司从事办公室主任工作。双方签订书面劳动合同,某公司未为其缴纳各项社会保险费,席某自行缴纳了2010年1月至2013年12月期间的养老保险费以及滞纳金共计18483.36元。席某向劳动仲裁委员会申请仲裁,关于养老保险损失部分仲裁委员会以不属于其受理范围为由予以驳回。双方均不服诉至法院,法院审理后认为,依据《劳动法》第72条以及《社会保险法》第10条之规定,某公司作为用人单位,为劳动者办理并缴纳养老保险是其法定义务,故席某要求补偿其自行缴纳的养老保险费的诉讼请求,应予支持。

(4)缴费基数纠纷

劳动争议案件中,缴费基数纠纷案件虽占比重不高,但问题却很突出,即用人单位与劳动者参加了社会保险,同时,用人单位亦为劳动者按时缴纳了一定的社会保险费,但是,劳动者认为用人单位为其所缴的基数不正确。一般情况之下,是少于应为劳动者所缴的缴费基数甚至于低于当地的社会平均缴费基数。此类纠纷之下,劳动者诉求用人单位为其提高社会保险费缴费基数。在司法实践中,往往在两类劳动争议案件中对缴费基数有诉求,一类是工伤保险待遇纠纷案件,因用人单位向社会保险经办机构所缴纳的劳动者的工资低,致使劳动者发生工伤后,社会保险经办机构所核发的一次性伤残补助金、一次性工伤医疗补助金等明显较少,会直接影响劳动者的工伤保险待遇;一类是养老保险待遇纠纷,因用人单位在与劳动者劳动合同存续期间少交其养老保险费,致使劳动者退休后,少拿了劳动工资,故而,会发生缴费基数纠纷。

案例5:高某于2010年7月受聘于某劳务公司,并被派遣至某煤矿从事井下挖掘工作。2013年3月5日发生工伤,工伤保险部门核定高某的月缴费工资为2229元,而高某受伤前的月平均工资为4597元。故高某申请仲裁要求按照其月平均工资支付其各项工伤保险待遇。仲裁委员会裁决后,高某不服诉至法院。法院审理后认为,关于双方所争议的工伤保险缴费基数问题,非属民事调整范围,不予处理,故其工伤保险待遇仍按 2229 元的缴费基数计算。高某不服提起上诉,二审法院认为:原告直接要求被告按 4597 元/月支付其 11 个月的一次性伤残补助金没有法律依据,不予支持。

【法条链接】

《中华人民共和国劳动法》(2018 年修正)

第一百条 用人单位无故不缴纳社会保险费的,由劳动行政部门责令其限期缴纳;逾期不缴的,可以加收滞纳金。

《中华人民共和国社会保险法》(2018 年修正)

第六十三条 用人单位未按时足额缴纳社会保险费的,由社会保险费征收机构责令其限期缴纳或者补足。

用人单位逾期仍未缴纳或者补足社会保险费的,社会保险费征收机构可以向银行和其他金融机构查询其存款账户;并可以申请县级以上有关行政部门作出划拨社会保险费的决定,书面通知其开户银行或者其他金融机构划拨社会保险费。用人单位账户余额少于应当缴纳的社会保险费的,社会保险费征收机构可以要求该用人单位提供担保,签订延期缴费协议。

用人单位未足额缴纳社会保险费且未提供担保的,社会保险费征收机构可以申请人民法院扣押、查封、拍卖其价值相当于应当缴纳社会保险费的财产,以拍卖所得抵缴社会保险费。

《最高人民法院关于审理劳动争议案件适用法律问题的解释(一)》

第一条 劳动者与用人单位之间发生的下列纠纷,属于劳动争议,当事人不服劳动争议仲裁机构作出的裁决,依法提起诉讼的,人民法院应予受理:

(六)劳动者退休后,与尚未参加社会保险统筹的原用人单位因追索养老金、医疗费、工伤保险待遇和其他社会保险待遇而发生的纠纷;

(七)劳动者因为工伤、职业病,请求用人单位依法给予工伤保险待遇发生的纠纷;

《中华人民共和国劳动争议调解仲裁法》

第二条 中华人民共和国境内的用人单位与劳动者发生的下列劳动争议,适用本法:

(一)因确认劳动关系发生的争议;

（二）因订立、履行、变更、解除和终止劳动合同发生的争议；

（三）因除名、辞退和辞职、离职发生的争议；

（四）因工作时间、休息休假、社会保险、福利、培训以及劳动保护发生的争议；

（五）因劳动报酬、工伤医疗费、经济补偿或者赔偿金等发生的争议；

（六）法律、法规规定的其他劳动争议。

二、劳动者以灵活就业人员身份自行缴纳的社保，能否由单位买单

裁判要旨

根据《劳动法》第72条的规定，依法参加社会保险是劳动者和用人单位的法定义务，为劳动者及时足额缴纳社会保险费是用人单位完善、执行国家社会保障制度的要求。那么，用人单位未依法为劳动者缴纳社会保险，劳动者按照灵活就业人员身份自行缴纳后请求用人单位返还垫付的社会保险费用的，应该如何处理？返还比例应该如何确定？因现行法律法规及司法解释没有明文规定，实务中处理不一。笔者认为，职工社会保险与灵活就业参保在适用条件、范围、性质等方面均存在差异，且在缴费比例、缴费基数确定办法、待遇水平上均有不同，如果用人单位未为劳动者缴纳职工社会保险，劳动者个人以灵活就业参保方式缴纳了社保，之后要求用人单位赔偿社会保险费损失的，属于人民法院应当受理的案件范围，应由用人单位全额返还给劳动者。

【案情总览】

案例一：李某出生于1969年9月3日。2011年2月李某入职某大学教职工餐厅从事服务员工作，月工资为2100元。工作期间，某大学未为李某缴纳社会保险，双方未签订书面劳动合同。2022年7月，某大学教职工餐厅停业，后李某再未上班。李某自行缴纳了2014年1月至2019年12月期间的职工基本养老保险费共计34545.6元。2022年9月，李某申请劳动仲裁，仲裁委员会以李某主体不适格（已达退休年龄）为由，作出不予受理通知书。李某不服诉至

法院,要求某大学赔偿其养老保险损失、解除劳动合同经济补偿金、节假日加班工资、法定节假日加班工资等共计17万余元。

案例二:2017年12月,王某入职到某婚纱店从事洗婚纱、修改婚纱等工作,双方约定每月工资3500元。双方未签订劳动合同,某婚纱店亦未给王某缴纳社会保险。2019年1月至2020年12月期间的养老保险,王某以灵活就业方式自行缴纳14894.4元。2019年1月某婚纱店向王某支付2500元,2020年2月支付1000元,2020年3月支付1884.62元,2021年11月支付1764元。2022年1月6日王某离职。2022年7月,王某申请劳动仲裁,请求某婚纱店向其支付拖欠工资、解除劳动合同经济补偿金及返还2019年1月至2021年12月的社会保险费用等共计6万余元。仲裁委员会裁决某婚纱店向王某支付工资,但驳回了王某要求返还社保损失的其他仲裁请求。王某不服,提起诉讼。

关于案例一,《劳动合同法实施条例》第21条规定,劳动者达到法定退休年龄的,劳动合同终止。《劳动和社会保障部关于制止和纠正违反国家规定办理企业职工提前退休有关问题的通知》(劳社部发〔1999〕8号)第1条规定,国家法定的企业职工退休年龄是:男年满60周岁,女工人年满50周岁,女干部年满55周岁。李某于2019年9月3日时已年满50周岁,符合法定终止劳动合同的条件,之后双方之间形成的是劳务关系而非劳动关系,故李某关于养老保险费用的主张中涉及2019年9月3日之后的部分,于法无据,不予支持。李某主张的养老保险损失中涉及2011年2月至2019年9月3日期间的部分,根据《社会保险法》第10条第1款"职工应当参加基本养老保险,由用人单位和职工共同缴纳基本养老保险费"以及第60条第1款"用人单位应当自行申报、按时足额缴纳社会保险费,非因不可抗力等法定事由不得缓缴、减免。职工应当缴纳的社会保险费由用人单位代扣代缴,用人单位应当按月将缴纳社会保险费的明细情况告知本人"的规定,某大学在双方劳动关系存续期间未给李某缴纳社会保险,李某自行缴纳了2014年1月至2019年12月期间的职工基本养老保险费共计34545.6元,该部分费用系因某大学原因给李某造成的损失,应由某大学承担。一审法院经审理后判决:一、某大学于本判决生效之日起十日内支付李某养老保险损失32063.2元;二、驳回李某的其他诉讼请求。李某不服提起上诉,二审法院经审理后驳回上诉,维持原判。

关于案例二:关于拖欠工资问题,双方约定某婚纱店每月向王某支付3500元,2019年1月某婚纱店支付2500元,其陈述系因王某私拉外部电缆扣除1000元,但未提交相关证据证实,故某婚纱店应向王某补发1000元。2020年2月某婚纱店支付1000元、2020年3月支付1884.62元、2021年11月支付1764元,因该期间属于疫情期间,对最低工资差额部分予以支持,即某婚纱店应补发王某2020年2月工资差额660元(1660元-1000元)、2021年11月工资差额186元(1950元-1764元),合计1846元。关于社会保险的问题,为职工缴纳社会保险是用人单位的法定义务,因某婚纱店未履行该义务,导致王某自行缴纳2019年1月至2020年12月期间的养老保险14894.4元,某婚纱店应当承担赔偿责任,某婚纱店应向王某赔偿社会保险损失9929.6元[7447.2元÷(16%+8%)×16%×2]。一审法院经审理后判决某婚纱店支付王某工资1846元并赔偿王某社保损失9929.6元。王某不服提起上诉,二审法院经审理后驳回上诉,维持原判。

【法官释法】

国家建立基本养老保险、基本医疗保险、工伤保险、失业保险、生育保险等社会保险制度,保障公民在年老、疾病、工伤、失业、生育等情况下依法从国家和社会获得物质帮助的权利,而用人单位为劳动者及时足额缴纳社保险费是完善、执行国家社会保障制度的要求。依据《劳动法》第72条规定,社会保险的强制性和社会性特征决定了社会保险的缴纳不是劳动者和用人单位可以约定范畴,该义务不因劳动者或者用人单位的因素而免除。换言之,即便是劳动者主动提出或者作出不交社保的承诺、声明等,亦不能免除单位缴纳社保的法定义务。那么,用人单位未依法为劳动者缴纳社会保险,劳动者按照灵活就业人员身份自行缴纳社保后应该如何处理?笔者认为,该问题至少涉及两个方面:一是社会保险损失是否属于劳动争议的受理范围?二是社会保险损失应当按照什么标准赔偿?因现行法律法规及司法解释没有明文规定,司法实务中处理不一。

一、关于自行缴纳的社会保险费,是否属于劳动争议受理范围的问题

实务中,因为种种原因,经常有用人单位未为劳动者缴纳社保,而劳动者自行缴纳或由其他单位缴纳的情形,此时往往劳动者主张由用人单位向其返还上述垫付的费用,其是否属于劳动争议案件的受理范围,实务中主要存在两种不同的观点。

受理说,即代缴的保险费视为劳动者的损失,要求用人单位返还的,可以作为劳动争议案件受理。1. 法条依据:《最高人民法院关于审理劳动争议案件适用法律问题的解释(一)》第 1 条第 5 项规定。2. 实务依据:如《重庆市第五中级人民法院关于当前审理劳动争议案件若干实务问题座谈纪要》第 29 条规定,用人单位未为劳动者缴纳社会保险费,劳动者垫交保险费用,或者以个人名义、其他单位名义参保后,要求用人单位支付相应费用的,可以作为劳动争议案件受理。再如《温州市中级人民法院、温州市劳动人事争议仲裁委员会关于劳动人事争议案件处理若干问题的会议纪要(一)》第 34 条规定,用人单位为劳动者建立社会保险关系后,因用人单位未依法缴纳应由其缴纳的社会保险费用,劳动者代用人单位缴纳后,劳动者要求用人单位返还代为缴纳社会保险而支付的金钱的,不属于仲裁委受案范围,受害人向人民法院起诉的,人民法院应予以支持。3. 实务判例:(2016)湘 01 民终 6345 号案件认为,为劳动者缴纳社会保险,系用人单位的法定义务。在某医院、彭某劳动关系存续期间,因某医院一直未为彭某办理社会保险手续,彭某以灵活就业人员身份,自行缴纳相应社会保险费,实际系彭某代某医院垫付其作为用人单位应承担的义务。彭某垫付部分的费用,应认定为彭某的损失,根据《最高人民法院关于审理劳动争议案件适用法律若干问题的解释(三)》第 1 条的规定,该案属法院受案范围,且某医院对此应予赔偿。

不受理说,即代缴的保险费实为社保的缴纳问题,应当由社保行政部门解决,不属于法院受理民事案件的范围。1. 法条依据:《劳动法》第 100 条及《社会保险法》第 63 条。2. 实务依据:如《北京市高级人民法院、北京市劳动争议仲裁委员会关于劳动争议案件法律适用问题研讨会会议纪要(二)》第 50 条规定,用人单位未给劳动者缴纳社会保险费,劳动者通过其他渠道自行缴纳保险费后,要求用人单位据此支付费用是否支持?劳动者通过其他渠道缴纳社会保险费包括劳动者自行缴纳和在其他用人单位缴纳两种形式,这两种形式均与劳动关系的真实状态不符,违反社会保险法的规定,对社会保险的登记、核定、缴纳、支付等正常秩序造成影响,因此仲裁委、法院不予支持。再如《杭州市中级人民法院关于审理劳动争议案件若干实务问题的处理意见(试行)》(2009年7月2日)第6条规定,在已有其他单位为劳动者缴纳社会保险,或劳动者以自由职业者等身份已经自行缴纳了社会保险的情况下,劳动者诉请现在的用人单位再次为其缴纳社会保险的,不予支持。笔者认为,上述所谓"不予支持"的含义为不属于人民法院劳动争议受理范围。3. 实务判例:如(2023)苏08民终101号案件认为,根据《社会保险法》第84条、第86条的规定,用人单位未办理社会保险登记或足额缴纳社会保险费用的,劳动者应当通过行政执法途径解决,由社会保险经办机构审核应缴纳的险种、基数及费率并向用人单位进行征缴。劳动者未向社会保险经办机构请求征缴,自行缴纳后,再向人民法院请求返还其缴纳的社保费用的,不属于人民法院劳动争议案件受理范围。

二、关于自行缴纳的社会保险费用比例如何分担的问题

目前,司法实务中,劳动者垫付缴纳社会保险的缴纳形式一般分为三种:一为"保险挂靠",即以其他单位名义缴纳;二为"保险全担",即将用人单位和个人承担部分全部缴纳,缴纳的用人单位为实际与劳动者建立劳动关系的单位;三为"保险自担",即自身以灵活就业人员名义缴纳。关于"保险挂靠",因为不存在真实的劳动关系,劳动者社会保险所缴纳的用人单位与其实际建立劳动关系的单位不一致,二者费率等方面均存在差异,实务中一般不予支持;关于"保险全担",存在真实的劳动关系,劳动者自行缴纳后要求用人单位给付其应承担部分,应予支持;关于"保险自担",劳动者以灵活就业人员身份缴纳的社会保险费,应由用人单位承担没有争议,但是比例如何承担,实务中存在不同的观点。

全部承担说,即用人单位应承担劳动者自行缴纳社会保险所产生的全部费用。由于用人单位未能依法为劳动者缴纳社保,劳动者自行到社保机构补缴社会保险费用,该费用理应由用人单位全部承担。以养老保险为例,劳动者虽是以灵活就业人员身份补缴,但系按统筹地区每年公布的基本养老保险费征缴下限基准数比例缴纳费用(如宁夏以个人身份缴纳养老保险的人员缴费比例为20%),该标准并没有超出用人单位应当为劳动者缴纳的标准,且导致劳动者要以灵活就业人员缴纳社保的原因系用人单位未履行法定义务所致,故该项费用理由应由用人单位全部承担。前述的案例一就采用了上述观点。有同样观点的如(2018)湘01民终4612号案件:用人单位应及时足额为劳动者缴纳社会保险费。本案中,2013年10月至2014年2月期间,欧某在某保安公司工作,但某保安公司未为欧某缴纳该段时间的社会保险,欧某以灵活就业方式自行垫付了该期间的社会保险费2202元,实际是欧某社会保险费损失,对于该损失应由某保安公司承担。一审法院认定欧某的该项诉讼请求不属于人民法院受理劳动争议案件的处理范围,系适用法律错误,本院予以纠正。判决某保安公司支付欧某垫付的社会保险费2202元。

部分承担说,即用人单位承担的数额应当在用人单位应当承担部分的限额之内。还以养老保险为例,按照《社会保险法》规定,由用人单位和职工共同缴纳基本养老保险费,用人单位应当自行申报、按时足额缴纳,职工应当缴纳的社会保险费由用人单位代扣代缴。如(2016)湘01民终6345号案件认为:彭某自行缴纳2005年1月至2012年1月的基本养老保险费共计20802.44元,按照用人单位和劳动者个人的缴费比例20/8,某医院作为用人单位应承担的部分为14858.88元;彭某自行缴纳2005年1月至2015年5月的基本医疗保险费10525.83元,按照用人单位和劳动者个人的缴费比例8/2,某医院作为用人单位应承担的部分为8420.66元。因此,某医院应赔偿彭某自行缴纳社会保险费的损失计算为23279.54元(14858.88元+8420.66元)。再如(2016)苏04民终2793号案件认为:由于用人单位未依法为劳动者缴纳社会保险,劳动者自行缴纳后向用人单位追偿保险费的,人民法院应予受理。本案中,李某在某某公司工作,该公司未为李某缴纳社会保险,李某以灵活就业参保方式缴纳社会保险,故李某在自行缴纳保险费用后要求某某公司支付应由用人单位承担的费用60%部分,符合法律规定。

过错承担说,即按照用人单位与劳动者的过错按比例分担。根据《劳动合同法》第86条的规定,劳动合同依照本法第26条规定被确认无效,给对方造成损害的,有过错的一方应当承担赔偿责任。实务中,经常有劳动者承诺不要求用人单位缴纳社保,该承诺因违反法律的强制性规定而无效,如果劳动者按照灵活就业人员缴纳社保费用后又主张赔偿的,属于劳动者的损失,用人单位应当承担赔偿责任。但是,关于用人单位赔偿损失的具体比例,要依据双方的过错程度并结合具体情形而定。实务中,具体情形有二:一是用人单位拒绝缴纳,劳动者不得已自行缴纳,此为用人单位有过错,应当承担全部责任;二是劳动者拒绝缴纳,选择自行缴纳或由其他单位缴纳,因双方都有过错,劳动者应承担主要责任,用人单位承担次要责任。

笔者认同受理说及全部承担说。理由如下:(1)用人单位缴纳社会保险费的义务具有的双重属性。依前所述,用人单位为劳动者缴纳社会保险的法定义务,一方面是基于社会保险法律的规定,对国家承担的公法义务;另一方面则是基于劳动合同,对劳动者所承担的私法义务。那么,用人单位不缴纳社会保险费,劳动者以此为由自行缴纳,由此而产生的费用应视为劳动者的损失,理应由用人单位予以支付。(2)职工社会保险与灵活就业参保的差异。职工社会保险与灵活就业参保在适用条件、范围、性质等方面存在差异,且在缴费比例、缴费基数确定办法、待遇水平上均有不同,因此,建立劳动关系的用人单位和劳动者应依法参加、缴纳职工社会保险,不能以灵活就业参保免除用人单位参加职工社会保险的义务,如果用人单位未为劳动者缴纳职工社会保险,劳动者个人以灵活就业参保方式缴纳了社会保险费,劳动者可以要求用人单位予以赔偿。(3)最高人民法院的主流观点。最高人民法院公布的劳动争议典型案例"张某某诉祁阳县某清洁有限公司劳动争议一案"的裁判观点为:用人单位未为劳动者缴纳社会保险,劳动者自行缴纳后请求用人单位返还的,依法属于人民法院应当受理的案件范围。用人单位之间的劳务派遣合同法律关系不改变用人单位的法定义务,被告某清洁有限公司系劳务派遣单位,应当为原告张某某承担社会保险费,判决被告祁阳县某清洁有限公司返还原告张某某垫付的社会养老保险断档补缴及滞纳金共计 5 万余元。笔者认为,如果用人单位未为劳动者缴纳职工社会保险,劳动者个人以灵活就业参保方式缴纳了社保,要求用人单位赔偿社会保险费损失,属于人民法院受理范围,应由用人单位全额返还给劳动者。

【法条链接】

《中华人民共和国劳动法》(2018 年修正)

第七十二条 社会保险基金按照保险类型确定资金来源,逐步实行社会统筹。用人单位和劳动者必须依法参加社会保险,缴纳社会保险费。

《中华人民共和国社会保险法》(2018 年修正)

第二条　国家建立基本养老保险、基本医疗保险、工伤保险、失业保险、生育保险等社会保险制度,保障公民在年老、疾病、工伤、失业、生育等情况下依法从国家和社会获得物质帮助的权利。

第十条　职工应当参加基本养老保险,由用人单位和职工共同缴纳基本养老保险费。

无雇工的个体工商户、未在用人单位参加基本养老保险的非全日制从业人员以及其他灵活就业人员可以参加基本养老保险,由个人缴纳基本养老保险费。

公务员和参照公务员法管理的工作人员养老保险的办法由国务院规定。

第十一条　基本养老保险实行社会统筹与个人账户相结合。

基本养老保险基金由用人单位和个人缴费以及政府补贴等组成。

第二十三条　职工应当参加职工基本医疗保险,由用人单位和职工按照国家规定共同缴纳基本医疗保险费。

无雇工的个体工商户、未在用人单位参加职工基本医疗保险的非全日制从业人员以及其他灵活就业人员可以参加职工基本医疗保险,由个人按照国家规定缴纳基本医疗保险费。

第四十四条　职工应当参加失业保险,由用人单位和职工按照国家规定共同缴纳失业保险费。

第五十八条　用人单位应当自用工之日起三十日内为其职工向社会保险经办机构申请办理社会保险登记。未办理社会保险登记的,由社会保险经办机构核定其应当缴纳的社会保险费。

自愿参加社会保险的无雇工的个体工商户、未在用人单位参加社会保险的非全日制从业人员以及其他灵活就业人员,应当向社会保险经办机构申请办理社会保险登记。

国家建立全国统一的个人社会保障号码。个人社会保障号码为公民身份号码。

第六十条　用人单位应当自行申报、按时足额缴纳社会保险费,非因不可抗力等法定事由不得缓缴、减免。职工应当缴纳的社会保险费由用人单位代扣代缴,用人单位应当按月将缴纳社会保险费的明细情况告知本人。

无雇工的个体工商户、未在用人单位参加社会保险的非全日制从业人员以及其他灵活就业人员,可以直接向社会保险费征收机构缴纳社会保险费。

第六十三条　用人单位未按时足额缴纳社会保险费的,由社会保险费征收机构责令其限期缴纳或者补足。

用人单位逾期仍未缴纳或者补足社会保险费的，社会保险费征收机构可以向银行和其他金融机构查询其存款账户；并可以申请县级以上有关行政部门作出划拨社会保险费的决定，书面通知其开户银行或者其他金融机构划拨社会保险费。用人单位账户余额少于应当缴纳的社会保险费的，社会保险费征收机构可以要求该用人单位提供担保，签订延期缴费协议。

用人单位未足额缴纳社会保险费且未提供担保的，社会保险费征收机构可以申请人民法院扣押、查封、拍卖其价值相当于应当缴纳社会保险费的财产，以拍卖所得抵缴社会保险费。

《最高人民法院关于审理劳动争议案件适用法律问题的解释（一）》

第一条 劳动者与用人单位之间发生的下列纠纷，属于劳动争议，当事人不服劳动争议仲裁机构作出的裁决，依法提起诉讼的，人民法院应予受理：

（一）劳动者与用人单位在履行劳动合同过程中发生的纠纷；

（二）劳动者与用人单位之间没有订立书面劳动合同，但已形成劳动关系后发生的纠纷；

（三）劳动者与用人单位因劳动关系是否已经解除或者终止，以及应否支付解除或者终止劳动关系经济补偿金发生的纠纷；

（四）劳动者与用人单位解除或者终止劳动关系后，请求用人单位返还其收取的劳动合同定金、保证金、抵押金、抵押物发生的纠纷，或者办理劳动者的人事档案、社会保险关系等移转手续发生的纠纷；

（五）劳动者以用人单位未为其办理社会保险手续，且社会保险经办机构不能补办导致其无法享受社会保险待遇为由，要求用人单位赔偿损失发生的纠纷；

（六）劳动者退休后，与尚未参加社会保险统筹的原用人单位因追索养老金、医疗费、工伤保险待遇和其他社会保险待遇而发生的纠纷；

（七）劳动者因为工伤、职业病，请求用人单位依法给予工伤保险待遇发生的纠纷；

（八）劳动者依据劳动合同法第八十五条规定，要求用人单位支付加付赔偿金发生的纠纷；

（九）因企业自主进行改制发生的纠纷。

《宁夏回族自治区人民政府关于推进完善全区企业职工基本养老保险省级统筹制度的实施意见》（宁政规发〔2019〕3号）

三、主要任务

（一）统一养老保险政策。

参保范围。按照《社会保险法》等相关法律法规确定参保单位和人员范围。职工应当参加养老保险,由用人单位和职工个人共同缴纳养老保险费;无雇工的个体工商户、未在用人单位参保的非全日制从业人员以及灵活就业人员可以参加养老保险,由个人缴纳养老保险费,其参保缴费不附加户籍限制。

单位和个人缴费比例。按照国家规定,从 2019 年 5 月 1 日起,全区养老保险单位缴费比例统一为 16%,个人缴费比例为 8%。以个人身份缴纳养老保险的人员缴费比例统一为 20%。

平均工资计算口径。按照国家规定,从 2019 年 5 月 1 日起,统一使用全区城镇非私营单位就业人员平均工资和城镇私营单位就业人员平均工资加权计算的全口径城镇单位就业人员平均工资,核定社保个人缴费工资基数上下限。

缴费基数。职工个人以上一年度本人月平均工资为个人缴费工资基数,单位以职工个人缴费工资基数之和为基数。个人缴费工资基数最低为全区全口径城镇单位就业人员平均工资的 60%,最高为全区全口径城镇单位就业人员平均工资的 300%。以个人身份缴费的人员,可以在全区全口径城镇单位就业人员平均工资的 60% 至 300% 之间,自主选择申报缴费工资基数。

待遇计发办法。养老保险待遇计发参数统一按照全区全口径城镇单位就业人员平均工资确定。制定基本养老金计发的过渡办法,确保新老退休人员待遇平稳衔接。

《宁夏回族自治区人力资源和社会保障厅、宁夏回族自治区财政厅、宁夏回族自治区医疗保障局、国家税务总局宁夏税务局关于降低社会保险费率的通知》(宁人社发〔2019〕42 号)

一、降低养老保险单位缴费比例

自 2019 年 5 月 1 日起,降低全区城镇职工基本养老保险(包括企业和机关事业单位基本养老保险,以下简称养老保险)单位缴费比例至 16%。其中:企业职工基本养老保险单位缴费比例由 19% 降至 16%,机关事业单位基本养老保险单位缴费比例由 20% 降至 16%。

二、继续阶段性降低失业保险、工伤保险费率

自 2019 年 5 月 1 日起,全区失业保险缴费比例继续保持 1%,工伤保险以基准费率为基础下调 20%,延长阶段性降低失业保险、工伤保险费率的期限至 2020 年 4 月 30 日。

三、调整社保缴费基数政策

自 2019 年 5 月 1 日起,统一按全区城镇非私营单位就业人员平均工资和城镇私营单位就业人员平均工资加权计算的全口径城镇单位就业人员平均工资核定社保个人缴费基数上下限,个人缴费工资基数最低为全区全口径城镇单位就业人员平均工资的 60%,最高为全区全口径城镇单位就业人员平均工资的 300%。其中个体工商户和灵活就业人员可以在全区全口径城镇单位就业人员平均工资的 60% 至 300% 之间自主选择缴费基数。

三、未足额缴纳工伤保险费导致工伤待遇不足，用人单位是否应补足差额

裁判要旨

依据《工伤保险条例》第62条第2款“依照本条例规定应当参加工伤保险而未参加工伤保险的用人单位职工发生工伤的，由该用人单位按照本条例规定的工伤保险待遇项目和标准支付费用”的规定，对于用人单位“应当参加而未参加”工伤保险，当发生工伤时由用人单位承担全部工伤保险赔偿责任，目前实务中没有争议。然而，司法实务中，对于用人单位“已参加而未足额”为职工缴纳工伤保险费，导致职工发生工伤后实际所得的赔偿少于应得的赔偿金额，特别是工伤保险待遇项目中所涉及的“三个一次性”，即一次性伤残补助金、一次性工伤医疗补助金、一次性伤残就业补助金，现行法律、行政法规未有明文规定。用人单位在未足额缴纳工伤保险的情形下，应否对此差额部分承担民事责任，司法实践中裁判标准不一。

【案情总览】

李某于2019年5月9日入职某人力公司，被派遣至某煤业公司下属的某煤矿从事井下挖掘工工作。工作期间，某人力公司与其签订了书面劳动合同，并为其缴纳了各项社会保险。2020年9月5日，李某在工作时受伤，经人力资源和社会保障局认定为工伤并确定伤残等级为十级，同时确认其停工留薪期为三个月。2021年6月2日，李某因“工伤待遇”发生争议提起仲裁，因对仲裁裁决中以3639元为缴费基数核算其工伤保险待遇有异议，李某诉至法院，请求：

1. 解除双方之间的劳动关系并支付解除劳动合同经济补偿金;2. 人力公司应以其受伤前12个月平均工资9776元为基数支付一次性伤残补助金68432元、一次性伤残就业补助金58656元、一次性工伤医疗补助金58656元、停工留薪期工资29328元;3. 返还扣发工资7500元。诉讼中,李某提交的《宁夏回族自治区工伤保险待遇核定明细表》中显示:2021年4月13日,银川市社会保险事业管理中心核定李某的计发基数为3639元,一次性伤残补助金为25473元,已支付至人力公司账户。

本案的争议焦点为:一、关于李某与人力公司劳动关系是否解除的问题。本案中,某煤矿于2021年5月6日向李某发送终止劳动关系通知书,李某将此事告知人力公司后,双方协商终止劳动关系事宜,某人力公司于2021年5月停缴李某的所有社保,最后一次给李某发放工资的时间为2021年6月10日。按照双方签订的劳动合同中"本合同期满立即终止,双方需延长合同期限,应在合同期满前办理续订手续"的约定,因双方在合同期满前并未续订劳动合同且李某合同到期后亦未再提供劳动,其与人力公司之间的劳动关系已于2021年5月8日到期时终止,故李某要求解除与人力公司之间劳动关系的诉讼请求,不予支持。

二、关于人力公司是否应向李某支付解除劳动合同经济补偿金的问题。根据《劳动合同法》第44条规定,劳动合同期满的,劳动合同终止。第46条规定,除用人单位维持或者提高劳动合同约定条件续订劳动合同,劳动者不同意续订的情形外,依照本法第44条第1项规定终止固定期限劳动合同的,用人单位应当向劳动者支付经济补偿。依据上述规定,人力公司应向李某支付解除劳动合同经济补偿金。

三、关于人力公司应否向李某支付工伤保险待遇差额的问题。本案中,人力公司已经为李某缴纳了工伤保险,李某发生工伤后银川市社会保险事业管理中心核定其计发基数为3639元。根据《社会保险法》第60条第1款的规定,用人单位应当自行申报、按时足额缴纳社会保险费,非因不可抗力等法定事由不得缓缴、减免。职工应当缴纳的社会保险费由用人单位代扣代缴,用人单位应当按月将缴纳社会保险费的明细情况告知本人。《工伤保险条例》第62条第1款规定,用人单位依照本条例规定应当参加工伤保险而未参加的,由社会保险行政部门责令限期参加，补缴应当缴纳的工伤保险费，并自欠缴之日起，按日加收万分之五的滞纳金；逾期仍不缴纳的，处欠缴数额1倍以上3倍以下的罚款。根据前述规定，用人单位未缴纳或未足额缴纳工伤保险费的，由用人单位向社会保险行政部门补缴，或由社会保险行政部门责令补缴。故李某主张人力公司未按其实际收入缴纳社保并要求人力公司支付工伤补助差额，不属于民事案件处理范围，应向社会保险行政部门主张。李某的一次性医疗补助金按照月平均缴费基数3639元为标准核定为21834元，已核拨至人力公司，人力公司至今未返还给李某，应在本案中向李某予以返还。因人力公司与李某的劳动合同已于2021年5月8日到期终止，人力公司应当按照李某的工伤保险月平均缴费基数3639元的标准支付其一次性伤残就业补助金为21834元（3639元/月×6个月）。

四、关于安全生产考核扣款应否返还的问题。根据《劳动合同法》第4条的规定，用人单位在制定、修改或者决定有关劳动报酬、工作时间、休息休假、劳动安全卫生、保险福利、职工培训、劳动纪律以及劳动定额管理等直接涉及劳动者切身利益的规章制度或者重大事项时，应当经职工代表大会或者全体职工讨论，提出方案和意见，与工会或者职工代表平等协商确定。用人单位应当将直接涉及劳动者切身利益的规章制度和重大事项决定公示，或者告知劳动者。根据《最高人民法院关于审理劳动争议案件适用法律问题的解释（一）》第50条的规定，用人单位根据劳动合同法第4条规定，通过民主程序制定的规章制度，不违反国家法律、行政法规及政策规定，并已向劳动者公示的，可以作为确定双方权利义务的依据。本案中，某煤矿主张其依据安全生产管理制度作出对李某的考核罚款系用工单位的自主用工行为，但作出该处理决定所依据的安全生产管理制度涉及劳动者的切身利益，应通过民主程序制定并向包括李某在内的劳动者进行公示告知后方可实施。某煤矿提交的《关于对〈安全管理制度〉审议的复函》显示的时间（2019年12月28日）早于某煤矿分工会代表团（组）长联席会议签到表显示的联席会议召开的时间（2020年1月5日），且其所提交的培训学习记录中记载的学习内容并非某煤矿安全管理制度，故某煤矿不能证明其在制定安全生产管理制度过程中履行了上述法定程序并进行了公示，且2020年10月李某尚处于工伤停工留薪期，其工资福利待遇依法不应被扣减，因此，某煤矿从李某2020年10月工资奖金中进行安全生产考核罚款的做法不符合相关法律规定，应予返还。据此，一审法院经审理后判决人力公司向李某支付解除劳动合同经济补偿金、一次性伤残就业补助金、停工留薪期工资、返还一次性医疗补助金、返还扣发工资等共计65000元；某煤业公司对上述一次性伤残就业补助金、停工留薪期工资、返还扣发的工资承担连带赔偿责任。李某及人力公司均不服提起上诉，二审法院经审理后判决驳回起诉，维持原判。

【法官释法】

根据《社会保险法》第33条及《工伤保险条例》第62条第2款的规定，为职工缴纳工伤保险是用人单位的法定义务，对于用人单位"应当参加而未参加"工伤保险，当发生工伤时由用人单位承担全部工伤保险赔偿责任，目前实务中没有争议。然而，对于出现用人单位"已参加而未足额"缴纳工伤保险、职工发生工伤事故的情形，职工实际获得的赔偿少于应得的赔偿金额，而现行法律、行政法规对此差额部分并未明确规定用人单位应承担何种责任，致使司法实践中裁判标准不一。那么，未足额缴纳工伤保险费导致工伤待遇不足，用人单位要承担补足差额的民事责任吗？目前，司法实务中，主要持两种观点：一是支持说，二是否定说。

支持说。该种观点认为，用人单位未足额参保导致职工遭受工伤保险待遇损失，其差额部分应当由用人单位补足。理由有三：一是依法足额缴纳工伤保险费是用人单位的法定义务；二是未足额缴纳导致职工遭受损失，职工以工伤保险待遇损失主张赔偿应属于民事案件受理范围；三是符合"举重以明轻"的立法原则，未办理→用人单位支付工伤保险待遇，那么，未办理责任 > 未足额责任，用人单位对未缴纳的差额部分所对应的工伤保险待遇应当支付。如江西省高级人民法院在(2020)赣民再190号民事裁定书中认为，依法足额为陶某某缴纳工伤保险费，是中泰公司的法定义务。中泰公司未按照《工伤保险条例》规定的标准足额为陶某某缴纳工伤保险费，导致陶某某遭受工伤保险待遇损失的，并不能通过补缴工伤保险费的方式得到解决，责任在中泰公司，中泰公司应向陶某某承担民事赔偿责任。陶某某有权就其工伤保险待遇损失向中泰公司提起民事诉讼主张赔偿，本案所涉纠纷属于民事案件受理范围。本案并非劳动者要求用人单位补缴社会保险费发生的争议，而是劳动者以用人单位未足额缴纳工伤保险费导致其工伤保险待遇降低，要求用人单位赔偿损失引发的争议，原裁定关于社会保险行政管理部门与社会保险费缴费义务主体之间属管理与被管理的行政法律关系，用人单位欠缴或者少缴社会保险费用以及缴费基数的确认属社会保险行政部门的行政职责，本案不属于法院民事诉讼受案范围，并据此驳回陶某某起诉的认定和处理，存在错误，应予纠正。显然，该说的主旨在于：劳动者要求用人单位承担差额部分的补足责任的，应属劳动争议纠纷，现行的行政方面的救济途径，会给劳动者增加巨大负担。

否定说。该种观点认为，职工要求用人单位补足工伤保险待遇差额的诉请涉及社保部门的行政职能，不属于法院受理范围，应予驳回。理由有三：一是受伤职工关于工伤保险待遇差额问题，是双方因工伤保险的缴费基数产生的争议；二是社会保险缴费工资的基数系由用人单位申报，经社会保险管理机构核算确认；三是依《工伤保险条例》第 46 条规定，工伤保险费的缴纳及工伤保险待遇核定问题，属于社会保险经办机构的行政职权范围，不属于人民法院受理民事案件的范围。如江苏省南昌市中级人民法院在（2018）赣 01 民终 1167 号认为，社会保险缴费工资的基数系由用人单位申报，经社会保险管理机构核算确认。对于王某提出的巴菲特化工应当支付未按工资基数缴纳工伤保险所产生的工伤保险机构支付的一次性伤残赔偿金、一次性医疗补助金的工资差额损失，没有法律依据，一审法院不予支持并无不当。

笔者赞同否定说。理由如下：

1. 符合工伤保险费率测算原理。受伤职工关于工伤保险待遇差额问题，实质上是双方因工伤保险的缴费基数产生的争议。何为缴费基数？缴费基数是职工缴纳工伤保险费的一个参数，用人单位缴纳工伤保险费的缴费基数为本单位全部职工的工资总额。工伤保险费率测算时依据的原理为共济原理及平衡原理。依据共济原理所测算出的保险费与被保险人实际的风险水平可能会有较大的差异，如对处于同一风险共生体中的所有企业都收取同样的保费；依据平衡原理所测算出的保险费与被保险人实际风险水平呈正相关关系，即在整个保险期限内各类风险共生体的总保险费应分别与其工伤补偿支出总额成正比。工伤保险费的征收基数直接影响到工伤保险费的数额。目前，国际上采用两种征缴基数模式:以工资总额为基数;以当地社会平均工资为基数。《社会保险法》第34条第1款规定,国家根据不同行业的工伤风险程度确定行业的差别费率,并根据使用工伤保险基金、工伤发生率等情况在每个行业内确定费率档次。行业差别费率和行业内费率档次由国务院社会保险行政部门制定,报国务院批准后公布施行。第35条规定,用人单位应当按照本单位职工工资总额,根据社会保险经办机构确定的费率缴纳工伤保险费。《工伤保险条例》第64条规定,本条例所称工资总额,是指用人单位直接支付给本单位全部职工的劳动报酬总额。本条例所称本人工资,是指工伤职工因工作遭受事故伤害或者患职业病前12个月平均月缴费工资。本人工资高于统筹地区职工平均工资300%的,按照统筹地区职工平均工资的300%计算;本人工资低于统筹地区职工平均工资60%的,按照统筹地区职工平均工资的60%计算。显然,我国对工伤保险费的缴纳采用的是差别费率与浮动费率相结合的办法,按照上述做法的好处是简单、易统一、兼具灵活性,但缺点是对同一行业的不同单位可能有所不公,比如同一行业有的单位风险低,而有的单位则风险高,不同单位都用一个行业的标准有失公允。有鉴于此,笔者认为,实务中出现职工所缴付的保险费与被保险人实际的风险水平可能会有较大的差异,但这符合工伤保险费率测算原理。

2. 符合工伤保险基金管理的原则。工伤保险基金是社会保险基金中的一项专项基金,是指国家为实施工伤保险制度,通过法定程序,建立起来用于特定目的的资金,其具有强制性、补偿性、风险关联性等特征。《社会保险费征缴暂行条例》对我国工伤保险的缴费管理进行了规范,该条例第5条规定,国务院劳动保障行政部门负责全国的社会保险费征缴管理和监督检查工作。县级以上地方各级人民政府劳动保障行政部门负责本行政区域内的社会保险费征缴管理和监督检查工作。第6条规定,社会保险费实行三项社会保险费集中、统一征收。社会保险费的征收机构由省、自治区、直辖市人民政府规定,可以由税务机关征收,也可以由劳动保障行政部门按照国务院规定设立的社会保险经办机构征收。之后,《工伤保险条例》第46条规定,经办机构具体承办工伤保险事务,履行下列职责:(1)根据省、自治区、直辖市人民政府规定,征收工伤保险费;(2)核查用人单位的工资总额和职工人数,办理工伤保险登记,并负责保存用人单位缴费和职工享受工伤保险待遇情况的记录;……(5)按照规定核定工伤保险待遇……依据上述规定,劳动保障行政部门代表政府对社会保险基金行使管理职责。社会保险经办机构受委托具体负责基金的管理业务,包括基金的预算、征缴、发放、会计核算等,而缴费基数的核算应属于行政行为,不属于民事案件处理范围。

3. 符合法律、行政法规规定。《社会保险法》第60条第1款规定,用人单位应当自行申报、按时足额缴纳社会保险费,非因不可抗力等法定事由不得缓缴、减免。职工应当缴纳的社会保险费由用人单位代扣代缴,用人单位应当按月将缴纳社会保险费的明细情况告知本人。《工伤保险条例》第5条规定,国务院社会保险行政部门负责全国的工伤保险工作。县级以上地方各级人民政府社会保险行政部门负责本行政区域内的工伤保险工作。社会保险行政部门按照国务院有关规定设立的社会保险经办机构具体承办工伤保险事务。第62条第1、2款规定,用人单位依照本条例规定应当参加工伤保险而未参加的,由社会保险行政部门责令限期参加,补缴应当缴纳的工伤保险费,并自欠缴之日起,按日加收万分之五的滞纳金;逾期仍不缴纳的,处欠缴数额1倍以上3倍以下的罚款。依照本条例规定应当参加工伤保险而未参加工伤保险的用人单位职工发生工伤的,由该用人单位按照本条例规定的工伤保险待遇项目和标准支付费用。因此,根据前述规定,用人单位未缴纳或未足额缴纳工伤保险费的,应由用人单位向社会保险行政部门补缴,或由社会保险行政部门责令补缴。最高人民法院(2021)最高法民申2599号民事裁定书中亦采用了上述观点。

【法条链接】

《中华人民共和国社会保险法》(2018年修正)

第三十四条 国家根据不同行业的工伤风险程度确定行业的差别费率,并根据使用工伤保险基金、工伤发生率等情况在每个行业内确定费率档次。行业差别费率和行业内费率档次由国务院社会保险行政部门制定,报国务院批准后公布施行。

社会保险经办机构根据用人单位使用工伤保险基金、工伤发生率和所属行业费率档次等情况,确定用人单位缴费费率。

第六十条 用人单位应当自行申报、按时足额缴纳社会保险费,非因不可抗力等法定事由不得缓缴、减免。职工应当缴纳的社会保险费由用人单位代扣代缴,用人单位应当按月将缴纳社会保险费的明细情况告知本人。

无雇工的个体工商户、未在用人单位参加社会保险的非全日制从业人员以及其他灵活就业人员，可以直接向社会保险费征收机构缴纳社会保险费。

第六十三条 用人单位未按时足额缴纳社会保险费的，由社会保险费征收机构责令其限期缴纳或者补足。

用人单位逾期仍未缴纳或者补足社会保险费的，社会保险费征收机构可以向银行和其他金融机构查询其存款账户；并可以申请县级以上有关行政部门作出划拨社会保险费的决定，书面通知其开户银行或者其他金融机构划拨社会保险费。用人单位账户余额少于应当缴纳的社会保险费的，社会保险费征收机构可以要求该用人单位提供担保，签订延期缴费协议。

用人单位未足额缴纳社会保险费且未提供担保的，社会保险费征收机构可以申请人民法院扣押、查封、拍卖其价值相当于应当缴纳社会保险费的财产，以拍卖所得抵缴社会保险费。

《工伤保险条例》(2010 年修订)

第三十条 职工因工作遭受事故伤害或者患职业病进行治疗，享受工伤医疗待遇。

职工治疗工伤应当在签订服务协议的医疗机构就医，情况紧急时可以先到就近的医疗机构急救。

治疗工伤所需费用符合工伤保险诊疗项目目录、工伤保险药品目录、工伤保险住院服务标准的，从工伤保险基金支付。工伤保险诊疗项目目录、工伤保险药品目录、工伤保险住院服务标准，由国务院社会保险行政部门会同国务院卫生行政部门、食品药品监督管理部门等部门规定。

职工住院治疗工伤的伙食补助费，以及经医疗机构出具证明，报经办机构同意，工伤职工到统筹地区以外就医所需的交通、食宿费用从工伤保险基金支付，基金支付的具体标准由统筹地区人民政府规定。

工伤职工治疗非工伤引发的疾病，不享受工伤医疗待遇，按照基本医疗保险办法处理。

工伤职工到签订服务协议的医疗机构进行工伤康复的费用，符合规定的，从工伤保险基金支付。

第三十七条 职工因工致残被鉴定为七级至十级伤残的，享受以下待遇：

(一)从工伤保险基金按伤残等级支付一次性伤残补助金，标准为：七级伤残为 13 个月的本人工资，八级伤残为 11 个月的本人工资，九级伤残为 9 个月的本人工资，十级伤残为 7 个月的本人工资；

（二）劳动、聘用合同期满终止，或者职工本人提出解除劳动、聘用合同的，由工伤保险基金支付一次性工伤医疗补助金，由用人单位支付一次性伤残就业补助金。一次性工伤医疗补助金和一次性伤残就业补助金的具体标准由省、自治区、直辖市人民政府规定。

第四十六条 经办机构具体承办工伤保险事务，履行下列职责：

（一）根据省、自治区、直辖市人民政府规定，征收工伤保险费；

（二）核查用人单位的工资总额和职工人数，办理工伤保险登记，并负责保存用人单位缴费和职工享受工伤保险待遇情况的记录；

（三）进行工伤保险的调查、统计；

（四）按照规定管理工伤保险基金的支出；

（五）按照规定核定工伤保险待遇；

（六）为工伤职工或者其近亲属免费提供咨询服务。

第六十二条 用人单位依照本条例规定应当参加工伤保险而未参加的，由社会保险行政部门责令限期参加，补缴应当缴纳的工伤保险费，并自欠缴之日起，按日加收万分之五的滞纳金；逾期仍不缴纳的，处欠缴数额1倍以上3倍以下的罚款。

依照本条例规定应当参加工伤保险而未参加工伤保险的用人单位职工发生工伤的，由该用人单位按照本条例规定的工伤保险待遇项目和标准支付费用。

用人单位参加工伤保险并补缴应当缴纳的工伤保险费、滞纳金后，由工伤保险基金和用人单位依照本条例的规定支付新发生的费用。

第六十四条 本条例所称工资总额，是指用人单位直接支付给本单位全部职工的劳动报酬总额。

本条例所称本人工资，是指工伤职工因工作遭受事故伤害或者患职业病前12个月平均月缴费工资。本人工资高于统筹地区职工平均工资300%的，按照统筹地区职工平均工资的300%计算；本人工资低于统筹地区职工平均工资60%的，按照统筹地区职工平均工资的60%计算。

四、员工离职无法领取失业金，能否要求用人单位赔偿失业金损失

裁判要旨

《社会保险法》第 45 条、《失业保险条例》第 14 条明确规定了失业人员领取失业保险金须同时具备的三个条件，即参保缴费满 1 年、非因本人意愿中断就业、办理失业登记并有求职要求。显然，上述规定将未参保、未足额参保、自愿失业、未办理失业登记、重新就业的劳动者排除在外。司法实务中，由于各种原因，员工离职后无法领取失业金的情形时有发生。那么，其能否要求用人单位赔偿失业保险损失呢？笔者认为，劳动者要求用人单位赔偿失业保险金的要件，须同时满足用人单位未按规定缴纳失业保险费、劳动者处于失业状态、符合失业保险申领条件、未办理失业登记这四个条件。

【案情总览】

案例一：单某于 2014 年 4 月入职某公司从事维修工工作，某公司未为其缴纳各项社会保险。2020 年 7 月 2 日，单某发生工伤，受伤后再未回某公司上班。2021 年 10 月，单某因“劳动关系解除、工伤待遇”等发生争议提起仲裁，该案经仲裁、一审、二审后，确认双方劳动关系解除的时间为 2021 年 10 月 21 日。2022 年 4 月，单某再次提出仲裁申请，请求某公司向其支付失业保险损失费 42120 元。仲裁委员会作出裁决后，某公司不服诉至法院。诉讼中，某公司提交了单某的一份《就业创业证》，载明发证日期为 2020 年 12 月21 日；单某陈述其自 2021 年 10 月 21 日之后再未就业，该《就业创业证》是其于 2020 年 12 月

17 日申请办理，因工伤待遇没有得到解决，一直处于失业状态，没有办法就申请了《就业创业证》。

案例二：2019 年 6 月李某入职某公司担任业务员一职。2020 年 6 月 10 日，某公司作出《劳动合同终止/解除通知函》，以李某违反单位规章制度为由解除与李某的劳动合同关系，并以邮寄形式向李某送达了该份通知函，李某于 2020 年 7 月 1 日签收。2020 年 8 月，李某就解除劳动关系等请求申请劳动仲裁、诉讼，后经过法院调解，双方于 2021 年 7 月 8 日达成调解协议：确认双方的劳动关系于 2020 年 6 月 10 日解除，某公司向其支付经济补偿金 35000 元等。2021 年 7 月 15 日，某公司向其邮寄了解除劳动合同证明书，李某于当日签收。2021 年 8 月 16 日，李某申请仲裁，请求：某公司赔偿未及时出具离职证明导致其就业损失 60000 元及无法申领失业保险金 21060 元、无法申请失业补助金 10530 元等。因对仲裁裁决不服，李某诉至法院。诉讼中，李某提交的《我的办事》截图显示其于 2020 年 8 月 21 日、2020 年 12 月 13 日进行失业保险备案，均提示申请失败，其所提交的《失业保险金网上申领审核结果查询》中载明："失业金申领：审核不通过；申领日期：2021 年 7 月 4 日；备注：该人员失业原因为空，不能核定待遇！"

关于案例一，本案的争议焦点为单某是否符合领取失业保险金的条件。《社会保险法》第 45 条规定："失业人员符合下列条件的，从失业保险基金中领取失业保险金：（一）失业前用人单位和本人已经缴纳失业保险费满一年的；（二）非因本人意愿中断就业的；（三）已经进行失业登记，并有求职要求的。"《实施〈中华人民共和国社会保险法〉若干规定》第 13 条规定："失业人员符合社会保险法第四十五条规定条件的，可以申请领取失业保险金并享受其他失业保险待遇。其中，非因本人意愿中断就业包括下列情形：……（五）劳动者本人依照劳动合同法第三十八条规定解除劳动合同的……"本案中，单某与某公司解除劳动关系的时间为 2021 年 10 月 21 日，根据已生效的民事判决中关于"视为单某本人因某公司未为其缴纳社会保险而自愿提出解除劳动合同，符合《劳动合同法》第 38 条所规定的用人单位有过错而劳动者可以单方提出解除劳动合同的情形"的认定，单某属于非因本人意愿中断就业的情形，且自 2021 年 10 月 21 日与某公司劳动关系解除之后单某再未就业，故单某符合领取失业保险金的条件。某公司主张单某于 2020 年 12 月 21 日就已经办理了《就业创业证》,应视为 2020 年 12 月 17 日已重新就业的陈述,不符合本案的事实,不予采纳。因单某在某公司工作期间,某公司未为其缴纳失业保险费,由此所造成的失业保险金损失应由某公司承担。依据《失业保险条例》第 18 条关于"失业保险金的标准,按照低于当地最低工资标准、高于城市居民最低生活保障标准的水平,由省、自治区、直辖市人民政府确定"及《宁夏回族自治区失业保险办法》第 18 条关于"失业人员领取失业保险金的期限按照下列规定计算:……(五)累计缴费满五年的,领取十四个月;(六)从第六年起,每满一年增加一个月失业保险金,但最长不得超过二十四个月"的规定,同时,《宁夏回族自治区人民政府关于应对新冠肺炎疫情影响进一步做好稳定就业工作的实施意见》(宁政规发〔2020〕4 号)"从 2020 年 5 月 1 日起,将失业保险金标准从全区最低工资标准的 75% 提高到 90%"以及《宁夏回族自治区人民政府关于调整全区最低工资标准的通知》(宁政规发〔2021〕1 号)中关于"提高最低工资标准:一类区:银川市兴庆区、金凤区、西夏区、石嘴山市大武口区、惠农区由每人每月 1660 元提高到 1950 元"及"以上最低工资标准和规定从 2021 年 9 月 1 日起执行"的相关规定,因单某在某公司工作 7 年 5 个月,其与某公司解除劳动关系的事实发生在 2021 年 10 月 21 日,其最长应享受 16 个月的失业保险金,故某公司应支付单某失业保险金损失为 28080 元(1950 元 ×90% ×16 个月)。一审法院经审理后判决某公司向单某支付失业保险金损失 28080 元。某公司不服提起上诉,二审法院经审理后驳回上诉,维持原判。

关于案例二,某公司是否应向李某支付因未及时出具离职证明导致其无法申领失业保险金损失的问题。《社会保险法》第 50 条第 1、2 款规定,用人单位应当及时为失业人员出具终止或者解除劳动关系的证明,并将失业人员的名单自终止或者解除劳动关系之日起 15 日内告知社会保险经办机构。失业人员应当持本单位为其出具的终止或者解除劳动关系的证明,及时到指定的公共就业服务机构办理失业登记。根据上述规定,如果用人单位不能及时为劳动者出具终止或者解除劳动关系的证明,将导致劳动者无法办理失业登记手续,不能依法领取失业保险金。因此,解除或终止劳动合同证明直接影响到劳动者失业保险利益的实现。本案中,某公司以李某违反单位规章制度为由解除劳动关系,但因某公司在2020年6月17日网报解除劳动关系时，作出的解除劳动证明书和解除劳动合同协议书相互矛盾，且某公司于2021年7月才向李某寄送解除劳动关系证明，导致李某未能领取失业保险金，故李某要求某公司支付其无法申领失业保险金损失的诉讼请求，符合相关规定。依据《宁夏回族自治区失业保险办法》第18条第1项规定，李某在某公司工作1年以上不满2年，其与某公司解除劳动关系的事实发生在2020年6月10日，故按照《宁夏回族自治区人力资源和社会保障厅、宁夏回族自治区财政厅关于调整失业保险金标准的通知》（宁人社发〔2018〕29号）的规定，该项损失应为3735元（1660元×0.75×3个月）。一审法院经审理后判决某公司向李某支付未及时出具离职证明导致就业损失20000元、失业保险金损失3735元。李某及某公司均不服提起上诉，二审法院经审理后驳回上诉，维持原判。

【法官释法】

社会保险是一个数量化的概念，一般表现为一定货币数额的物质帮助。就如失业保险金，系失业保险经办机构依法支付给符合条件的失业人员的基本生活费用，是对失业人员在失业期间失去工资收入的一种临时性补偿，目的是保障失业人员失业期间的基本生活。《社会保险法》第45条、《失业保险条例》第14条均明确规定了参加失业保险的城镇企业事业单位职工失业后要领取失业保险金所必须符合的三个条件，即参保缴费满1年、非因本人意愿中断就业、办理失业登记并有求职要求。然而，司法实务中，由于各种原因，员工离职后无法领取失业保险金的情形时有发生。那么，其能否要求用人单位赔偿失业保险金损失呢？因导致劳动者未领取失业金的情形不同，观点不同，致使裁判不一。

情形一：未缴纳失业保险

实务中，未缴纳社会保险的归责原因有二：一为用人单位原因；二为劳动者原因。依据《最高人民法院关于审理劳动争议案件适用法律问题的解释（一）》（法释〔2020〕26号）第1条第5项的规定，对于归责于用人单位未缴纳失业保险且社会保险经办机构不能补办相关手续导致劳动者离职后无法领取失业保险金，应由用人单位承担失业保险金损失，实务中并无争议。如《浙江省高级人民法院民事审判第一庭、浙江省劳动人事争议仲裁院关于审理劳动争议案件若干问题的解答(三)》第14条规定,劳动关系解除或终止后,劳动者以用人单位未为其办理失业保险为由主张失业保险待遇损失的,是否需要审查劳动者享受失业保险待遇的相关条件？答:城镇职工以用人单位未为其办理失业保险为由,要求用人单位赔偿损失的,应当参照《浙江省失业保险条例》第21条规定,审查劳动者如正常缴费是否满一年以及是否非因本人意愿中断就业;农民合同制职工以用人单位未为其办理失业保险为由,要求用人单位赔偿损失的,应当参照《浙江省失业保险条例》第27条规定,审查劳动者是否连续工作满一年。对符合前述条件的劳动者,应当依照《浙江省失业保险条例》第47条规定,由用人单位按照其失业保险待遇损失或者一次性生活补助损失总额的二倍给予赔偿。

对于归责于劳动者原因,如劳动者自愿承诺放弃缴纳失业保险费,对其失业保险金损失是否支持,实务中有两种观点:

观点一,违背诚信原则,不予支持。该观点认为,劳动者作为民事主体有权在法律规定的范围内处分自己的民事权利和诉讼权利,且应遵循公平、诚信原则。由此,其自行承诺要求不缴纳失业保险费且作出了后果自行承担的意思表示,离职后又要求用人单位承担其失业保险金损失的行为明显违背了诚实信用原则,如予以支持将与社会主义核心价值观中公正、诚信的价值取向和道德准则相悖。同时,失业保险金利益并未因此次未交失业保险费而全然丧失,在以后仍然可以再行申领。

观点二,违反法律规定,应予支持。缴纳社会保险费是用人单位的法定义务,无论劳动者是否声明放弃社会保险,用人单位均不能得到豁免。因此,劳动者虽书面承诺因其自身原因不愿缴纳社会保险费,但该承诺违反法律的强制性规定,应属无效,由此产生失业金待遇损失应由用人单位承担。

情形二:未足额缴纳失业保险

未足额缴纳失业保险费,系用人单位未依法为劳动者足额缴纳失业保险费,如劳动者实际工作时间与用人单位所缴费年限不一致,简言之,就是漏缴、少缴部分年限的失业保险费。实务中,对于该种情形所导致劳动者失业后无法享受或只能部分享受失业保险待遇,是否属于人民法院受理范围,存在不同观点。

应予受理说。根据《劳动法》第72条“社会保险基金按照保险类型确定资金来源,逐步实行社会统筹。用人单位和劳动者必须依法参加社会保险,缴纳社会保险费”的规定，用人单位和劳动者依法参加社会保险系法定义务，用人单位因未履行法定义务而导致劳动者无法享受社会保险待遇的，应对其损失予以承担。如《重庆市高级人民法院关于审理劳动争议案件若干问题的指导意见》(2009)第1条规定，用人单位为劳动者建立社会保险关系后，因用人单位未依法交纳应由其缴纳的社会保险费用，劳动者代用人单位交纳后，要求用人单位返还的，可以作为劳动争议案件受理。《重庆市高级人民法院、一五中法院民事审判长8月例会会议综述》(2014年8月8日)指出，劳动者以用人单位未足额或按照实际工作年限为其缴纳工伤保险费、失业保险费导致其应得的社会保险待遇降低为由，要求用人单位赔偿相应社会保险待遇损失的，法院应如何处理？根据《最高人民法院关于审理劳动争议案件适用法律若干问题的解释(三)》①第1条之规定，对劳动者要求用人单位赔偿相应社会保险待遇损失提起的诉讼，人民法院应当受理。劳动者对损失的存在及损失的大小不能举证证明的，人民法院应当驳回劳动者的诉讼请求。再如《浙江省劳动和社会保障厅关于失业保险费补缴有关问题的批复》(浙劳社厅字〔2005〕123号)第3条规定，因用人单位补缴时间不足，或者少保、漏保等不按照规定参加失业保险、不按照规定缴纳失业保险费，造成失业人员不能按照规定享受失业保险待遇、农民合同制职工不能按照规定享受一次性生活补助的，用人单位应当按照其失业保险待遇损失或者一次性生活补助损失总额的两倍给予赔偿。失业人员失业保险待遇损失为该失业人员失业时可以享受的失业保险金和按月发放的医疗补助金。

不予受理说。依据《最高人民法院关于审理劳动争议案件适用法律问题的解释(一)》(法释〔2020〕26号)第1条第5项规定，劳动者无法享受社会保险待遇而要求用人单位赔偿损失须同时符合用人单位未为劳动者办理社会保险手续且社会保险经办机构不能补办两个条件。而未足额缴纳社会保险费是指用人单位已为劳动者办理了社会保险且缴纳了部分年限社会保险费，属于漏缴、欠缴、少缴社会保险费的情形，故不属于人民法院受理劳动争议案件的范围。如王某办理退休手续时，发现某印刷公司漏缴其自1992年8月至1995年

① 该司法解释已被2020年12月29日发布的《最高人民法院关于废止部分司法解释及相关规范性文件的决定》所废止。因案件审理时尚有效，故保留原法律依据。——编者注

12 月期间的社会保险,致使其退休待遇与同期同工的人员减少 458 元/月,故提起诉讼。宁夏高院(2023)宁民申 445 号民事裁定书认为,因某印刷公司已为王某办理了社会保险手续并缴纳了社会保险费,对于已经由用人单位办理了社保手续,但因用人单位漏缴保险费而发生的争议,不属于人民法院的受案范围,故一审法院裁定驳回王某的起诉并无不当,王某的再审理由不能成立。

情形三:未办理失业登记

是否办理失业登记系领取失业保险金的必要条件。在绝大部分案件中,劳动者主张失业保险金损失时,未办理失业登记。因此,审查劳动者未办理失业登记的原因成为此类案件的关键点。

归责于用人单位,应予支持。实务中,经常有用人单位怠于为失业劳动者办理有关手续,使得劳动者无法享受失业保险金的情形。《失业保险条例》第 16 条第 1、2 款规定,城镇企业事业单位应当及时为失业人员出具终止或者解除劳动关系的证明,告知其按照规定享受失业保险待遇的权利,并将失业人员的名单自终止或者解除劳动关系之日起 7 日内报社会保险经办机构备案。城镇企业事业单位职工失业后,应当持本单位为其出具的终止或者解除劳动关系的证明,及时到指定的社会保险经办机构办理失业登记。失业保险金自办理失业登记之日起计算。同时,《劳动合同法》第 89 条规定,用人单位违反本法规定未向劳动者出具解除或者终止劳动合同的书面证明,由劳动行政部门责令改正;给劳动者造成损害的,应当承担赔偿责任。如江苏省常州市中级人民法院(2020)苏 04 民终 459 号民事判决书认为,某公司在违反规定解除了与史某之间的劳动关系后,未及时向史某出具终止或者解除劳动关系的证明,也未告知史某按照规定享受失业保险待遇的权利,并将史某的名字自终止或者解除劳动关系之日起 7 日内报社会保险经办机构备案,导致史某无法持某公司为其出具的终止或者解除劳动关系的证明,及时到指定的社会保险经办机构办理失业登记并领取失业保险金、享受医疗保险待遇。所以,史某要求某公司赔偿失业保险金、代缴的医疗保险费损失的请求,予以支持。

归责于劳动者,不予支持。按照《劳动合同法》第 50 条关于“劳动者应当按照双方约定,办理工作交接”的规定,劳动者怠于办理相关交接手续,导致其无法享受失业保险金,此时主张用人单位向其赔偿保险金损失的,用人单位享有同时履行或后履行抗辩权。如山东省青岛市中级人民法院(2018)鲁02民终9340号认为,因某公司提交的特快专递退件单足以证明其解除双方劳动合同后已于2017年3月7日通过邮寄方式向陈某送达了《解除/终止劳动合同报告书》及《就业指导通知单》,但被陈某拒收,故原审据此认定陈某不能及时领取失业保险金不能归责于某公司,并对陈某主张某公司赔偿失业保险金损失的请求不予支持是正确的。陈某上诉称某公司应赔偿其失业保险金损失,因无事实及法律依据,本院不予采纳。

笔者认为,劳动者要求用人单位赔偿失业保险金损失的要件,须同时满足用人单位未按规定缴纳失业保险费、劳动者处于失业状态、符合失业保险申领条件、未办理失业登记这四个条件。用人单位应当根据劳动者在本单位的工作年限、缴费基数,按时、足额为劳动者参加失业保险,该项法定义务不因劳动者声明放弃社会保险而得到豁免,在双方解除劳动关系后,应当及时为劳动者出具终止或者解除劳动关系的证明,告知其按照规定享受失业保险待遇的权利,并将失业人员的名单自终止或者解除劳动关系之日起7日内报社会保险经办机构备案。与之相对,若劳动者违反上述规定,导致劳动者不能享受失业保险待遇,要求用人单位赔偿损失或按规定给付相关费用的,应予支持。

有鉴于此,为降低用人单位和劳动者的风险,在此提醒:用人单位与劳动者解除劳动关系时,须注意三个时间点:(1)15日。不论是员工辞职或是被用人单位解除劳动合同,用人单位都应当在解除或终止劳动关系时出具解除或终止劳动合同的证明,并在15日内为劳动者办理档案和社会保险关系转移手续(《劳动合同法》第50条)。(2)7日。用人单位必须将失业人员名单自终止或者解除劳动关系之日起7日内报社会保险经办机构备案(《失业保险条例》第16条)。(3)60日。用人单位未按规定为职工办理失业登记,职工有权在劳动关系存续期间或者劳动关系解除、终止后的60日内,向所在地劳动行政部门投诉(《宁夏回族自治区失业保险办法》第30条)。

【法条链接】

《中华人民共和国社会保险法》(2018年修正)

第四十五条　失业人员符合下列条件的,从失业保险基金中领取失业保险金:

（一）失业前用人单位和本人已经缴纳失业保险费满一年的；

（二）非因本人意愿中断就业的；

（三）已经进行失业登记，并有求职要求的。

第五十条第一款　用人单位应当及时为失业人员出具终止或者解除劳动关系的证明，并将失业人员的名单自终止或者解除劳动关系之日起十五日内告知社会保险经办机构。

《实施〈中华人民共和国社会保险法〉若干规定》

第十三条　失业人员符合社会保险法第四十五条规定条件的，可以申请领取失业保险金并享受其他失业保险待遇。其中，非因本人意愿中断就业包括下列情形：

（一）依照劳动合同法第四十四条第一项、第四项、第五项规定终止劳动合同的；

（二）由用人单位依照劳动合同法第三十九条、第四十条、第四十一条规定解除劳动合同的；

（三）用人单位依照劳动合同法第三十六条规定向劳动者提出解除劳动合同并与劳动者协商一致解除劳动合同的；

（四）由用人单位提出解除聘用合同或者被用人单位辞退、除名、开除的；

（五）劳动者本人依照劳动合同法第三十八条规定解除劳动合同的；

（六）法律、法规、规章规定的其他情形。

《中华人民共和国劳动合同法实施条例》

第二十四条　用人单位出具的解除、终止劳动合同的证明，应当写明劳动合同期限、解除或者终止劳动合同的日期、工作岗位、在本单位的工作年限。

《失业保险条例》

第十四条　具备下列条件的失业人员，可以领取失业保险金：

（一）按照规定参加失业保险，所在单位和本人已按照规定履行缴费义务满 1 年的；

（二）非因本人意愿中断就业的；

（三）已办理失业登记，并有求职要求的。

失业人员在领取失业保险金期间，按照规定同时享受其他失业保险待遇。

第十六条　城镇企业事业单位应当及时为失业人员出具终止或者解除劳动关系的证明，告知其按照规定享受失业保险待遇的权利，并将失业人员的名单自终止或者解除劳动关系之日起 7 日内报社会保险经办机构备案。

城镇企业事业单位职工失业后，应当持本单位为其出具的终止或者解除劳动关系的证明，及时到指定的社会保险经办机构办理失业登记。失业保险金自办理失业登记之日起计算。

失业保险金由社会保险经办机构按月发放。社会保险经办机构为失业人员开具领取失业保险金的单证，失业人员凭单证到指定银行领取失业保险金。

第十七条 失业人员失业前所在单位和本人按照规定累计缴费时间满 1 年不足 5 年的，领取失业保险金的期限最长为 12 个月；累计缴费时间满 5 年不足 10 年的，领取失业保险金的期限最长为 18 个月；累计缴费时间 10 年以上的，领取失业保险金的期限最长为 24 个月。重新就业后，再次失业的，缴费时间重新计算，领取失业保险金的期限可以与前次失业应领取而尚未领取的失业保险金的期限合并计算，但是最长不得超过 24 个月。

第十八条 失业保险金的标准，按照低于当地最低工资标准、高于城市居民最低生活保障标准的水平，由省、自治区、直辖市人民政府确定。

《宁夏回族自治区失业保险办法》

第十七条 失业保险金按照自治区人民政府规定的当地最低工资标准的百分之六十五发放。

第十八条 失业人员领取失业保险金的期限按照下列规定计算：

（一）累计缴费满一年的，领取三个月。

（二）累计缴费满二年的，领取六个月。

（三）累计缴费满三年的，领取九个月。

（四）累计缴费满四年的，领取十二个月。

（五）累计缴费满五年的，领取十四个月。

（六）从第六年起，每满一年增加一个月失业保险金，但最长不得超过二十四个月。

失业人员重新就业后，再次失业的，缴费时间重新计算，领取失业保险金期限可以与前次失业应领取而尚未领取的失业保险金的期限合并计算，但最长不得超过二十四个月。

《宁夏回族自治区人力资源和社会保障厅、宁夏回族自治区财政厅关于调整失业保险金标准的通知》（宁人社发〔2018〕29 号）

二、失业保险金标准的确定

统筹考虑我区失业人员及其家庭基本生活需要和失业保险基金运行安全，坚持“保生活”和“促就业”相统一，在确保失业保险基金安全有效运行和制度可持续发展的前提下，综合考虑我区经济社会发展及经济增长水平和物价水平，按照积极稳妥、分步实施、循序渐进的原则，用 3 至 5 年时间逐步提高失业保险金标准，2018 年一次性提高 10 个百分点，即从 2018 年 1 月 1 日起将失业保险金标准从全区最低工资标准的 65% 提高到 75%。

《宁夏回族自治区人力资源和社会保障厅、宁夏回族自治区财政厅关于阶段性实施失业补助政策的通知》（宁人社发〔2020〕61 号）

一、实施范围及期限

2020 年 3 月至 12 月，领取失业保险金期满仍未就业的失业人员、不符合领取失业保险金条件的参保失业人员，可申领6个月的失业补助金。

三、核实依据。各市、县(区)公共就业服务机构在核实领取失业补助金人员条件时，应以社保信息系统中该人员在2020年3月1日至12月31日期间，停止缴纳失业保险费的时间为依据(至少有1个月以上的参加失业保险并缴费记录)，不得要求参保失业人员提供终止或者解除劳动关系证明、失业登记证明等证明材料，不得增加其他义务、条件或时限要求。

《最高人民法院关于审理劳动争议案件适用法律问题的解释(一)》(法释〔2020〕26号)

第一条 劳动者与用人单位之间发生的下列纠纷，属于劳动争议，当事人不服劳动争议仲裁机构作出的裁决，依法提起诉讼的，人民法院应予受理：

……

(五)劳动者以用人单位未为其办理社会保险手续，且社会保险经办机构不能补办导致其无法享受社会保险待遇为由，要求用人单位赔偿损失发生的纠纷；

(六)劳动者退休后，与尚未参加社会保险统筹的原用人单位因追索养老金、医疗费、工伤保险待遇和其他社会保险待遇而发生的纠纷；

……

五、约定放弃基本医疗保险，能否要求用人单位赔偿医疗保险待遇损失

裁判要旨

《社会保险法》第23条第1款规定，职工应当参加职工基本医疗保险，由用人单位和职工按照国家规定共同缴纳基本医疗保险费。然而，司法实务中，用人单位与劳动者约定放弃基本医疗保险，由用人单位给予劳动者一定物质补偿的情形时有发生。《劳动法》第73条规定劳动者在患病、负伤、因工伤残或者患职业病的情形之下依法享受医疗保险待遇，且享受的医疗保险金必须按时足额支付。同时，《社会保险法》第30条将四种情形之下的医疗费用排除在基本医疗保险基金支付范围之外，即：应当从工伤保险基金中支付的；应当由第三人负担的；应当由公共卫生负担的；在境外就医的。那么，对于与用人单位约定放弃基本医疗保险及工伤保险费的劳动者，在其发生工伤后，用人单位是否应赔偿医疗保险待遇损失？赔偿损失的范围如何确定？劳动者因受伤长期不上班的，用人单位是否应支付其病假工资？笔者认为，约定放弃基本医疗保险因违反法律强制性规定而无效；用人单位应对自己应当履行而未履行的义务给劳动者造成的医疗保险待遇损失承担赔偿责任；劳动者因受伤长期不上班有住院病案予以证明且已履行了请假手续的，用人单位应当按照法律规定或者相应的规章制度支付劳动者医疗期的病假工资。

【案情总览】

王某于2014年4月入职某公司从事维修工工作，双方约定某公司不给王某缴纳社会保险，某公司每月向王某支付社保补贴500元。2020年7月王某在某小区进行防疫消毒任务时受伤并住院治疗10天，经医疗机构诊断为腰椎骨折（L4）、胸椎骨折（T12）。出院医嘱：注意休息，3个月内勿负重；每3至4天门诊换药一次，术后2周门诊拆线；术后1、2、3、6、12月门诊复查等。2020年10月23日，王某被认定为工伤并于2020年12月15日鉴定伤残等级八级、停工留薪期8个月。2021年7月23日至30日，王某住院治疗进行第二次手术，出院医嘱为在医师指导下功能锻炼，近2个月避免劳累、过度负重、剧烈运动等。2021年8月30日，某市劳动能力鉴定委员会确认王某第二次住院治疗的停工留薪期为1个月。王某提交的医疗费及门诊票据显示：第一次住院及住院前后门诊治疗支付费用共计66968.08元；第二次住院及门诊治疗支付费用为6807.5元。王某受伤后再未回某公司上班。2021年10月21日，王某申请劳动仲裁，要求某公司向其支付各项工伤待遇共计375741.87元（含医疗费68704.58元、病假工资11700元）。因对仲裁裁决不服，王某及某公司均诉至法院。诉讼中，双方对以下事实均无异议：1. 王某两次住院期间均由其家属进行护理，某公司向其支付第一次住院医疗费66500元，停工留薪期工资23000元、第二次住院手术费垫付5000元；2. 王某自2021年3月1日至6月30日和2021年7月30日至9月30日向某公司提出请病假的申请，但未得到某公司的批准；3. 某公司按3000元/月的标准支付王某2020年5月、6月工资。王某自行缴纳了2014—2021年的城乡居民基本医疗保险共计2073元。其中：2014年200元、2015年220元、2016年233元、2017年250元、2018年270元、2019年320元、2020年280元、2021年300元。

本案中，王某认为：（1）医疗费用与工伤医疗补助金待遇系不同的工伤待遇项目，不可相折抵；（2）某公司错误适用《工伤保险条例》第33条规定，该条文系对可享受伤残津贴待遇的规定，与本案事实不符；（3）带薪年休假工资应全额支付，因某公司未安排休假，其违法行为已转化为应付工资，而在劳动关系持续中，该应付工资时效未超过；（4）计算一次性待遇时应以2021年在岗职工平均工资的60%计算，计算为5091.35元/月（计算方法101827元除以12乘以

0.6得出);(5)一次性伤残就业补助金不应以40%计算,因仲裁立案时王某未到58周岁,应以60%计算。

某公司认为:(1)王某自愿放弃某公司为其缴纳社会保险费,要求将公司应当承担的社会保险费部分以社保补贴的形式进行发放,自行缴纳社会保险费,现又主张某公司向其支付各项损失,不应支持;(2)王某主张第一次住院期间产生医疗费用68704.58元,但所花费的费用中有些票据并非正式发票,不应认定;(3)王某在评定伤残等级后主张了一次性工伤医疗补助金,该项费用就是为王某后续治疗所支付的工伤保险待遇,王某主张第二次住院治疗所花费的6807.5元,系重复主张;(4)王某于2020年7月2日受伤,2020年12月15日评定伤残等级,根据《工伤保险条例》第33条"工伤职工评定伤残等级后,停发原待遇,按照本章的有关规定享受伤残待遇"的规定,王某能够享受的停工留薪期系2020年7月2日至2020年12月15日,仲裁委认定某公司应向王某支付9个月的停工留薪期工资不当;(5)王某每月工资3000元,并非3150元,某公司已经向其支付了2020年5月、6月的工资,不存在拖欠的情形,仲裁委裁决某公司向其支付工资差额300元不当。对于王某主张的一次性伤残补助金、一次性伤残就业补助金和一次性工伤医疗补助金应当按照受伤前上一年度的社会保险费缴费基数3103元/月进行核算。

一审法院经审理认为:关于停工留薪期工资。《工伤保险条例》第33条规定,职工因工作遭受事故伤害或者患职业病需要暂停工作接受工伤医疗的,在停工留薪期内,原工资福利待遇不变,由所在单位按月支付。本案中,王某提交的两份《工伤职工停工留薪期确认鉴定表》中均载明申报单位为某公司,某市劳动能力鉴定委员会将王某的第一次停工留薪期确定为8个月,在此期间,王某一直未停止治疗,后因伤情变化仍需住院治疗,某市劳动能力鉴定委员会将王某的停工留薪期又确认了1个月。按照相关劳动法律规定,受伤职工的劳动能力鉴定应在停工留薪期满或延长期满后及时进行,其截止日期原则上应为就医记录或休息期结束之日。本案中,王某尚在治疗期内停工留薪期未满之时就进行了伤残等级鉴定,不能据此认定王某的停工留薪期已满,否则不会有劳动能力鉴定委员会又确认其停工留薪期1个月之说,更不利于保护劳动者的权益。因此,某公司关于王某停工留薪期为2020年7月2日至2020年12月15

日的主张没有法律依据,不予采纳。综上,王某的停工留薪期共计9个月,某公司已支付其停工留薪期工资23000元,还应支付5350元(3150元/月×9个月-23000元)。

关于病假工资。根据《企业职工患病或非因工负伤医疗期规定》第3条规定,王某应享受6个月的医疗期,因王某自2021年3月1日至6月30日和2021年7月30日至9月30日向某公司提出请病假的申请,虽未得到某公司的批准,结合《关于贯彻执行〈中华人民共和国劳动法〉若干问题的意见》(劳部发〔1995〕309号)中关于病假工资支付的相关规定,某公司应向王某支付病假工资为8200元(1660元×80%×5个月+1950元×80%×1个月)。

关于医疗费。因王某是在工作期间受伤,并依法认定为工伤,故其因受伤就医产生的医疗费应当由某公司承担。王某治疗期间共产生医疗费用共计73775.58元(66968.08元+6807.5元),在庭审时双方均认可某公司已支付王某医疗费71500元,故还应支付医疗费为2275.58元(73775.58元-71500元)。

二审法院认为:本案的争议焦点为:1.某公司是否应当向王某支付经济补偿金,经济补偿金的计算是否正确?2.某公司是否应当向王某支付病假工资?3.某公司是否应当向王某支付第二次住院的医疗费?4.一审法院对王某停工留薪期的认定是否正确?5.某公司是否应当向王某支付带薪年休假工资?6.某公司是否应当向王某支付医保损失?7.一审法院对一次性伤残就业补助金的计算是否正确?……关于第2个争议焦点,虽然某公司于2020年11月13日向王某发放了《到岗通知书》,但结合王某的第一次停工留薪期期限及王某2021年7月23日至30日进行第二次住院治疗的事实,可知王某当时的身体状况并不具备恢复工作的条件且王某已经向某公司提交了请假申请,某公司虽未批准王某的请假申请,但双方的劳动关系仍在存续期间,故一审法院认定某公司应向王某支付病假工资,并无不当。关于第3个争议焦点,医疗费系王某因工受伤后实际支出费用,一次性医疗补助金系劳动者因工致残后享有的补助,两者并不冲突,故某公司提出的一次性医疗补助金应当包含二次医疗费的上诉主张,与本案查明的事实不符且于法无据,一审法院认定某公司应向王某支付第二次住院的医疗费用,并无不当。关于第4个争议焦点,某市劳动能力鉴定委员会已确认了王某的两次停工留薪期分别为受伤之日即2020年7月2日起8个月、入院之日即2021年8月30日起1个月,上述时间并不重合,故一审法院认定王某的停工留薪期为9个月,并无不当。……综上,一审判决认定的事实清楚,适用法律正确。据此判决如下:驳回上诉,维持原判。

【法官释法】

现实中,由于很多用人单位没有为职工缴纳各项社会保险费,导致职工不能享受社会保险待遇。劳动者虽然在法律上享有社会保险待遇的权利,但是有时由于缺乏及时有效的司法救济,使社会保险权利变成了"纸上的权利"。《社会保险法》第29条第1款规定,参保人员医疗费用中应当由基本医疗保险基金支付的部分,由社会保险经办机构与医疗机构、药品经营单位直接结算。但是,该法第30条却将四种情形之下的医疗费用排除在基本医疗保险基金支付范围之外,即:应当从工伤保险基金中支付的;应当由第三人负担的;应当由公共卫生负担的;在境外就医的。那么,对于与用人单位约定放弃基本医疗保险及工伤保险费的劳动者,在其发生工伤后,用人单位是否应赔偿医疗保险待遇损失?赔偿损失的范围如何确定?劳动者因受伤长期不上班的,用人单位是否应支付其病假工资?实践中存在不同观点。

一、用人单位能否与劳动者约定放弃基本医疗保险?

实务中,用人单位与劳动者约定放弃基本医疗保险,由用人单位给予劳动者一定物质补偿的情形时有发生。那么,用人单位能否与劳动者约定放弃基本医疗保险呢?实践中存在不同的观点。

有效说。该观点认为,劳动者作为民事主体有权在法律规定的范围内处分自己的民事权利和诉讼权利,且应遵循公平、诚信原则。双方的约定只要意思表示真实,说明劳动者系自愿放弃医疗保险的权利,并且用人单位给予了劳动者一定物质补偿的,可以认定该约定有效。

无效说。该观点认为,依据《社会保险法》第23条"职工应当参加职工基本医疗保险,由用人单位和职工按照国家规定共同缴纳基本医疗保险费"的规定,职工基本医疗保险具有法定性和强制性,不能根据劳动者和用人单位的意愿而免除,是用人单位必须履行的法定义务,即使用人单位给予劳动者一定物质补偿,也不能改变该约定违反法律强制性规定的事实。加之,《劳动合同法》第26条第1款第2项明文规定,用人单位免除自己的法定责任、排除劳动者权利的,该劳动合同无效。因此,用人单位与劳动者约定放弃基本医疗保险,系用人单位免除自己的法定责任,侵害了国家的社会保障体制及劳动者的合法权益,应属无效。如《重庆市第五中级人民法院关于当前审理劳动争议案件若干实务问题座谈纪要》第26条规定,缴纳社会保险费是用人单位和劳动者的法定义务,社会保险费由国家相关行政部门强制征缴。用人单位和劳动者约定将应缴纳的社会保险费以货币形式发放给劳动者的,该约定无效。

二、用人单位是否应赔偿劳动者的医疗保险待遇损失?

何为医疗保险待遇损失?依据《最高人民法院关于审理劳动争议案件适用法律问题的解释(一)》第1条第5项的规定,申请医疗险待遇损失需要满足以下三个基本条件,即:用人单位未为其办理医疗保险手续;社会保险经办机构不能补办;劳动者因此无法享受医疗保险待遇而遭受损失。上述条款及相关法律法规只规定了医疗保险待遇损失属于劳动争议案件受理范围,但并未规定该项损失该如何处理,故实践中存在争议。基本医疗保险系由用人单位和职工按照国家规定共同缴纳,按照归责原则,实务中有三种不一致的观点。

归责于用人单位,应予支付。实务中,经常有用人单位未按规定为劳动者缴纳医疗保险费,导致劳动者因此无法享受医疗保险待遇而遭受损失的情形。按照《劳动合同法》的相关规定,给劳动者造成损害的,应当承担赔偿责任。如《江苏省高级人民法院劳动争议案件审理指南》(2010年5月17日)第五章第2项"医疗保险争议"中相关规定可总结为如下:(1)因用人单位未按规定为劳动者缴纳医疗保险费,劳动者要求用人单位赔偿相关医疗保险待遇损失,劳动仲裁部门受理后,应要求劳动者提交相关医疗单据,并委托所在区县的医疗保险经办机构协助核算应由用人单位承担的医疗费数额。劳动仲裁部门和法院在处理相应案件时,均可参照。(2)用人单位以地方并未加入强制实行全员医疗保险予以抗辩的,或以劳动者自身也应当承担一部分基本医疗保险费用而主张减轻赔偿责任的,不予采信。

归责于劳动者,不予支付。《社会保险法》规定了基本医疗保险由职工和用人单位共同缴费的义务。实务中,往往有劳动者在入职时或者在职期间,可能基于成本、不愿变更社保关系等种种原因,自愿签订了放弃缴纳社保的声明。但在后续双方产生劳动争议时,部分劳动者又以用人单位未缴纳社保为由要求赔偿医疗保险待遇损失。按照过错原则,因劳动者责任所造成的损失应由其自行承担,医疗保险损失亦不例外。

归责于双方,损失分担。社会保险是国家实施的一种强制性保险,用人单位和劳动者都有缴纳社会保险费的义务。那么,用人单位与劳动者约定放弃基本医疗保险,由用人单位给予劳动者一定物质补偿的,虽该约定因违反法律强制性规定而无效,但由此导致员工无法享受医疗保险待遇,劳动者与用人单位均有过错,应对其损失按照双方过错责任的大小进行分担。如湖北高院裁定认为:社会保险是国家实施的一种强制性保险,用人单位和劳动者都有缴纳社会保险费的义务。本案中,公司与姜某达成的不参保约定,免除了公司的法定义务,侵害了国家社会保障体制以及姜某的合法权益,无论该约定是否出于姜某自愿,因违反了法律的强制性规定,应认定为无效。公司作为用工单位明知其有为劳动者缴纳社会保险费的法定义务,仍与姜某约定以社保补贴代替缴纳社会保险费,从而免除自己的法定义务,明显存在过错。现姜某因公司未为其缴纳社会保险费在达到法定退休年龄后不能享受基本养老保险待遇,故公司在解除劳动关系时应向姜某支付经济补偿。但姜某与公司签署协议放弃缴纳社会保险费,亦有不当之处,故原判依照过错责任分担经济补偿并无不当。① 此处,医疗保险待遇损失与经济补偿金如是。

三、用人单位应赔偿的医疗保险待遇损失如何确定?

劳动者应对其医疗保险待遇损失的存在及损失的范围承担举证责任,实务中并无异议。如《重庆市高级人民法院、一五中法院民事审判长 8 月例会会议综述》(2014 年 8 月 8 日):根据《最高人民法院关于审理劳动争议案件适用法律若干问题的解释(三)》第 1 条之规定,对劳动者要求用人单位赔偿相应社会保险待遇损失提起的诉讼,人民法院应当受理。劳动者对损失的存在及损失的大小不能举证证明的,人民法院应当驳回劳动者的诉讼请求。因此,哪些情况下损失应当认定以及损失如何认定的问题,系审理该类案件的难点。在劳动者

---

① 湖北省高级人民法院民事裁定书,(2018)鄂民申 1855 号。

主张医疗保险待遇损失时举示了医疗费用缴费收据的,应认定劳动者已经履行了基本的举证义务,在此情形之下,如何确定用人单位所应承担的损失,实务中存在不同观点。

部分承担说。用人单位应对医疗费用缴费收据中不属于由医疗保险报销费用的项目承担举证责任。否则,将承担举证不能的不利后果。换言之,用人单位应对医保基金支付范围之内的医疗费用承担责任,范围之外的予以证明后可不予承担。如重庆市高院民一庭《关于沙坪坝区法院劳动争议法律适用问题研讨会会议综述》中载明,因为根据《最高人民法院关于审理劳动争议案件适用法律若干问题的解释(三)》规定,用人单位因未为劳动者缴纳医疗保险费而应向劳动者赔偿的损失系"医保待遇损失",假如用人单位依法为劳动者足额缴纳了医疗保险费用,劳动者能享受的待遇也是在医保基金支付的范围之内,而非医疗费用缴费收据所载明的全部费用。故人民法院在支持劳动者关于"医保待遇损失"诉求时就不应将损失范围扩大到医保基金支付的范围之外。如果劳动者与用人单位就医疗保险费的缴费数额发生争议的,则人民法院可以以证据不足驳回劳动者主张医疗保险待遇损失的诉讼请求。

损失全担说。因用人单位未履行为劳动者购买医疗保险的义务,导致劳动者在就医过程中缺少医保部门对医疗费用进行审核和控制的程序,即使用人单位认为医疗费用缴费收据中有不属于由医疗保险报销费用的项目,也应当对该收据载明的全部费用承担赔偿责任。

额外承担说。根据《违反〈劳动法〉有关劳动合同规定的赔偿办法》(劳部发〔1995〕223 号)第 3 条第 3 项规定,造成劳动者工伤、医疗待遇损失的,除按国家规定为劳动者提供工伤、医疗待遇外,还应支付劳动者相当于医疗费用 25% 的赔偿费用。

四、用人单位是否应支付劳动者因受伤长期不上班的病假工资?

答案是肯定的。即便是劳动者被认定为工伤,在劳动者累计停工留薪期已满而身体状况不具备恢复工作的客观情形之下,劳动者有住院病案予以证明且已履行了请假手续的,用人单位也应按照法律规定或者相应的规章制度支付劳动者医疗期的病假工资。根据《企业职工患病或非因工负伤医疗期规定》(劳部发〔1994〕479 号)规定,用人单位应给予 3 个月到 24 个月(3 个月、6 个月、9

个月、12 个月、18 个月、24 个月）的医疗期，上述医疗期分别按 6 个月、12 个月、15 个月、18 个月、24 个月、30 个月内累计病休时间计算。根据《关于贯彻执行〈中华人民共和国劳动法〉若干问题的意见》（劳部发〔1995〕309 号）第 59 条规定，职工患病或非因工负伤治疗期间，在规定的医疗期间内由企业按有关规定支付其病假工资或疾病救济费，病假工资或疾病救济费可以低于当地最低工资标准支付，但不能低于最低工资标准的 80%。

笔者认为，基本医疗保险是我国医疗保险的组成之一，系为补偿劳动者因疾病风险遭受经济损失而建立的一项社会保险制度。我国现行基本医疗保险系由用人单位和职工按照国家规定共同缴纳、共同负担。基本医疗保险制度、用人单位补充医疗制度、职工个人储蓄医疗保险制度共同组成了我国医疗保险的法律制度体系。依据《社会保险法》的规定，职工基本医疗保险制度涵盖所有用人单位，既包括机关事业单位，也包括各类公司企业；既包括城镇企业，也包括各类乡镇企业，同时，无雇工的个体工商户、未在用人单位参加职工基本医疗保险的非全日制从业人员以及其他灵活就业人员也包含在内。笔者认为，依据《最高人民法院关于审理劳动争议案件适用法律问题的解释（一）》第 1 条第 5 项的规定，用人单位与劳动者约定放弃基本医疗保险因违反法律强制性规定而无效；用人单位应对自己应当履行而未履行的义务给劳动者造成的医疗保险待遇损失承担赔偿责任；在劳动者主张医疗保险待遇损失时举示了医疗费用缴费收据的，应认定劳动者已经履行了基本的举证义务，用人单位应对医疗费用缴费收据中不属于由医疗保险报销费用的项目承担举证责任；劳动者因受伤长期不上班有住院病案予以证明且已履行了请假手续的，用人单位应当按照法律规定或者相应的规章制度支付劳动者医疗期的病假工资。

有鉴于此，为降低用人单位和劳动者的风险，笔者在此提醒：一是对用人单位的合规建议：按时足额为劳动者缴纳各项社会保险；商业保险和物质补偿不能免除为劳动者缴纳社会保险的义务。二是对劳动者的维权提示：新农合、居民医疗保险不能等同于基本医疗保险；主张医疗保险待遇损失，应在治疗终结之日起 1 年内提出。

【法条链接】

《中华人民共和国劳动法》(2018 年修正)

第七十二条　社会保险基金按照保险类型确定资金来源,逐步实行社会统筹。用人单位和劳动者必须依法参加社会保险,缴纳社会保险费。

第七十三条　劳动者在下列情形下,依法享受社会保险待遇:

(一)退休;

(二)患病、负伤;

(三)因工伤残或者患职业病;

(四)失业;

(五)生育。

劳动者死亡后,其遗属依法享受遗属津贴。

劳动者享受社会保险待遇的条件和标准由法律、法规规定。

劳动者享受的社会保险金必须按时足额支付。

《中华人民共和国社会保险法》(2018 年修正)

第二十三条　职工应当参加职工基本医疗保险,由用人单位和职工按照国家规定共同缴纳基本医疗保险费。

无雇工的个体工商户、未在用人单位参加职工基本医疗保险的非全日制从业人员以及其他灵活就业人员可以参加职工基本医疗保险,由个人按照国家规定缴纳基本医疗保险费。

第二十四条　国家建立和完善新型农村合作医疗制度。

新型农村合作医疗的管理办法,由国务院规定。

第二十五条　国家建立和完善城镇居民基本医疗保险制度。

城镇居民基本医疗保险实行个人缴费和政府补贴相结合。

享受最低生活保障的人、丧失劳动能力的残疾人、低收入家庭六十周岁以上的老年人和未成年人等所需个人缴费部分,由政府给予补贴。

第二十七条　参加职工基本医疗保险的个人,达到法定退休年龄时累计缴费达到国家规定年限的,退休后不再缴纳基本医疗保险费,按照国家规定享受基本医疗保险待遇;未达到国家规定年限的,可以缴费至国家规定年限。

第二十八条　符合基本医疗保险药品目录、诊疗项目、医疗服务设施标准以及急诊、抢救的医疗费用,按照国家规定从基本医疗保险基金中支付。

第二十九条　参保人员医疗费用中应当由基本医疗保险基金支付的部分,由社会保险经办机构与医疗机构、药品经营单位直接结算。

社会保险行政部门和卫生行政部门应当建立异地就医医疗费用结算制度，方便参保人员享受基本医疗保险待遇。

第三十条 下列医疗费用不纳入基本医疗保险基金支付范围：

（一）应当从工伤保险基金中支付的；

（二）应当由第三人负担的；

（三）应当由公共卫生负担的；

（四）在境外就医的。

医疗费用依法应当由第三人负担，第三人不支付或者无法确定第三人的，由基本医疗保险基金先行支付。基本医疗保险基金先行支付后，有权向第三人追偿。

《实施〈中华人民共和国社会保险法〉若干规定》

第七条 社会保险法第二十七条规定的退休人员享受基本医疗保险待遇的缴费年限按照各地规定执行。

参加职工基本医疗保险的个人，基本医疗保险关系转移接续时，基本医疗保险缴费年限累计计算。

第八条 参保人员在协议医疗机构发生的医疗费用，符合基本医疗保险药品目录、诊疗项目、医疗服务设施标准的，按照国家规定从基本医疗保险基金中支付。

参保人员确需急诊、抢救的，可以在非协议医疗机构就医；因抢救必须使用的药品可以适当放宽范围。参保人员急诊、抢救的医疗服务具体管理办法由统筹地区根据当地实际情况制定。

《企业职工患病或非因工负伤医疗期规定》（劳部发〔1994〕479号）

第二条 医疗期是指企业职工因患病或非因工负伤停止工作治病休息不得解除劳动合同的时限。

第三条 企业职工因患病或非因工负伤，需要停止工作医疗时，根据本人实际参加工作年限和在本单位工作年限，给予三个月到二十四个月的医疗期：

（一）实际工作年限十年以下的，在本单位工作年限五年以下的为三个月；五年以上的为六个月。

（二）实际工作年限十年以上的，在本单位工作年限五年以下的为六个月；五年以上十年以下的为九个月；十年以上十五年以下的为十二个月；十五年以上二十年以下的为十八个月；二十年以上的为二十四个月。

第四条 医疗期三个月的按六个月内累计病休时间计算；六个月的按十二个月内累计

病休时间计算；九个月的按十五个月内累计病休时间计算；十二个月的按十八个月内累计病休时间计算；十八个月的按二十四个月内累计病休时间计算；二十四个月的按三十个月内累计病休时间计算。

第五条　企业职工在医疗期内，其病假工资、疾病救济费和医疗待遇按照有关规定执行。

《违反〈劳动法〉有关劳动合同规定的赔偿办法》（劳部发〔1995〕223号）

第二条　用人单位有下列情形之一，对劳动者造成损害的，应赔偿劳动者损失：

（一）用人单位故意拖延不订立劳动合同，即招用后故意不按规定订立劳动合同以及劳动合同到期后故意不及时续订劳动合同的；

（二）由于用人单位的原因订立无效劳动合同，或订立部分无效劳动合同的；

（三）用人单位违反规定或劳动合同的约定侵害女职工或未成年工合法权益的；

（四）用人单位违反规定或劳动合同的约定解除劳动合同的。

第三条　本办法第二条规定的赔偿，按下列规定执行：

（一）造成劳动者工资收入损失的，按劳动者本人应得工资收入支付给劳动者，并加付应得工资收入25%的赔偿费用；

（二）造成劳动者劳动保护待遇损失的，应按国家规定补足劳动者的劳动保护津贴和用品；

（三）造成劳动者工伤、医疗待遇损失的，除按国家规定为劳动者提供工伤、医疗待遇外，还应支付劳动者相当于医疗费用25%的赔偿费用；

（四）造成女职工和未成年工身体健康损害的，除按国家规定提供治疗期间的医疗待遇外，还应支付相当于其医疗费用25%的赔偿费用；

（五）劳动合同约定的其他赔偿费用。

《关于贯彻执行〈中华人民共和国劳动法〉若干问题的意见》（劳部发〔1995〕309号）

59.职工患病或非因工负伤治疗期间，在规定的医疗期间内由企业按有关规定支付其病假工资或疾病救济费，病假工资或疾病救济费可以低于当地最低工资标准支付，但不能低于最低工资标准的80%。

六、养老保险待遇损失的赔偿标准如何确定

裁判要旨

《最高人民法院关于审理劳动争议案件适用法律问题的解释(一)》第1条规定,劳动者以用人单位未为其办理社会保险手续,且社会保险经办机构不能补办导致其无法享受社会保险待遇为由,要求用人单位赔偿损失发生的纠纷,人民法院应予受理。实务中,因用人单位未尽法定义务,致使劳动者退休后无法享受养老保险待遇的情形时有发生,该种情形之下,劳动者的养老保险待遇损失如何确定?因劳动者退休后,其养老保险待遇受工资、工龄、退休时间、缴费金额、经济社会政策等因素的影响,难以精确界定,目前国家层面没有明确的计算方式,实务中观点不一。笔者认为,养老保险待遇损失的支付应同时符合劳动者已达退休年龄、用人单位应缴而未缴、社保机构不能补办三个条件,该损失的标准可参照当地退休职工社会平均养老金标准,并结合人口平均预期寿命标准以及单位和个人应承担的比例份额,一次性计算养老保险损失为宜。

【案情总览】

杨某出生于1955年4月4日,于2015年4月4日达到法定退休年龄。自1997年6月起被某县原林业局聘用为护林员。2016年,某县原林业局组建成立国有林场后,开始将天然林管护工作交由国有林场管护。2017年6月,杨某等护林员被移交给某林场用工并签订一年期的天然林资源保护工程二期责任协议书。杨某2017年6月以前工资由某县原林业局发放,2017年7月以后工资由某林场发放。2020年12月16日,某县自然资源局要求某林场将乡镇天

然林资源保护工程护林员和60岁以上护林员全部解聘,于12月30日前离岗。自2021年1月1日以后,某林场再未与杨某签订责任协议书亦未给其安排具体工作,也未书面通知解聘事宜,杨某继续履行工作职责。由于自2021年1月1日以后半年未发工资,杨某找某县自然资源局反映后,某林场于2021年8月16日出具证明,明确其已于2020年12月31日被解聘。自1997年至今,某县自然资源局、某林场均未给杨某建立养老保险账户及缴纳养老保险。2021年11月15日杨某申请劳动仲裁,请求确认其与某县自然资源局、某林场之间自1985年6月1日至2021年8月15日期间存在劳动合同关系,并支付经济赔偿金127750元、经济补偿金63875元等以及未缴纳养老保险待遇的损失604116元等。因仲裁不予受理,杨某诉至法院。

杨某认为:(1)二被告之间存在行政隶属关系。其是1985年6月1日通过招聘的方式被聘用在二被告处工作,接受二被告管理,二被告每月向其发放工资,符合劳动关系的特征。工作岗位始终为护林员,二被告因合并、分立等原因导致工作场所变动,系非因本人原因从原用人单位被安排到新用人单位工作,因此,其与二被告之间自1985年6月1日至2021年8月15日期间存在劳动关系。(2)依据《最高人民法院关于审理劳动争议案件适用法律问题的解释(一)》第1条第1款第5项规定,二被告未在其劳动期间缴纳社会保险且不能补缴,导致已达法定退休年龄后未能领取养老保险金,二被告应当承担相应赔偿责任。(3)依据《社会保险法》的规定,取得养老保险金,必须用人单位与劳动者共同缴纳养老保险达到一定年限,养老保险金要以统筹养老金及个人账户养老金等因素综合计算。根据《国务院新闻办公室2020年10月28日新闻发布会文字实录》,我国居民人均预期寿命为77.3岁,《自治区人力资源和社会保障厅、财政厅、医疗保障局关于2019年度社会保险缴费基数及福利待遇计发有关问题的通知》中载明全区企业退休人员月人均养老金为2910元,因此其要求以77.3岁为基数应支付17.3年,按照每月2910元标准赔偿养老保险待遇损失为604116元(2910元×12个月×17.3年=604116元)。

某县自然资源局、某林场认为:(1)某县自然资源局、某林场与杨某之间签订的是管护合同,而非劳动合同,双方之间也未形成事实上的劳动关系,实质属于劳务合同。为了有效管护林木,与杨某签订《林木管护责任协议书》,双方就林木管护方面的权利义务作了约定。杨某作为护林员所从事的工作就是在一定期限内完成巡护山林,协助林业主管部门检测防火、病虫害等工作,具有以完成单项工作任务、以项目承包方式完成承包任务等特点,部分护林员在本村看护山林,兼顾看林和务农两不误。杨某的工作性质显然不同于在用人单位参加养老保险的全日制从业人员,与用人单位也不存在完全的人身隶属关系。(2)退一步讲,即使杨某与某县自然资源局、某林场之间属于劳动合同关系,杨某于2015年4月就已经达到退休年龄,其退休后未享受养老保险待遇,已经知道其权利被侵害的事实,而其未在仲裁时效、诉讼时效内主张权利,已经超过法律保护的时效期间,理应驳回起诉。

一审法院认为:一、关于用工关系的认定问题。杨某自1997年6月至2015年4月,被某县原林业局聘用为护林员,由其管理并发放工资,双方之间存在劳动合同关系。自2015年5月至2017年6月,杨某虽达到退休年龄,但其未申请退休并继续从事护林员工作,此期间杨某与某县自然资源局之间形成劳务合同关系。由于机构改革,某县自然资源局成立某林场后将杨某移交给某林场管理使用,并负责发放工资,某林场虽由某县自然资源局行政主管,但具有独立法人资格。因此,应认定自2017年7月至2021年8月15日,杨某与某林场存在劳务合同关系。二、关于养老保险待遇损失应否支持的问题。杨某自1997年6月在某县自然资源局工作至达到法定退休年龄,其应依法为其建立养老保险账户,缴纳养老保险费而未缴纳,造成达到法定退休年龄无法享受养老保险待遇的情况,依据《最高人民法院关于审理劳动争议案件适用法律问题的解释(一)》第1条第1款第5项规定,劳动者有权主张损失赔偿。杨某于2015年4月已达法定退休年龄,至2021年11月15日才申请劳动仲裁,应受仲裁时效的限制,故该时间段的损失不予支持。但因损失仍在持续,故对2021年11月15日(66岁半)之后的损失其仍有权主张。三、关于养老保险待遇损失如何计算的问题。由于社会保险待遇计算所依据的内容纷繁复杂,而且受政策调整影响较大,对于不同保险项目的保险待遇计算规则不尽相同,如要求精准计算则难以操作,也与审判实践不相适应。根据目前较为通行的办法,酌定按照劳动者退休时当地退休职工的社会平均养老金标准,参照人身伤害赔偿标准中75周岁这一全国人口平均预期寿命标准,结合单位和个人应承担的比例份额,一次性计算养老保险损失为宜。根据《国务院关于完善企业职工基本养老保险制度的决定》(国发〔2005〕38 号)的规定,我国基本养老保险采取"统账结合"的管理模式,参保单位和个人分别缴纳工资总额的 20% 和 8% 的比例,缴费满 15 年并达到退休年龄者可以领取养老金。本案由于并未支出应当由个人负担的份额,故在计算损失时应当根据单位和个人应承担缴费比例酌情予以赔偿。经计算,某县自然资源局应赔偿杨某养老保险待遇损失为 179887.88 元{2469 元 × 12 个月 ×(75 年 −66.5 年)×[20 ÷(20 +8)]}。

二审法院认为:一、关于一审认定达到法定退休年龄后的用工法律关系为劳务关系是否正确的问题。根据《国务院关于工人退休、退职的暂行办法》规定,全民所有制企业、事业单位和党政机关、群众团体的男工人,除特殊情形外,退休年龄为 60 周岁。杨某 2015 年 4 月达到法定退休年龄。劳动者达到法定退休年龄的,不论其是否依法享受基本养老保险待遇,劳动合同终止。《劳动合同法》第 44 条规定了劳动合同终止的相关情形,依照该法第 44 条第 2 项的规定,劳动者开始依法享受基本养老保险待遇的,劳动合同终止。但是同时该法第 44 条第 6 项规定,有法律、行政法规的其他情形的,劳动合同终止。《劳动合同法实施条例》系国务院颁布的行政法规,该实施条例第 21 条规定,劳动者达到法定退休年龄的,劳动合同终止。因此,劳动者达到法定退休年龄与劳动者开始依法享受基本养老保险待遇的情形,两者均可以产生劳动合同终止的法律效果。杨某与某县自然资源局、某林场在其达到法定退休年龄后的用工关系属劳务关系。杨某 1997 年 6 月至 2015 年 4 月在某管护站为护林员,有与某县自然资源局机构改革前的合并单位签订的合同佐证,且劳动地点、工作内容未变,工资由某县自然资源局机构改革前合并单位按月发放,在此期间的用工法律关系应为劳动关系。故依照《最高人民法院关于审理劳动争议案件适用法律问题的解释(一)》第 26 条第 1 款规定用工主体责任应由某县自然资源局承担。

二、关于杨某主张的用人单位未缴纳社会保险无法享受养老保险待遇损失问题。按照《劳动法》第 72 条"社会保险基金按照保险类型确定资金来源,逐步实行社会统筹。用人单位和劳动者必须依法参加社会保险,缴纳社会保险费"的规定以及《最高人民法院关于审理劳动争议案件适用法律问题的解释

(一)》第1条第5项规定,缴纳社会保险费是用人单位的法定职责和义务,在某县自然资源局机构改革前合并单位用工期间未为其缴纳社会保险费导致达到退休年龄后,既不能补缴社会保险费,又不能享受社会保险待遇,某县自然资源局应当承担相应赔偿责任。

三、关于养老保险待遇损失如何计算的问题。如前所述,用人单位未缴纳社会保险费应当承担赔偿责任,但养老保险具有政策性、地区性,法律对赔偿的标准及范围无具体规定。根据《社会保险法》的规定,取得养老保险金,必须用人单位与劳动者共同缴纳养老保险达到一定年限,养老保险金的计算要以统筹养老金及个人账户养老金等因素综合计算。具体到本案,由于未建立养老保险账户,无法认定养老保险金的实际数额,养老保险待遇损失可参照用人单位未给其缴纳养老保险费致其未能获得的利益计算。参照某市当地缴纳养老保险费年限及月领取养老金标准,结合工龄及宁夏养老保险费缴纳开始时间,其月领取养老金标准可按1300元计算,其养老保险待遇损失从劳动合同终止起计算到统筹地区人均寿命75周岁止,应为234000元(1300元/月×12个月×15年)。原审对养老保险待遇损失以2015年全区企业退休人员月人均养老金为2469元标准计算不符合用人单位应缴纳养老保险费年限的实际,赔偿的年限应以15年计算。但因养老保险由用人单位和劳动者在用工期间共同缴纳,故本案双方当事人对未缴纳养老保险费造成的损失均有责任。同时结合工作性质,从事的护林工作期间在林场居住,应属全日制上班,加之达到法定退休年龄已享受新型农村社会养老保险待遇。为平衡双方的利益,结合双方缴纳养老保险费比例,一审确定的赔偿数额在合理范围内。一审判决认定事实清楚,适用法律正确,应予维持。

【法官释法】

《最高人民法院关于审理劳动争议案件适用法律问题的解释(一)》第1条规定了支付养老保险待遇损失的三个条件,即:劳动者已达退休年龄、用人单位应缴而未缴、社保机构不能补办。实务中,因用人单位未尽法定义务,致使劳动者退休后无法享受养老保险待遇的情形时有发生,该种情形之下,劳动者的养老保险待遇损失如何确定?因劳动者退休后,其养老保险待遇受缴费年限、缴费基数、缴费政策、通货膨胀等多种因素的影响,本身计算较为复杂,目前国家层面没有明确的计算方式,各地的裁判口径差异也较大。当前审判实务中,对于养老保险待遇损失的计算主要有以下几种方式:

欠缴费用计算法。按照劳动者在用人单位的工作年限,以用人单位欠缴的养老保险费用为基础酌定一定数额的赔偿金。我国养老保险制度采取个人账户与统筹相结合的模式,养老保险费由企业和被保险人共同承担。其中企业缴纳基本养老保险费的比例,一般不得超过企业工资总额的20%,具体比例由省、自治区、直辖市人民政府确定。如根据《安徽省高级人民法院〈关于审理劳动争议案件若干问题的指导意见〉》(2015年1月20日)第24条规定,劳动者起诉要求用人单位赔偿损失的,人民法院应根据不同社会保险险种,判决用人单位按缴费标准或待遇标准补偿劳动者相应损失。

具体损失计算法。按照"谁主张,谁举证"的民事诉讼法原则,劳动者应对用人单位应缴未缴养老保险费而对其造成的具体损失承担举证责任,明确其具体损失数额,否则承担对其不利后果。

应得养老金计算法。参照当地退休职工社会平均养老金标准,并结合当地人口平均预期寿命标准,一次性予以酌定。如《重庆市高院民一庭关于用人单位未为劳动者办理社会保险手续,且社会保险经办机构不能补办导致劳动者无法享受社会保险待遇的,用人单位应如何赔偿损失的通知》中指出,劳动者以用人单位未为其办理社会保险手续,且社会保险经办机构不能补办导致其无法享受社会保险待遇为由,要求用人单位赔偿损失的,按以下原则处理:如劳动者在同一用人单位工作年限满15年的,则参照劳动者达到法定退休年龄前一年的重庆市退休职工社会月平均养老金标准的70%确定劳动者的损失,由用人单位按月赔付;如劳动者在同一用人单位连续工作不满15年的,则以劳动者在用人单位的实际工作年限除以15年,再乘以其达到法定退休年龄前一年的重庆市退休职工月社会平均养老金标准的70%确定劳动者的损失,由用人单位按月赔付。

职工月工资计算法。按照每满一年发给相当于一个月当地上一年度职工月平均工资标准一次性支付劳动者养老保险待遇赔偿。如《江苏省高级人民法院、省劳动人事争议仲裁委员会关于审理劳动人事争议案件的指导意见

（二）》第20条规定："劳动者超过法定退休年龄请求用人单位赔偿养老保险待遇损失，且经社会保险经办机构审核确实不能补缴或者继续缴纳养老保险费的，自该用人单位依法应当为劳动者办理社会保险之日起，如果劳动者在用人单位连续工作未满十五年，用人单位应按照每满一年发给相当于一个月当地上一年度职工月平均工资标准一次性支付劳动者养老保险待遇赔偿。如果劳动者在用人单位连续工作满十五年，用人单位应按统筹地区社会保险经办机构核定的，以当地最低社会保险缴费基数为缴费基准，并按其应当缴费年限确定养老金数额，按月支付劳动者养老保险待遇，并随当地企业退休人员养老金水平调整而调整。"

社保部门核定法。委托社会保险经办机构及相关单位对具体数额进行核定，并以此为依据对劳动者的损失进行酌定。如《广州市劳动争议仲裁委员会、广州市中级人民法院关于劳动争议案件研讨会会议纪要》（2011）第36条第2款规定："劳动者无法享受社会保险待遇的具体损失数额不明确的，可由当事人向社会保险经办机构及相关单位申请核定；劳动争议仲裁委员会和人民法院如认为有需要，也可以委托社会保险经办机构及相关单位对有关费用进行核定。"

关于养老保险待遇损失如何计算，实践中主流观点是：酌定按照劳动者退休时当地社会平均养老金标准，参照人身损害赔偿标准中75周岁这一全国平均人口预期寿命标准，结合单位和个人应承担的比例份额，一次性计算养老保险金损失。笔者也赞同这种观点，理由如下：第一，其符合基本养老保险的给付条件。我国基本养老保险的给付条件有二：一为达到国家规定的法定退休年龄并办理相关手续的（国家法定的企业职工退休年龄为男年满60周岁，女工人年满50周岁，女干部年满55周岁）；二为缴纳基本养老保险费累计年限满15年。缴费年限的长短与养老保险待遇水平的高低有密切联系，缴费年限越长，养老保险水平越高。因此，如果缴费年限满15年后继续缴费，随着缴费年限的增加，养老保险待遇水平就越高。但是在实践中，由于种种原因，被保险人可能缴费年限无法累计满15年。第二，其符合基本养老保险的给付内容。我国基本养老保险的给付内容为：（1）基本养老金：其由统筹养老金和个人账户养老金组成。基本养老金根据个人累计缴费年限、缴费工资、当地职工平均工资、个人账户金额、城镇人口平均预期寿命等因素确定。当上述因素变化时，基本养老金也要相应调整。(2)丧葬补助金和抚恤金，即参加基本养老保险的个人，因病或者非因工死亡的，其遗属可以领取丧葬补助金和抚恤金。(3)病残津贴，参加基本养老保险的个人在未达到法定退休年龄时因病或者非因工致残完全丧失劳动能力的，可以领取病残津贴，所需资金从基本养老保险基金中支付。因此，按照劳动者退休时当地社会平均养老金标准来计算养老保险损失符合上述规定。第三，其符合基本养老金的确定因素。《国务院关于建立统一的企业职工基本养老保险制度的决定》(国发〔1997〕26号)规定："本决定实施后参加工作的职工，个人缴费年限累计满15年的，退休后按月发给基本养老金。基本养老金由基础养老金和个人帐户养老金组成。退休时的基础养老金月标准为省、自治区、直辖市或地(市)上年度职工月平均工资的20%，个人帐户养老金月标准为本人帐户储存额除以120。个人缴费年限累计不满15年的，退休后不享受基础养老金待遇，其个人帐户储存额一次支付给本人。"显然，个人账户养老金月标准为个人账户储存额除以计发月数，计发月数根据职工退休时城镇人口平均预期寿命、本人退休年龄、利息等因素确定。因此，参照人身损害赔偿标准中75周岁这一全国平均人口预期寿命标准来计算养老保险金损失符合上述规定。

【法条链接】

《中华人民共和国社会保险法》(2018年修正)

第十条第一款　职工应当参加基本养老保险，由用人单位和职工共同缴纳基本养老保险费。

第十一条　基本养老保险实行社会统筹与个人账户相结合。

基本养老保险基金由用人单位和个人缴费以及政府补贴等组成。

第十五条　基本养老金由统筹养老金和个人账户养老金组成。

基本养老金根据个人累计缴费年限、缴费工资、当地职工平均工资、个人账户金额、城镇人口平均预期寿命等因素确定。

第十六条　参加基本养老保险的个人，达到法定退休年龄时累计缴费满十五年的，按月领取基本养老金。

参加基本养老保险的个人,达到法定退休年龄时累计缴费不足十五年的,可以缴费至满十五年,按月领取基本养老金;也可以转入新型农村社会养老保险或者城镇居民社会养老保险,按照国务院规定享受相应的养老保险待遇。

第十七条 参加基本养老保险的个人,因病或者非因工死亡的,其遗属可以领取丧葬补助金和抚恤金;在未达到法定退休年龄时因病或者非因工致残完全丧失劳动能力的,可以领取病残津贴。所需资金从基本养老保险基金中支付。

第十八条 国家建立基本养老金正常调整机制。根据职工平均工资增长、物价上涨情况,适时提高基本养老保险待遇水平。

《最高人民法院关于审理劳动争议案件适用法律问题的解释(一)》

第一条 劳动者与用人单位之间发生的下列纠纷,属于劳动争议,当事人不服劳动争议仲裁机构作出的裁决,依法提起诉讼的,人民法院应予受理:

……

(五)劳动者以用人单位未为其办理社会保险手续,且社会保险经办机构不能补办导致其无法享受社会保险待遇为由,要求用人单位赔偿损失发生的纠纷;

……

第四章

工伤认定及待遇争议

一、交通事故与工伤竞合，能否双重赔偿

裁判要旨

《工伤保险条例》第14条规定，职工有下列情形之一的，应当认定为工伤：在上下班途中，受到非本人主要责任的交通事故或者城市轨道交通、客运轮渡、火车事故伤害的。显然，劳动者因交通事故发生工伤，可依据上述条款的规定向用人单位主张工伤保险待遇赔偿，同时还可向交通事故肇事方主张人身损害赔偿。那么，如何把握交通事故与工伤竞合的赔偿规则？对直接费用（医疗费、护理费、残疾用具费、住院伙食补助费）能否重复赔偿？误工费与停工留薪期工资是否属于重复赔偿项目？因现行法律法规及政策并无明确规定，实践中处理不一。笔者认为，民事赔偿与工伤赔偿可以双赔，不分先后，但医疗费不能获得双赔。

【案情总览】

李某于2018年6月入职某运输公司从事货车司机工作。工作期间，某运输公司通过银行转账形式向李某发放劳动报酬，双方未签订书面劳动合同，某运输公司未给李某缴纳过工伤及其他社会保险。2018年10月某日，李某在夜班期间驾驶某运输公司所有的重型自卸货车在拉运砂石料途中发生交通事故受伤。李某受伤后住院治疗15天，后又自2019年2月某日住院治疗17天，花费医疗费、门诊费共计89692.51元。李某受伤后再未回某运输公司上班。2019年7月，李某以詹某、某保险公司为被告提起机动车交通事故责任纠纷之诉，双方在案件审理过程中达成调解协议约定：由某保险公司于2019年9月30日前在交强险及商业三者险保险限额内赔偿李某医疗费、住院伙食补助费、营

养费、误工费、护理费、伤残赔偿金、交通费共计15万余元。2019年9月李某向某市人社局申请工伤认定，该局于2019年10月以劳动关系不明确为由中止了工伤认定程序，后于2020年6月恢复了工伤认定程序，并于2020年7月作出《认定工伤决定书》认定李某为工伤。2021年8月，某市劳动能力鉴定委员会确定李某伤残等级为九级、停工留薪期为5个月，自受伤之日起计算。2021年12月31日，李某以EMS邮件形式向某运输公司住所地邮寄一份邮件（解除劳动关系通知书），收件人为“王某”，备注明细“解除通知”，该邮件内容为：“解除劳动关系通知书　我在你单位工作期间，因你单位未依法给我缴纳社会保险，该行为（规定）已经违反《劳动法》《劳动合同法》及相关法律规定，损害了劳动者的合法权益。根据相关规定，我决定解除与你单位的劳动关系。特此通知。”EMS快递查询单显示2022年1月3日由本人（王某）签收。2022年2月18日，李某因“工伤待遇”等发生争议向劳动争议仲裁委员会提出书面仲裁申请，请求确认双方的劳动关系于2022年1月3日解除、支付解除劳动关系经济补偿金25500元、支付工伤赔偿共计24万元。后某运输公司因不服仲裁结果，诉至法院。

本案争议焦点如下：

一、关于某运输公司是否应当承担李某的各项工伤保险待遇的问题。因工负伤是由劳动过程中的职业危害因素所致，劳动者由此而丧失或部分丧失劳动能力，因工作遭受事故伤害进行治疗，享受工伤保险待遇。本案中，李某在工作时间工作地点因工作原因发生事故，其伤情经某市人社局认定为工伤，经劳动能力鉴定委员会鉴定伤残等级为九级，属于因工负伤并被确认为部分丧失劳动能力的情形，依法应当享受工伤保险待遇。某运输公司主张李某对事故发生负有重大过错且并非在工作期间受伤，应不予认定为工伤。根据《最高人民法院关于适用〈中华人民共和国民事诉讼法〉的解释》第93条规定，某运输公司在某市人社局作出《认定工伤决定书》后，其不服该决定向某市人民政府提起行政复议要求撤销该《认定工伤决定书》的请求被维持，后提出行政诉讼被某法院判决驳回诉讼请求故某运输公司的上述主张，不予采纳。

二、关于双方劳动关系解除及是否应当支付经济补偿金的问题。本案中，李某经鉴定为伤残等级九级，停工留薪期5个月期满后，某运输公司未为李某安排适当工作,李某亦未回某运输公司工作。李某在 2021 年 12 月 31 日以某运输公司未为其缴纳各项社会保险为由向某运输公司法定代表人王某邮寄《解除劳动关系通知书》,应视为其主动提出解除双方之间的劳动关系,而王某本人于 2022 年 1 月 3 日予以签收,结合庭审时某运输公司亦同意解除劳动关系的事实,可以确认李某本人系依据《劳动合同法》第 38 条提出解除劳动合同,符合《工伤保险条例》第 37 条"职工本人提出解除劳动、聘用合同的"的相关规定,综合上述情况及双方陈述,确认双方劳动关系已于 2022 年 1 月 3 日解除。根据《劳动合同法》第 46 条规定,劳动者依照本法第 38 条规定解除劳动合同的,用人单位应当向劳动者支付经济补偿。李某在解除劳动合同前 12 个月虽未正常工作,但其系工伤原因所致,考虑到李某的伤残等级为九级,在其停工留薪期满后某运输公司应为其安排适当工作,因双方均认可李某受伤前月平均工资为 8201.67 元的事实,故某运输公司应向李某支付解除劳动合同经济补偿金为 32806.68 元(8201.67 元/月 ×4 个月)。因其仅主张 25500 元,予以确认。

三、关于医疗费是否支持的问题。《宁夏回族自治区实施〈工伤保险条例〉办法》第 10 条规定:"工伤保险基金全部纳入社会保障基金财政专户,实行收支两条线管理,用于下列项目的支出:(一)工伤医疗费和工伤康复费;……"本案中,结合李某提供的医疗费票据,并结合庭审时双方均认可产生医疗费共计 89692.51 元的事实,依据相关法律规定,对于第三人原因导致的工伤,医疗费实行填平原则和弥补损失原则,故某运输公司仅承担李某从交通事故纠纷中实际未获赔且依法不能获赔的部分,因李某在该起交通事故中承担主要责任,其从交通事故损害赔偿纠纷一案中依法不能获赔的医疗费为 55784.76 元[(89692.51 元 - 交强险赔付医疗费 10000 元) ×70%],因此,某运输公司应向李某支付医疗费差额 55784.76 元。

据此,一审法院经审理后判决李某与某运输公司的劳动关系于 2022 年 1 月 3 日解除并判决某运输公司向李某支付解除劳动关系经济补偿金 25500 元、支付一次性伤残补助金、一次性工伤医疗补助金等工伤保险待遇共计 23 万元。某运输公司不服提起上诉,二审法院经审理后判决驳回上诉,维持原判。

【法官释法】

根据《工伤保险条例》第 14 条规定,职工在上下班途中,受到非本人主要责任的交通事故或者城市轨道交通、客运轮渡、火车事故伤害的,应当认定为工伤。从该条可以看出:一个交通事故的侵权行为同时触发了两个法律关系,一是受害人与肇事人之间的侵权赔偿法律关系;二是劳动者与用人单位之间的工伤赔偿法律关系。此在法律上称为竞合。那么,司法实务中,如何把握交通事故与工伤竞合的赔偿规则?对直接费用(医疗费、护理费、残疾用具费、住院伙食补助费)能否重复赔偿?误工费与停工留薪期工资是否属于重复赔偿项目?因现行法律法规及政策并无明确规定,实践中处理不一。

一、关于交通事故与工伤竞合时,劳动者是否能够获得双重赔偿的问题。

交通事故侵权赔偿与工伤保险待遇,两者虽基于同一损害事实,但法律性质不同、法律关系不同、法律规范不同、承担责任主体不同,并行不悖,受害方可以获得"双重赔偿"。这是目前司法实务界的普遍观点。

劳动者因交通事故导致工伤,工伤的劳动者存在两个请求权,一个是基于工伤保险关系而享有的工伤保险请求权;一个是基于人身损害而享有的民事侵权损害赔偿请求权。依据为:(1)《最高人民法院关于审理人身损害赔偿案件适用法律若干问题的解释》第 3 条:"依法应当参加工伤保险统筹的用人单位的劳动者,因工伤事故遭受人身损害,劳动者或者其近亲属向人民法院起诉请求用人单位承担民事赔偿责任的,告知其按《工伤保险条例》的规定处理。因用人单位以外的第三人侵权造成劳动者人身损害,赔偿权利人请求第三人承担民事赔偿责任的,人民法院应予支持。"(2)《最高人民法院关于因第三人造成工伤的职工或其亲属在获得民事赔偿后是否还可以获得工伤保险补偿问题的答复》(〔2006〕行他字第 12 号)规定:"因第三人造成工伤的职工或其近亲属,从第三人处获得民事赔偿后,可以按照《工伤保险条例》第三十七条的规定,向工伤保险机构申请工伤保险待遇补偿。"(3)《社会保险法》第 42 条:"由于第三人的原因造成工伤,第三人不支付工伤医疗费用或者无法确定第三人的,由工伤保险基金先行支付。工伤保险基金先行支付后,有权向第三人追偿。"(4)《最高人民法院关于审理工伤保险行政案件若干问题的规定》第 8 条第 2 款:"职工因第三人的原因受到伤害,社会保险行政部门已经作出工伤认定,职工或者其近亲属未对第三人提起民事诉讼或者尚未获得民事赔偿,起诉要求社会保险经办机构支付工伤保险待遇的,人民法院应予支持。”笔者认为,从上述规定可以看出,劳动者因第三人原因遭到事故伤害,不因受害方先行获得一方全部或部分赔偿而免除或减轻另一方的责任,且不分先后。

二、关于第三人赔偿的误工费与工伤保险待遇中的停工留薪期是否属于重复赔偿项目的问题。

实务中,在交通事故赔偿中误工费与工伤保险待遇中的停工留薪工资确实存在重合的情况,因此各方观点不一。

观点一,可以双重赔偿。理由如下:一是《最高人民法院关于审理工伤保险行政案件若干问题的规定》第 8 条第 3 款规定:“职工因第三人的原因导致工伤,社会保险经办机构以职工或者其近亲属已经对第三人提起民事诉讼为由,拒绝支付工伤保险待遇的,人民法院不予支持,但第三人已经支付的医疗费用除外。”该条仅规定不支持医疗费的双重赔偿,并不包含误工费。二是误工费与停工留薪期工资的概念、性质、计算标准均不同,不属于重复请求,亦不属于实际发生费用。如河北省高级人民法院(2018)冀民申 2867 号案件认为:“因第三人侵权导致工伤的,劳动者在向侵权人主张人身损害赔偿后,是否还可以向用人单位主张工伤赔偿问题,现行法律对此没有明确的禁止性规定,故申请人主张本案属于重复赔偿,缺乏法律依据。停工留薪期间工资与误工费不是同一个法律概念,不存在重复赔偿。”

观点二,不可双重赔偿。《最高人民法院关于审理人身损害赔偿案件适用法律若干问题的解释》第 7 条规定,误工费根据受害人的误工时间和收入状况确定;误工时间根据受害人接受治疗的医疗机构出具的证明确定;受害人有固定收入的,误工费按照实际减少的收入计算。上述规定表明,第三人赔偿误工费是以受害人“实际减少的收入”的事实为前提,因此受害人不能因为一个损害行为获得重复利益,如果已经从侵权方或者工伤保险中的一方获得误工足额赔偿的,不应支持其他方的赔偿,尚未获得足额赔偿的,支持其他方补足差额。

三、关于第三人已经赔偿的医疗费、护理费、残疾用具费、住院伙食补助费,劳动者能否要求双赔的问题。

医疗费不可双赔,在司法实务中没有争议。但对于护理费、残疾用具费、住院伙食补助费实务中依然存在两种不同观点。一是认为可以双重赔偿,理由如上;二是认为不可双重赔偿,认为根据人身损害赔偿“损失填平”以及不能因同一损害而获得法外利益的法律原则,对于直接损失以及重复(竞合)项目,如护理费、交通费、住院伙食补助费、被抚(扶)养人生活费等费用不支持双重赔偿。如《北京市高级人民法院、北京市劳动争议仲裁委员会关于劳动争议案件法律适用问题研讨会会议纪要》(已失效)第34条:“因第三人侵权而发生的工伤,如用人单位未为劳动者缴纳工伤保险费,应由用人单位按照《工伤保险条例》的有关规定向劳动者(或直系亲属)支付工伤保险待遇。侵权的第三人已全额给付劳动者(或直系亲属)医疗费、交通费、残疾用具费等需凭相关票据给予一次赔偿的费用,用人单位不必再重复给付。”又如《江苏省高级人民法院劳动争议案件审理指南》第五章第3条规定:关于工伤保险赔偿与第三人侵权赔偿的关系。二者之间为“部分兼得、部分补充”的关系,即如果劳动者已获得侵权赔偿,用人单位承担的工伤保险责任中应扣除第三人已支付的医疗费、护理费、营养费、交通费、住院伙食补助费、残疾辅助器具费和丧葬费等实际发生费用。用人单位先行支付工伤保险赔偿的,可以在第三人应当承担的赔偿责任范围内向第三人追偿。对于上述几项实际发生费用以外的其他费用,则采取兼得原则。再如《浙江省高级人民法院民一庭关于审理劳动争议纠纷案件若干疑难问题的解答》第15条规定:《社会保险法》实施后,因第三人侵权导致工伤的,仍继续适用浙政发〔2009〕50号通知的规定。职工因劳动关系以外的第三人侵权造成人身损害,同时构成工伤的,依法享受工伤保险待遇。如职工获得侵权赔偿,用人单位承担的工伤保险责任相对应项目中应扣除第三人支付的下列五项费用:医疗费,残疾辅助器具费,工伤职工在停工留薪期间发生的护理费、交通费、住院伙食补助费。

笔者认为,工伤保险与民事赔偿的性质不同,适用法律不同,不能相互替代,劳动者的工伤系第三人侵权所致,对于劳动者先获得侵权赔偿的,不影响其享受工伤保险待遇。但对于医疗费不得重复享有。如(2018)川民再787号判决认为:“工伤保险待遇与侵权赔偿责任竞合时,如劳动者执行任务时因第三人原因受伤,一方面可依据侵权行为法向侵权人请求损害赔偿,另一方面可依据工伤保险条例请求保险给付,两者请求权基础不同,归责原则和权利的保护范围不同,互不排斥;因第三人造成工伤的职工或其近亲属,从第三人处获得民事赔偿后,可以按照《工伤保险条例》第三十七条的规定,向工伤保险机构申请工伤保险待遇补偿,第三人已经支付的医疗费用除外。所以除医疗费等直接费用之外,劳动者可以在有限范围获得双重赔偿。”简言之,就是因第三人造成的工伤,可以获得除医疗费之外的双重赔偿,即:民事赔偿与工伤赔偿可以双赔,不分先后,但医疗费不能获得双赔。

【法条链接】

《中华人民共和国社会保险法》(2018年修正)

第四十一条　职工所在用人单位未依法缴纳工伤保险费,发生工伤事故的,由用人单位支付工伤保险待遇。用人单位不支付的,从工伤保险基金中先行支付。

从工伤保险基金中先行支付的工伤保险待遇应当由用人单位偿还。用人单位不偿还的,社会保险经办机构可以依照本法第六十三条的规定追偿。

第四十二条　由于第三人的原因造成工伤,第三人不支付工伤医疗费用或者无法确定第三人的,由工伤保险基金先行支付。工伤保险基金先行支付后,有权向第三人追偿。

《工伤保险条例》

第十四条　职工有下列情形之一的,应当认定为工伤:

(一)在工作时间和工作场所内,因工作原因受到事故伤害的;

(二)工作时间前后在工作场所内,从事与工作有关的预备性或者收尾性工作受到事故伤害的;

(三)在工作时间和工作场所内,因履行工作职责受到暴力等意外伤害的;

(四)患职业病的;

(五)因工外出期间,由于工作原因受到伤害或者发生事故下落不明的;

(六)在上下班途中,受到非本人主要责任的交通事故或者城市轨道交通、客运轮渡、火车事故伤害的;

(七)法律、行政法规规定应当认定为工伤的其他情形。

《最高人民法院关于审理工伤保险行政案件若干问题的规定》

第八条　职工因第三人的原因受到伤害,社会保险行政部门以职工或者其近亲属已经对第三人提起民事诉讼或者获得民事赔偿为由,作出不予受理工伤认定申请或者不予认定工伤决定的,人民法院不予支持。

职工因第三人的原因受到伤害，社会保险行政部门已经作出工伤认定，职工或者其近亲属未对第三人提起民事诉讼或者尚未获得民事赔偿，起诉要求社会保险经办机构支付工伤保险待遇的，人民法院应予支持。

职工因第三人的原因导致工伤，社会保险经办机构以职工或者其近亲属已经对第三人提起民事诉讼为由，拒绝支付工伤保险待遇的，人民法院不予支持，但第三人已经支付的医疗费用除外。

《最高人民法院关于审理人身损害赔偿案件适用法律若干问题的解释》

第三条 依法应当参加工伤保险统筹的用人单位的劳动者，因工伤事故遭受人身损害，劳动者或者其近亲属向人民法院起诉请求用人单位承担民事赔偿责任的，告知其按《工伤保险条例》的规定处理。

因用人单位以外的第三人侵权造成劳动者人身损害，赔偿权利人请求第三人承担民事赔偿责任的，人民法院应予支持。

第七条 误工费根据受害人的误工时间和收入状况确定。

误工时间根据受害人接受治疗的医疗机构出具的证明确定。受害人因伤致残持续误工的，误工时间可以计算至定残日前一天。

受害人有固定收入的，误工费按照实际减少的收入计算。受害人无固定收入的，按照其最近三年的平均收入计算；受害人不能举证证明其最近三年的平均收入状况的，可以参照受诉法院所在地相同或者相近行业上一年度职工的平均工资计算。

二、未报销的工伤医疗费，应由谁买单

裁判要旨

根据《工伤保险条例》第30条规定，治疗工伤所需费用符合工伤保险诊疗项目目录、工伤保险药品目录、工伤保险住院服务标准的，从工伤保险基金支付。司法实务中，用人单位依法为职工缴纳了工伤保险费，但工伤职工在治疗过程中，难免有一部分医疗费不在工伤保险基金支付范围之内。那么，对于超出工伤保险基金目录范围的不能报销的医疗费到底该由谁来负担？因现有法律法规及司法解释对此并未明确规定，实务中一直存在不同的观点。

【案情总览】

2012年5月，李某入职某劳务公司工作，双方签订了书面劳动合同，后李某被派遣至某劳务公司下属的某煤矿从事井下掘砌工工作。工作期间，某劳务公司为李某缴纳了各项社会保险费。2016年6月，李某在工作时受伤。2016年8月，经某劳务公司申请，李某的伤情被确认为工伤并于2016年11月被确定伤残等级为八级，停工留薪期为10个月。2017年5月某劳务公司从工伤部门报销费用9.4万余元，其中：一次性伤残补助金3.3万余元、住院伙食补助费90元、医疗费6万余元，未报销医疗费9716.69元。2017年6月12日，李某因左桡骨远端骨折术后、右胫骨骨折外固定架固定术后住院治疗，某劳务公司垫付第二次医疗费20000元。2017年12月，经某市劳动能力鉴定委员会确认李某的停工留薪期延长1个月。李某受伤后再未到某煤矿上班。2018年3月某劳务公司从工伤部门报销费用9534.89元（其中医疗费9444.89元、住院伙食补助费90元）。2018年5月7日，李某向某劳务公司提出辞职，并递交书面

《辞职报告》,内容为:"因为公司不能按照《工伤保险条例》及相关规定向本人支付停工留薪期的工资,损害了本人的合法权益,现本人申请辞职。"2018 年 5 月 9 日,李某因"工伤待遇、经济补偿"发生争议,向劳动争议仲裁委员会申请仲裁,请求裁决与某劳务公司的劳动关系于 2018 年 5 月 21 日解除,并由某劳务公司支付解除劳动关系经济补偿金 27000 元,并向其支付各项工伤待遇共计 14 万余元。因对仲裁裁决不服,李某诉至法院。

本案争议焦点有以下几点:

一、关于解除劳动关系的时间。李某要求与某劳务公司的劳动关系于 2018 年 5 月 21 日解除并出具解除劳动关系证明的诉讼请求。因在本案审理过程中,李某与某劳务公司均同意解除劳动合同,对解除时间为 2018 年 5 月 7 日均无异议,且李某已收到某劳务公司向其出具的《解除劳动合同证明书》并向某劳务公司出具了收条,故对李某要求与某劳务公司于 2018 年 5 月 21 日解除劳动关系并出具解除劳动关系证明的诉讼请求,不予支持,双方解除劳动关系的时间应确认为 2018 年 5 月 7 日。

二、关于解除劳动关系经济补偿金。因工资属于劳动者提供劳动而用人单位以货币形式向其发放的劳动报酬。本案中,李某工伤期间并未上班且未进行劳动,停工留薪期工资仅系一种工伤保险待遇,并非用人单位向其支付的劳动报酬,故李某以某劳务公司未按相关规定向其支付停工留薪期工资为由而提出解除劳动关系,不符合《劳动合同法》第 38 条以及第 46 条规定的劳动者可以提出解除劳动合同而用人单位应当向其支付经济补偿金的情形。

三、关于工伤基金未报销的医疗费。因某劳务公司为李某办理了工伤保险并缴纳了工伤保险费,依据《宁夏回族自治区实施〈工伤保险条例〉办法》第 10 条规定,医疗费依法由工伤保险基金予以支付,李某要求由某劳务公司向工伤保险经办机构申请领取,差额部分由某劳务公司补偿的诉讼请求,应当向工伤保险部门主张;其要求的未报销的医疗费差额部分,因上述费用已由某劳务公司交于工伤保险基金进行核报,依据《工伤保险条例》第 30 条第 3 款规定,李某治疗工伤所自行垫付的费用是否符合报销条件,应向工伤保险经办机构提出,通过工伤保险基金进行核报,未报销部分,应由其自行承担。

四、关于停工留薪期工资差额。根据《工伤保险条例》第 33 条规定,职工因工作遭受事故伤害或者患职业病需要暂停工作接受工伤医疗的,在停工留薪期内,原工资福利待遇不变,由所在单位按月支付。工伤职工评定伤残等级后,停发原待遇,按照本章的有关规定享受伤残待遇。工伤职工在停工留薪期满后仍需治疗的,继续享受工伤医疗待遇。本案中,李某的第一次停工留薪期为10个月,在此期间,李某一直未停止治疗,后因伤情变化仍需住院治疗,某市劳动能力鉴定委员会将李某的停工留薪期延长了1个月。某劳务公司辩称李某的停工留薪期为5.5个月,不予采信。按照相关劳动法律规定,停工留薪期的起止日期与伤残等级的定残日没有必然关系,李某尚在治疗期内,不能据此认定李某的停工留薪期已满,否则不会有劳动能力鉴定委员会延长其停工留薪期之说。因李某受伤前12个月的月平均工资为4368元,某劳务公司应向其支付的停工留薪期工资为48048元(4368元/月×11个月),某劳务公司已经向李某支付停工留薪期工资27463.18元,还应支付停工留薪期工资差额20584.82元。

一审法院经审理后判决李某与某劳务公司的劳动关系于2018年5月7日解除并判决某劳务公司向李某支付各项工伤保险待遇共计6.2万余元。李某及某劳务公司均不服提起上诉,二审法院经审理后判决驳回上诉,维持原判。

【法官释法】

司法实务中,用人单位依法为职工缴纳了工伤保险,但工伤职工在治疗过程中,难免有一部分医疗费不在工伤保险基金的支付范围之内。那么,对于超出工伤保险基金目录范围的不能报销的医疗费到底该由谁来负担呢?因现有法律法规及司法解释并未明确规定,目前,实务中有以下四种不同观点。

用人单位承担说,即工伤职工用于治疗工伤的全部医疗费用均由用人单位负担。理由有三:一是符合工伤保险立法精神及宗旨。《工伤保险条例》第1条规定:"为了保障因工作遭受事故伤害或者患职业病的职工获得医疗救治和经济补偿,促进工伤预防和职业康复,分散用人单位的工伤风险,制定本条例。"显然,工伤保险将本应由用人单位承担的工伤赔偿责任通过社会化负担的方式予以分散,但分散不等于免除其全部赔偿责任,从保护劳动者的利益出发,该部分费用由用人单位负担更为合理。二是符合工伤保险的无责任补偿原则。从本质上说,工伤保险属于工伤赔偿范畴,基于对劳动者倾斜保护之体现,明确规定用人单位无论对于工伤事故有无责任，均应赔偿劳动者的损失。此处的损失应包含劳动者因工而伤的全部损失，故未报销的医疗费也应包含在内。三是符合工伤保险具有的民事侵权赔偿和社会保险赔偿的双重性质。《民法典》第1166条规定："行为人造成他人民事权益损害，不论行为人有无过错，法律规定应当承担侵权责任的，依照其规定。"依前所述，对于被认定为工伤或职业病的劳动者，在工伤经济补偿时应遵循无过错责任原则毋庸置疑。据此，劳动者在发生工伤事故后，对于工伤基金未报销的费用，依然可以根据无过错责任原则向用人单位主张民事赔偿，此时如果仍由劳动者自行承担，则与上述法规相悖。

自行承担说，即工伤基金未报销费用由工伤职工自行负担。理由为：《社会保险法》第38条已明确规定，治疗工伤的医疗费用由工伤保险基金支付。在用人单位已依照国家规定为职工购买工伤保险的情况下，未报销的医疗费系职工治疗时超出国家规定药品目录之外的部分，并非用人单位的责任。因此，由用人单位支付并无依据，应由工伤职工自行负担。如《江苏省高级人民法院劳动争议案件审理指南(2010)》第五章中"工伤保险争议的审理思路"第1项规定：对于已经参加工伤保险的用人单位，劳动者受到工伤的，只能就用人单位依照《工伤保险条例》应当承担的部分向用人单位主张赔偿。对于由工伤保险基金支付的部分，劳动者不得在劳动争议案件中主张。《深圳市劳动人事争议仲裁委员会2016年全市社会保险争议疑难问题研讨会纪要》中指出："三、用人单位已为劳动者缴纳工伤保险，劳动者以实际支出的工伤医疗费高于社保部门偿付的医疗费为由要求用人单位补足的，不予支持。法律法规另有规定的除外。"

比例分担说，即由工伤职工和用人单位依据公平原则按比例分担。如《无锡市人民政府关于贯彻〈工伤保险条例〉和〈江苏省实施《工伤保险条例》办法〉的意见》第9条规定：治疗工伤所需费用超过工伤保险诊疗项目目录、工伤保险药品目录、工伤保险住院服务标准范围的，属于抢救生命危急工伤职工所必需的，由工伤保险基金和用人单位各支付50%。再如《吉林省实施〈工伤保险条例〉办法》第33条规定：职工受到事故伤害至被认定为工伤前发生的救治医疗费用，由用人单位垫付。工伤认定后，符合工伤保险诊疗项目目录、工伤药品目录和工伤住院服务标准的医疗费用,由工伤保险经办机构报销。职工治疗工伤发生的医疗费用,不属于工伤保险基金支付范围的,由用人单位和工伤职工各承担50%。

条件负担说,即工伤基金未报销部分,原则上由工伤职工自行负担,但用人单位在满足以下条件时予以承担。条件有二:一是有约定从约定。如《广州市中级人民法院关于审理劳动人事争议案件若干问题的研讨会纪要》(2014年5月26日)第10条规定,超出社保基金支付范围的工伤医疗费原则上用人单位或社保基金不支付。如用人单位与劳动者就此有约定则从其约定。二是若同意可负担。如:《浙江省高级人民法院民事审判第一庭、浙江省劳动人事争议仲裁院关于审理劳动争议案件若干问题的解答(二)》(浙高法民一〔2014〕7号)第16问指出,用人单位已依法为劳动者缴纳了工伤保险,劳动者工伤医疗费超出社保基金报销目录范围的费用原则上不应由用人单位承担,但超出目录范围的费用经用人单位同意或者认可的除外。

笔者倾向于条件负担说。主要理由如下:

第一,《工伤保险条例》第1条规定:"为了保障因工作遭受事故伤害或者患职业病的职工获得医疗救治和经济补偿,促进工伤预防和职业康复,分散用人单位的工伤风险,制定本条例。"显然,工伤保险制度是通过强制用人单位为职工缴纳工伤保险,以便在职工发生工伤事故后,由工伤保险基金支付相应的工伤待遇,从而将本应由用人单位个体承担的工伤责任扩大到社会保险机制中去分担的社会保障制度。笔者认为,该条至少体现了工伤保险制度的两大功能:一为及时救治、补偿工伤职工;二为用人单位分担工伤偿付责任。据此,根据《社会保险法》第38条和《工伤保险条例》第30条的规定,在用人单位已经为职工缴纳工伤保险、职工所受伤害被认定为工伤的前提下,工伤保险基金具有向职工支付治疗工伤的医疗费用的法定义务。如果用人单位按照法律规定为职工缴纳了工伤保险,还要承担工伤保险基金未报销的医疗费用,那么,缴纳工伤保险的意义何在?分散用人单位的工伤风险的意义何在?《社会保险法》第38条虽明确规定治疗工伤的医疗费用由工伤保险基金支付,但现行的法律法规均未规定工伤保险基金不予报销的医疗费由用人单位支付。如果对于超出的未报销的医疗费由用人单位承担,那么,必将在一定程度上打击用人单位购买工伤保险的积极性,这同时也与工伤保险制度设置的初衷相悖。

第二,工伤职工对于选择工伤保险目录内的诊疗项目和药品有一定自主权。实务中,经常有工伤职工在治疗工伤的同时治疗与工伤无关的部分,而医院也因客观原因使用了超出目录的药品,却让用人单位承担支付责任明显不合理。笔者认为,如果用人单位依法为劳动者缴纳了工伤保险费用,劳动者能享受的工伤保险待遇理应在工伤基金支付的范围之内,而非医疗费用缴费收据所载明的全部费用,故不应将损失范围扩大到医保基金支付的范围之外。但是,如果用人单位没有为劳动者缴纳工伤保险费,劳动者在主张工伤赔偿时提交了相关的医疗缴费收据,应视为其已经履行了基本的举证责任。那么,即使用人单位认为该医疗缴费收据中有不属于工伤保险基金目录范围的不能报销的费用,但因其并未履行法定的缴纳义务,导致劳动者在就医过程中缺少工伤部门对医疗费用的审核和控制的程序,由此而扩大的损失应由用人单位负担。

第三,《民法典》第 5 条规定:“民事主体从事民事活动,应当遵循自愿原则,按照自己的意思设立、变更、终止民事法律关系。”第 6 条规定:“民事主体从事民事活动,应当遵循公平原则,合理确定各方的权利和义务。”笔者认为,依据民事活动“契约自由”及“公平原则”,对于工伤职工未报销的医疗费用,双方有约定的可以依约定,如果工伤职工在治疗中所产生的自费医疗费用确系抢救所必需或工伤目录范围内无可替代的药品等特殊原因所致,则应征得用人单位、家属等同意,由相关医疗机构出具证明予以说明,该部分费用如果经社保部门批准后,由工伤保险部门承担,但如果确系与治疗工伤无关的部分,用人单位可拒绝承担。

【法条链接】

《中华人民共和国民法典》

第五条 民事主体从事民事活动,应当遵循自愿原则,按照自己的意思设立、变更、终止民事法律关系。

第六条 民事主体从事民事活动,应当遵循公平原则,合理确定各方的权利和义务。

《中华人民共和国社会保险法》(2018 年修正)

第三十八条 因工伤发生的下列费用,按照国家规定从工伤保险基金中支付:

（一）治疗工伤的医疗费用和康复费用；

（二）住院伙食补助费；

（三）到统筹地区以外就医的交通食宿费；

（四）安装配置伤残辅助器具所需费用；

（五）生活不能自理的，经劳动能力鉴定委员会确认的生活护理费；

（六）一次性伤残补助金和一至四级伤残职工按月领取的伤残津贴；

（七）终止或者解除劳动合同时，应当享受的一次性医疗补助金；

（八）因工死亡的，其遗属领取的丧葬补助金、供养亲属抚恤金和因工死亡补助金；

（九）劳动能力鉴定费。

《工伤保险条例》（2010 年修订）

第一条　为了保障因工作遭受事故伤害或者患职业病的职工获得医疗救治和经济补偿，促进工伤预防和职业康复，分散用人单位的工伤风险，制定本条例。

第三十条　职工因工作遭受事故伤害或者患职业病进行治疗，享受工伤医疗待遇。

职工治疗工伤应当在签订服务协议的医疗机构就医，情况紧急时可以先到就近的医疗机构急救。

治疗工伤所需费用符合工伤保险诊疗项目目录、工伤保险药品目录、工伤保险住院服务标准的，从工伤保险基金支付。工伤保险诊疗项目目录、工伤保险药品目录、工伤保险住院服务标准，由国务院社会保险行政部门会同国务院卫生行政部门、食品药品监督管理部门等部门规定。

职工住院治疗工伤的伙食补助费，以及经医疗机构出具证明，报经办机构同意，工伤职工到统筹地区以外就医所需的交通、食宿费用从工伤保险基金支付，基金支付的具体标准由统筹地区人民政府规定。

工伤职工治疗非工伤引发的疾病，不享受工伤医疗待遇，按照基本医疗保险办法处理。

工伤职工到签订服务协议的医疗机构进行工伤康复的费用，符合规定的，从工伤保险基金支付。

第三十七条　职工因工致残被鉴定为七级至十级伤残的，享受以下待遇：

（一）从工伤保险基金按伤残等级支付一次性伤残补助金，标准为：七级伤残为 13 个月的本人工资，八级伤残为 11 个月的本人工资，九级伤残为 9 个月的本人工资，十级伤残为 7 个月的本人工资；

（二）劳动、聘用合同期满终止，或者职工本人提出解除劳动、聘用合同的，由工伤保险基金支付一次性工伤医疗补助金，由用人单位支付一次性伤残就业补助金。一次性工伤医疗补助金和一次性伤残就业补助金的具体标准由省、自治区、直辖市人民政府规定。

第四十六条 经办机构具体承办工伤保险事务，履行下列职责：

（一）根据省、自治区、直辖市人民政府规定，征收工伤保险费；

（二）核查用人单位的工资总额和职工人数，办理工伤保险登记，并负责保存用人单位缴费和职工享受工伤保险待遇情况的记录；

（三）进行工伤保险的调查、统计；

（四）按照规定管理工伤保险基金的支出；

（五）按照规定核定工伤保险待遇；

（六）为工伤职工或者其近亲属免费提供咨询服务。

《宁夏回族自治区实施〈工伤保险条例〉办法》（宁政发〔2012〕115号）

第二十四条 职工因工作遭受事故伤害或者患职业病进行治疗，享受工伤保险待遇。

第二十五条 职工因工伤需要急救的，可以就近救治，但伤情平稳后，应当转到工伤保险协议医疗机构治疗；需要工伤康复的，应当在协议康复医疗机构进行。

工伤医疗费用应当符合国家和自治区工伤保险诊疗项目目录、药品目录和医疗服务设施标准范围。超出工伤保险支付范围的费用，工伤保险基金不予支付。

三、工伤职工与用人单位解除劳动关系领取一次性工伤医疗补助金后，主张后续医疗费能否支持

裁判要旨

目前，对于与用人单位解除劳动关系领取一次性工伤医疗补助金后的工伤职工的后续治疗费支付问题，因《工伤保险条例》对后续治疗费尚无明确规定，实务中一直存在不同观点。笔者认为，劳动者在提出解除或终止劳动关系时，对后续医疗费是一次性享受还是分次享受已经作出了选择，即后续治疗费已包含在一次性工伤医疗补助金内，工伤职工既已领取了一次性工伤医疗补助金，除工伤复发等特殊原因及双方对后续治疗费有约定从约定外，对其主张的后续治疗费原则上不予支持。

【案情总览】

案例一：2018年9月，王某由张某招录进入张某承包的天成公司的某项目工地从事焊接工作。2018年10月王某在高空作业时坠落受伤。2019年7月王某被认定为工伤，天成公司为工伤保险责任单位。2019年10月王某的伤情经鉴定为七级，并确认停工留薪期为8个月。2019年12月，王某以天成公司为被申请人、张某为第三人申请劳动仲裁，因天成公司不服该仲裁裁决，起诉至法院。2020年3月，经法院主持调解，各方达成一致意见，调解协议约定，“一、天成公司于2020年6月15日前一次性支付王某工资、一次性伤残补助金、一次性工伤医疗补助金、一次性伤残就业补助金、停工留薪期工资、伙食补

助费、护理费等各项费用共计298455.2元;二、张某对上述款项承担连带赔偿责任”。2022年8月,王某进行了二次手术。2023年3月,王某因工伤后续医疗费等发生争议,再次申请劳动仲裁,要求天成公司向其支付二次手术医疗费10795.77元、停工留薪期工资11310元、交通费240元。

案例二:李某原系某公司职工,2016年入职某公司从事轮胎装卸工作。2016年12月工作时受伤,2017年1月被认定工伤,2017年9月被鉴定伤残等级为九级。2017年10月,李某申请仲裁,请求解除劳动关系并支付工伤保险待遇等。2017年12月,仲裁委员会作出裁决书裁决:某公司支付李某各项工伤保险待遇等共计61287元;以上款项支付完毕后,双方终止一切劳动权利义务和工伤、医疗关系。该裁决书生效并已经法院执行,某公司已支付完毕相关工伤待遇。2018年3月,李某因进行二次手术住院治疗共计7天,花费医疗费9039.56元。2018年7月,李某因工伤“后续治疗费”发生争议,不服仲裁诉至法院,请求某公司支付医疗费、护理费、误工费、住院伙食补助费等各项费用共计10825.69元。某公司辩称李某在劳动合同未到期的情形下主动提出辞职,某公司和社保机构已向其支付了一次性就业补助金和一次性医疗补助金,履行了法定义务,不应承担上述费用。

关于案例一:王某因工受伤,经人力资源和社会保障局认定天成公司为工伤保险责任单位,故天成公司应当承担王某相应的工伤保险待遇。王某主张其因二次手术产生了新的医疗费用和停工留薪期工资、交通费,并要求天成公司予以支付。首先,根据《工伤保险条例》第38条规定,工伤职工工伤复发,确认需要治疗的,享受本条例第30条、第32条和第33条规定的工伤待遇。由此可见,对于工伤复发的,可以继续享受工伤待遇,但本案中,王某并未举证证明其进行二次手术的原因是伤情复发,而二次手术与工伤复发并不是同等概念。其次,各方已经就王某的工伤待遇达成了一致调解意见,其中包含了一次性工伤医疗补助金等一次性工伤待遇和停工留薪期工资。该调解协议系双方真实意思表示,对双方均产生约束力。最后,一次性工伤医疗补助金实际是用人单位在解除与劳动者之间劳动关系时,对劳动者因工伤而产生后续医疗费用的一次性支付结算,是对工伤职工后续可能发生的治疗费用的保障。《宁夏回族自治区实施〈工伤保险条例〉办法》第32条第3款规定,一次性结清工伤保险待遇并终止或者解除劳动关系的工伤职工,不再享受工伤保险相关待遇。天成公司与王某约定的一次性工伤医疗补助金实际就是对其后续医疗费用的一次性结算,王某进行二次手术的费用金额也并未超出一次性工伤医疗补助金的范围。另外,参照《宁夏回族自治区实施〈工伤保险条例〉办法》第26条规定,经定点医疗机构出具证明报经办机构同意,工伤职工需转院在自治区内跨市、县就医的,其往返交通费按长途汽车和火车硬卧及以下标准,凭票据报销(不包括出租车票)。本案中,王某亦未举证证明其主张的交通费符合上述规定。综上,对王某要求的医疗费、停工留薪期工资、交通费,均不予支持。

关于案例二:因工负伤是由劳动过程中的职业危害因素所致,劳动者由此而丧失或部分丧失劳动能力,用人单位负有保障劳动者生活或劳动权利的义务,劳动者因工作遭受事故伤害进行治疗,享受工伤保险待遇。本案中,李某在工作时间工作场所发生事故,经人力资源和社会保障部门认定为工伤,经劳动能力鉴定委员会鉴定伤残等级为九级,属于因工负伤并被确认为部分丧失劳动能力的情形,依法应当享受工伤保险待遇。李某、某公司之间虽已通过仲裁程序解除了劳动合同关系,但李某因工伤事故治疗尚未完全终结,后期提取内固定物手术是李某工伤治疗的延续,后续治疗费用确已实际发生,且该后续医疗费用系提取存在李某体内的内固定物手术所需花费,属必然发生费用,故李某请求支付医疗费9039.56元、住院伙食补助费105元仍应按工伤保险待遇处理,仍应由某公司承担。李某请求支付门诊费用的诉讼请求,因该门诊费用无法显示系李某治疗工伤所支付,不予支持;李某请求支付的护理费、误工费,没有事实和法律依据,不予支持。

【法官释法】

依据《工伤保险条例》第36条及第37条规定,工伤职工享有一次性工伤医疗补助金应具备三个前提条件:一为伤残5—10级;二为劳动合同期满终止;三为本人提出解除或终止劳动关系。那么,工伤职工在解除劳动关系后又产生的医疗费用能否支持?一次性工伤医疗补助金与后续治疗费之间有无关联?因目前《工伤保险条例》对后续治疗费尚无明确规定,实务中一直存在不同观点。

第一种观点认为,两者并无关联,可以兼得。此种观点认为,两者区别有二:一是性质不同,一次性工伤医疗补助金属于工伤保险待遇项目之一,后续治疗费属于医疗费用,但亦是工伤职工此前所受的伤害所致,两者之间有直接因果关系,但后续治疗费本质上还是工伤事故产生的治疗费。二是功能不同,一次性工伤医疗补助金具有补偿、抚慰功能,属于工伤职工遭受工伤而导致其以后生活质量下降的一种补偿;后续治理费具有填补工伤职工损失的医疗费项目的功能,属必然产生费用,两者可以兼得。如《重庆市高级人民法院、一五中法院民事审判长 8 月例会会议综述》中对于“5. 工伤职工与用人单位解除劳动关系时,能否要求在支付一次性工伤医疗补助金的同时支付续医费?”的问题,认为,对工伤职工要求在支付一次性工伤医疗补助金的同时支付续医费的,可有条件支持。对于必然发生的续医费如取出原来治疗时所植入的内固定物,可以支持。该类费用虽名为续医费,但实际上属于前次医疗行为未完成而必然产生的医疗费。

第二种观点认为,两者包含关系,不可兼得。此种观点认为,一次性医疗补助金属医疗保障费用,实际是用人单位在解除与劳动者劳动关系之时,对其因工伤而产生后续医疗费用的一次性支付结算、替代性补偿,二者不可兼得。双方解除劳动关系后,工伤职工与用人单位之间的工伤保险关系终止,除特殊原因外,双方不再发生工伤保险待遇纠纷,故而一般应由工伤职工自行承担后续治疗费。如《广州市中级人民法院关于审理劳动人事争议案件若干问题的研讨会纪要》(2014 年 5 月 26 日)中规定,工伤职工在与用人单位解除劳动关系终结工伤保险关系后,主张继续治疗、工伤复发等费用的,原则上不予支持。但用人单位与工伤职工对后续治疗费用等有约定的则从约定。被鉴定为 5—10 级伤残的工伤职工经医嘱诊断需拆除内固定而发生的后续治疗费用,除医嘱时间内该工伤职工被用人单位违法解除的情形外,劳动者如离职并领取一次性工伤待遇后再主张该后续治疗费用的,原则上不再支持。再如《深圳市中级人民法院关于审理工伤保险待遇案件的裁判指引》(深中法发〔2015〕12 号)第 16 条规定,用人单位为劳动者缴纳了工伤保险费,双方劳动关系解除或终止后,工伤职工要求用人单位支付因旧伤复发产生的医疗费、住院期间伙食补助费、经批准产生的交通、食宿费及安装、维修、更换康复器具所需费用的,不予支持。

笔者倾向于第二种观点。劳动者在提出解除或终止劳动关系时，对后续医疗费是一次性享受还是分次享受已经作出了选择，即后续治疗费已包含在一次性工伤医疗补助金内，工伤职工既已领取了一次性工伤医疗补助金，除工伤复发等特殊原因及双方对后续治疗费有约定从约定外，对其主张的后续治疗费原则上不予支持。主要理由如下：

第一，其符合工伤保险的立法目的。《工伤保险条例》第 36 条、第 37 条对 5—6 级、7—10 级伤残职工的工伤待遇分别作出规定，同时赋予 5—10 级伤残职工可以自愿提出解除或终止劳动合同的权利，这充分体现了对不同伤残程度的工伤职工所给予的保护。《工伤保险条例》设置一次性医疗补助金制度的目的在于，伤残职工相比正常职工而言，其通过劳动所获得经济收入的难度必然增加，为保障其日后在工伤需要继续治疗时有必要的医疗保障，而对工伤职工因工伤丧失劳动能力所作的一次性补偿。

第二，其符合一次性工伤医疗补助金的文义解释。从文义解释、字面含义的角度看，一次性工伤医疗补助金强调了“一次性”，其应有之义为：工伤职工对其所受工伤之后可能发生伤情变化，需要继续治疗而产生的全部治疗费用选择了“一次性了结”，是后续治疗费的替代性补偿，后续治疗费已包含在一次性工伤医疗补助金内。同时，工伤保险待遇中并无“后续治理费”这一概念，此时“后续治理费”应包含在“一次性工伤医疗补助金”的概念内。

第三，其符合权利自行处分、风险自担原则。工伤职工一旦与用人单位解除劳动关系，领取一次性工伤医疗补助金，就意味着双方之间的工伤保险关系终止，双方就工伤保险待遇事项一次性处理完毕。实务中，经常有治疗尚未完全结束的工伤职工，因种种不得已的原因，选择与用人单位解除劳动关系领取一次性工伤医疗补助金，应视为对其权利的自行处分，也是对自身后续医疗支出的一种风险承担。除工伤复发等特殊原因外，工伤保险基金或用人单位不再负有工伤保险待遇的给付之责，自然无须支付工伤职工的后续治疗费。

第四，其符合工伤保险待遇的项目支出。后续治疗费属于工伤职工因治疗工伤所支付的必然费用，属于工伤保险待遇项目中的“工伤医疗费和工伤康复费”，应该遵守《工伤保险条例》的相关规定。如《宁夏回族自治区实施〈工伤保险条例〉办法》第 32 条第 3 款规定，一次性结清工伤保险待遇并终止或者解除劳动关系的工伤职工，不再享受工伤保险相关待遇。

【法条链接】

《工伤保险条例》(2010 年修订)

第三十六条 职工因工致残被鉴定为五级、六级伤残的，享受以下待遇：

(一)从工伤保险基金按伤残等级支付一次性伤残补助金，标准为：五级伤残为 18 个月的本人工资，六级伤残为 16 个月的本人工资；

(二)保留与用人单位的劳动关系，由用人单位安排适当工作。难以安排工作的，由用人单位按月发给伤残津贴，标准为：五级伤残为本人工资的 70%，六级伤残为本人工资的 60%，并由用人单位按照规定为其缴纳应缴纳的各项社会保险费。伤残津贴实际金额低于当地最低工资标准的，由用人单位补足差额。

经工伤职工本人提出，该职工可以与用人单位解除或者终止劳动关系，由工伤保险基金支付一次性工伤医疗补助金，由用人单位支付一次性伤残就业补助金。一次性工伤医疗补助金和一次性伤残就业补助金的具体标准由省、自治区、直辖市人民政府规定。

第三十七条 职工因工致残被鉴定为七级至十级伤残的，享受以下待遇：

(一)从工伤保险基金按伤残等级支付一次性伤残补助金，标准为：七级伤残为 13 个月的本人工资，八级伤残为 11 个月的本人工资，九级伤残为 9 个月的本人工资，十级伤残为 7 个月的本人工资；

(二)劳动、聘用合同期满终止，或者职工本人提出解除劳动、聘用合同的，由工伤保险基金支付一次性工伤医疗补助金，由用人单位支付一次性伤残就业补助金。一次性工伤医疗补助金和一次性伤残就业补助金的具体标准由省、自治区、直辖市人民政府规定。

第三十八条 工伤职工工伤复发，确认需要治疗的，享受本条例第三十条、第三十二条和第三十三条规定的工伤待遇。

《宁夏回族自治区实施〈工伤保险条例〉办法》

第十条 工伤保险基金全部纳入社会保障基金财政专户，实行收支两条线管理，用于下列项目的支出：

(一)工伤医疗费和工伤康复费；

(二)住院伙食补助费；

(三)转外就医的交通、食宿费；

(四)伤残津贴；

(五)生活护理费;

(六)一次性工亡补助金;

(七)一次性伤残补助金;

(八)一次性医疗补助金;

(九)丧葬补助金;

(十)供养亲属抚恤金;

(十一)工伤伤残辅助器具配置费;

(十二)劳动能力鉴定费;

(十三)工伤预防教育、宣传、培训费;

(十四)法律、法规规定支付的其他与工伤保险有关的费用。

工伤预防教育、宣传、培训费按当期工伤保险基金收入的百分之八提取,国家另有规定的,从其规定。

第三十二条　本办法第三十条、第三十一条规定的伤残职工患职业病的,其一次性伤残补助金、一次性工伤医疗补助金和一次性伤残就业补助金在规定标准的基础上增加百分之三十。

工伤职工与用人单位解除或者终止劳动合同时,距法定退休年龄五年以上的,一次性伤残就业补助金全额支付;距法定退休年龄不足五年的,每减少一年一次性伤残就业补助金递减百分之二十;距法定退休年龄不足一年的,按一次性伤残就业补助金全额的百分之二十支付。

一次性结清工伤保险待遇并终止或者解除劳动关系的工伤职工,不再享受工伤保险相关待遇。在其他用人单位重新就业后发生的工伤,按照《条例》和本办法办理。

四、工资约定不明，如何确定工伤保险待遇中的本人工资

裁判要旨

司法实务中，工伤保险待遇中“三个一次性”的计算标准均以劳动者本人工资作为计算基数且“本人工资”是指工伤职工因工作遭受事故伤害或者患职业病前12个月平均月缴费工资。然而，对于“四无人员”，即：未签订劳动合同、未支付过工资、未缴纳工伤保险、未约定工资标准的员工发生工伤，特别是入职后工作不足一个月甚至只有几天的员工，往往用人单位与劳动者对工资标准各执一词又无据可查，且无证据证明各自主张，其“本人工资”该如何确定系司法实务中认定的难点。笔者认为，在未依法参加工伤保险的情况之下，则不存在缴费工资，进而也不存在本人工资，相关的工伤保险待遇应以工伤职工的实际工资为依据，对比统筹地区职工平均工资并参照以下原则及顺序来确定，即：(1)能确定实际工资标准，且实际工资高于统筹地区职工平均工资的60%或低于300%，按实际工资计算；(2)能确定实际工资标准，但实际工资低于统筹地区职工平均工资的60%，按统筹地区职工平均工资的60%计算；(3)能确定实际工资标准，但实际工资高于统筹地区职工平均工资的300%，按统筹地区职工平均工资的300%计算；(4)不能确定实际工资标准，按照统筹地区职工平均工资或相同相近行业在岗职工月平均工资计算。

【案情总览】

案例一：宝业公司承揽建设位于某炼油厂对面的物流仓库建设项目后，刘某（出生日期为 1957 年 8 月）于 2020 年 8 月经案外人郭某介绍进入该项目工地从事贴砖工作。刘某陈述其与案外人郭某以及宝业公司约定工资每天 180 元。2020 年 9 月某日刘某在抬水泥过程中跌落摔伤，造成右侧尺骨骨折、胸部闭合性损伤、左侧锁骨骨折等多发性骨折。刘某住院治疗 43 天，宝业公司仅支付了少部分的医疗费，也没有派员护理。2020 年 11 月经宝业公司申请，刘某被认定为工伤。2021 年 7 月，刘某经鉴定伤残等级为九级，停工留薪期为 6.5 个月。因宝业公司拒绝支付刘某的医疗费用及工伤待遇等相关费用，刘某遂于 2021 年 7 月申请劳动仲裁。因仲裁委以其主体不适格（超过法定退休年龄）为由作出不予受理案件通知书，刘某不服诉至法院。

案例二：2019 年 11 月，耿某被依林公司劳务派遣至中国邮政某区揽投部从事邮件分拣工作。工作期间，依林公司未为耿某缴纳社会保险，双方约定工资为 3000 元/月。2019 年 12 月，耿某在卸邮件时被车厢内掉落的邮件砸伤。经医院诊断为：右侧鼻骨骨折、右侧上眼睑及额部软组织肿胀，治疗花费医疗费 1639.15 元。2020 年 12 月经人力资源和社会保障局认定，耿某所受伤害属于工伤，后经鉴定构成十级伤残，停工留薪期为 3 个月。因依林公司不支付耿某工伤保险待遇，耿某经仲裁后诉至法院。

案例三：李某于 2015 年 4 月被招聘到某建筑公司承建的隧道工程从事挖掘机驾驶工作。某建筑公司未给李某缴纳各项社会保险费。2015 年 5 月，李某工作时受伤，2016 年 5 月被认定为工伤，2017 年 3 月鉴定伤残等级为八级。因李某工资标准不明确，李某要求某建筑公司按照月工资 6500 元的标准支付其工伤保险待遇，但没有符合规定的证据证明其主张。由于李某受伤前工作不满一个月，某建筑公司没有李某的工资发放记录，且不同意李某主张的工资标准。李某不服提出书面仲裁，要求某建筑公司支付其各项工伤保险待遇 27 万余元。因对仲裁裁决结果不服，诉至法院。

关于案例一，《工伤保险条例》第 62 条第 2 款规定："依照本条例规定应当参加工伤保险而未参加工伤保险的用人单位职工发生工伤的，由该用人单位按照本条例规定的工伤保险待遇项目和标准支付费用。"本案中，宝业公司没有为刘某缴纳工伤保险,故应按照《工伤保险条例》的相关规定对刘某的工伤保险待遇承担支付责任。1. 关于一次性伤残补助金。依据《工伤保险条例》第 37 条规定:“职工因工致残被鉴定为七级至十级伤残的,享受以下待遇:(一)从工伤保险基金按伤残等级支付一次性伤残补助金,标准为:……九级伤残为 9 个月的本人工资……”刘某的伤情经鉴定伤残等级为九级,工资为每天 180 元,故月工资标准为 3915 元(180 元×21.75 天),因宁夏 2020 年全区社会保险个人缴费基数下限为 37232 元(62054 元×60%),月平均缴费工资为 3103 元(37232 元÷12 个月),低于刘某的月工资标准 3915 元,故宝业公司应向刘某支付一次性伤残补助金为 35235 元(3915 元/月×9 个月)。2. 关于一次性工伤医疗补助金。《工伤保险条例》第 37 条规定,一次性工伤医疗补助金和一次性伤残就业补助金的具体标准由省、自治区、直辖市人民政府规定。《宁夏回族自治区实施〈工伤保险条例〉办法》第 31 条规定,一次性工伤医疗补助金以解除或者终止劳动关系前 12 个月本人月平均缴费工资为基数,标准为九级九个月。本案中,刘某自 2020 年 9 月受伤后再未到案涉公司上班,因宁夏 2020 年全区社会保险个人缴费基数下限为 37232 元(62054 元×60%),月平均缴费工资为 3103 元(37232 元÷12 个月),低于刘某的月工资标准 3915 元,故宝业公司应向刘某支付一次性工伤医疗补助金为 35235 元(3915 元/月×9 个月)。3. 关于一次性伤残就业补助金。《宁夏回族自治区实施〈工伤保险条例〉办法》第 32 条第 2 款规定:“工伤职工与用人单位解除或者终止劳动合同时,距法定退休年龄五年以上的,一次性伤残就业补助金全额支付;距法定退休年龄不足五年的,每减少一年一次性伤残就业补助金递减百分之二十;距法定退休年龄不足一年的,按一次性伤残就业补助金全额的百分之二十支付。”刘某于 2017 年 8 月已年满 60 周岁,达到法定退休年龄,且于 2020 年 8 月在案涉工地干活时已超过法定退休年龄,故其要求支付一次性伤残就业补助金,没有法律依据。

关于案例二,耿某在工作时间因工作原因发生事故,其伤情经人力资源和社会保障部门认定为工伤,构成十级伤残,属于因工负伤并被确认为部分丧失劳动能力的情形,依法应当享受工伤保险待遇。1. 关于一次性伤残补助金。依据《工伤保险条例》第 37 条规定,十级伤残为 7 个月的本人工资,耿某受伤前 12 个月平均工资为 3000 元,低于 2019 年度全区在岗职工月平均工资的 60%

即 4097.25 元（81945 元 ÷12 个月 ×60%），依据《工伤保险条例》第 64 条“本人工资低于统筹地区职工平均工资 60% 的，按照统筹地区职工平均工资的 60% 计算”的规定，依林公司应向耿某支付一次性伤残补助金为 28680.75 元（4097.25 元/月 ×7 个月）。2. 关于一次性工伤医疗补助金、一次性伤残就业补助金。按照《工伤保险条例》第 37 条“一次性工伤医疗补助金和一次性伤残就业补助金的具体标准由省、自治区、直辖市人民政府规定”以及《宁夏回族自治区实施〈工伤保险条例〉办法》第 31 条“一次性工伤医疗补助金及一次性伤残就业补助金以解除或者终止劳动关系前十二个月本人月平均缴费工资为基数，标准均为十级六个月”的规定，耿某与依林公司的劳动关系已于 2020 年 3 月终止，又因宁夏 2019 年、2020 年全区社会保险个人缴费基数下限为 37232 元（62054 元 ×60%），月平均缴费工资为 3103 元（37232 元 ÷12 个月），高于耿某的月平均工资，故依林公司应向耿某支付一次性工伤医疗补助金 18618 元（3103 元/月 ×6 个月）、一次性伤残就业补助金 18618 元（3103 元/月 ×6 个月）。

关于案例三，李某在从事某建筑公司安排的工作时发生工伤，应享受相应的工伤待遇。由于某建筑公司没有为李某缴纳工伤保险，按照《工伤保险条例》第 62 条规定，某建筑公司应当承担李某的工伤保险待遇。李某主张其本人月平均工资为 6500 元，但没有相应的证据证明该工资标准。因此，应参照宁夏上年度在岗职工月平均工资计算李某的工伤待遇等共计 15 万余元。

【法官释法】

《工伤保险条例》第 62 条中关于“依照本条例规定应当参加工伤保险而未参加工伤保险的用人单位职工发生工伤的，由该用人单位按照本条例规定的工伤保险待遇项目和标准支付费用”的规定，是对于“应当参加而未参加”工伤保险的职工发生工伤后如何处理的规定，此条款侧重于两点：一是应由用人单位承担工伤保险待遇支付责任；二是应按照工伤保险待遇项目和标准支付。司法实务中，工伤保险待遇中“三个一次性”的计算标准均以本人工资作为计算基数且“本人工资”是指工伤职工因工作遭受事故伤害或者患职业病前 12 个月平均月缴费工资。然而，对于“四无人员”，即：未签订劳动合同、未支付过工资、未缴纳工伤保险、未约定工资标准的员工发生工伤，特别是入职后工作不足一个月甚至只有几天的员工，往往用人单位与劳动者对工资标准各执一词又无据可查，且都无证据证明各自主张，导致关于"工资"认定而引发的争议频发。笔者认为，工伤保险待遇项目中关于"工资"的争议主要包括停工留薪期待遇及法律法规中的"本人工资"的确认，因存在地域性差异、法律规定不明等特点，以致呈现出法律适用难，标准统一难，同案不同判的现象。

一、关于本人工资、本人月平均工资的理解

关于本人工资。《工伤保险条例》第 64 条规定，本条例所称本人工资，是指工伤职工因工作遭受事故伤害或者患职业病前 12 个月平均月缴费工资。因此，笔者认为，只有在参加了工伤保险并缴纳了工伤保险费的情况下，才存在本人工资的问题，此时本人工资 = 本人月缴费工资，且本人工资应与工伤保费缴费数额挂钩。按照《工伤保险条例》的规定，对于一般在用人单位参保的职工，其本人工资存在上限和下限，上限为 300%，下限为 60%，且均以统筹地区职工平均工资为标准比较；对于以建设项目或工程项目参加工伤保险的职工，根据人力资源和社会保障部等《关于进一步做好建筑业工伤保险工作的意见》第 7 条的规定，针对建筑业工资收入分配的特点，对相关工伤保险待遇中难以按本人工资作为计发基数的，可以参照统筹地区上年度职工平均工资作为计发基数。

关于本人月平均工资。首先，何为工资？《关于贯彻执行〈中华人民共和国劳动法〉若干问题的意见》第 53 条规定，劳动法中的"工资"是指用人单位依据国家有关规定或劳动合同的约定，以货币形式直接支付给本单位劳动者的劳动报酬，一般包括计时工资、计件工资、奖金、津贴和补贴、延长工作时间的工资报酬以及特殊情况下支付的工资等。其次，何为本人月平均工资？按照《劳动合同法》第 47 条、《劳动合同法实施条例》第 27 条的规定，员工月平均工资按照劳动合同解除或者终止前 12 个月的应得工资计算平均值，工作不满 12 个月的，按照实际工作的月数计算平均工资。且上述条款中同样对月平均工资设定了最低和最高的限额。最后，何为原工资？《工伤保险条例》第 33 条规定，在停工留薪期内，原工资福利待遇不变。实务中通常倾向于依据"因工受伤前 12 个月的平均工资"作为停工留薪期待遇的计算依据，基本不考虑用人单位考核的因素。因而，笔者认为，上述条款中规定的“原工资福利待遇”与本人月平均工资实为同一概念，均应包含具有浮动性质的绩效工资、提成工资、计件工资及因工作贡献或出勤才可获得的津贴补贴等，原因有三：一是符合该条款中的文义解释、字面理解；二是符合工伤保险的立法目的，即“因工”非“因私”；三是符合工伤保险的无过错原则，劳动者因工受伤，用人单位不降低其工资标准在情理之中。

本人工资≠本人月平均工资。笔者认为，两者之间不能等同但可以互用。一是如果用人单位未依据劳动者的实际工资缴纳工伤保险费，而劳动者的实际工资高于本人工资，就会使得工伤职工应得工伤保险待遇与工伤保险基金核发的待遇之间产生差额，这个差额由谁支付尚无规定，此处不再讨论。二是对于“应当参加而未参加”工伤保险的“四无人员”，其发生工伤后，在无法确定其本人工资时，往往以其本人月平均工资（实际工资）作为工伤保险待遇的本人工资的缴费基数。如《江门市中级人民法院江门市劳动人事争议仲裁委员会关于审理劳动人事争议案件若干问题的座谈会纪要》（2014 年）第 22 条“计算经济补偿金、赔偿金、工伤保险待遇的工资基数”规定：劳动者入职后工作不足一个月，或入职后未实际发放过工资的，劳动者和用人单位对工资标准约定不明或者双方均未提供证据证实，无法查明其实际工资的，可参照如下顺序依次认定：（1）有集体合同的，按照集体合同的规定认定；（2）按照同工同酬的原则处理，参照劳动者或者用人单位能够充分证明的该用人单位同岗位的平均工资认定；（3）当地在岗职工平均工资；（4）参照相应年年度的江门市部分职位（工种）劳动力市场工资指导价位和江门高级技能（工种）指导价位中所列的相应工种或者类似工种的工资数额予以认定。

二、关于工伤保险待遇计算依据的理解

关于本人月平均工资的计算依据。《劳动合同法》第 11 条规定：用人单位未在用工的同时订立书面劳动合同，与劳动者约定的劳动报酬不明确的，新招用的劳动者的劳动报酬按照集体合同规定的标准执行；没有集体合同或者集体合同未规定的，实行同工同酬。按照上述规定，确定劳动者工资报酬的方式有两种：一是按集体劳动合同；二是按同工同酬，前提是无集体合同或集体合同未规定。因此，笔者认为，在工资约定不明无法确定实际工资标准时，按照统筹地区同行业或相近行业在岗职工月平均工资来确定其实际工资,也应符合上述法律规定。

关于本人月缴费工资的计算依据。按照《工伤保险条例》第62条的规定,在未依法参加工伤保险的情况下,工伤保险基金在核发工伤保险待遇时,需要将本人工资、统筹地区职工平均工资进行比较,如果本人工资低于统筹地区职工平均工资的60%,或高于统筹地区职工平均工资的300%,则按统筹地区职工平均工资的60%或300%为基数计算工伤保险待遇;如果本人工资处于统筹地区职工平均工资的60%至300%之间,则按本人工资为基数计算相关工伤保险待遇。显然,相关的工伤保险待遇依据工伤职工的实际工资与统筹地区职工平均工资的60%或300%相比较而确定,并由用人单位支付。如重庆市高级人民法院等六部门《关于审理劳动争议案件法律适用问题专题座谈会纪要(六)》中规定,在工伤保险待遇纠纷案件中,人民法院应结合证据查明工伤职工的"本人工资"。在当事人未举证或无法查明工伤职工的"本人工资"时,可以参考重庆市人力资源和社会保障局制定的全市职工基本养老保险、工伤保险待遇计发标准等文件中确定的全市就业人员平均工资予以认定。又如山东省菏泽市中级人民法院(2021)鲁17民终4324号民事判决书中认为:"关于如何确定计算一次性伤残补助金的工资基数问题。根据《工伤保险条例》第三十七条、第六十四条的规定,一次性伤残补助金以本人工资为基数计算。其中本人工资,是指工伤职工因工作遭受事故伤害或者患职业病前12个月平均月缴费工资。本案中李某某在事发前仅劳动一天,其主张约定的日工资320元,双方都未提相关证据证明。根据《人力资源和社会保障部等关于进一步做好建筑业工伤保险工作的意见》第七条的规定,'针对建筑业工资收入分配的特点,对相关工伤保险待遇中难以按本人工资作为计发基数的,可以参照统筹地区上年度职工平均工资作为计发基数。'"

关于工伤保险待遇的计算依据。按照《工伤保险条例》第62条规定,员工未参加工伤保险而发生工伤的,应由用人单位按照本条例规定的工伤保险待遇项目和标准支付费用。1. 停工留薪期待遇:《工伤保险条例》第33条第1款规定:"职工因工作遭受事故伤害或者患职业病需要暂停工作接受工伤医疗的,在停工留薪期内,原工资福利待遇不变,由所在单位按月支付。"因此,停工留

薪期工资 = 受伤前 12 个月的本人月平均工资 × 停工留薪期。2. 一次性伤残补助金：按照《工伤保险条例》第 35 条、第 36 条、第 37 条的规定，一次性伤残补助金 = 本人工资（受伤前 12 个月平均月缴费工资）× 伤残等级对应的支付月数（一级至十级对应的月数分别为：27、25、23、21、18、16、13、11、9、7 个月）。3. 一次性工伤医疗补助金以及一次性伤残就业补助金：《劳动合同法实施条例》第 23 条规定："用人单位依法终止工伤职工的劳动合同的，除依照劳动合同法第四十七条的规定支付经济补偿外，还应当依照国家有关工伤保险的规定支付一次性工伤医疗补助金和伤残就业补助金。"按照《工伤保险条例》的规定，一次性工伤医疗补助金以及一次性伤残就业补助金根据各省、自治区、直辖市人民政府规定的具体标准计算。以笔者所在的宁夏回族自治区为例，按照《宁夏回族自治区实施〈工伤保险条例〉办法》（宁政发〔2012〕115 号）第 30 条、第 31 条的规定，一次性工伤医疗补助金/一次性伤残就业补助金 = 本人工资（解除或者终止劳动关系前 12 个月平均月缴费工资）× 伤残等级对应的支付月数（一级至十级对应的月数分别为：35、32、29、26、22、19、15、12、9、6 个月）。

三、关于"三个一次性"补偿金中"本人工资"的理解

按照《工伤保险条例》第 64 条的规定，本人工资 = 受伤前/解除或者终止劳动关系前 12 个月平均月缴费工资，且上述"本人工资"的计算范围应当符合《工伤保险条例》第 64 条规定的"60%—300%"的范围。司法实务中，常有用人单位与劳动者解除劳动关系后才申请伤残鉴定的情形，此时对于"三个一次性"中"一次性伤残补助金"以受伤前 12 个月的平均月缴费工资为计算基数没有争议，但是，对于一次性工伤医疗补助金和一次性伤残就业补助金的计算标准问题，实践中认识不尽一致，观点有二：一是认为根据《工伤保险条例》第 37 条，应当以劳动合同解除或终止时上一年度统筹地区职工月平均工资为计算基数；二是认为应当以评残之时上一年度统筹地区职工月平均工资为计算基数。笔者倾向于第二种观点，因为该种观点更有利于保障工伤劳动者的利益，同时对劳动者而言，更为公平。

笔者认为，在未依法参加工伤保险的情况下，不存在缴费工资，进而也不存在本人工资，相关的工伤保险待遇应以工伤职工的实际工资为依据，对比统筹地区职工平均工资并参照以下原则及顺序来确定，即：（1）能确定实际工资标准,且实际工资高于统筹地区职工平均工资的60%或低于300%,按实际工资计算;(2)能确定实际工资标准,但实际工资低于统筹地区职工平均工资的60%,按统筹地区职工平均工资的60%计算;(3)能确定实际工资标准,但实际工资高于统筹地区职工平均工资的300%,按统筹地区职工平均工资的300%计算;(4)不能确定实际工资标准,按照统筹地区职工平均工资或相同相近行业在岗职工月平均工资计算。具体而言,对于工作不满1个月的,对工资有约定按约定,未约定以该用人单位职工平均月缴费工资计算;对于建筑业等特定的用人单位,有本人工资,以本人工资为基数,难以确定本人工资的,可以参照统筹地区上年度职工平均工资作为计发基数;对于劳动者从事的岗位工种特殊,应获得的报酬远高于职工平均工资的,参照相同或相近行业在岗职工月平均工资计算更为公平合理,同时需注意上述“本人工资”的区间范围应在“60%—300%”。

【法条链接】

《工伤保险条例》(2010年修订)

第十四条 职工有下列情形之一的,应当认定为工伤:

(一)在工作时间和工作场所内,因工作原因受到事故伤害的;

(二)工作时间前后在工作场所内,从事与工作有关的预备性或者收尾性工作受到事故伤害的;

(三)在工作时间和工作场所内,因履行工作职责受到暴力等意外伤害的;

(四)患职业病的;

(五)因工外出期间,由于工作原因受到伤害或者发生事故下落不明的;

(六)在上下班途中,受到非本人主要责任的交通事故或者城市轨道交通、客运轮渡、火车事故伤害的;

(七)法律、行政法规规定应当认定为工伤的其他情形。

第三十三条 职工因工作遭受事故伤害或者患职业病需要暂停工作接受工伤医疗的,在停工留薪期内,原工资福利待遇不变,由所在单位按月支付。

停工留薪期一般不超过12个月。伤情严重或者情况特殊,经设区的市级劳动能力鉴定委员会确认,可以适当延长,但延长不得超过12个月。工伤职工评定伤残等级后,停发原待遇,按照本章的有关规定享受伤残待遇。工伤职工在停工留薪期满后仍需治疗的,继续享受工伤医疗待遇。

生活不能自理的工伤职工在停工留薪期需要护理的,由所在单位负责。

第三十七条 职工因工致残被鉴定为七级至十级伤残的,享受以下待遇:

(一)从工伤保险基金按伤残等级支付一次性伤残补助金,标准为:七级伤残为13个月的本人工资,八级伤残为11个月的本人工资,九级伤残为9个月的本人工资,十级伤残为7个月的本人工资;

(二)劳动、聘用合同期满终止,或者职工本人提出解除劳动、聘用合同的,由工伤保险基金支付一次性工伤医疗补助金,由用人单位支付一次性伤残就业补助金。一次性工伤医疗补助金和一次性伤残就业补助金的具体标准由省、自治区、直辖市人民政府规定。

第六十二条 用人单位依照本条例规定应当参加工伤保险而未参加的,由社会保险行政部门责令限期参加,补缴应当缴纳的工伤保险费,并自欠缴之日起,按日加收万分之五的滞纳金;逾期仍不缴纳的,处欠缴数额1倍以上3倍以下的罚款。

依照本条例规定应当参加工伤保险而未参加工伤保险的用人单位职工发生工伤的,由该用人单位按照本条例规定的工伤保险待遇项目和标准支付费用。

用人单位参加工伤保险并补缴应当缴纳的工伤保险费、滞纳金后,由工伤保险基金和用人单位依照本条例的规定支付新发生的费用。

第六十四条 本条例所称工资总额,是指用人单位直接支付给本单位全部职工的劳动报酬总额。

本条例所称本人工资,是指工伤职工因工作遭受事故伤害或者患职业病前12个月平均月缴费工资。本人工资高于统筹地区职工平均工资300%的,按照统筹地区职工平均工资的300%计算;本人工资低于统筹地区职工平均工资60%的,按照统筹地区职工平均工资的60%计算。

《宁夏回族自治区实施〈工伤保险条例〉办法》

第三十条 工伤职工鉴定为一级至六级伤残的,本人自愿一次性结清工伤待遇并与用人单位解除或者终止劳动关系的,由职工本人向用人单位提出,经双方协商一致后签订协议,解除劳动关系。

职工按照前款规定与用人单位解除劳动关系的,除按照《条例》规定享受相应待遇外,还享受以下工伤待遇:

(一)以解除或者终止劳动关系前十二个月本人月平均缴费工资为基数,由工伤保险基金支付一次性工伤医疗补助金,标准为:一级三十五个月,二级三十二个月,三级二十九个月,四级二十六个月,五级二十二个月,六级十九个月。

（二）以解除或者终止劳动关系前十二个月本人月平均缴费工资为基数，由用人单位支付一次性伤残就业补助金，标准为：一级三十五个月，二级三十二个月，三级二十九个月，四级二十六个月，五级二十二个月，六级十九个月。

（三）伤残职工经鉴定需要生活护理的，按照护理等级标准由工伤保险基金支付七十二个月的生活护理费。

（四）经鉴定需要配置辅助器具的，以自治区上年度职工月平均工资为标准由工伤保险基金支付八个月的工伤伤残辅助器具配置费。

第三十一条 工伤职工经鉴定为七级至十级伤残的，劳动合同期满终止或者职工本人提出解除劳动、聘用合同的，经双方协商一致后签订协议，解除劳动关系。

职工按照前款规定与用人单位解除劳动关系的，除按照《条例》规定享受相应待遇外，还享受以下工伤待遇：

（一）以解除或者终止劳动关系前十二个月本人月平均缴费工资为基数，由工伤保险基金支付一次性工伤医疗补助金，标准为：七级十五个月，八级十二个月，九级九个月，十级六个月。

（二）以解除或者终止劳动关系前十二个月本人月平均缴费工资为基数，由用人单位支付一次性伤残就业补助金，标准为：七级十五个月，八级十二个月，九级九个月，十级六个月。

第三十二条 本办法第三十条、第三十一条规定的伤残职工患职业病的，其一次性伤残补助金、一次性工伤医疗补助金和一次性伤残就业补助金在规定标准的基础上增加百分之三十。

工伤职工与用人单位解除或者终止劳动合同时，距法定退休年龄五年以上的，一次性伤残就业补助金全额支付；距法定退休年龄不足五年的，每减少一年一次性伤残就业补助金递减百分之二十；距法定退休年龄不足一年的，按一次性伤残就业补助金全额的百分之二十支付。

一次性结清工伤保险待遇并终止或者解除劳动关系的工伤职工，不再享受工伤保险相关待遇。在其他用人单位重新就业后发生的工伤，按照《条例》和本办法办理。

五、工伤保险和商业保险能否双赔

裁判要旨

实践中，用人单位特别是建筑领域的用人单位为减轻其赔偿责任，常通过为劳动者购买安责险及团体意外险等商业保险的形式来转嫁自身面临的责任风险。那么，在劳动者发生工伤事故后，用人单位未为劳动者缴纳工伤保险但为其购买了商业保险，能否要求在其应当按照工伤保险待遇项目和标准支付的费用范围内相应扣减劳动者已获得的商业保险金的数额？换言之，就是工伤保险和商业保险能否双赔？因目前劳动法律法规及相关司法解释尚无明确规定，实务中一直存在分歧。笔者认为，工伤保险属于用人单位必须为职工缴纳的强制性保险，商业保险属于用人单位为职工发放的福利待遇，用人单位为职工购买商业性人身意外伤害保险的，不因此免除其为职工购买工伤保险的法定义务，且法律及司法解释并不禁止受工伤的职工或其家属获得双重赔偿，因此，职工获得用人单位为其购买的商业保险赔付后，仍然有权向用人单位主张工伤保险待遇。

【案情总览】

马某于 2017 年 2 月 23 日入职某商业公司，双方于 2017 年 2 月 26 日签订《劳动合同》一份。工作期间，某商业公司未给马某缴纳各项社会保险，但为其缴纳了商业保险，工资通过银行转账形式发放。2019 年 4 月 4 日，马某在公司院内搬运货物时被货物砸伤，自受伤后一直在某医院进行门诊治疗，并未住院，治疗期间医疗费用由某商业公司支付。2020 年 5 月 22 日，经马某申请，某人力资源和社会保障局认定马某为工伤，后于 2020 年 6 月 11 日经某市劳动能力鉴定委员会评定伤残等级为十级,停工留薪期为4个月,自受伤之日起。马某再未回某商业公司上班。在本案审理中,马某与某商业公司均认可以下事实:(1)马某入职某商业公司的时间为2017年2月23日;(2)马某受伤前12个月平均工资为2347元;(3)自2019年5月到2019年10月,某商业公司按照每月1800元的标准累计向马某发放工资10800元。

马某认为:其自发生工伤后在家休息至今,一直向某商业公司主张各项工伤保险待遇未果,故提起劳动仲裁。后对劳动仲裁结果不服,故诉至法院,请求判令解除双方劳动关系并由某商业公司向其支付一次性伤残补助金27434.4元、一次性工伤医疗补助金23515.2元、一次性伤残就业补助金23515.2元、停工留薪期工资9388元、护理费4960元、交通费500元、未签订劳动合同二倍工资22159.5元、经济补偿金9388元,共计120860.3元。

某商业公司认为:(1)马某要求的双倍工资不应支持,因为在工作期间与马某已经签订劳动合同,但马某未提供签订劳动合同的事实情况。(2)在马某受伤期间,某商业公司并未停发其基本工资,马某所说的生活费并不是受伤期间的生活费用,而是每个月的工资,应在支付给马某的费用中减去已支付工资10800元。(3)某商业公司虽未给马某缴纳社会保险,但为其购买了商业保险。马某受伤后,某商业公司联系马某要求其配合申报商业保险,但马某拒绝提供病历及疾病诊断证明书,导致报销失败,造成某商业公司损失8996.41元,应当在工伤待遇中扣减上述损失。

法院经审理认为:因工负伤是由劳动过程中的职业危害因素所致,劳动者由此而丧失或部分丧失劳动能力,劳动者因工作遭受事故伤害进行治疗,享受工伤保险待遇。本案中,马某在工作时间因工作原因发生事故,其伤情经人力资源和社会保障部门认定为工伤,经劳动能力鉴定委员会鉴定伤残等级为十级,属于因工负伤并被确认为部分丧失劳动能力的情形,依法应当享受工伤保险待遇。《工伤保险条例》第62条第2款规定:“依照本条例规定应当参加工伤保险而未参加工伤保险的用人单位职工发生工伤的,由该用人单位按照本条例规定的工伤保险待遇项目和标准支付费用。”某商业公司没有为马某缴纳工伤保险,故应由某商业公司按照《工伤保险条例》的相关规定对马某的工伤保险待遇承担支付责任。

一、关于未签订劳动合同二倍工资的请求。2017 年 2 月 23 日马某入职某商业公司后,双方于 2017 年 2 月 26 日签订一份《劳动合同》,该劳动合同包含了劳动法律规定的必备条款,马某亦认可该份劳动合同是其本人签署,且马某于 2020 年 7 月 23 日提出未签订劳动合同二倍工资的请求已过仲裁时效,故该项请求没有事实和法律依据。

二、关于解除劳动关系及经济补偿金的请求。《劳动合同法》第 38 条规定:“用人单位有下列情形之一的,劳动者可以解除劳动合同:……(三)未依法为劳动者缴纳社会保险费的;……”马某在某商业公司工作期间,某商业公司未给马某缴纳各项社会保险,马某于 2020 年 7 月 23 日申请仲裁时以某商业公司未缴纳社会保险为由提出解除劳动关系,其请求与某商业公司解除劳动关系的诉讼请求,符合法律规定,予以支持。又因《劳动合同法》第 46 条规定:“有下列情形之一的,用人单位应当向劳动者支付经济补偿:(一)劳动者依照本法第三十八条规定解除劳动合同的;……”马某自 2017 年 2 月 23 日入职某商业公司,至 2020 年 7 月 23 日申请仲裁要求解除劳动关系,工作年限共计 3 年 5 个月,庭审时双方均认可马某受伤前 12 个月平均工资为 2347 元,故某商业公司应向马某支付解除劳动合同经济补偿金为 8214.5 元(2347 元×3.5 个月)。

三、关于某商业公司要求从工伤待遇中扣减因马某未配合报销商业保险造成的损失费用 8996.41 元的请求。依法缴纳工伤保险是用人单位的法定义务,该项义务不得通过任何形式予以免除或变相免除,因此,用人单位为职工购买商业性人身意外伤害保险的,不因此免除其为职工购买工伤保险的法定义务。故对该项诉讼请求,不予支持。

据此,一审法院经审理后判决某商业公司与马某解除劳动关系并向马某支付解除劳动关系经济补偿金 8214.5 元、工伤保险待遇 73052.8 元。某商业公司不服提起上诉,二审法院经审理后判决驳回起诉,维持原判。

【法官释法】

实践中,用人单位特别是建筑领域的用人单位为减轻其赔偿责任,常通过为劳动者购买安责险及团体意外险等商业保险的形式来转嫁自身面临的责任风险。那么,在劳动者发生工伤事故后,用人单位未为劳动者缴纳工伤保险但为其购买了商业保险，用人单位能否要求在其应当按照工伤保险待遇项目和标准支付的费用范围内相应扣减劳动者已获得的商业保险金的数额？换言之，就是工伤保险和商业保险能否双赔？因目前劳动法律法规及相关司法解释尚无明确规定，实务中一直存在分歧。主要有以下三种观点。

肯定说，即可以双赔，二者不可替代。此种观点认为，工伤保险与商业保险属于不同的险种，虽二者均能起到分散企业风险的作用，但二者在性质、实施目的、保障水平等方面都不相同，工伤保险属于国家规定用人单位必须为劳动者缴纳的社会保险，具有强制性；而商业保险是用人单位可以自主选择是否为职工购买而给予职工的一种福利待遇，具有自愿性。用人单位不能因为给予职工的福利待遇而免除企业负有的缴纳工伤保险费和支付工伤保险待遇的法定义务。如《江苏省高级人民法院劳动争议案件审理指南》规定，劳动者因受到工伤依人身意外保险或其他商业保险合同获得赔偿的，还可以享受工伤保险赔偿，二者不能互相替代，因此，用人单位不得主张从其应承担的工伤保险赔偿中扣除劳动者依人身意外保险或其他商业保险获得的赔偿金。

否定说，即不能双赔，二者可以扣减。此种观点认为，工伤实质上属于人身损害赔偿的范畴，而损害赔偿的基本目的在于填补被侵权人所受的伤害，即"填平原则"，被侵权人除损害填补外不能有获利。填平原则是我国民事赔偿的基本原则之一，在民法理论上，对侵害生命、身体、健康造成的"积极损失"和消极损失，具体可界定为三种：一为因治疗损失支付的费用，如医疗费；二为因增加生活上必要支出产生的费用，如配置残疾用具费；三为因误工导致的收入减损以及因全部或者部分丧失劳动能力导致收入丧失或减少，或者死亡导致未来收入损失，如误工费。劳动者在工伤案件中主张的待遇损害赔偿，是因用人单位未为其缴纳工伤保险所导致的损失赔偿，在其享受了商业保险所赔付的金额后，实际损失 = 工伤保险待遇总额 - 商业保险对应赔付项目，依据"填平原则"，主张差额后其损失已经全部得到赔偿。

协商说，即另有约定，可以抵扣。商业保险本质上属于契约性质，应尊重民法契约自由原则，如双方在商业保险合同中约定可以用劳动者已获得的商业保险金额抵扣工伤保险待遇的，依约定。如《吉林省实施〈工伤保险条例〉办法》第 33 条规定："职工受到事故伤害至被认定为工伤前发生的救治医疗费用，由用人单位垫付。工伤认定后,符合工伤保险诊疗项目目录、工伤药品目录和工伤住院服务标准的医疗费用,由工伤保险经办机构报销。职工治疗工伤发生的医疗费用,不属于工伤保险基金支付范围的,由用人单位和工伤职工各承担50%。”再如《厦门市工伤保险待遇管理办法》第9条规定:“协议医疗机构治疗工伤职工,应当严格按照《条例》第三十条规定的工伤保险诊疗项目目录、工伤保险药品目录、工伤保险住院服务标准(以下称三项目录)实施医疗服务。治疗工伤确需使用三项目录以外的药品和诊疗项目,协议医疗机构应当书面告知用人单位和工伤职工并征得同意,有关费用由用人单位和工伤职工协商承担,工伤保险基金不予支付。”

笔者倾向于肯定说。工伤保险属于用人单位必须为职工缴纳的强制性保险,商业保险属于用人单位为职工发放的福利待遇,用人单位为职工购买商业性人身意外伤害保险的,不因此免除其为职工购买工伤保险的法定义务,且法律及司法解释并不禁止受工伤的职工或其家属获得双重赔偿,因此,职工获得用人单位为其购买的商业保险赔付后,仍然有权向用人单位主张工伤保险待遇。理由如下:一是符合相关法律规定。《劳动法》第72条规定:“社会保险基金按照保险类型确定资金来源,逐步实行社会统筹。用人单位和劳动者必须依法参加社会保险,缴纳社会保险费。”《工伤保险条例》第2条第1款规定:“中华人民共和国境内的企业、事业单位、社会团体、民办非企业单位、基金会、律师事务所、会计师事务所等组织和有雇工的个体工商户(以下称用人单位)应当依照本条例规定参加工伤保险,为本单位全部职工或者雇工(以下称职工)缴纳工伤保险费。”根据上述规定,为职工缴纳工伤保险,是用人单位的法定义务,该义务不因用人单位为职工购买商业保险而免除或部分免除。二是符合二者的法律性质。工伤保险属于用人单位必须为职工缴纳的强制性保险,具有强制性;商业保险属于用人单位为职工发放的福利待遇,具有自愿性。二者之间系并行关系而非替代关系。如2009年,原国家安全生产监督管理总局印发的《关于在高危行业推进安全生产责任保险的指导意见》(已失效),其第3条第5款指出,“安全生产责任保险与工伤社会保险是并行关系,是对工伤社会保险的必要补充。安全生产责任保险与意外伤害保险、雇主责任保险等其他险种是替代关系。生产经营单位已购买意外伤害保险、雇主责任保险等其他险种的,可以通过与保险公司协商,适时调整为安全生产责任保险,或到期自动终止,转投安全生产责任保险”。再如2017年,原国家安全生产监督管理总局、原中国保险监督管理委员会、财政部联合发布的《安全生产责任保险实施办法》第3条规定,按照该办法请求的经济赔偿,不影响参保的生产经营单位从业人员依法请求工伤保险赔偿的权利。三是符合最高人民法院的主流观点。《劳动和社会保障部办公厅关于参加商业保险中的人身意外伤害险后是否还应当参加工伤保险问题的复函》(2001年4月24日)中指出:“工伤保险是社会保险的一个重要组成部分,是国家强制实施的一项社会保障制度。按照《劳动法》第七十二条‘用人单位和劳动者必须依法参加社会保险,缴纳社会保险费’的规定,中国境内的企业无论是否参加了商业保险中的人身意外伤害保险,都必须参加工伤险,并依法缴纳工伤保险费。人身意外伤害险不能替代工伤保险。企业在参加工伤保险的同时,可根据本单位的实际情况,为职工办理人身意外伤害保险。”《最高人民法院公报》(2017年第12期)在“安某重、兰某姣诉深圳市水湾远洋渔业公司工伤保险待遇纠纷案”裁判摘要中载明:“用人单位为职工购买商业性人身意外伤害保险的,不因此免除其为职工购买工伤保险的法定义务。职工获得用人单位为其购买的人身意外伤害保险赔付后,仍然有权向用人单位主张工伤保险待遇。”很显然采用了上述观点。

但是,本文的“商业保险”应将“雇主责任险”排除在外。关于雇主责任险,对于“存在劳务合同关系上下班途中发生交通事故,雇主最大承担责任补偿比例为多少,如承保雇主责任险,保险公司对赔偿项目中的伤亡、残赔偿是否可以双赔”的问题,宁夏高院目前的最新观点为:“根据《民法典》第1192条规定,雇主承担的补偿责任,且其有权就补偿部分向第三人追偿,至于雇主承担补偿责任的比例多少,则应根据具体案情作出判断。雇主责任险是以雇主为被保险人,在其雇员受雇期间从事业务时因遭受意外导致伤、残、死亡或患有与职业有关的职业性疾病,而依法或根据雇佣合同应由被保险人承担的经济赔偿责任为承保风险的一种责任保险;是用人单位为转移自己应当承担的雇主责任而投的商业保险,可以免除或减少用人单位的赔偿责任,直接受益人应是用人单位。其他险种的被保险人往往是雇员,保险标的不同,二者虽然在赔偿项目和数额上可能有所重合,但是分别对应不同主体的赔偿责任。”司法实务中,目前最高人民法院主流观点认为:雇主责任险的保险标的是雇主承担的赔偿责任,受益人和被保险人均为雇主,保险赔偿金不支付给受害的雇员,雇员只能得到雇主的赔偿,不能直接得到雇主责任险的保险赔偿。[(2023)最高法民申2341号]。因此,笔者认为,雇主责任险的赔偿范围应当以雇主应负的赔偿责任为前提,不能与其他险种的赔偿责任相混同,应结合具体案情进行分析判断。

【法条链接】

《中华人民共和国劳动法》(2018年修正)

第七十二条 社会保险基金按照保险类型确定资金来源,逐步实行社会统筹。用人单位和劳动者必须依法参加社会保险,缴纳社会保险费。

第一百条 用人单位无故不缴纳社会保险费的,由劳动行政部门责令其限期缴纳;逾期不缴的,可以加收滞纳金。

《中华人民共和国社会保险法》(2018年修正)

第六十三条 用人单位未按时足额缴纳社会保险费的,由社会保险费征收机构责令其限期缴纳或者补足。

用人单位逾期仍未缴纳或者补足社会保险费的,社会保险费征收机构可以向银行和其他金融机构查询其存款账户;并可以申请县级以上有关行政部门作出划拨社会保险费的决定,书面通知其开户银行或者其他金融机构划拨社会保险费。用人单位账户余额少于应当缴纳的社会保险费的,社会保险费征收机构可以要求该用人单位提供担保,签订延期缴费协议。

用人单位未足额缴纳社会保险费且未提供担保的,社会保险费征收机构可以申请人民法院扣押、查封、拍卖其价值相当于应当缴纳社会保险费的财产,以拍卖所得抵缴社会保险费。

《工伤保险条例》(2010年修订)

第二条 中华人民共和国境内的企业、事业单位、社会团体、民办非企业单位、基金会、律师事务所、会计师事务所等组织和有雇工的个体工商户(以下称用人单位)应当依照本条例规定参加工伤保险,为本单位全部职工或者雇工(以下称职工)缴纳工伤保险费。

中华人民共和国境内的企业、事业单位、社会团体、民办非企业单位、基金会、律师事务所、会计师事务所等组织的职工和个体工商户的雇工,均有依照本条例的规定享受工伤保险待遇的权利。

《劳动和社会保障部办公厅关于参加商业保险中的人身意外伤害险后是否还应当参加工伤保险问题的复函》

新疆维吾尔自治区劳动和社会保障厅：

你厅《关于建筑企业参加意外伤害保险问题的请示》(新劳社字〔2001〕25号)收悉。现就有关问题答复如下：

工伤保险是社会保险的一个重要组成部分,是国家强制实施的一项社会保障制度。按照《劳动法》第七十二条"用人单位和劳动者必须依法参加社会保险,缴纳社会保险费"的规定,中国境内的企业无论是否参加了商业保险中的人身意外伤害保险,都必须参加工伤险,并依法缴纳工伤保险费。

人身意外伤害险不能替代工伤保险。企业在参加工伤保险的同时,可根据本单位的实际情况,为职工办理人身意外伤害保险。

六、实习生实习期间受伤，该不该有工伤保障

裁判要旨

目前，越来越多的大学生在毕业前选择实习或接受院校安排前往指定单位实习，实习生工伤事故频发，因法律法规规定不明确，各地地方性法规规定不统一，“同案不同判”的现象非常普遍。笔者认为，应扩大工伤保险的覆盖面，将实习生等特殊群体纳入工伤保障范围，才能真正发挥工伤保险制度“补偿、康复、预防”三位一体之功能。

【案情总览】

案例一：李某系某学院的在校学生。2011年6月，某公司（甲方）与某学院（乙方）签订《实习协议》一份，协议约定：“一、乙方选派一名实习老师跟踪实习全程，保持与甲方联系，了解学生实习情况，根据甲方要求做好学生的思想教育、安全教育、遵纪守法教育和职业道德教育；二、甲方向实习学生按月支付实习生活补助费，具体标准为900元/人/月；三、乙方为实习生购买校方责任险，甲方为乙方实习生购买意外伤害保险，用于支付学生在实习期间发生的人身伤害事故；四、学生实习期间发生工伤事故，确定工伤责任后，除保险支付外，超出部分由甲乙双方按过错责任协商承担。”李某作为某学院的实习生被分配到某公司实习，从事焊接工作。2011年7月，李某在某公司吊东西时手柄弹起砸伤眼睛，被送至医院住院治疗20天，后三次到北京爱尔英智眼科医院住院治疗。经治疗后遗留左眼视网膜脱离、左眼无晶体眼及左眼小管断裂，其伤情经鉴定为八级伤残。李某住院期间，实习单位支付医疗费、补助费、实习期间工资等各项费用共计72091.34元。李某诉至法院，要求某学院、某公司支付残疾赔偿

金、交通费、误工费、精神损害抚慰金等共计162898.3元。

案例二:某技校隶属于某职教中心,黄某系某技校学生。2008年3月,某公司(公司所在地为河南)与某职教中心签订协议,由某职教中心派14名学生(包括黄某在内)到某公司顶岗实习,顶岗实习期为一年,由某公司为学生购买工伤保险,如实习生在实习期发生人身事故,由某公司按工伤保险条例予以赔偿。协议签订第二天,黄某到某公司开始顶岗实习,月工资800元。2008年4月,黄某在工作中左手被机器挤压,其左手食指,左手中指,全都因伤骨折,后被截指。后经鉴定黄某为九级伤残。黄某将某职教中心、某技校、某公司诉至法院,请求赔偿一次性伤残赔偿金、医疗补助金、伤残就业补助金等各项费用共计71874.99元。

关于案例一:法院经审理后认为,李某发生事故时,仍为某学院的学生,其在某公司性质上属于学生实习,其作为实习学生因工受伤,依据《宁夏回族自治区实施〈工伤保险条例〉办法》(宁政发〔2012〕115号)第52条规定,"用人单位聘用的退休人员以及在校实习学生,不适用本办法",故应参照过错责任原则予以赔偿。某公司作为李某的实习单位,安排实习学生的岗位及其施工场所,应配备各项安全措施,提供安全的施工场所,对李某的受伤应承担赔偿责任。李某作为完全民事行为能力人,其在工作的过程中,未尽到应有的注意义务,本身亦存在过错,可以减轻其实习单位的赔偿责任,故某公司对李某受伤所造成的经济损失承担80%为宜。又因某学院作为李某的学校,并未依据其与某公司签订的《实习协议》,对学生尽到必要的安全教育以及管理义务,应当承担相应的赔偿责任,故对某公司承担李某的损失80%的部分中承担20%责任为宜。故判决某公司赔偿李某各项经济损失70312.64元;某学院赔偿李某各项经济损失17578.16元;某公司、某学院赔偿李某精神损害抚慰金共计30000元。

关于案例二:法院经审理后认为,现行法律法规对学生在实习期间因工作造成的人身损害是否属于工伤尚无规定,对此类人身伤害的赔偿标准亦未进行明确,因此本案不属于一般意义上的工伤法律关系。但《河南省工伤保险条例》第46条规定,学生因工作所受伤害参照工伤标准给予一次性赔偿,实习单位和学校可以约定赔偿责任主体,黄某选择以工伤标准为依据索赔,某公司并未提出异议,本案可按照工伤标准计算各项赔偿数额。因本案不属于工伤法律关系,无法按照工伤程序进行工伤鉴定和劳动能力认定,无法确定停工留薪期及是否需要残疾辅助器具费用,据此,参照黄某的住院治疗期间确定停工留薪期,参照司法鉴定情况及黄某的实际需要确定残疾辅助器具费用。对于本案的赔偿主体,首先在某公司与某职教中心签订的协议书中已约定实习学生在顶岗实习期间发生的人身事故应当由某公司予以处理,双方已明确了赔偿主体问题。同时,黄某到某公司实习,已脱离校方的管理,校方已无法对其实施实际的管理、教育,故校方无法定或约定义务就黄某的人身损害承担连带赔偿责任。故判决某公司赔偿黄某一次性伤残补助金、一次性医疗补助金、一次性伤残就业补助金、护理费、交通费、住院伙食补助费、补发停工留薪期工资等合计61116.99 元。

【法官释法】

上述两个案件均是实习生在实习中遭遇的人身损害,但是由于我国法律法规未明确实习生的法律地位,上述案件均没有直接按照工伤程序进行处理。案例一的案由为提供劳务者受害责任纠纷,因《工伤保险条例》没有明确规定实习生可以适用,《宁夏回族自治区实施〈工伤保险条例〉办法》第 52 条规定,在校实习学生,不适用本办法,故当时依据《民法通则》《侵权责任法》《最高人民法院关于审理人身损害赔偿案件适用法律若干问题的解释》进行裁判。案例二的案由为人身损害赔偿纠纷,裁判时依据《河南省工伤保险条例》第 46 条规定的参照工伤标准裁判。目前,实习生工伤问题有三种处理模式:一是适用工伤损害赔偿;二是适用民事侵权赔偿但是赔偿金额参照工伤标准;三是直接适用民事侵权赔偿。笔者认为,应扩大工伤保险的覆盖面,将实习生等特殊群体纳入工伤保障范围,才能真正发挥工伤保险制度"补偿、康复、预防"三位一体之功能。

【法条链接】

《工伤保险条例》

第三十条　职工因工作遭受事故伤害或者患职业病进行治疗,享受工伤医疗待遇。

职工治疗工伤应当在签订服务协议的医疗机构就医，情况紧急时可以先到就近的医疗机构急救。

治疗工伤所需费用符合工伤保险诊疗项目目录、工伤保险药品目录、工伤保险住院服务标准的，从工伤保险基金支付。工伤保险诊疗项目目录、工伤保险药品目录、工伤保险住院服务标准，由国务院社会保险行政部门会同国务院卫生行政部门、食品药品监督管理部门等部门规定。

职工住院治疗工伤的伙食补助费，以及经医疗机构出具证明，报经办机构同意，工伤职工到统筹地区以外就医所需的交通、食宿费用从工伤保险基金支付，基金支付的具体标准由统筹地区人民政府规定。

工伤职工治疗非工伤引发的疾病，不享受工伤医疗待遇，按照基本医疗保险办法处理。

工伤职工到签订服务协议的医疗机构进行工伤康复的费用，符合规定的，从工伤保险基金支付。

第六十四条 本条例所称工资总额，是指用人单位直接支付给本单位全部职工的劳动报酬总额。

本条例所称本人工资，是指工伤职工因工作遭受事故伤害或者患职业病前12个月平均月缴费工资。本人工资高于统筹地区职工平均工资300%的，按照统筹地区职工平均工资的300%计算；本人工资低于统筹地区职工平均工资60%的，按照统筹地区职工平均工资的60%计算。

《宁夏回族自治区实施〈工伤保险条例〉办法》(宁政发〔2012〕115号)

第五十二条 用人单位聘用的退休人员以及在校实习学生，不适用本办法。

《河南省工伤保险条例》

第四十六条 大中专院校、技工学校、职业高中等学校学生在实习单位由于工作遭受事故伤害或者患职业病的，参照本条例规定的标准，一次性发给相关费用，由实习单位和学校按照双方约定承担；没有约定的，由双方平均分担。

《贵州省工伤保险条例》

第二十六条 大中专院校、技工学校、职业高中等学校学生实习期间，由实习单位和学校缴纳工伤保险费；学生因工作原因遭受事故伤害或者患职业病的，享受工伤保险相应待遇，具体办法由省人民政府制定。

《关于贯彻执行〈中华人民共和国劳动法〉若干问题的意见》

第十二条 在校生利用业余时间勤工助学，不视为就业，未建立劳动关系，可以不签订劳动合同。

附:关于实习生实习期间工伤保障的思考

一、实习生相关概念及工伤救济现状

(一)实习生的相关概念

实习生的含义。实习,是指高等学校按照专业培养目标和教学计划,组织学生到国家机关、企业事业单位、社会团体及其他社会组织进行与专业相关的实践性教学活动。目前,我们法律法规没有对实习生进行定义。《现代汉语词典》将实习生解释为:“1. 受训学员,一个受训练准备参加一种工作的人;2. 某一专业(如师范)的高年级或刚毕业的大学生在有经验的工作人员的指导下学习实际工作经验。”

实习生的分类。一以接受教育的方向为标准,可分为职业教育群体实习生和非职业教育群体实习生。职业教育的实习生,实习实践性强,时间较久,与单位依附性强,且事故率极高。非职业教育的实习生,更侧重于通过实习增长见识,其实习的自由度相对较高,方式也相对灵活。二以是否完全履行岗位职责为标准,可分为教学实习与顶岗实习。教学实习采取边教边学,是课堂的另一种方式,是理论和实践的结合;顶岗实习是指由学校组织或者自发到与其学习专业相同或者相似的,由学校指定的企业或者自己联系的企业,进行带薪实习。顶岗实习中,实习单位一般都发放一定的报酬,同时,学校也要派带队教师跟踪实习,负责学生的安全管理及思想教育。

(二)实习生工伤的救济现状

自力救济。出现工伤事故后,实习生自行与实习单位协商解决医药费、营养费等部分费用,由于实习生处于弱势地位,通常都放弃了大部分的权益,“私了”现象严重。

购买商业保险。由学校或者是实习单位为学生购买商业保险,或者是协议共同为实习生购买商业保险。但是由于没有明确规定,购买保险不具有强制性,很多学校和单位存在很大的侥幸心理,造成投保率低的现象,另外保险公司没有专门针对实习生的保险,一般购买的学生意外伤害险,在理赔时会有很多免责事由,往往保险不能充分发挥作用,出现保险效用性不强的弊端。

工伤保险形式。目前,各地地方性法规与实习生工伤保险有关的形式主要有三种:一是直接适用模式。如《贵州省工伤保险条例》第 26 条规定:大中专

院校、技工学校、职业高中等学校学生实习期间，由实习单位和学校缴纳工伤保险费；学生因工作原因遭受事故伤害或者患职业病的，享受工伤保险相应待遇，具体办法由省人民政府制定。二是参照适用模式。如《河南省工伤保险条例》第46条规定：大中专院校、技工学校、职业高中等学校学生在实习单位由于工作遭受事故伤害或者患职业病的，参照本条例规定的标准，一次性发给相关费用，由实习单位和学校按照双方约定承担；没有约定的，由双方平均分担。三是明确规定不适用模式。如《宁夏回族自治区实施〈工伤保险条例〉办法》（宁政发〔2012〕115号）第52条规定："用人单位聘用的退休人员以及在校实习学生，不适用本办法。"司法实务中，除了地方性法规明确适用工伤赔偿的，一般多是按照民事侵权进行赔偿。由此，会出现以下三大弊端：一是举证难。民事侵权范围内实习生一般也负有举证义务，实习生一般举证困难。二是无法全额赔偿。由于适用过错原则，往往劳动者不会拿到全额赔偿。三是赔偿项目不明确。民事侵权赔偿的个别项目标准不明确，随意性大，工伤保险中所特有的相关项目，如一次性伤残就业补助金、一次性医疗补助金等待遇，其设计是基于补偿性，计算标准比较明确具体。在个别赔偿项目的计算上，按工伤待遇计算出来的赔偿数额则较高。

（三）我国实习生工伤保障立法沿革及现行规定

1. 立法沿革

我国实习生的工伤立法经历了从有到无的变化。原劳动部1996年8月12日颁布的《企业职工工伤保险试行办法》（劳部发〔1996〕266号，已失效）第61条第1款规定："到参加工伤保险的企业实习的大中专院校、技工学校、职业高中学生发生伤亡事故的，可以参照本办法的有关待遇标准，由当地工伤保险经办机构发给一次性待遇。工伤保险经办机构不向有关学校和企业收取保险费用。"2003年颁布的《工伤保险条例》第61条规定：本条例所称职工，是指与用人单位存在劳动关系（包括事实劳动关系）的各种用工形式、各种用工期限的劳动者。劳动保障部门的官方网站在"实习人员的工伤政策"解答中也明确指出"到参加工伤保险的企业实习的大中专院校、技工学校、职业高中学生发生工伤事故的，劳动保障部门不再进行工伤认定"。该立法进程演变，是与我国社会经济制度的变革，以及教育体制、教育方式的多样化密不可分。

2. 现行相关规定及司法主流观点

(1) 现行相关规定。现行《工伤保险条例》关于实习生没有作出明确规定。《劳动部关于贯彻执行〈中华人民共和国劳动法〉若干问题的意见》第12条规定,“在校生利用业余时间勤工助学,不视为就业,未建立劳动关系,可以不签订劳动合同”,可见在校实习生与用人单位之间不属于劳动关系,在身份认定上,在校生并不是劳动者,自然不适用《劳动法》《劳动合同法》。由此可见,实习生目前不受《劳动法》等调整劳动关系的法律法规直接保护。

(2) 司法主流观点。参照劳务关系,按照人身损害赔偿纠纷处理是目前主流观点。《工伤保险条例》第30条第1款规定:“职工因工作遭受事故伤害或者患职业病进行治疗,享受工伤医疗待遇。”根据该规定,只有属于工伤事故范围内的职工,才能依据《工伤保险条例》处理。而在校生并未与实习单位签订劳动合同,并不具备劳动者的条件,他们在实习单位实习期间的身份仍然是在校学生,并没有因为学习场所的改变而成为法律意义上的劳动者,所以,实习学生不具备工伤保险赔偿的主体资格,不享受工伤保险待遇。

(3) 地方例外规定。一是参照工伤保险条例规定进行赔偿。如《河南省工伤保险条例》第46条:“大中专院校、技工学校、职业高中等学校学生在实习单位由于工作遭受事故伤害或者患职业病的,参照本条例规定的标准,一次性发给相关费用,由实习单位和学校按照双方约定承担;没有约定的,由双方平均分担。”二是双方自愿签订劳动合同建立劳动关系。如江苏省人力资源和社会保障厅于2022年12月30日发布的《关于执行工伤保险有关政策的意见》(苏人社规〔2022〕7号)中规定:“在校学生在用人单位实习期间发生伤亡事故申请工伤认定的,社会保险行政部门不予受理,但已经按照有关规定参加工伤保险或者与用人单位形成劳动人事关系的除外。”

(四) 国外实习生工伤保障模式及启示

1. 德国。德国是世界上关于工伤保险制度建立最早的国家,工伤保险的最大特点是全面覆盖,而学生作为有可能参加社会职业活动的群体也自然被纳入职业伤害保险的覆盖范围。与我国不同,其实行的是大学生强制医疗保险制度,即德国的大学生在进行大学注册时,投保医疗及护理保险是其必要条件,没有保险公司开具的保险证明,德国的大学生根本无法进行大学注册。德国实习生的工伤保护主要包括三个方面:其一,德国保障实习生的核心和前提是确认雇佣关系。所谓雇佣关系的表现为:雇员在企业劳动,创造的价值和劳动成果归雇主所有。一旦能够被确认为雇佣关系,德国实习生的相关保障是十分优厚的:即被看作工伤保险的法定的被保险人,不考虑其所在职位是否属于长期性的职位,更不考虑雇主有无缴纳保险费。其二,德国保险收取机构是“同业公会”。该机构是自治组织,独立于行政机关,也独立于公司,在实习生权益保护上却起重要作用,故而在发生保险事故时,其更能公正不阿地保护实习生权益。其三,德国具有专门对实习生人群的工伤预防制度和康复制度,该制度十分健全。上述制度始终贯彻预防、康复在先原则,并且有预防、康复优于补偿的理念指导。对于工伤预防制度和康复制度,德国从预防着手,国家机关帮助企业预防工伤,就是通过经常对企业进行检查的方式,具体由德国国家劳动安全监察机构进行。此外,德国的工伤保险局公会也会通过各种方式帮助企业预防工伤;而且,发生工伤事故后,德国还建有完备的康复制度。从医疗救治,到职业病防治,再到社会康复,三管其下,劳动者的疾病治疗以及康复治疗都有保障,劳动者能够尽快地回到正常生活轨迹。德国工伤案件由专门的德国社会法院处理。显然,德国关于实习生的保护,采用的是工伤保险模式,它将实习生置于与劳动者同等的地位,能同等地享受工伤保险等待遇。从德国劳工法律来看,实习生被确认为雇佣关系,是相对容易和宽松的,为实习生的实习工伤权益保护提供了可能。

2. 荷兰。关于学生的实习荷兰有特别严苛的规定,同时其实习生的利益保障机制也很广泛,有两种保障制度分别是:社会保障和健康保障。所谓社会保障制度,是指“社会保障的款项来源是从学生实习的工资总额中扣除,占工资总额约为 1/3”,实习生可以享受工伤保险待遇。另外,只要和企业签订有协议的雇员,也投保有基本的健康保险。在该国雇员也包括实习人员。以学习为目的和年龄低于 30 岁的学生,在荷兰不属于雇员,学生被排除在基本健康保险范围之外。但是学生并不是没有保障,学生可以参加私人医疗的方式来保障。学生只要开始从事兼职工作,就立即参保公共健康保险,究其原因,荷兰认为兼职的学生,身份具有双重性,既是学生,也是雇员。荷兰在认定实习生参加保险,完全无工作时间长短方面的任何限制。只要开始工作,该学生就要参保该国的公共健康保险。这充分体现了荷兰法制上对实习生权益保护的全面。在荷兰,作为雇员的实习生,是被双重保险机制衔接保护的,即工伤保险以及社会保险衔接。这实际上是采用的工伤保险模式和商业保险模式相结合的方式。分别分类,兼顾身份进行相应的区分,并采用相应的保障模式,全面保护实习生的相关权益。

上述关于对实习生权益的保护有一个共性,那就是特别注重对实习生的保护,具体体现为:对实习生工伤保护的全面性、保护的周全性、要求相对宽松性。笔者认为,这也应该是我国实习生工伤保障的主导思想。

二、实习生工伤两种处理模式及其比较

1. 工伤保险模式

工伤保险的宗旨是补偿因工伤而导致的损失,不追究任何一方的过失,更侧重于补偿,目的是最大限度保护受害人的利益。实习生的身份,决定了其处于弱势地位。实习生在发生工伤时,求偿难,工伤保险模式的强制性、社会性、非营利性的特点,能弥补学生实习的先天不足,更能全面地保护实习生的利益。如果使实习生成为工伤保险的调整主体,发生工伤事故后,就可以按照《工伤保险条例》的规定获得补偿,减小了维权的难度,保障实习生利益。工伤保险有一特殊优势,就是采用无过错归责形式,能最大限度地保护劳动者权益,为实习生创造良好的条件。另外,工伤保险还有一个优势,即保障性强。当然,我国现行的工伤保险模式也有其劣势,例如:工伤认定程序较复杂,工伤保险由用人单位完全负担,相对于实习生实习的特性,加重实习单位的负担等,这也是工伤保险模式推广和发展中的障碍。

2. 商业保险模式

商业保险,指投保人和保险人签订保险合同,在合同中对保险时间范围、责任范围,保费交付以及免责事由等相关权益进行约定。主体双方具有自愿性,同时,保险企业具有盈利性。保险合同发生效力后,如果发生责任事故,那么承保的保险公司,就要根据合同约定的情形,按合同予以理赔,支付赔偿金。实习生在实习过程中发生工伤,如果使用商业保险的模式,那么就是把实习伤害的风险转化成了保险风险,把原来属于实习单位和学校的风险责任,转嫁给了保险机构。目前,我国针对实习生实习保护的商业保险形式有:人身意外险、第三者责任险。这两种保险的保险范围均是从实习开始到实习结束之实习全过程中。人身意外险由企业购买,或者企业和学校共同购买,该保险的受益人只能是实习生。司法实务中,广东省适用意外伤害强制保险的形式,规定学校如不购买意外险的话,要受教育部门处罚,该处罚性质是行政性。第三者责任险,则是侧重于分担学校和实习企业的负担,如陕西省采用的是自愿购买方式,投保主体可以是学校也可以是企业,被保险人是实习学生,理赔条件是发生工伤事故,保险赔偿按责任划分,属于投保人责任的,应该由投保人承担的部分,在投保人的要求下,由承保的保险公司代为赔偿。

3.两种处理模式的比较

工伤保险模式和商业保险模式,二者各有利弊。

商业保险模式,长处:(1)投保合意性强、保险的额度自由。投保人和承保单位可据情约定投保保额,在保额范围内理赔。(2)合同约定性强、理赔程序相对方便、灵活。如保险条件成就,向保险公司报备,并提交相应证据,经保险公司自行调查核实,就可以按约理赔,无须其他单位部门的认定等程序。弊端:(1)主张理赔要提供证据,举证责任在实习生;(2)由于保险公司是自主经营,如理赔沟通不畅,导致实习生不能及时获得理赔,有时要走民事诉讼程序。工伤保险模式,长处:(1)保障性强。如果在工作中发生事故,被劳动部门认定为工伤的,即可按照工伤保险条例的规定,享受相关的工伤保险待遇,由工伤保险基金拨付赔款,对实习生来说比较稳妥。(2)全额赔偿。工伤保险待遇的无过错责任原则,更能体现对实习生的全面权益保护。劣势:认定程序要求比较严格、漫长,要经过工伤认定的申请程序和遵守时间要求。

三、相关思考和建议

如何构建一个合理的实习生工伤保障制度,使其既能体现社会公平正义效率的理念,又能有效地保护劳动者的合法权益,同时亦能平衡好各方面权益的关系,是笔者研究的目的。

一要构建明确合理的实习生工伤认定制度。应扩大工伤保险的覆盖面,将实习生等特殊群体纳入工伤保障范围,才能真正发挥工伤保险制度“补偿、康复、预防”三位一体之功能。实习生的学生及准劳动者的双重身份,决定了实习生的监管主体是学校、教育部门以及实习单位。规定特殊的实习生工伤认定程序,一旦发生工伤事故,实习单位会同学校将事故报告教育主管部门,由其学校、实习单位向教育主管部门申报,或者学生向教育主管部门申报,教育主管部门初步审核材料后向劳动部门提交认定后,直接从实习生工伤保险基金中支付。

二要建立实习生实习责任强制险和实习生特殊工伤保险相结合制度。所有开设实习课程的学校和实习生都应依法参加实习生实习责任强制保险,保险责任范围应从实习开始到实习结束。实行实习生实习责任强制保险,回避现行投保商业险的任意性,让该保险成为实习生一种特殊的法定保障。笔者认为,应参照车辆交强险的做法,保额定额制,发生事故,在定额范围内由保险公司理赔,保费缴纳上侧重由学校缴纳,因为学校对学生的情况有明确的备案,学校由上级教育主管部门监管,因此对投保情况,监管相对容易,能从源头上保证学生获得该保障。保险公司、银保监会可以会同有关部门,对高校每年实习生的情况进行统计,并结合实习单位,调研分析实习生在实习中的伤害发生情况,进行综合调研,确定合理的保费。而实习生实习特殊工伤保险,则结合实习生的特殊身份,建立准工伤保险制度,扬工伤保险补偿性之长,避职工工伤保险认定程序复杂之短,同时,设立实习生工伤保险保障基金,对顶岗实习生,留用的实习期较长的实习生,由实习单位向实习生工伤保险基金缴纳工伤保险。如果企业不缴纳工伤保险,发生工伤事故该工伤基金理赔的则由企业承担。由此,采用两种保险制度相结合,实现在实习阶段能全面衔接,获得保障,也解决了实习生的工伤风险问题,维护实习生的合法利益。

三要进一步完善实习生工伤救济配套制度。实习是现行教育不可或缺的阶段,同时也是提升学生适应社会能力,提升学生实践能力的重要方式,且实习也能为企业带来价值,进而能促使经济的提升,是多赢的举措。如有学者认为,应为学校、企业提供有效的行税政策支持,建立学生实习的企业实习成本加倍扣除制度,采取抵减企业所得税等措施鼓励企业接收实习生,加强保障其劳动权益的经济力度。笔者认为如是。

四要建立统一的实习生实习专项基金制度。可以通过改革公共预算,建立实习成本单独列示预算制度,设立实习专项资金,健全绩效评价与追踪问责机制,推进阳光行政体系,实现实习成本多元补偿等措施,以使大学生实习劳动有章可循。实习专项基金,激发实习单位接收实习生的积极性,用于切实促进实习生实践能力的提升。

七、如何认定工伤私了协议的效力

裁判要旨

司法实务中，某些用人单位未依法参加工伤保险，劳动者因工受伤后，在进行工伤认定和劳动能力鉴定前，用人单位与劳动者签订的“工伤待遇一次性处理协议”所约定的赔付标准明显低于《工伤保险条例》所规定的最低标准，劳动者申请撤销该协议的，应予支持。

【案情总览】

案例一：王某于2014年9月应聘到某建筑公司。2014年10月因工受伤，受伤后再未上班。王某自己以书面形式向某建筑公司提出解除劳动合同和申请工伤待遇一次性处理，双方于2014年11月达成“工伤待遇一次性处理协议”，某建筑公司一次性支付王某工伤赔偿金共计182741.77元，并约定收到此款后再无法律纠纷。后王某经认定工伤并鉴定为七级伤残，遂申请劳动仲裁，认为依据《工伤保险条例》，某建筑公司少向其支付66920元，请求某建筑公司向其再支付工伤赔偿66920元。仲裁委驳回了其仲裁请求，王某诉至法院。

案例二：李某2020年5月在某煤业公司搬管路时致脚部受伤。2020年6月23日，李某被人力资源和社会保障局认定为工伤。2020年10月10日，李某经劳动能力鉴定委员会确定伤残等级为九级。2021年4月9日，李某以合同到期为由填写《离职申请表》一份，并在该《离职申请表》中“申请人意见”处签名予以确认。2021年9月23日，某煤业公司（甲方）与李某（乙方）签订《关于李某一次性医疗补助金支付的协议》，内容为：“甲乙双方劳动合同于2021年4月9日终止，由甲方为乙方申报一次性医疗补助金，现已审批，金额120897

元。”李某认可已领取该笔款项 120897 元。后李某申请劳动仲裁，以某煤业公司属于违法解除为由，要求支付一次性伤残就业补助金、经济赔偿金等共计 54 万余元。

关于案例一，王某与某建筑公司的劳动关系依法成立，其合法的权益应受劳动法律的保护。双方争议的焦点是所达成的“工伤待遇一次性处理协议”是否有效的问题？本案中，王某在工作期间受伤，其与用人单位虽然签订了“工伤待遇一次性处理协议”，但之后王某的伤情经行政主管部门认定为工伤，且确认伤残等级为七级，按照《工伤保险条例》以及《宁夏回族自治区实施〈工伤保险条例〉办法》的相关规定，双方所达成的协议中确定的赔偿金额明显低于王某根据工伤赔偿标准所应获得的赔偿，王某陈述其在签订该协议时对自己的伤情、治疗情况以及法律规定均存在重大误解，结合案件的相关情况以及双方的陈述，对其主张在签订上述协议时存在重大误解的意见，予以采信。法院经审理后支持王某的诉讼请求。

关于案例二，《宁夏回族自治区实施〈工伤保险条例〉办法》第 31 条规定：“工伤职工经鉴定为七级至十级伤残的，劳动合同期满终止或者职工本人提出解除劳动、聘用合同的，经双方协商一致后签订协议，解除劳动关系。……以解除或者终止劳动关系前十二个月本人月平均缴费工资为基数，由工伤保险基金支付一次性工伤医疗补助金……”本案中，根据李某于 2021 年 4 月 9 日填写《离职申请表》（离职申请理由为合同到期）并在该表中签名确认其从某煤业公司离职，于同日在某煤业公司出具的《解除劳动合同证明书》劳动者处签名确认，于 2021 年 9 月 23 日在《关于李某一次性医疗补助金支付的协议》中与某煤业公司约定“……经银川市劳动能力鉴定委员会鉴定为玖级伤残等级，甲乙双方劳动合同于 2021 年 4 月 9 日终止，由甲方为乙方申报一次性医疗补助金……”以及李某已于 2021 年 9 月实际领取一次性医疗补助金，并结合李某仲裁时提出“解除与某煤业公司之间的劳动关系”的仲裁请求等种种事实，符合“职工本人提出解除劳动、聘用合同的，经双方协商一致后签订协议，解除劳动关系”的相关规定，加之某煤业公司已于 2021 年 4 月 15 日为李某办理了解除劳动合同备案手续的事实，可以认定李某系本人提出解除劳动合同，双方协商一致后签订协议，解除了劳动关系。李某称其在前述协议上签名系无奈之举，但未提交证据予以证实,加之某煤业公司未作出解除劳动合同的相关通知,李某亦没有证据证明某煤业公司存在违法解除劳动合同关系的事实,应承担举证不能的不利后果。一审法院经审理后认为,某煤业公司与李某之间劳动关系的解除符合法律规定,故判决某煤业公司支付其停工留薪期工资差额、一次性伤残就业补助金等共计 19 万余元。李某不服提起上诉,二审法院经审理后判决驳回上诉,维持原判。

【法官释法】

司法实务中,用人单位未依法参加工伤保险,在劳动者因工受伤后,工伤救济被异化、“私了”的现象时有发生。

一、何为工伤救济被异化?

所谓工伤救济被异化,是指受伤职工主动放弃工伤救济,选择直接提起民事诉讼的现象。现行的工伤救济程序较为烦琐,耗时耗力,让许多劳动者望而却步。一些明显属于工伤的职工,在用人单位答应给予一定赔偿的情况下选择“私了”,使工伤救济被异化。究其原因,主要有三,一是劳动关系难以认定,工伤认定更难。劳动关系成立是有些工伤认定的前提,但劳动关系的举证困难在司法实务中依然多发于建筑施工、矿山企业等用人单位。2005 年 5 月 25 日,劳动和社会保障部下发《关于确立劳动关系有关事项的通知》(劳社部发〔2005〕12 号),虽在该通知中可以认定事实劳动关系,但依然存在举证不能的情况。二是工伤救济程序复杂、冗长、成本高。受伤职工要想拿到赔偿,至少要走完工伤认定、工伤鉴定以及核定领取工伤保险待遇的阶段,用人单位在每个环节提出异议,都将可能启动诉讼程序,等所有的程序都走完,还不一定拿到赔偿。受伤职工不得不选择牺牲自己的部分权利以换取尽早得到赔偿金。三是受伤职工自身的原因。就业难是一个普遍现象,在用人单位与职工之间强弱势关系下,如果打官司就有可能丢了工作,加之受伤职工对法律的不甚了解,故在此情况下选择“私了”。

二、何为工伤私了协议?

所谓工伤私了协议,是指劳动者在发生工伤后根据一方当事人的提议或通过中间人主持,经过劳动者与用人单位私下自行协商达成的解决劳动者工伤保险待遇的一种协议。通说认为,该协议中的中间人仅指民间应邀或主动参与双方争议协商的个人而非组织,故其性质不同于人民调解协议。在纠纷解决方式上,该协议属于当事人之间的和解。

三、工伤私了协议的法律效力如何认定?

关于工伤私了协议的法律效力如何认定的问题,司法实践中一直存在不同观点:

无效说。此种观点认为,首先,工伤私了协议背离了工伤社会保险制度的立法目的及归责原则。

英国著名社会保险法专家奥加斯(Ogus)将工伤保险制度诞生的原因归纳为四点:一是传统侵权体系对于工伤赔偿的局限;二是工会权力的强大;三是社会对于工伤事故频频发生的关注;四是劳动者康复和生活保障以及鼓励产业安全的需要。[①] 而所谓工伤社会保险制度,即是劳动者在生产、工作或特定遭受意外伤害、职业病伤害的前提下,为劳动者及其供养家属提供物质帮助的一种社会保险制度。该项制度克服了工伤事故雇主责任险所突显的种种弊端,将工伤保险纳入社会化范畴,成为社会保障法的一部分。"无责任补偿"原则是实行工伤社会保险的国家所遵循的原则,其旨在保护受伤职工能够及时、公平、全面、足额地获得医疗救治的经济补偿。从工伤保险制度的国内外历史沿革来看,工伤保险制度建立的初衷就是使用人单位通过缴纳工伤保险的方式,分散工伤事故所造成的安全生产经营风险,注重对职业伤害的预防,而且及时保护劳动者的权利,为受伤职工提供事后救济。因此,工伤保险制度以"维护劳动者之生存权为其基本哲学,旨在保障劳工最低必要之生活",[②]其实是为了弥补原有侵权损害赔偿制度的不足而设立。但是现实情况是,工伤私了协议往往发生在用工方式灵活、人员流动性大的工厂、矿山、建筑以及其他不规范的企业。用人单位基于趋利本性和侥幸心理多选择不为劳动者缴纳工伤保险,而各地现行的社会保险制度是将养老保险与工伤保险捆绑在一起,劳动者本人亦不愿意承担养老保险中自己应承担的部分,因而放弃办理工伤保险。特别是一些规模

---

① 参见钟明钊主编:《社会保险法律制度研究》,法律出版社 2000 年版,第 263 页。

② 参见王泽鉴:《劳灾补偿与侵权行为损害赔偿》,载《民法学说与判例研究》,中国政法大学出版社 2005 年版,第 332 页。

不大、工伤发生率低的小型企业,时有不与劳动者签订劳动合同,也不缴纳工伤保险发生。由此,一旦发生工伤,用人单位往往采取各种方式逃避赔偿责任,而工伤职工因自身对法律知识的理解偏差,抑或怕向用人单位追索赔偿而失去就业机会等方方面面的考虑,而选择工伤私了。工伤私了协议往往低于劳动者应得的补偿,与立法本意相违背。

其次,工伤私了协议违反了相关法律的强制性规定。

《劳动法》第57条规定:“国家建立伤亡事故和职业病统计报告和处理制度。县级以上各级人民政府劳动行政部门、有关部门和用人单位应当依法对劳动者在劳动过程中发生的伤亡事故和劳动者的职业病状况,进行统计、报告和处理。”《安全生产法》第110条第2款规定:“生产经营单位的主要负责人对生产安全事故隐瞒不报、谎报或者迟报的,依照前款规定处罚。”《安全生产法》第111条规定:“有关地方人民政府、负有安全生产监督管理职责的部门,对生产安全事故隐瞒不报、谎报或者迟报的,对直接负责的主管人员和其他直接责任人员依法给予处分;构成犯罪的,依照刑法有关规定追究刑事责任。”因而,持无效说观点的人认为,工伤事故发生后,如果用人单位未向主管部门上报,也没有进行工伤认定,其上述行为既违反了工伤社会保险制度的立法目的及归责原则,也逃避了相关法律的强制性规定。因此,所达成的工伤赔偿协议应属无效。

有效说。此种观点认为,首先,工伤私了协议有其法律依据:

法律依据一,《劳动法》第77条第1款:用人单位与劳动者发生劳动争议,当事人可以依法申请调解、仲裁、提起诉讼,也可以协商解决。

法律依据二,《劳动争议调解仲裁法》第4条:发生劳动争议,劳动者可以与用人单位协商,也可以请工会或者第三方共同与用人单位协商,达成和解协议。

法律依据三,《工伤保险条例》第54条:职工与用人单位发生工伤待遇方面的争议,按照处理劳动争议的有关规定处理。

法律依据四,《最高人民法院关于审理劳动争议案件适用法律问题的解释(一)》第35条:劳动者与用人单位就解除或者终止劳动合同办理相关手续、支付工资报酬、加班费、经济补偿或者赔偿金等达成的协议,不违反法律、行政法规的强制性规定,且不存在欺诈、胁迫或者乘人之危情形的,应当认定有效。前款协议存在重大误解或者显失公平情形，当事人请求撤销的，人民法院应予支持。显而易见，工伤保险待遇属于劳动争议，应适用《劳动法》等相关法律中有关处理劳动争议的相关规范予以解决，故就工伤保险待遇问题，劳动者可以与用人单位协商解决，从而达成工伤私了的协议。

其次，工伤认定不是工伤私了之必然前提。

司法实务中，因为工伤认定而导致的行政复议和行政诉讼案件在各地法院呈上升趋势。究其原因，与工伤救济制度实行“双轨制度”，而我国又是以行政权为主导的工伤认定模式。以建筑企业为例，建筑企业层层分包、转包的情况比比皆是，往往实际施工的是不具有资质的小包工头，小包工头又找来流动性大、费用比较低的农民工来干活，在安全措施上根本无法保证，一旦发生工伤事故，受伤职工连应该起诉哪个单位来承担责任都分不清，而各个用人单位又相互推卸责任。因此，不选择工伤认定而直接协商赔偿，是许多受伤职工的首选。有学者认为，用人单位与劳动者之间对工伤赔偿所达成的私了协议，应属于用人单位和劳动者的私人权利，如果双方本身对工伤私了协议没有异议，工伤认定就没有必要。

区分说。此种观点认为，工伤私了协议是否有效，应区分不同情形，根据情况不同，来判断协议之效力：

情形一：工伤发生后用人单位既未向主管部门上报，又未向劳动保障部门申请认定工伤，此种情形下的和解协议无效。

情形二：工伤发生后用人单位及时向主管部门上报，并启动工伤认定程序，此情形下达成的和解协议是在遵守国家安全劳动制度前提下完成的，应当有效。

情形三：工伤发生后用人单位及时向主管部门上报，并启动工伤认定程序，此情形下达成和解协议。如果赔偿金额低于工伤待遇标准，此协议可申请变更或是撤销，变更撤销前协议有效。

笔者认为，目前，从我国工伤救济制度的现状以及救济途径来看，尚存在诸多缺陷和问题，特别是劳动者在发生工伤事故以后，从事故发生之初，直至其工伤损失最终得到赔偿，救济程序冗长，维权艰难。为了使工伤保险制度得以全面落实，防范用人单位法律风险、保障职工在工伤事故和罹患职业病的情形下得以充分获得赔偿的权利,有必要强化职业伤害预防和工伤康复,促进工伤预防和职业病康复等多重保障功能,完善我国工伤救济机制,规范工伤赔偿案件的法律适用。

【法条链接】

《中华人民共和国劳动法》(2018年修正)

第五十七条 国家建立伤亡事故和职业病统计报告和处理制度。县级以上各级人民政府劳动行政部门、有关部门和用人单位应当依法对劳动者在劳动过程中发生的伤亡事故和劳动者的职业病状况,进行统计、报告和处理。

第七十七条第一款 用人单位与劳动者发生劳动争议,当事人可以依法申请调解、仲裁、提起诉讼,也可以协商解决。

《中华人民共和国劳动争议调解仲裁法》

第四条 发生劳动争议,劳动者可以与用人单位协商,也可以请工会或者第三方共同与用人单位协商,达成和解协议。

《中华人民共和国社会保险法》(2018年修正)

第三十九条 因工伤发生的下列费用,按照国家规定由用人单位支付:

(一)治疗工伤期间的工资福利;

(二)五级、六级伤残职工按月领取的伤残津贴;

(三)终止或者解除劳动合同时,应当享受的一次性伤残就业补助金。

《工伤保险条例》(2010年修订)

第三十七条 职工因工致残被鉴定为七级至十级伤残的,享受以下待遇:

(一)从工伤保险基金按伤残等级支付一次性伤残补助金,标准为:七级伤残为13个月的本人工资,八级伤残为11个月的本人工资,九级伤残为9个月的本人工资,十级伤残为7个月的本人工资;

(二)劳动、聘用合同期满终止,或者职工本人提出解除劳动、聘用合同的,由工伤保险基金支付一次性工伤医疗补助金,由用人单位支付一次性伤残就业补助金。一次性工伤医疗补助金和一次性伤残就业补助金的具体标准由省、自治区、直辖市人民政府规定。

第五十四条 职工与用人单位发生工伤待遇方面的争议,按照处理劳动争议的有关规定处理。

《宁夏回族自治区实施〈工伤保险条例〉办法》

第三十一条 工伤职工经鉴定为七级至十级伤残的,劳动合同期满终止或者职工本人提出解除劳动、聘用合同的，经双方协商一致后签订协议，解除劳动关系。

职工按照前款规定与用人单位解除劳动关系的，除按照《条例》规定享受相应待遇外，还享受以下工伤待遇：

（一）以解除或者终止劳动关系前十二个月本人月平均缴费工资为基数，由工伤保险基金支付一次性工伤医疗补助金，标准为：七级十五个月，八级十二个月，九级九个月，十级六个月。

（二）以解除或者终止劳动关系前十二个月本人月平均缴费工资为基数，由用人单位支付一次性伤残就业补助金，标准为：七级十五个月，八级十二个月，九级九个月，十级六个月。

《中华人民共和国安全生产法》（2020 年修正）

第一百一十条 生产经营单位的主要负责人在本单位发生生产安全事故时，不立即组织抢救或者在事故调查处理期间擅离职守或者逃匿的，给予降级、撤职的处分，并由应急管理部门处上一年年收入百分之六十至百分之一百的罚款；对逃匿的处十五日以下拘留；构成犯罪的，依照刑法有关规定追究刑事责任。

生产经营单位的主要负责人对生产安全事故隐瞒不报、谎报或者迟报的，依照前款规定处罚。

第一百一十一条 有关地方人民政府、负有安全生产监督管理职责的部门，对生产安全事故隐瞒不报、谎报或者迟报的，对直接负责的主管人员和其他直接责任人员依法给予处分；构成犯罪的，依照刑法有关规定追究刑事责任。

《最高人民法院关于审理劳动争议案件适用法律问题的解释（一）》

第三十五条 劳动者与用人单位就解除或者终止劳动合同办理相关手续、支付工资报酬、加班费、经济补偿或者赔偿金等达成的协议，不违反法律、行政法规的强制性规定，且不存在欺诈、胁迫或者乘人之危情形的，应当认定有效。

前款协议存在重大误解或者显失公平情形，当事人请求撤销的，人民法院应予支持。

八、发生生产安全事故的劳动者能否在工伤保险待遇之外向用人单位主张民事赔偿

裁判要旨

在发生生产安全事故时，劳动者的工伤属于安全生产事故导致，则劳动者有权向用人单位主张民事赔偿。

【案情总览】

2014 年 10 月刘某在上班时不慎被拉丝机连续撞击导致重伤，后经医院抢救无效死亡。该起事故经专门调查组调查后认定系一起规章制度不落实，安全教育培训不到位，各项措施落实不严格，违章作业，违反劳动纪律且现场监管不到位而导致的生产安全事故。事故直接原因为刘某违反劳动纪律和规章制度，工作时未穿工作服，而穿拖鞋上岗，违章作业，导致事故发生。刘某在这次事故中应负主要责任。事故的间接原因系某公司对职工"三级"安全教育不到位，现场安全监管不力，安全员履行职责不够，明知工作现场具有危险性，在作业人员违章时没有及时制止。2015 年初，刘某的近亲属申请仲裁要求某公司支付一次性生产安全事故死亡赔偿金 20 万元整，因仲裁委员会不予受理，刘某的近亲属诉至法院。

该案的争议焦点为：发生生产安全事故的劳动者能否在工伤保险待遇之外向用人单位主张民事赔偿？实务中有三种不同意见。

第一种意见认为，《安全生产法》(2014 年修正)第 53 条规定，因生产安全事故受到损害的从业人员，除依法享有工伤保险外，依照有关民事法律尚有获

得赔偿的权利的，有权向本单位提出赔偿要求。而《宁夏回族自治区安全生产条例》（已被修订）第47条规定：发生生产安全事故，造成生产经营单位的从业人员死亡的，死亡者家属除依法获得工伤保险补偿外，发生生产安全事故的单位还应当向其支付一次性生产安全事故死亡赔偿金。生产安全事故死亡赔偿金的数额，应当按照不低于自治区上一年度城镇居民人均可支配收入的20倍计算，但不得少于人民币20万元。根据调查组作出的报告认定此次事故为生产安全事故，无论从业人员有无责任或过错，都应获得赔偿。

第二种意见认为，以上法条的适用，应是在单位的规章制度不完善，硬件措施不到位的情况下，对于"生产安全事故"的理解应是从业人员无任何过错，单纯的机械故障事故引发的损害生命权的事故，并不是指广义的安全生产事故。上述条款，意在说明受伤害职工无过错的情况下，可行使这项权利，而本案中，受伤害职工的行为已被认定负事故的主要责任，而事故的发生完全由受伤害职工本人严重违章作业且严重违反劳动规章制度及安全生产制度引起的，故其亲属主张的诉讼请求应予以驳回。

第三种意见认为，本案属民事赔偿案件，而非劳动争议案件，可适用民法上的过错原则对其责任进行划分。依据事故认定报告，刘某对此事故负主要责任。根据《民法通则》第131条的规定，受害人对于损害的发生也有过错的，可以减轻侵害人的民事责任。故本案应按照主次责任划分，由用人单位按责任比例进行赔偿即可。

后法院经审理认为：某公司作为生产经营单位，应当加强安全生产监督管理，防止和减少生产安全事故，保障人民群众生命和财产安全。如果因其过错导致发生生产安全事故，造成生产经营单位的从业人员死亡的，应向死亡者家属支付一次性生产安全事故死亡赔偿金。依据前述事实，在本起生产安全事故中，某公司对事故发生应负次要责任。因死者刘某负主要责任，可以减轻某公司的赔偿责任。故判决某公司对于刘某近亲属提出的事故赔偿款承担30%为宜，即6万元。

【法官释法】

本案涉及《安全生产法》及《宁夏回族自治区安全生产条例》中有关生产安

全事故的法律适用问题,了解该法的立法目的及适用范围,才能准确把握该案的焦点所在,继而准确适用法律,现对相关法律予以分析,以供商榷:

一、何为生产安全事故及《安全生产法》与《宁夏回族自治区安全生产条例》的立法目的及适用范围

《安全生产法》是一部有关安全生产的“生命法”,是我国第一部安全生产领域的基本法律。该法设定了安全生产违法应当承担的行政责任和刑事责任,还破例地设定了民事责任。《宁夏回族自治区安全生产条例》是一部有关安全生产的地方性法规,其效力低于《安全生产法》。根据《安全生产法》(2021 年修正)第 2 条规定:“在中华人民共和国领域内从事生产经营活动的单位(以下统称生产经营单位)的安全生产,适用本法;有关法律、行政法规对消防安全和道路交通安全、铁路交通安全、水上交通安全、民用航空安全以及核与辐射安全、特种设备安全另有规定的,适用其规定。”此条是该法的适用范围。安全生产是指通过人—机—环境三者的和谐运作,使社会生产活动中危及劳动者生命安全和身体健康的各种事故风险和伤害因素,始终处于有效控制状态。“生产安全事故”是指生产经营单位在生产经营活动(包括与生产经营有关的活动)中突然发生的,伤害人身安全和健康,或者损坏设备设施,或者造成经济损失的,导致原生产经营活动(包括与生产经营活动有关的活动)暂时中止或永远终止的意外事件。

二、安全生产违法行为中所涉民事责任的含义、民事侵权责任中过错责任的理解及《安全生产法》中事故损害赔偿在本案中的具体适用

民事责任是指当事人对其民事行为依法应当承担的法律责任。追究民事责任的前提条件是民事关系主体一方(生产经营单位或者安全生产中介机构)侵犯了另一方的民事权利,造成其人身伤害或者财产损失,造成民事损害的一方必须承担相应的民事赔偿责任。《安全生产法》中设定了民事责任,但民事责任的确定以及民事赔偿责任的具体标准必须依照民事法律的有关规定,不能任意提高或者降低民事赔偿标准。

此案中生产安全事故的损害赔偿涉及对民法中过错责任原则的理解和适用。所谓过错责任原则,亦称过失责任原则,它以行为人的过错行为作为归责的根据和最终要件,主要有三个特征:一是以行为人的过错作为责任的构成要件,加害行为人主观上具有故意或者过失才可能承担侵权责任。此处的“过错”不包含受害人的过错和第三人的过错,他们只是行为人减免责任的理由。二是以行为人的过错程度作为确定责任范围、责任形式的依据。三是它贯彻的是“谁主张,谁举证”的原则,受害人在主张加害人承担民事责任时,要举证证明加害人对损害的发生具有主观过错,如不能举证,则其主张不成立。据此,笔者认为,本案依据主次责任划分赔偿范围,符合安全生产法的立法原意和事物的发展规律及民法中的过错原则。

笔者认为,一般情况下,发生工伤事故的,用人单位在工伤保险责任范围内承担相应的责任,如果劳动者主张在工伤保险待遇范围之外,依照侵权责任要求用人单位承担人身损害赔偿责任,缺乏法律依据;但是如果工伤属于用人单位存在安全生产事故或者职业病导致,则劳动者有权按照民事侵权纠纷主张人身损害赔偿与工伤保险赔偿标准之间的差额。

《最高人民法院关于审理人身损害赔偿案件适用法律若干问题的解释》(法释〔2022〕14 号)第 3 条第 1 款规定,“依法应当参加工伤保险统筹的用人单位的劳动者,因工伤事故遭受人身损害,劳动者或者其近亲属向人民法院起诉请求用人单位承担民事赔偿责任的,告知其按《工伤保险条例》的规定处理”。在司法实务中,该条规定并不是劳动者主张工伤保险待遇以外其他民事责任的障碍。那么,哪些情况下,用人单位需要承担工伤保险责任以外的民事责任呢?这一点需要法定性。那么,什么样的法定事由是应当由用人单位承担工伤保险待遇之外的民事责任的情形呢?《安全生产法》第 56 条第 2 款规定,“因生产安全事故受到损害的从业人员,除依法享有工伤保险外,依照有关民事法律尚有获得赔偿的权利的,有权提出赔偿要求”。《职业病防治法》第 58 条规定,“职业病病人除依法享有工伤保险外,依照有关民事法律,尚有获得赔偿的权利的,有权向用人单位提出赔偿要求”。那么,如何理解“尚有获得赔偿的权利”呢?笔者认为,在上述两部法律规定的情形下,尚有获得赔偿的权利系指对于因生产安全事故受到损害的从业人员和职业病病人,可以依照侵权责任向用人单位主张人身损害赔偿,并主张在已经获得的工伤保险待遇之外的差额。此种观点在司法裁判案例中也得到了支持。就本案而言,本案中的工伤事故属于安全生产事故,且发生在 2014 年,故本案可以适用修订前《宁夏回族自治区安全生产条例》第47条的规定,但该条例于2015年11月修正后,第47条已被修正,但依据《安全生产法》第56条的规定,仍可就其损失要求用人单位承担民事赔偿责任。

【法条链接】

《中华人民共和国民法典》

第一千一百七十三条 被侵权人对同一损害的发生或者扩大有过错的,可以减轻侵权人的责任。

《中华人民共和国安全生产法》(2021年修正)

第二条 在中华人民共和国领域内从事生产经营活动的单位(以下统称生产经营单位)的安全生产,适用本法;有关法律、行政法规对消防安全和道路交通安全、铁路交通安全、水上交通安全、民用航空安全以及核与辐射安全、特种设备安全另有规定的,适用其规定。

第五十六条 生产经营单位发生生产安全事故后,应当及时采取措施救治有关人员。

因生产安全事故受到损害的从业人员,除依法享有工伤保险外,依照有关民事法律尚有获得赔偿的权利的,有权提出赔偿要求。

《中华人民共和国安全生产法》(2014年修正)

第五十三条 因生产安全事故受到损害的从业人员,除依法享有工伤保险外,依照有关民事法律尚有获得赔偿的权利的,有权向本单位提出赔偿要求。

《中华人民共和国职业病防治法》(2018年修正)

第五十八条 职业病病人除依法享有工伤保险外,依照有关民事法律,尚有获得赔偿的权利的,有权向用人单位提出赔偿要求。

《最高人民法院关于审理人身损害赔偿案件适用法律若干问题的解释》(2022年修正)

第三条 依法应当参加工伤保险统筹的用人单位的劳动者,因工伤事故遭受人身损害,劳动者或者其近亲属向人民法院起诉请求用人单位承担民事赔偿责任的,告知其按《工伤保险条例》的规定处理。

因用人单位以外的第三人侵权造成劳动者人身损害,赔偿权利人请求第三人承担民事赔偿责任的,人民法院应予支持。

《宁夏回族自治区安全生产条例》

第四十七条 发生生产安全事故,造成生产经营单位的从业人员死亡的,死亡者家属除依法获得工伤保险补偿外,发生生产安全事故的单位还应当向其支付一次性生产安全事故死亡赔偿金。

生产安全事故死亡赔偿金的数额,应当按照不低于自治区上一年度城镇居民人均可支配收入的二十倍计算,但不得少于人民币二十万元。

九、工伤职工离职前未正常工作如何计算前12个月平均工资

裁判要旨

工伤职工在停工留薪期满后用人单位没有为其安排适当工作，也没有通知其上班，劳动者以用人单位未为其缴纳社会保险为由提出解除劳动合同，其在解除劳动合同前12个月虽未正常工作，但系工伤原因所致，其解除劳动合同前12个月的月平均工资应按其受伤前12个月平均工资计算为宜。

【案情总览】

2018年1月，杨某入职某公司从事货车司机工作。双方未签订书面劳动合同，某公司未给杨某缴纳各项社会保险。2018年9月10日，杨某在工作过程中受伤。杨某受伤后住院治疗共计34天，花费住院及门诊费用共计59392.86元。杨某受伤后再未回某公司上班。2020年8月29日杨某被人力资源和社会保障局认定为工伤，后被劳动能力鉴定委员会确定伤残等级为八级，停工留薪期为6个月。2021年10月31日，杨某以EMS邮件形式向某公司邮寄一份《解除劳动关系通知书》，以某单位未为其缴纳各项社会保险为由，要求与某公司解除劳动关系，该邮件某公司于2021年11月2日签收。2022年4月18日，杨某向劳动人事争议仲裁委员会申请仲裁，该仲裁委作出仲裁裁决书裁决：确认双方劳动关系解除，某公司向杨某支付各项工伤保险待遇共计25万元等。某公司不服，诉至法院。

本案的争议焦点为：一、关于双方劳动关系解除的认定问题。本案中，杨某

的伤情经劳动能力鉴定委员会确定伤残等级为八级，停工留薪期6个月期满后，某公司未为杨某安排适当工作，杨某亦未回公司工作。杨某在2021年10月31日以某公司未为其缴纳各项社会保险为由向公司邮寄《解除劳动关系通知书》，应视为其主动提出解除双方之间的劳动关系，而公司于2021年11月2日予以签收，结合庭审时某公司亦同意解除劳动关系的事实，可以确认杨某本人系依据《劳动合同法》第38条提出解除劳动合同，符合《工伤保险条例》第37条"职工本人提出解除劳动、聘用合同的"相关规定，综合上述情况及双方陈述，法院确认双方劳动关系已于2021年11月2日解除。

二、关于杨某解除劳动关系前12个月的工资如何认定的问题。本案中，杨某自2018年9月10日受伤后再未回到某公司上班。依前所述，双方解除劳动关系的时间为2021年11月2日，其在解除劳动合同前12个月虽未正常工作，但其系工伤原因所致，考虑到杨某的伤残等级为八级，在其停工留薪期满后某公司应为其安排适当工作，因杨某受伤前月平均工资为5000元，故其解除劳动合同前12个月的平均工资按5000元计算为宜。据此，法院经审理，判决某公司支付杨某解除劳动合同经济补偿金、一次性伤残补助金、一次性工伤医疗补助金等工伤保险待遇共计23.5万元。

【法官释法】

《劳动合同法》第47条规定："经济补偿按劳动者在本单位工作的年限，每满一年支付一个月工资的标准向劳动者支付。六个月以上不满一年的，按一年计算；不满六个月的，向劳动者支付半个月工资的经济补偿。劳动者月工资高于用人单位所在直辖市、设区的市级人民政府公布的本地区上年度职工月平均工资三倍的，向其支付经济补偿的标准按职工月平均工资三倍的数额支付，向其支付经济补偿的年限最高不超过十二年。本条所称月工资是指劳动者在劳动合同解除或者终止前十二个月的平均工资。"该条表述明确，但在司法实践中还存在一些不明确的情形，如劳动者在解除或终止劳动合同前工伤、请病假、被安排待岗等未正常提供劳动情形下的经济补偿或赔偿金的基数如何计算的问题。司法实务中，如杨某这样既未签订书面劳动合同又未缴纳社会保险，发生工伤后亦未去上班的劳动者比比皆是，当工伤职工提出解除劳动关系后，其离职前12个月平均工资如何计算,关系到其解除劳动合同经济补偿金及工伤保险等待遇方面基数的计算问题。那么,如何理解"劳动合同解除或者终止前十二个月的平均工资"?在劳动者未正常工作情况下,是否需要剔除劳动者非正常工作的月份计算劳动者正常工作期间的平均工资,并以此为基数计算经济补偿金在实践中存在较大争议,尚未形成统一意见,且很少对此作出明确界定。实践中有以下两种观点:

一种观点认为,《劳动合同法》第47条第3款规定的"本条所称月工资是指劳动者在劳动合同解除或者终止前十二个月的平均工资",应理解为劳动合同解除或者终止前劳动者正常工作状态下12个月的平均工资,不包括医疗期等非正常工作期间。其实,在《劳动合同法》实施前就存在解除劳动合同经济补偿的概念,只是《劳动合同法》不但扩大了解除劳动合同经济补偿的支付情形,还增设了违法解除劳动合同赔偿金的概念。《违反和解除劳动合同的经济补偿办法》(劳部发〔1994〕481号)第11条规定,本办法中经济补偿金的工资计算标准是指企业正常生产情况下劳动者解除合同前12个月的月平均工资。用人单位依据本办法第6条、第8条、第9条解除劳动合同时,劳动者的月平均工资低于企业月平均工资的,按企业月平均工资的标准支付。该条中明确写明经济补偿金的工资计算标准是指企业正常生产情况下不包含待岗等情形,实践中一般会认定劳动者正常提供劳动情形下的平均工资。但前述文件已经于2017年11月24日废止。而2008年1月1日起施行的《劳动合同法》第47条中解除劳动合同经济补偿中月工资的计算基数是指劳动者在劳动合同解除或者终止前12个月的平均工资,不再有"企业正常生产情况下"的表述。实践中往往存在劳动者工伤、休病假、被安排待岗等未正常工作期间,劳动合同解除前12个月的平均工资与劳动者正常工作12个月的平均工资存在很大差距的情形。由此,考虑到劳动者非正常工作期间的工资待遇不能反映劳动者的正常工资水平,应该剔除劳动者非正常工作的月份计算劳动者正常工作期间的平均工资,并以此为基数计算经济补偿金,故"劳动合同解除或者终止前十二个月的平均工资"应理解为"劳动者正常工作状态下"12个月的平均工资。

另一种观点认为,2008年1月1日起实施的《劳动合同法》第47条第3款规定,经济补偿中的月工资是指劳动者在劳动合同解除或者终止前12个月的平均工资,并未要求企业正常生产情况下。因此,持该种观点的人认为,应该按照劳动者在解除或终止劳动合同前12个月平均工资计算,主张正常提供劳动情况下没有法律依据。特别是自2008年9月18日实施的《劳动合同法实施条例》第27条规定,劳动合同法第47条规定的经济补偿的月工资按照劳动者应得工资计算,包括计时工资或者计件工资以及奖金、津贴和补贴等货币性收入。劳动者在劳动合同解除或者终止前12个月的平均工资低于当地最低工资标准的,按照当地最低工资标准计算。劳动者工作不满12个月的,按照实际工作的月数计算平均工资。该条不但解决了实践中对于工资是实发工资还是应发工资的争议点,还解决了解除劳动合同经济补偿计算基数的最低标准,即劳动者在劳动合同解除或者终止前12个月的平均工资低于当地最低工资标准的,按照当地最低工资标准计算。劳动者工作不满12个月的,按照实际工作的月数计算平均工资。由此,工伤职工在解除劳动合同前未提供正常劳动的,其解除或终止劳动合同前12个月平均工资可以按照当地最低工资标准计算。

笔者认为,前述的《劳动合同法》第47条和《劳动合同法实施条例》第27条虽为平衡劳动者与用人单位双方权益,为"月平均工资"设定了最低和最高的限额,但是劳动者在工伤、请病假、被安排待岗等非正常提供劳动情形下确实不能客观反映劳动者正常工作状态下的工资收入,所以按照自然月平均工资还是劳动者正常提供劳动期间的平均工资来计算不能一概而论,应该考虑引发劳动者未正常提供劳动的原因。如果是劳动者原因导致未能正常提供劳动的,解除或终止劳动合同前12个月中的部分月份劳动者的工资低于正常出勤期间工资,用人单位对此并无过错,比如劳动者休病假原因,用人单位需依法支付劳动者休病假期间的病假工资或疾病救济费的情形,根据解除劳动合同前12个月劳动者的平均工资核算的月平均工资,符合现行法律规定。但是,如果是因用人单位的原因导致劳动者未能正常提供劳动的,按照劳动者正常工作期间计算平均工资更具合理性,且可以防止用人单位恶意安排劳动者非正常工作从而降低经济补偿或赔偿金的行为。比如本案中的杨某,属于工伤八级,按照《工伤保险条例》的相关规定,用人单位应在其停工留薪期满后根据其身体状况为其安排适当的工作,但用人单位未进行安排,如果一概统一按照双方解除或终止劳动合同前12个月平均工资作为计算经济补偿金的基数,对工伤职工不公平。

由此,从文义解释的角度看,个人倾向于从《劳动合同法实施条例》第 27 条规定的“劳动者在劳动合同解除或者终止前 12 个月的平均工资低于当地最低工资标准的,按照当地最低工资标准计算”中可以推出:劳动者正常提供劳动期间的工资不能低于最低工资标准,法律、法规虽允许将劳动者未正常工作期间的工资计入经济补偿计算基数,但从某种角度来看,尽管将劳动者正常提供劳动期间的平均工资作为计算基数可能存在争议,但在劳动者工伤等特定情形下可能是最公平、最合理的方式。

【法条链接】

《中华人民共和国劳动合同法》(2012 年修正)

第三十八条 用人单位有下列情形之一的,劳动者可以解除劳动合同:

(一)未按照劳动合同约定提供劳动保护或者劳动条件的;

(二)未及时足额支付劳动报酬的;

(三)未依法为劳动者缴纳社会保险费的;

(四)用人单位的规章制度违反法律、法规的规定,损害劳动者权益的;

(五)因本法第二十六条第一款规定的情形致使劳动合同无效的;

(六)法律、行政法规规定劳动者可以解除劳动合同的其他情形。

用人单位以暴力、威胁或者非法限制人身自由的手段强迫劳动者劳动的,或者用人单位违章指挥、强令冒险作业危及劳动者人身安全的,劳动者可以立即解除劳动合同,不需事先告知用人单位。

第四十六条 有下列情形之一的,用人单位应当向劳动者支付经济补偿:

(一)劳动者依照本法第三十八条规定解除劳动合同的;

(二)用人单位依照本法第三十六条规定向劳动者提出解除劳动合同并与劳动者协商一致解除劳动合同的;

(三)用人单位依照本法第四十条规定解除劳动合同的;

(四)用人单位依照本法第四十一条第一款规定解除劳动合同的;

(五)除用人单位维持或者提高劳动合同约定条件续订劳动合同,劳动者不同意续订的情形外,依照本法第四十四条第一项规定终止固定期限劳动合同的;

(六)依照本法第四十四条第四项、第五项规定终止劳动合同的;

(七)法律、行政法规规定的其他情形。

《中华人民共和国劳动合同法实施条例》

第二十七条　劳动合同法第四十七条规定的经济补偿的月工资按照劳动者应得工资计算,包括计时工资或者计件工资以及奖金、津贴和补贴等货币性收入。劳动者在劳动合同解除或者终止前12个月的平均工资低于当地最低工资标准的,按照当地最低工资标准计算。劳动者工作不满12个月的,按照实际工作的月数计算平均工资。

《工伤保险条例》(2010年修订)

第三十条　职工因工作遭受事故伤害或者患职业病进行治疗,享受工伤医疗待遇。

职工治疗工伤应当在签订服务协议的医疗机构就医,情况紧急时可以先到就近的医疗机构急救。

治疗工伤所需费用符合工伤保险诊疗项目目录、工伤保险药品目录、工伤保险住院服务标准的,从工伤保险基金支付。工伤保险诊疗项目目录、工伤保险药品目录、工伤保险住院服务标准,由国务院社会保险行政部门会同国务院卫生行政部门、食品药品监督管理部门等部门规定。

职工住院治疗工伤的伙食补助费,以及经医疗机构出具证明,报经办机构同意,工伤职工到统筹地区以外就医所需的交通、食宿费用从工伤保险基金支付,基金支付的具体标准由统筹地区人民政府规定。

工伤职工治疗非工伤引发的疾病,不享受工伤医疗待遇,按照基本医疗保险办法处理。

工伤职工到签订服务协议的医疗机构进行工伤康复的费用,符合规定的,从工伤保险基金支付。

第三十三条　职工因工作遭受事故伤害或者患职业病需要暂停工作接受工伤医疗的,在停工留薪期内,原工资福利待遇不变,由所在单位按月支付。

停工留薪期一般不超过12个月。伤情严重或者情况特殊,经设区的市级劳动能力鉴定委员会确认,可以适当延长,但延长不得超过12个月。工伤职工评定伤残等级后,停发原待遇,按照本章的有关规定享受伤残待遇。工伤职工在停工留薪期满后仍需治疗的,继续享受工伤医疗待遇。

生活不能自理的工伤职工在停工留薪期需要护理的,由所在单位负责。

第三十七条　职工因工致残被鉴定为七级至十级伤残的,享受以下待遇:

(一)从工伤保险基金按伤残等级支付一次性伤残补助金,标准为:七级伤残为13个月的本人工资,八级伤残为11个月的本人工资,九级伤残为9个月的本人工资,十级伤残为7个月的本人工资;

(二)劳动、聘用合同期满终止,或者职工本人提出解除劳动、聘用合同的,由工伤保险基金支付一次性工伤医疗补助金,由用人单位支付一次性伤残就业补助金。一次性工伤医疗补助金和一次性伤残就业补助金的具体标准由省、自治区、直辖市人民政府规定。

第六十四条 本条例所称工资总额,是指用人单位直接支付给本单位全部职工的劳动报酬总额。

本条例所称本人工资,是指工伤职工因工作遭受事故伤害或者患职业病前12个月平均月缴费工资。本人工资高于统筹地区职工平均工资300%的,按照统筹地区职工平均工资的300%计算;本人工资低于统筹地区职工平均工资60%的,按照统筹地区职工平均工资的60%计算。

十、工伤职工停工留薪期满后，在治疗工伤及其他疾病连续住院及门诊期间，用人单位可否与其解除劳动合同

裁判要旨

因工负伤是由劳动过程中的职业危害因素所致，劳动者由此而丧失或部分丧失劳动能力，用人单位负有保障劳动者生活或劳动权利的义务，不得依照《劳动合同法》第40条、第41条的规定与其解除劳动合同。同时，工伤职工在规定的停工留薪期届满后，在其仍需接受治疗及因其他疾病连续住院及门诊期间，在规定的医疗期内，用人单位依然不得与其解除劳动合同。

【案情总览】

薛某于2014年7月1日到某环卫公司从事道路清扫工作，双方签订了书面劳动合同，期限自2014年7月1日至2019年6月30日。2015年4月23日，薛某在清扫垃圾时跌入雨水井受伤。经医院诊断为颈部受伤，腰部软组织损伤，T12、L1压缩性骨折。薛某于2015年10月17日被认定为工伤，并于2016年4月22日鉴定为九级伤残，后于2016年12月4日确认停工留薪期为8个月。薛某受伤后，2016年9月至2018年10月期间多次接受住院以及门诊治疗。其提交的住院病案以及医疗费票据显示：其于2016年12月30日至2017年1月29日在某正骨医院住院治疗31天；2017年5月4日至6月5日在某医院住院治疗32天；2018年4月13日至5月8日因颈椎病、腰椎间盘突出症等在某中医医院骨伤科住院治疗25天；2018年9月21日至10月8日因颈椎病，

腰椎间盘突出症，寰枢关节脱位，T12、L1 陈旧性压缩骨折等在某中医医院骨伤科住院治疗 17 天。2018 年 1 月 9 日，某环卫公司认为薛某的停工留薪期已满，遂向薛某送达解除劳动合同通知，载明："你自 2016 年 9 月 27 日被通知应于 2016 年 10 月 1 日起上班之后，一直未到岗上班，已连续旷工达 15 个月，严重违反劳动法相关规定，现我单位决定于 2018 年 1 月 9 日解除与你的劳动合同关系。"2018 年 9 月 16 日，薛某申请仲裁，后因对仲裁裁决不服，诉至法院，请求依法判令某环卫公司为其安排工作并支付 2017 年 4 月至今工资、工伤医疗费等共计 45662 元。

本案争议焦点为：工伤职工在规定的停工留薪期届满后，在其仍需接受治疗及因其他疾病连续住院及门诊期间，用人单位可否与其解除劳动关系？

本案劳动者属于既涉及停工留薪期又涉及医疗期认定的问题。关于解除劳动合同的相关法律法规的立法和制定宗旨，从本质上讲具有一定的社会保障性及劳动贡献补偿性。一方面，由于解除劳动合同，有可能使劳动者处于失业和生活来源、医疗费用无着落的状态。另一方面，基于劳动合同法对公民劳动权保护的需要，规定用人单位在一定条件下，不得解除劳动者劳动合同的情形。若仅由于劳动者工伤及病休，而解除劳动合同，不但与劳动合同法的立法宗旨相矛盾，也有违劳动合同法的社会保障性和补偿性。就本案而言，涉及环卫职工的合法权益，环卫工人工作环境危险、劳动量大、工资较低，且很多都是下岗职工，年龄往往偏大。薛某受伤后在住院期间被开除，失去了生活来源，严重影响到了其合法权益。有鉴于此，法院经审理后认为，因工负伤是由劳动过程中的职业危害因素所致，劳动者由此丧失或部分丧失劳动能力，用人单位负有保障劳动者生活或劳动权利的义务，不得与劳动者解除劳动合同。本案中，薛某在工作时间、工作场所发生事故，经人力资源和社会保障部门认定为工伤，经劳动能力鉴定委员会鉴定伤残等级为九级，属于因工负伤并被确认为部分丧失劳动能力的情形，且薛某在发生工伤后，因治疗工伤以及其他疾病一直连续住院以及接受门诊治疗至今，某环卫公司作为用人单位，以薛某旷工为由与其解除劳动合同关系，违反了《劳动合同法》第 42 条第（2）、（3）项以及《企业职工患病或非因工负伤医疗期的规定》第 3 条、第 4 条之规定，属于违法解除劳动合同。根据《劳动合同法》第 48 条的规定，用人单位违反本法规定解除或者终止劳动合同,劳动者要求继续履行劳动合同的,用人单位应当继续履行,故薛某要求为其安排工作并支付工资、住院期间相关费用的诉讼请求,应予以支持。法院判决后,某公司不服提起上诉,二审法院经审理,判决驳回上诉,维持原判。

【法官释法】

司法实务中,与停工留薪期容易混淆的一个概念是医疗期。停工留薪期是职工因工受伤或患职业病可享受的治疗休息期间,而医疗期是针对职工非因工受伤或自身患疾病由法律设定的一段解雇保护期。

一、何为停工留薪期?

所谓停工留薪期,是《工伤保险条例》规定的一个概念,是指职工因工作遭受事故伤害或者患职业病需要暂停工作接受工伤医疗,原工资、薪水、福利、保险等待遇不变的期限。具体而言,《工伤保险条例》第 33 条中有如下描述:“职工因工作遭受事故伤害或者患职业病需要暂停工作接受工伤医疗的,在停工留薪期内,原工资福利待遇不变,由所在单位按月支付。停工留薪期一般不超过 12 个月。伤情严重或者情况特殊,经设区的市级劳动能力鉴定委员会确认,可以适当延长,但延长不得超过 12 个月。工伤职工评定伤残等级后,停发原待遇,按照本章的有关规定享受伤残待遇。工伤职工在停工留薪期满后仍需治疗的,继续享受工伤医疗待遇。生活不能自理的工伤职工在停工留薪期需要护理的,由所在单位负责。”显然,停工留薪期的期限直接决定了劳动者能够享受到的相关待遇,且在通常情况下,停工留薪期也是劳动者的“保护伞”。然而,《工伤保险条例》对于停工留薪期的期限如何界定和具体待遇,并没有作出明确界定。由此,正确判断停工留薪期的结束时间是准确计算停工留薪期的关键。实践中对停工留薪期结束时间的认定有不同观点,归纳起来主要有三种:其一,将劳动能力鉴定结论作出或送达当事人的时间认定为计算停工留薪期的结束时间;其二,将工伤职工伤愈时间认定为计算停工留薪期的结束时间;其三,医疗机构出具证明型,即将医疗机构出具的意见,即建议休息治疗的最后一天,认定为计算停工留薪期的结束时间。笔者赞同第三种观点,认为伤情康复程度是客观事实,而鉴定结论的作出则带有人为因素,将进行劳动能力鉴定程序的时间计入停工留薪期的时间，可能会造成因为人为拉长或者缩短等级鉴定的时间而影响享受停工留薪期间的待遇。第一种观点简单地将对伤情的判断时间等同于鉴定结论作出的时间，混淆了概念。第二种观点的“伤愈时间”难以确定，在实践中难以把握。笔者认为，应根据工伤职工的伤情、病情来确定其应享受多长时间的停工留薪期，具体程序是由签订服务协议的治疗工伤机构提出意见，出具相关证明，并经过社会保险经办机构确认。另外，将判断停工留薪期有无及其长短根据伤情、病情界定在“相对稳定”比较合适。许多地方的社会保障机构均制定有《停工留薪期目录》。《宁夏回族自治区实施〈工伤保险条例〉办法》第 27 条“工伤职工停工留薪期时限由工伤保险协议医疗机构按照受伤部位的常规治疗期限提出意见，经劳动能力鉴定委员会审核后予以确定”的规定就采用的上述第三种观点。因此，笔者认为，法院在审理由于停工留薪期待遇争议而引发的案件时，应以治疗工伤的医院的意见为基础，并参考当地社会保障机构制定的《停工留薪期目录》，以此来确定劳动者应享受的停工留薪期待遇。

二、何为医疗期？

所谓医疗期，根据《企业职工患病或非因工负伤医疗期规定》（劳部发〔1994〕479 号），是指企业职工因患病或非因工负伤停止工作治病休息不得解除劳动合同的时限。顾名思义，医疗期并非医学概念，亦不同于治疗期或病假。笔者认为，医疗期实质上是劳动者患病或者非因工负伤停止工作治病休息，用人单位不得因此解除劳动合同的期限，即解雇保护期。具体而言，在企业职工因患病或非因工负伤，需要停止工作医疗时，根据企业职工实际参加工作年限和在本单位工作年限，给予 3 个月到 24 个月的医疗期。关于如何确定医疗期长短，《企业职工患病或非因工负伤医疗期规定》作出以下明确规定（见表 4）。

表 4　工作年限与医疗期对照表

实际工作年限	本单位工作年限	医疗期	医疗期累计计算期间
不满 10 年	不满 5 年	3 个月	6 个月
	5 年以上	6 个月	12 个月

续表

实际工作年限	本单位工作年限	医疗期	医疗期累计计算期间
10 年以上	不满 5 年	6 个月	12 个月
	5 年至 10 年	9 个月	15 个月
	10 年至 15 年	12 个月	18 个月
	15 年至 20 年	18 个月	24 个月
	20 年	24 个月	30 个月

企业职工非因工致残和经医生或医疗机构认定患有难以治疗的疾病，医疗期满，应当由劳动鉴定委员会参照工伤与职业病致残程度鉴定标准进行劳动能力的鉴定。而医疗期已超过 24 个月的，是否可以继续延长？《劳动部关于贯彻〈企业职工患病或非因工负伤医疗期规定〉的通知》规定，根据目前的实际情况，对某些患特殊疾病（如癌症、精神病、瘫痪等）的职工，在 24 个月内尚不能痊愈的，经企业和劳动主管部门批准，可以适当延长医疗期。可见，医疗期并不受 24 个月的限制，特殊情况下仍可以在 24 个月的基础之上申请延长，只是必须经过鉴定和企业及劳动部门批准。所以，在原有的医疗期届满时，作为劳动者都应及时申请劳动能力鉴定并向劳动部门和企业提出延长申请。关于医疗期工资支付的问题，根据《关于贯彻执行〈中华人民共和国劳动法〉若干问题的意见》第 59 条的规定，职工患病或非因工负伤治疗期间，在规定的医疗期间内由企业按有关规定支付其病假工资或疾病救济费，病假工资或疾病救济费可以低于当地最低工资标准支付，但不能低于最低工资标准的 80%。

三、如何区分停工留薪期和医疗期？

《劳动合同法》第 42 条规定，停工留薪期和医疗期内，用人单位均不得解除与职工的劳动合同。二者概念不同，区别诸多。（1）起算点不同。停工留薪期自职工受工伤或者诊断为职业病并进行治疗之时起算；医疗期一般以职工请病假时起开始正式计算。（2）支付不同。职工在停工留薪期接受治疗，享受工伤医疗待遇，其所需费用符合工伤保险诊疗项目目录、工伤保险药品目录、工伤保险住院服务标准的，从工伤保险基金支付；职工在医疗期内的治疗费用，符合医疗保险标准部分的，由医疗保险支付。（3）结果不同。根据《工伤保险条例》

的规定,工伤职工在停工留薪期满后仍需治疗的,继续享受工伤医疗待遇。在劳动合同期满终止或职工本人提出解除劳动合同的,由工伤保险基金支付一次性工伤医疗补助金,由用人单位支付一次性伤残就业补助金,并享有经济补偿金;根据《劳动合同法》有关规定,患病或非因工负伤职工在规定医疗期满后不能从事原工作,也不能从事由用人单位另行安排的工作的,用人单位可以解除劳动合同并支付经济补偿金。(4)待遇不同。停工留薪期内,职工原工资福利待遇不变,由所在单位按月支付;医疗期内的工资待遇则和职工的连续工作年限、在本单位的工作年限有关。(5)期间是否连续不同。停工留薪期期间必然连续,自职工因工受伤或者被诊断为职业病之日起至停工留薪期终结;医疗期则不必然连续,根据《企业职工患病或非因工负伤医疗期规定》规定,医疗期3个月的按6个月内累计病休时间计算;……24个月的按30个月内累计病休时间计算。可见医疗期是在一个期间范围内不连续的休满法定的期间即可。

四、如何处理工伤职工在劳动能力鉴定后仍需接受治疗的问题?

笔者认为,一般而言,劳动者能够进行劳动能力鉴定,至少可以说明其伤情已相对稳定。但司法实务中,往往仍有工伤职工主张需继续休假治疗工伤,如本案中的薛某,就属于此类情况。那么,劳动者在劳动能力鉴定之后,其至少应当向用人单位提交工伤医疗机构的诊断证明或劳动能力鉴定委员会的相关证明,以此来证明其仍需继续接受治疗,此时,可参照劳动者病假待遇支付工伤职工病假工资。但是,如劳动者需继续休假的原因并非因为工伤,则可按照相关规定享受相应的医疗期待遇。在举证责任的分配上,应由劳动者承担举证责任。劳动者不能举证的,应承担不利后果。

【法条链接】

《中华人民共和国劳动合同法》(2012年修正)

第四十二条 劳动者有下列情形之一的,用人单位不得依照本法第四十条、第四十一条的规定解除劳动合同:

(一)从事接触职业病危害作业的劳动者未进行离岗前职业健康检查,或者疑似职业病病人在诊断或者医学观察期间的;

(二)在本单位患职业病或者因工负伤并被确认丧失或者部分丧失劳动能力的;

(三)患病或者非因工负伤,在规定的医疗期内的;

(四)女职工在孕期、产期、哺乳期的;

(五)在本单位连续工作满十五年,且距法定退休年龄不足五年的;

(六)法律、行政法规规定的其他情形。

第四十八条 用人单位违反本法规定解除或者终止劳动合同,劳动者要求继续履行劳动合同的,用人单位应当继续履行;劳动者不要求继续履行劳动合同或者劳动合同已经不能继续履行的,用人单位应当依照本法第八十七条规定支付赔偿金。

《工伤保险条例》(2010 年修订)

第三十三条 职工因工作遭受事故伤害或者患职业病需要暂停工作接受工伤医疗的,在停工留薪期内,原工资福利待遇不变,由所在单位按月支付。

停工留薪期一般不超过 12 个月。伤情严重或者情况特殊,经设区的市级劳动能力鉴定委员会确认,可以适当延长,但延长不得超过 12 个月。工伤职工评定伤残等级后,停发原待遇,按照本章的有关规定享受伤残待遇。工伤职工在停工留薪期满后仍需治疗的,继续享受工伤医疗待遇。

生活不能自理的工伤职工在停工留薪期需要护理的,由所在单位负责。

《宁夏回族自治区实施〈工伤保险条例〉办法》

第二十七条 工伤职工停工留薪期时限由工伤保险协议医疗机构按照受伤部位的常规治疗期限提出意见,经劳动能力鉴定委员会审核后予以确定。

停工留薪期间,用人单位不得与工伤职工解除劳动关系。

停工留薪期满,用人单位应当为工伤职工安排适当工作;确因伤情不能安排工作的,用人单位应当以工伤职工受伤前十二个月月平均工资为标准按月发给生活费,待评定伤残等级后,按照《条例》的规定享受相关待遇。

停工留薪期的具体确定办法,由自治区人力资源社会保障部门制定。

《企业职工患病或非因工负伤医疗期规定》(劳部发〔1994〕479 号)

第二条 医疗期是指企业职工因患病或非因工负伤停止工作治病休息不得解除劳动合同的时限。

第三条 企业职工因患病或非因工负伤,需要停止工作医疗时,根据本人实际参加工作年限和在本单位工作年限,给予三个月到二十四个月的医疗期:

(一)实际工作年限十年以下的,在本单位工作年限五年以下的为三个月;五年以上的为六个月。

(二)实际工作年限十年以上的,在本单位工作年限五年以下的为六个月;五年以上十年以下的为九个月;十年以上十五年以下的为十二个月;十五年以上二十年以下的为十八个月;二十年以上的为二十四个月。

第四条 医疗期三个月的按六个月内累计病休时间计算;六个月的按十二个月内累计病休时间计算;九个月的按十五个月内累计病休时间计算;十二个月的按十八个月内累计病休时间计算;十八个月的按二十四个月内累计病休时间计算;二十四个月的按三十个月内累计病休时间计算。

《关于贯彻执行〈中华人民共和国劳动法〉若干问题的意见》(劳部发〔1995〕309号)

59.职工患病或非因工负伤治疗期间,在规定的医疗期间内由企业按有关规定支付其病假工资或疾病救济费,病假工资或疾病救济费可以低于当地最低工资标准支付,但不能低于最低工资标准的80%。

第五章

仲裁时效及裁审衔接

一、确认劳动关系的争议是否适用仲裁时效

裁判要旨

目前,对于劳动关系的确认是否适用1年仲裁时效的问题,劳动法律法规及相关司法解释尚无明确规定,司法实务中一直存在截然不同的观点。笔者认为,《劳动争议调解仲裁法》第27条第1款明确规定属于劳动争议纠纷受案范围的仲裁时效应为1年,并未将确认劳动关系纠纷类型的案件排除在适用仲裁时效之外,因此,确认劳动关系纠纷理应适用1年仲裁时效的规定。

【案情总览】

李某于1986年6月经县劳动人事局招工文件入职某建筑公司任木工一职。其提交的县劳动人事局《关于招收农民合同制工人的通知》中载明:"经区建设厅一九八六年五月九日与我县商定,同意某建筑公司在我县招收农民男性临时合同工200名。"该通知后附《劳务合同协议书》《农民临时合同工花名册》各一份,在《农民临时合同工花名册》(显示时间为1986年5月)中载有李某的姓名及年龄。在《劳务合同协议书》中载明本合同使用期限为五年。李某陈述1996年5月某建筑公司告知其暂时回家待岗并发放生活费后,再未被通知去上班,但未提交证据予以证明。自2015年11月起至2019年李某等人因要求某建筑公司缴纳社会保险等事由进行信访。2020年9月李某申请劳动争议仲裁,因仲裁委以已过仲裁时效为由驳回其所有仲裁请求,李某不服诉至法院。

李某认为:随着建筑行业市场化,某建筑公司将大量的工程分包给包工队,1996年5月某建筑公司给其暂时放假,并承诺发放生活费。但至今,李某未接到某建筑公司上班的通知,也未收到任何生活费,双方的劳动关系至今未解除。

故请求解除双方之间的劳动关系并支付解除劳动关系的经济补偿金、社会保险损失、档案损失等共计 14 万余元。

某建筑公司认为：李某与其之间不存在劳动关系。即使李某曾经被招录过，也应该是以农民轮换工的身份招录，双方没有签订过任何合同，也没有办理过任何社会保险参保手续。根据国务院发布的《全民所有制企业招用农民合同制工人的规定》（已失效）第 11 条的规定，企业与轮换工签订的劳动合同期限一般为 3 至 5 年，合同期限最多为 8 年。合同期限届满应即终止。同时规定招用农民轮换工不实行养老保险制。另外，李某的诉讼请求早已超过了劳动争议 1 年的仲裁时效，故应驳回其全部诉讼请求。

一审法院认为：当事人未能提供证据或者证据不足以证明其事实主张的，由负有举证证明责任的当事人承担不利的后果。本案中李某要求解除其与某建筑公司之间的劳动关系的前提是双方之间存在劳动关系。由此，本案的争议焦点为：李某与某建筑公司的用工关系的认定问题及是否超过仲裁时效的问题。

关于李某入职时间及入职后与某建筑公司用工关系的认定问题。本案中，某建筑公司主张与李某之间未签订过招工合同、不存在用工关系，但其未提交相关证据予以证明，应承担对其不利后果。相反，李某所提交的某县劳动人事局《关于招收农民合同制工人的通知》《劳动合同协议书》《农民临时合同工花名册》等证据，可以证明李某于 1986 年 6 月进入某建筑公司，系某建筑公司所招用的农民合同制工人。

关于 1995 年 1 月之后李某与某建筑公司的用工关系认定问题。《劳动法》自 1995 年 1 月 1 日起施行，该法第 16 条规定，劳动合同是劳动者与用人单位确立劳动关系、明确双方权利和义务的协议。建立劳动关系应当订立劳动合同。如未签订劳动合同，依据《劳动和社会保障部关于确立劳动关系有关事项的通知》（劳社部发〔2005〕12 号）第 1 条规定，用人单位招用劳动者未订立书面劳动合同，但同时具备下列情形的，劳动关系成立：（1）用人单位和劳动者符合法律、法规规定的主体资格；（2）用人单位依法制定的各项劳动规章制度适用于劳动者，劳动者受用人单位的劳动管理，从事用人单位安排的有报酬的劳动；（3）劳动者提供的劳动是用人单位业务的组成部分。本案中，李某主张

1986 年 6 月入职某建筑公司，自 1996 年 5 月某建筑公司告知其回家待岗并发放生活费后，再未被通知去上班，但李某所提交的证据只能证明其于 1986 年 6 月入职某建筑公司，系某建筑公司所招用的农民合同制工人，但其未提交其于 1995 年前经各级人民政府包括劳动、计委、民政等部门批准正式招录用为城镇劳动合同制职工的相关手续，以及 1995 年 1 月之后与某建筑公司签订劳动合同或与某建筑公司存在事实劳动关系的相关证据，应承担对其不利后果。加之，《劳动法》第 82 条规定，提出仲裁要求的一方应当自劳动争议发生之日起六十日内向劳动争议仲裁委员会提出书面申请。《劳动争议调解仲裁法》第 27 条规定，劳动争议申请仲裁的时效期间为一年。仲裁时效期间从当事人知道或者应当知道其权利被侵害之日起计算。李某主张 1996 年 5 月离开某建筑公司，于 2015 年开始就涉案事由进行信访，其于 2020 年 9 月申请劳动争议仲裁，明显已过劳动法律所规定的仲裁时效。综上，李某要求解除其与某建筑公司之间的劳动关系、要求支付解除劳动关系的经济补偿金等诉讼请求，没有事实和法律依据，不予支持。宣判后，李某不服，提起上诉。

二审法院认为：劳动争议申请仲裁的时效期间为 1 年。仲裁时效期间从当事人知道或者应当知道其权利被侵害之日起计算。上诉人李某主张其于 1996 年 5 月离开被上诉人某建筑公司，于 2015 年开始就涉案事由进行信访，其于 2020 年 9 月 11 日申请劳动争议仲裁，明显已过劳动法律所规定的仲裁时效。综上，上诉人李某的上诉理由不能成立，应予驳回；一审判决认定事实清楚，适用法律正确，应予维持。

再审法院认为：劳动争议申请仲裁的时效期间为 1 年。仲裁时效期间从当事人知道或者应当知道其权利被侵害之日起计算。原审法院认定李某主张其于 1996 年 5 月离开某建筑公司，自 2015 年就涉案事由进行信访，其于 2020 年 9 月 11 日申请劳动争议仲裁，已过劳动法律所规定的仲裁时效并无不当。原审法院根据双方当事人的诉辩、提交的证据对本案进行了认定，且理由阐述充分。李某在一、二审中并未提交请求法院调查收集相关证据的书面申请，原审法院依据查明的事实，并在此基础上依法作出判决。本院对本案进行审查期间，李某既没有新的事实与理由，也未提交新的证据佐证自己的主张。原审法院认定事实清楚、适用法律正确、审判程序合法、判决结果并无不当。综上，驳回李某的再审申请。

【法官释法】

劳动关系是劳动法的核心,正确界定劳动关系是审理劳动争议案件的关键。确认劳动关系之诉是指劳动者与用人单位就双方之间是否存在劳动关系产生的争议。目前,对于劳动关系的确认是否应当适用1年仲裁时效的问题,劳动法律法规及相关司法解释尚无明确的规定,司法实务中一直存在截然不同的观点。

适用说。此种观点认为,《劳动争议调解仲裁法》第27条第1款明确规定,属于劳动争议纠纷受案范围的仲裁时效应为1年,并未将确认劳动关系纠纷类型的案件排除在适用仲裁时效之外,因此,确认劳动关系纠纷理应适用1年仲裁时效的规定。如天津市高院、天津市人社局发布的《关于审理劳动人事争议案件的会议纪要》中规定,确认劳动关系之诉的仲裁时效问题,依据《调解仲裁法》第2条、第27条第1款的规定,劳动者申请仲裁确认劳动关系的时效期间为1年,从其知道或者应当知道权利被侵害之日起计算。再如山东省高院在该院劳动争议再审案[(2015)鲁民提字第379号]认为,于某之于2009年11月4日提出确认劳动关系的仲裁请求,已明显超过申请仲裁的1年时效期间,且于某之未提供证据证明就确认劳动关系存在不可抗力或其他正当理由致其申请仲裁时效中止、中断的情形。因此,于某之请求确认劳动关系已超过仲裁时效。

不适用说。此种观点认为,确认劳动者与用人单位是否存在劳动关系属于民事诉讼种类中的确认之诉,根据民法理论中关于确认之诉不适用诉讼时效制度的法理精神,确认劳动关系虽属劳动争议的受案范围,但却不宜适用仲裁时效的相关规定。理由如下:(1)仲裁时效未明确规定。《劳动争议调解仲裁法》第27条规定仲裁时效为1年,从当事人知道或应当知道其权利被侵害之日起计算。关于"劳动争议发生之日",《最高人民法院关于审理劳动争议案件适用法律若干问题的解释(二)》第1条规定:"人民法院审理劳动争议案件,对下列情形,视为劳动法第八十二条规定的'劳动争议发生之日':(一)在劳动关系存续期间产生的支付工资争议,用人单位能够证明已经书面通知劳动者拒付工资的,书面通知送达之日为劳动争议发生之日。用人单位不能证明的,劳动者主张权利之日为劳动争议发生之日。(二)因解除或者终止劳动关系产生的争议,用人单位不能证明劳动者收到解除或者终止劳动关系书面通知时间的,劳动者主张权利之日为劳动争议发生之日。(三)劳动关系解除或者终止后产生的支付工资、经济补偿金、福利待遇等争议,劳动者能够证明用人单位承诺支付的时间为解除或者终止劳动关系后的具体日期的,用人单位承诺支付之日为劳动争议发生之日。劳动者不能证明的,解除或者终止劳动关系之日为劳动争议发生之日。"显然,该条采用列举式对"劳动争议发生之日"作了具体、明确的界定,但并未提及确认劳动关系是否适用的问题。(2)民事诉讼有明确规定。劳动争议虽然设置仲裁前置程序,但是从救济途径上依然属于民事处理的范畴,其相关规定理应适用民法一般原理参照民事诉讼法的规定,不适用仲裁时效的规定。(3)仲裁时效无法适用。按照《劳动争议调解仲裁法》第 27 条的规定,劳动争议关于仲裁时效期间"从当事人知道或者应当知道其权利被侵害之日起计算",而确认劳动关系之诉不存在权利义务被侵害的情形,故无法适用仲裁时效进行判断。如北京市平谷区园林绿化局与徐某来确认劳动关系纠纷案[(2019)京 03 民终 14448 号]认为,确认之诉不适用诉讼时效的有关规定,因此,徐某来起诉要求确认自 2010 年 11 月 1 日至 2012 年 10 月 31 日期间与园林绿化局存在劳动关系属于确认之诉。园林绿化局以徐某来的诉讼请求超过时效为由抗辩,于法无据,本院不予支持。《苏州市中级人民法院民事审判第四庭法官会议讨论纪要》中也有相同观点,其认为,劳动争议确认之诉不适用一年仲裁时效,但对劳动者解除劳动关系确认之外其他有关要求用人单位支付费用的请求,适用一年仲裁时效规定;劳动者诉请要求与用人单位确认劳动关系,经初步审查劳动者与用人单位解除(终止)劳动关系或不在用人单位提供劳动,截至劳动者提起仲裁时已超过三年的(两年为用人单位保管用工资料等证据期间,一年为仲裁时效期间),原则上应由劳动者就与用人单位存在劳动关系承担行为意义上和结果意义上的证明责任。

笔者基本倾向于第一种观点,即适用说。理由如下:

(1)符合立法目的。仲裁时效是指劳动人事争议当事人向仲裁委员会提出仲裁申请的有效期限,即劳动人事争议当事人如在法定时间内不行使申请仲裁的权利,当时效届满时,就丧失通过仲裁程序保护其合法利益的权利。显然,设立劳动争议仲裁时效制度的目的,一是为了公正及时解决劳动争议,督促劳动人事争议当事人尽快申请以便于维权,也便于有关部门尽快化解矛盾、消除纠纷;二是为了促进劳动关系和谐稳定,有利于和谐劳动人事关系的建立和社会秩序的稳定;三是为了保护当事人合法权益,时过境迁,如果经过时间太长,证据可能会灭失,证人的记忆也会因为时间的推移而模糊,从而为劳动者维权增加难度。笔者认为,劳动关系中的劳动者与用人单位具有特定性,即劳动关系的主体一方为劳动力的所有者,即劳动者,另一方是劳动力的需求者,即用人单位。司法实务中,最高人民法院案由规定将劳务关系、雇佣关系统一命名为劳务(雇佣)关系,可以看出劳务关系与雇佣关系属于同一类法律关系,受民法调整,而确认劳动关系应属于劳动法律规范调整,故理应受1年仲裁时效的限制。

(2)符合适用范围。《劳动争议调解仲裁法》第2条规定:"中华人民共和国境内的用人单位与劳动者发生的下列劳动争议,适用本法:(一)因确认劳动关系发生的争议;(二)因订立、履行、变更、解除和终止劳动合同发生的争议;(三)因除名、辞退和辞职、离职发生的争议;(四)因工作时间、休息休假、社会保险、福利、培训以及劳动保护发生的争议;(五)因劳动报酬、工伤医疗费、经济补偿或者赔偿金等发生的争议;(六)法律、法规规定的其他劳动争议。"第27条第1款规定:"劳动争议申请仲裁的时效期间为一年。仲裁时效期间从当事人知道或者应当知道其权利被侵害之日起计算。"显然,因确认劳动关系发生的争议属于《劳动争议调解仲裁法》所调整的范围,理应适用该法中有关仲裁时效的规定。有鉴于此,笔者认为,确认劳动关系毕竟只是劳动争议诉讼中的一个环节,其适用《劳动争议调解仲裁法》顺理成章,不能"借口"劳动争议法规中没有确认劳动关系仲裁时效的有关规定就否认其在劳动争议案件中的时效问题。如果劳动者由于各种原因导致不能申请仲裁,可以适用中止、中断的规定,这符合立法目的及宗旨。

(3)符合司法实践。关于诉讼时效,司法实务中主流观点是采用诉权消灭说。此说认为,消灭时效的完成,并不使权利人不及时行使的权利消灭,而只是附着于权利之上的诉权消灭,因此,不可能利用诉讼时效的相关规定来解决问题。由于除斥期间是不变期间,也就不存在期间的中止、中断问题,一旦出现劳动者在法定的期限内未主张权利,势必剥夺劳动者申请救助的权利,其实体权利也已消灭,最终损害劳动者的权利,劳动立法关于保护劳动者权利的立法目的也就无法实现,这也显失公平。然而,笔者认为,仲裁时效应当为消灭时效,而非除斥期间。时效是指某种事实状态经过法定时间而产生一定法律后果的法律制度,法律规定了仲裁时效申请时限的中止、中断,且规定"当事人知道或应当知道",这符合消灭时效的特征。司法实务中,确认劳动关系涉及社会保险的缴纳、工伤认定等劳动者权益的维护,若劳动关系的确认不受 1 年仲裁时效的规定,那么将不利于督促劳动者及时维权,不利于落实《劳动合同法》维护正常经济秩序的立法目的。

【法条链接】

《中华人民共和国劳动争议调解仲裁法》

第二条　中华人民共和国境内的用人单位与劳动者发生的下列劳动争议,适用本法:

(一)因确认劳动关系发生的争议;

(二)因订立、履行、变更、解除和终止劳动合同发生的争议;

(三)因除名、辞退和辞职、离职发生的争议;

(四)因工作时间、休息休假、社会保险、福利、培训以及劳动保护发生的争议;

(五)因劳动报酬、工伤医疗费、经济补偿或者赔偿金等发生的争议;

(六)法律、法规规定的其他劳动争议。

第二十七条　劳动争议申请仲裁的时效期间为一年。仲裁时效期间从当事人知道或者应当知道其权利被侵害之日起计算。

前款规定的仲裁时效,因当事人一方向对方当事人主张权利,或者向有关部门请求权利救济,或者对方当事人同意履行义务而中断。从中断时起,仲裁时效期间重新计算。

因不可抗力或者有其他正当理由,当事人不能在本条第一款规定的仲裁时效期间申请仲裁的,仲裁时效中止。从中止时效的原因消除之日起,仲裁时效期间继续计算。

劳动关系存续期间因拖欠劳动报酬发生争议的,劳动者申请仲裁不受本条第一款规定的仲裁时效期间的限制;但是,劳动关系终止的,应当自劳动关系终止之日起一年内提出。

《最高人民法院关于审理劳动争议案件适用法律若干问题的解释(二)》

第一条　人民法院审理劳动争议案件,对下列情形,视为劳动法第八十二条规定的"劳动争议发生之日”：

（一）在劳动关系存续期间产生的支付工资争议，用人单位能够证明已经书面通知劳动者拒付工资的，书面通知送达之日为劳动争议发生之日。用人单位不能证明的，劳动者主张权利之日为劳动争议发生之日。

（二）因解除或者终止劳动关系产生的争议，用人单位不能证明劳动者收到解除或者终止劳动关系书面通知时间的，劳动者主张权利之日为劳动争议发生之日。

（三）劳动关系解除或者终止后产生的支付工资、经济补偿金、福利待遇等争议，劳动者能够证明用人单位承诺支付的时间为解除或者终止劳动关系后的具体日期的，用人单位承诺支付之日为劳动争议发生之日。劳动者不能证明的，解除或者终止劳动关系之日为劳动争议发生之日。

二、未休年休假工资的仲裁时效如何确定

裁判要旨

《劳动法》第45条规定,国家实行带薪年休假制度。劳动者连续工作1年以上的,享受带薪年休假。具体办法由国务院规定。司法实务中,职工请求企业支付未休年休假工资已成为目前劳动争议案件审理的热点之一。但对于未休年休假工资是适用一般仲裁时效还是特殊仲裁时效的问题,目前劳动法律法规及相关司法解释尚无明确规定,实务中也一直存在截然不同的观点,由于劳动争议具有一定的地域性,在未休年休假工资的仲裁时效问题上,各地区的规定及法院裁判口径并非完全一致。笔者认为,对于未休年休假工资的时效问题,不能一概而论为劳动报酬,而应该分开而论。具体而言,未休年休假工资中"100%工资"属于劳动者正常工作时间的劳动报酬,应适用特殊仲裁时效的规定,而对于未休年休假的200%的工资报酬是因劳动者不能按时享受休息权,而用人单位侵犯劳动者休息权利所给予的经济补偿,应视为用人单位对劳动者的补偿责任,并非劳动者固有劳动报酬的一部分,故应适用一般仲裁时效。

【案情总览】

李某于2014年4月23日入职某公司从事维修工一职,某公司未给李某缴纳各项社会保险费。2020年7月2日,李某在工作时受伤,后于2020年7月14日至24日住院治疗10天。李某受伤后再未回某公司上班。2020年11月13日,某公司作出《到岗通知书》,要求李某自收到通知书7日内上岗报到,如未在7日内上岗报到的,视为主动与公司解除劳动合同关系。2020年10月23

日,李某被人力资源和社会保障局认定为工伤,后于2020年12月15日被确定伤残等级为八级,同时确认停工留薪期为8个月,自受伤之日起。2021年7月23日至30日李某在某中医院住院治疗进行第二次手术,出院医嘱为在医师指导下功能锻炼,近2个月避免劳累、过度负重、剧烈运动等。2021年8月30日,劳动能力鉴定委员会确认李某第二次住院治疗的停工留薪期为1个月,自入院之日起。2021年10月21日,李某申请劳动仲裁,请求裁决确认其与某公司自2014年4月至2021年11月期间存在劳动合同关系、双方的劳动关系于2021年11月30日解除、并支付各项工伤待遇、经济补偿金、未休带薪年休假工资等共计375741.87元。因对仲裁裁决不服,李某诉至法院。

本案争议焦点为:

一、关于某公司与李某劳动关系解除、起止时间确认的问题。本案中,李某2020年7月2日发生工伤,2020年12月15日被确认伤残等级八级、停工留薪期为8个月;2021年7月23日至7月30日李某进行第二次手术后,于2021年8月30日经劳动能力鉴定委员会确认第二次住院治疗的停工留薪期为1个月。上述期间,李某尚在停工留薪期内,属于用人单位不得解除劳动合同的情形。依据《劳动合同法》第38条以及《工伤保险条例》第37条规定,关于某公司与李某劳动关系解除认定的问题,综合案件的相关情况并结合双方所提交的相关证据以及考虑到李某在两次手术后均有医嘱"勿负重,避免劳累"等情形,虽然在停工留薪期满后李某未返岗上班,但李某在两次停工留薪期满后均向某公司提交了请假条,虽未获得批准,但考虑到李某尚在治疗恢复期及医疗期且向单位递交了请假手续,加之,李某于2021年10月21日向仲裁委员会提出书面仲裁申请,以某公司未为其缴纳社会保险为由要求经济补偿金并支付其一次性医疗补助金以及一次性伤残就业补助金,可视为李某本人因某公司未为其缴纳社会保险而自愿提出解除劳动合同,符合《劳动合同法》第38条所规定的用人单位有过错而劳动者可以单方提出解除劳动合同的情形,故认定双方劳动关系解除的时间为2021年10月21日,由此,确认李某与某公司自2014年4月23日至2021年10月21日期间存在劳动关系。

二、关于某公司是否应向李某支付病假工资的问题。根据《企业职工患病或非因工负伤医疗期规定》第3条的规定,李某应享受6个月的医疗期,因李某自2021年3月1日至6月30日和2021年7月30日至9月30日向某公司提出病假申请,虽未得到某公司的批准,结合《关于贯彻执行〈中华人民共和国劳动法〉若干问题的意见》(劳部发〔1995〕309号)中关于病假工资支付的相关规定,某公司应向李某支付病假工资为8200元(1660元×80%×5个月+1950元×80%×1个月)。

三、关于某公司是否应向李某支付未休年休假工资的问题。《劳动争议调解仲裁法》第27条规定,劳动争议申请仲裁的时效期间为一年。仲裁时效期间从当事人知道或者应当知道其权利被侵害之日起计算。李某自2014年4月23日至2021年10月21日期间在某公司工作,其于2021年10月21日申请劳动争议仲裁,故其要求2018年12月之前的未休年休假工资已过仲裁时效,不予支持。《劳动法》第45条规定,国家实行带薪年休假制度。劳动者连续工作一年以上的,享受带薪年休假。根据《职工带薪年休假条例》第3条的规定,职工累计工作已满1年不满10年的,年休假5天。《企业职工带薪年休假实施办法》第10条第1款规定,用人单位经职工同意不安排年休假或者安排职工年休假天数少于应休年休假天数,应当在本年度内对职工应休未休年休假天数,按照其日工资收入的300%支付未休年休假工资报酬,其中包含用人单位支付职工正常工作期间的工资收入。依据《职工带薪年休假条例》第3条、第4条的规定,李某应享受每年5天的带薪年休假。根据《职工带薪年休假条例》第5条规定,年休假在1个年度内可以集中安排,也可以分段安排,一般不跨年度安排。单位因生产、工作特点确有必要跨年度安排职工年休假的,可以跨1个年度安排。本案中,李某于2020年7月2日受伤后再未上班,某公司并未提交证据证明已经安排李某休年休假,也未支付李某未休年休假工资,故应向李某支付2019年、2020年7月2日之前未休年休假工资,因李某2019年应休年休假天数为5天,2020年应休年休假天数为2天(183天÷365天×5天),故某公司应向李某支付未休年休假工资为2027.59元[3150元/月÷21.75天×200%×(5天+2天)]。

据此,一审法院经审理后判决确认某公司与李某自2014年4月23日至2021年10月21日期间存在劳动关系,双方劳动关系解除的时间为2021年10月21日,并判决某公司向李某支付工伤保险待遇、解除劳动合同经济补偿金、病假工资、未休年休假工资等共计 14 万余元。李某不服提起上诉，二审法院经审理后判决驳回上诉，维持原判。

【法官释法】

带薪年休假，是休息休假的一种。司法实务中，职工请求企业支付未休年休假工资已成为目前劳动争议案件审理的热点之一。但对于未休年休假工资是适用一般仲裁时效还是特殊仲裁时效的问题，目前劳动法律法规及相关司法解释尚无明确规定，实务中也一直存在截然不同的观点，由于劳动争议具有一定的地域性，在未休年休假工资的仲裁时效问题上，各地区的规定及法院裁判口径并非完全一致。究其根本，焦点在于未休年休假工资到底属于员工福利待遇还是劳动报酬的问题，对此目前主要有三种观点：

特殊时效说。该种观点认为，未休年休假工资系劳动报酬，属于劳动报酬概念中“特殊情况下支付的工资”范畴，应适用特殊仲裁时效。首先，从条文的文义解释上看，《职工带薪年休假条例》第 2 条关于“职工在年休假期间享受与正常工作期间相同的工资收入”以及第 5 条“对职工应休未休的年休假天数，单位应当按照该职工日工资收入的 300% 支付年休假工资报酬”的规定，对年休假对应使用的文字是“工资收入”“工资报酬”，而非“补偿金”“赔偿金”等，其应属于劳动者的“工资”，属于劳动报酬的范畴，应适用特殊仲裁时效的规定。其次，从工资的本质上来看，工资系劳动者提供劳动的对价，但在某些特殊情况下，职工未正常提供劳动，但法律强制性规定用人单位仍要按照相应的标准向职工支付工资报酬，其亦属于工资的组成部分，此种情形在学理上称为“拟制工资”。如《劳动法》第 51 条关于“劳动者在法定休假日和婚丧假期间以及依法参加社会活动期间，用人单位应当依法支付工资”以及《关于工资总额组成的规定》第 10 条中关于“特殊情况下支付的工资”的规定，就属于“拟制工资”。显然，未休年休假工资应属于“特殊情况下支付的工资”中的“定期休假”工资，从本质上讲仍属于劳动的对价，是劳动报酬的组成部分。再次，从国家人社部的最新意见上看，《人力资源社会保障部对十三届全国人大一次会议第 3825 号建议的答复》（人社建字〔2018〕62 号）中明确提出：“三是明确未休年休假工资报酬属于劳动报酬，适用特殊申请仲裁时效规定，即自劳动关系终止之日起算,更好保障劳动者维护带薪休假权利”。上述答复,肯定了未休年休假工资属于劳动报酬,适用特殊仲裁时效规定,即自劳动关系终止之日起算,司法实务中采用上述观点的明显居多。如(2021)鲁民申10469号案件就采用上述观点:带薪休假是我国劳动法为保障劳动者的休息权而规定的一项重要法律制度,劳动者因用人单位工作需要未休年假的,有权请求用人单位依照法律规定的日工资300%的标准支付未休年休假工资,该工资视同劳动者在向用人单位提供正常劳动情形下获得的对价,而且经国务院批准、国家统计局发布的《关于工资总额组成的规定》第10条将定期休假工资列为特殊情况下支付的工资,因而劳动者请求用人单位支付未休年休假工资的,不适用一年仲裁时效的规定,原审判令某集团公司支付赵某未休年休假工资并据此对某集团公司的责任予以认定并无不当。

一般时效说。该种观点认为,未休年休假工资并非劳动者提供劳动的对价,其属于福利待遇范畴,应适用一般仲裁时效。首先,从带薪休假的本质上看,《职工带薪年休假条例》第1条规定,为了维护职工休息休假权利,调动职工工作积极性,根据劳动法和公务员法,制定本条例。可以看出,带薪休假是国家根据劳动者工作年限和劳动的繁重紧张程度每年给予一定期间的带薪连续休假的制度,对国家各行各业职工所做贡献的认同,是国家给予职工的一项福利待遇,亦是给用人单位规定的法定义务,具有一定的强制性。其次,从带薪休假的法益上看,劳动者享有带薪年休假的权利,用人单位未安排劳动者休年休假,侵害的是劳动者的休假权利,支付未休年休假工资报酬是因用人单位未安排年休假而应当承担的法律义务,故应适用一般仲裁时效的规定。如《长三角区域“三省一市”劳动人事争议疑难问题审理意见研讨会纪要》(2019年)规定:“一、劳动者与用人单位就未休年休假工资报酬发生争议,请求权的时效以及起算点的认定。支付劳动者未休年休假工资报酬系用人单位应当履行的法定补偿义务。劳动者要求用人单位支付未休年休假工资的请求,符合《中华人民共和国劳动争议调解仲裁法》第二条规定的受案范围,劳动人事争议仲裁委员会应当予以受理。该请求权时效应按照《中华人民共和国劳动争议调解仲裁法》第二十七条第一款之规定,从应休年休假年度次年的1月1日起计算;确因生产、工作需要,经劳动者同意,用人单位跨年度安排劳动者休年休假的,请求权时效顺延至下一年度的 1 月 1 日起计算；劳动关系已经解除或者终止的，从劳动关系解除或者终止之日起计算。”又如《江门市中级人民法院、江门市劳动人事争议仲裁委员会关于审理劳动人事争议案件若干问题的座谈会纪要》第 13 条规定：“劳动者请求两年内未休年休假工资的，予以支持。”

区别时效说。此种观点认为，未休年休假工资中 100% 的部分属于正常工作期间的“工资收入”，属于劳动报酬的范畴，应适用特殊仲裁时效；未休年休假工资 200% 的部分应属于未休年假的补偿，属于惩罚性赔偿，应适用一般仲裁时效。如《北京市高级人民法院、北京市劳动人事争议仲裁委员会关于审理劳动争议案件法律适用问题的解答》(2017 年)第 19 条规定，劳动者要求用人单位支付未休带薪年休假工资的，如何处理？对劳动者应休未休的年休假天数，单位应当按照该职工日工资收入的 300% 支付年休假工资报酬。劳动者要求用人单位支付其未休带薪年休假工资中法定补偿(200% 福利部分)诉请的仲裁时效期间应适用《劳动争议调解仲裁法》第 27 条第 1 款规定，即劳动争议申请仲裁的时效期间为一年。又如《厦门市中级人民法院、厦门市劳动人事争议仲裁委员会关于审理劳动争议案件若干疑难问题的解答》第 6 条规定，未休年休假加班费仲裁时效从何时起算？未休年休假期间工作报酬为工资的 300%，因年休假为带薪休假，故其中 100% 为正常工资，200% 为加班报酬。200% 的加班报酬申请仲裁的时效期间为一年，不适用特殊仲裁时效规定，从当事人知道或者应当知道其权利被侵害之日起计算。用人单位已与劳动者协商安排休假时间但劳动者未实际休假应当支付加班报酬的，被侵害之日指应休未休之日的工资应当支付之日。用人单位未为劳动者安排休假时间的，被侵害之日指当年 12 月工资应发放之日。

笔者认为，对于未休年休假工资的时效问题，不可一概而论为劳动报酬，而应该分开而论。具体而言，未休年休假工资中“100% 工资”属于劳动者正常工作时间的劳动报酬，应适用特殊仲裁时效的规定，而对于未休年休假的 200% 的工资报酬是因劳动者不能按时享受休息权，而用人单位侵犯劳动者休息权利所给予的经济补偿，应视为用人单位对劳动者的补偿责任，并非劳动者固有劳动报酬的一部分，故应适用一般仲裁时效。

首先，从立法的本意上看，劳动者休息权是劳动者依法享有的一项重要权利,而“休息休假”包括带薪年休假,为督促用人单位落实对劳动者的带薪年休假,《职工带薪年休假条例》第 5 条规定,单位根据生产、工作的具体情况,并考虑职工本人意愿,统筹安排职工年休假。年休假在 1 个年度内可以集中安排,也可以分段安排,一般不跨年度安排。单位因生产、工作特点确有必要跨年度安排职工年休假的,可以跨 1 个年度安排。单位确因工作需要不能安排职工休年休假的,经职工本人同意,可以不安排职工休年休假。对职工应休未休的年休假天数,单位应当按照该职工日工资收入的 300% 支付年休假工资报酬。第 6 条规定,县级以上地方人民政府人事部门、劳动保障部门应当依据职权对单位执行本条例的情况主动进行监督检查。工会组织依法维护职工的年休假权利。同时该条例对于单位不安排职工休年休假又不依照本条例规定给予年休假工资报酬的,由县级以上地方人民政府人事部门或者劳动保障部门依据职权责令限期改正;对逾期不改正的,除责令该单位支付年休假工资报酬外,单位还应当按照年休假工资报酬的数额向职工加付赔偿金。从上述规定可以看出,设立年休假制度是为了更好地维护劳动者的休息休假权利,改善劳动者的生活质量。

其次,从条文的逻辑关系上,《企业职工带薪年休假实施办法》第 10 条规定,用人单位经职工同意不安排年休假或者安排职工年休假天数少于应休年休假天数,应当在本年度内对职工应休未休年休假天数,按照其日工资收入的 300% 支付未休年休假工资报酬,其中包含用人单位支付职工正常工作期间的工资收入。用人单位安排职工休年休假,但是职工因本人原因且书面提出不休年休假的,用人单位可以只支付其正常工作期间的工资收入。从该条可以看出,未休年休假 300% 工资报酬中只有 100% 工资属于劳动的对价,即属于“工资”,另外 200% 工资应当属于“福利”。这种观点体现在全国不少地方法院的裁判观点之中。

最后,从劳动法的原理上看,按照劳动法的一般原理,劳动报酬是劳动者提供劳动的回报,不能单以年休假工资中带有“工资”的字样就判断其为“劳动报酬”,比如:未签订合同的二倍工资,也含有“工资”字样,但其支付的前提也不是基于劳动者提供的劳动,而是基于用人单位的违法行为,属于用人单位不与劳动者签订书面劳动合同的惩罚性赔偿,非劳动者的劳动所得,因此,未签订合同的二倍工资适用的是一般仲裁时效,同样,未休年休假工资中“200%的部分”的原理等同于二倍工资,应采用一般仲裁时效。

笔者认为,由于各地对未休年休假工资性质的不同认识,导致司法实践规定出现较大差异,因此,有必要对未休年休假工资报酬的性质作出明确严格的解释,形成统一的裁判思路。

【法条链接】

《中华人民共和国劳动争议调解仲裁法》

第二十七条 劳动争议申请仲裁的时效期间为一年,仲裁时效期间从当事人知道或者应当知道其权利被侵害之日起计算。

前款规定的仲裁时效,因当事人一方向对方当事人主张权利,或者向有关部门请求权利救济,或者对方当事人同意履行义务而中断。从中断时起,仲裁时效期间重新计算。

因不可抗力或者有其他正当理由,当事人不能在本条第一款规定的仲裁时效期间申请仲裁的,仲裁时效中止。从中止时效的原因消除之日起,仲裁时效期间继续计算。

劳动关系存续期间因拖欠劳动报酬发生争议的,劳动者申请仲裁不受本条第一款规定的仲裁时效期间的限制;但是,劳动关系终止的,应当自劳动关系终止之日起一年内提出。

《关于工资总额组成的规定》

第三条 工资总额是指各单位在一定时期内直接支付给本单位全部职工的劳动报酬总额。

工资总额的计算应以直接支付给职工的全部劳动报酬为根据。

第四条 工资总额由下列6个部分组成:

(一)计时工资;

(二)计件工资;

(三)奖金;

(四)津贴和补贴;

(五)加班加点工资;

(六)特殊情况下支付的工资。

第五条 计时工资是指按计时工资标准(包括地区生活费补贴)和工作时间支付给个人的劳动报酬。包括:

(一)对已做工作按计时工资标准支付的工资;

（二）实行结构工资制的单位支付给职工的基础工资和职务（岗位）工资；

（三）新参加工作职工的见习工资（学徒的生活费）；

（四）运动员体育津贴。

第六条　计件工资是指对已做工作按计件单价支付的劳动报酬。包括：

（一）实行超额累进计件、直接无限计件、限额计件、超定额计件等工资制，按劳动部门或主管部门批准的定额和计件单价支付给个人的工资；

（二）按工作任务包干方法支付给个人的工资；

（三）按营业额提成或利润提成办法支付给个人的工资。

第七条　奖金是指支付给职工的超额劳动报酬和增收节支的劳动报酬。包括：

（一）生产奖；

（二）节约奖；

（三）劳动竞赛奖；

（四）机关、事业单位的奖励工资；

（五）其他奖金。

第八条　津贴和补贴是指为了补偿职工特殊或额外的劳动消耗和因其他特殊原因支付给职工的津贴，以及为了保证职工工资水平不受物价影响支付给职工的物价补贴。

（一）津贴。包括：补偿职工特殊或额外劳动消耗的津贴，保健性津贴，技术性津贴，年功性津贴及其他津贴。

（二）物价补贴。包括：为保证职工工资水平不受物价上涨或变动影响而支付的各种补贴。

第九条　加班加点工资是指按规定支付的加班工资和加点工资。

第十条　特殊情况下支付的工资。包括：

（一）根据国家法律、法规和政策规定，因病、工伤、产假、计划生育假、婚丧假、事假、探亲假、定期休假、停工学习、执行国家或社会义务等原因按计时工资标准或计时工资标准的一定比例支付的工资；

（二）附加工资、保留工资。

《职工带薪年休假条例》

第一条　为了维护职工休息休假权利，调动职工工作积极性，根据劳动法和公务员法，制定本条例。

第二条　机关、团体、企业、事业单位、民办非企业单位、有雇工的个体工商户等单位的职工连续工作 1 年以上的，享受带薪年休假（以下简称年休假）。单位应当保证职工享受年休假。

职工在年休假期间享受与正常工作期间相同的工资收入。

第三条 职工累计工作已满1年不满10年的，年休假5天；已满10年不满20年的，年休假10天；已满20年的，年休假15天。

国家法定休假日、休息日不计入年休假的假期。

第四条 职工有下列情形之一的，不享受当年的年休假：

（一）职工依法享受寒暑假，其休假天数多于年休假天数的；

（二）职工请事假累计20天以上且单位按照规定不扣工资的；

（三）累计工作满1年不满10年的职工，请病假累计2个月以上的；

（四）累计工作满10年不满20年的职工，请病假累计3个月以上的；

（五）累计工作满20年以上的职工，请病假累计4个月以上的。

第五条 单位根据生产、工作的具体情况，并考虑职工本人意愿，统筹安排职工年休假。

年休假在1个年度内可以集中安排，也可以分段安排，一般不跨年度安排。单位因生产、工作特点确有必要跨年度安排职工年休假的，可以跨1个年度安排。

单位确因工作需要不能安排职工休年休假的，经职工本人同意，可以不安排职工休年休假。对职工应休未休的年休假天数，单位应当按照该职工日工资收入的300%支付年休假工资报酬。

第六条 县级以上地方人民政府人事部门、劳动保障部门应当依据职权对单位执行本条例的情况主动进行监督检查。

工会组织依法维护职工的年休假权利。

第七条 单位不安排职工休年休假又不依照本条例规定给予年休假工资报酬的，由县级以上地方人民政府人事部门或者劳动保障部门依据职权责令限期改正；对逾期不改正的，除责令该单位支付年休假工资报酬外，单位还应当按照年休假工资报酬的数额向职工加付赔偿金；对拒不支付年休假工资报酬、赔偿金的，属于公务员和参照公务员法管理的人员所在单位的，对直接负责的主管人员以及其他直接责任人员依法给予处分；属于其他单位的，由劳动保障部门、人事部门或者职工申请人民法院强制执行。

第八条 职工与单位因年休假发生的争议，依照国家有关法律、行政法规的规定处理。

《人力资源社会保障部对十三届全国人大一次会议第3825号建议的答复》（人社建字〔2018〕62号）

你们提出的关于完善落实带薪休假政策体系的建议收悉，现答复如下。

自2008年《职工带薪年休假条例》实施以来，我部积极指导推动各地采取多种措施落实职工带薪年休假制度。经过多年持续努力,落实带薪年休假制度工作取得积极成效,用人单位和职工对实施带薪年休假制度重要性的认识逐年提高,带薪年休假制度的实施范围不断扩大。但正如你们所言,总体来看带薪年休假制度落实情况还不理想,仍有相当一部分企业没有实行带薪年休假。

关于你们提出的将“带薪休假”列为劳动合同必备内容的建议。劳动合同法第十七条第五项明确规定“工作时间和休息休假”是劳动合同的必备条款之一,此处“休息休假”包括带薪年休假。同时,第八十一条规定,用人单位提供的劳动合同文本未载明本法规定的劳动合同必备条款,由劳动行政部门责令改正;给劳动者造成损害的,应当承担赔偿责任。由此可见,保障职工享受带薪休假权益已纳入了劳动合同法律体系当中。

关于你们提出的设立独立的带薪休假救济机构或仲裁机构的建议。《职工带薪年休假条例》第七条明确规定,单位不安排职工年休假又不依照本条例规定给予年休假工资报酬的,由县级以上地方人民政府人事部门或者劳动保障部门依据职权责令限期改正;对逾期不改正的,除责令该单位支付年休假工资报酬外,单位还应当按照年休假工资报酬的数额加付赔偿金;对拒不支付年休假工资报酬、赔偿金的,属于公务员和参照公务员法管理的人员所在单位的,对直接负责的主管人员以及其他直接责任人员依法给予处分;属于其他单位的,由劳动保障部门、人事部门或者职工申请人民法院强制执行。据此,职工带薪休假权益受侵害的救济机构包括县级以上地方人民政府人力资源社会保障部门、公务员主管部门、人民法院。同时,《劳动争议调解仲裁法》第二条明确规定,因工作时间、休息休假发生的争议适用该法。因此,涉及带薪休假相关争议属于劳动人事争议仲裁委员会受理范围。实践中,各地劳动人事争议仲裁委员会通过多种方式加大涉及带薪休假相关争议的处理力度,维护劳动者带薪休假权利:一是依法对因执行国家的劳动标准在工作时间、休息休假等方面发生的争议做出的裁决适用终局裁决,节约劳动者维权成本;二是依法将带薪休假相关争议适用简易程序,通过缩短或取消答辩期、简便方式送达等提高争议处理效率;三是明确未休年休假工资报酬属于劳动报酬,适用特殊申请仲裁时效规定,即自劳动关系终止之日起算,更好保障劳动者维护带薪休假权利;四是对于用人单位存在明显侵害劳动者带薪休假权利行为的,通过发出仲裁建议书等方式,督促用人单位及时整改。

关于你们提出的探索灵活的带薪休假模式等建议。《职工带薪年休假条例》规定,单位根据生产、工作的具体情况,并考虑职工本人意愿,统筹安排职工年休假。实践中,许多地区指导用人单位结合自身特点,通过与职工开展集体协商,科学制定本单位休假制度和休假计划,允许职工采取分段休假等灵活方式合理安排带薪休假。

下一步,我们将继续采取有力措施推动落实带薪年休假制度。一是进一步加大对带薪年休假法规政策的宣传力度,营造良好的社会舆论氛围,使依法落实带薪年休假成为社会共识。二是在认真总结近年来企业落实带薪年休假制度典型经验做法的基础上,指导企业根据自身特点和实际,通过集体协商科学确定休假办法,采取多种方式合理安排职工带薪休假。三是进一步加大劳动保障监察执法力度,督促企业落实带薪年休假制度,切实维护职工合法权益。

感谢你们对人力资源和社会保障工作的理解和支持。

三、未签订书面劳动合同二倍工资的仲裁时效如何确定

裁判要旨

目前,用人单位不签订劳动合同的行为仍较普遍,劳动者主张未签订劳动合同二倍工资的请求亦为常见,但对于未签订劳动合同二倍工资的性质属于惩罚性赔偿还是劳动报酬,是适用一般仲裁时效还是特殊仲裁时效的问题,司法实务中一直存在截然不同的观点。笔者认为,未签订劳动合同二倍工资中"第一倍工资"属于劳动者正常工作时间的劳动报酬,应适用《劳动争议调解仲裁法》第27条第4款"劳动关系存续期间因拖欠劳动报酬发生争议的,劳动者申请仲裁不受本条第一款规定的仲裁时效期间的限制;但是,劳动关系终止的,应当自劳动关系终止之日起一年内提出"关于特殊仲裁时效的规定;对于未与劳动者签订书面劳动合同的"第二倍工资"属于对用人单位违法不与劳动者签订劳动合同的惩罚性赔偿,而非劳动报酬,应适用《劳动争议调解仲裁法》第27条第1款"劳动争议申请仲裁的时效期间为一年。仲裁时效期间从当事人知道或者应当知道其权利被侵害之日起计算"关于一般仲裁时效的规定。

【案情总览】

案例一:2020年4月1日,王某入职某牛肉面馆从事洗碗工工作。工作期间,某牛肉面馆没有和王某签订书面劳动合同。2020年6月8日,王某离开某牛肉面馆。某牛肉面馆向王某支付了2020年4月工资2000元(扣发1000元

工资作为食品安全保证金)、5 月工资 2903 元(2020 年 5 月 17 日请假一天扣 100 元工资)。2020 年 6 月 9 日,王某申请劳动仲裁,要求某牛肉面馆支付未订立书面劳动合同双倍工资差额 6800 元(2020 年 4 月 1 日至 6 月 8 日)及返还扣押工资等。因对仲裁裁决不服,某牛肉面馆诉至法院。

案例二:2018 年 12 月 4 日,李某入职锐成公司从事操作工一职,约定工资每月 5500 元。工作期间,锐成公司未与李某签订书面劳动合同,未给李某缴纳各项社会保险。2021 年 3 月 3 日,李某在锐成公司加工操作间操作机床时右上肢被机器绞伤,后被送往医院治疗。李某受伤后再未上班。2021 年 7 月 30 日,李某被认定为工伤,后于 2021 年 10 月 20 日被劳动能力鉴定委员会确定伤残等级为四级、停工留薪期为 12 个月。2021 年 12 月 2 日,李某因"工伤待遇"提出书面仲裁申请,请求依法裁决解除双方之间的劳动关系,并向其支付经济补偿金 3510 元、支付未签订劳动合同的双倍人工工资 77220 元、工伤保险待遇 596700 元等。因对仲裁裁决不服,李某及锐成公司均诉至法院。

案例三:2019 年 11 月 5 日,刘某入职依林宁夏分公司,被安排至邮政银川分公司某揽投部从事邮件分拣工作。同日,双方签订《劳务用工协议书》一份,载明聘用期限自 2019 年 11 月 5 日起至 2020 年 2 月 4 日止。工作期间,刘某由邮政银川分公司管理和安排工作内容,邮政银川分公司根据工作内容为其提供手套等工作用具,由邮政银川分公司考勤考核、核算工资,并将工资总额支付给依林宁夏分公司,依林宁夏分公司再向其发放工资。2019 年 12 月 28 日,刘某在卸邮件时被车厢内掉落的邮件砸伤,导致鼻骨骨折,后被认定为工伤、确认伤残等级 10 级、停工留薪期 3 个月。刘某受伤后再未上班。2021 年 6 月 28 日,刘某(申请人)因"工伤待遇"等发生争议,以依林公司为第一被申请人、依林宁夏分公司为第二被申请人,向劳动人事争议仲裁委员会申请仲裁,请求依法裁决解除申请人与第二被申请人之间的劳动关系、裁决二被申请人支付申请人未续签书面劳动合同双倍工资 33000 元及各项工伤保险待遇 107374.8 元。因对仲裁裁决不服,刘某诉至法院。

关于案例一:本案系未签订劳动合同的情形。关于某牛肉面馆要求无须支付未签订劳动合同的双倍工资 6800 元的诉讼请求。《劳动合同法》第 82 条第 1 款规定:"用人单位自用工之日起超过一个月不满一年未与劳动者订立书面劳动合同的,应当向劳动者每月支付二倍的工资。”本案中,王某于 2020 年 4 月 1 日入职某牛肉面馆从事洗碗工工作,双方并未签订书面劳动合同,某牛肉面馆陈述“双方当时口头约定 3 个月试用期,过了会和王某签订劳动合同,但王某干了 2 个月,某牛肉面馆还没有机会和王某签订劳动合同,王某就辞职不干了”,因某牛肉面馆没有提交证据证明双方口头约定了试用期,加之王某对上述陈述并不认可,某牛肉面馆应承担对其不利后果,因某牛肉面馆向王某支付 2020 年 5 月工资 2903 元,2020 年 6 月 8 日王某离开时尚未干满 1 个月,故某牛肉面馆应向王某支付未签订书面劳动合同双倍工资的差额 2903 元。

关于案例二:本案系未签订劳动合同已过仲裁时效的情形。《劳动合同法》第 82 条第 1 款规定:“用人单位自用工之日起超过一个月不满一年未与劳动者订立书面劳动合同的,应当向劳动者每月支付二倍的工资。”《劳动争议调解仲裁法》第 27 条第 1 款规定:“劳动争议申请仲裁的时效期间为一年。仲裁时效期间从当事人知道或者应当知道其权利被侵害之日起计算。”本案中,李某于 2018 年 12 月 4 日入职锐成公司,锐成公司应自用工之日起一个月内与李某签订书面劳动合同,李某自 2021 年 3 月 3 日发生工伤,此后一直处于住院治疗、停工留薪期间,期间李某并未实际提供劳动,其于 2021 年 12 月 2 日申请仲裁要求支付未签订劳动合同二倍工资,已过劳动法律所规定的仲裁时效。

关于案例三:本案系未续签劳动合同的情形。首先,关于《劳务用工协议书》的认定问题。依林宁夏分公司系注册登记并取得营业执照的有限责任公司分支机构,系劳动法律关系的主体,具有用人单位的主体资格。刘某系依林宁夏分公司招聘的分拣员,工作期间按照依林宁夏分公司与邮政银川分公司的约定接受邮政银川分公司的管理,工资由依林宁夏分公司发放,综合本案的相关证据并结合双方当事人的陈述,可以认定刘某自 2019 年 11 月 5 日起为依林宁夏分公司提供劳动,具有持续性、稳定性的劳动关系特征。依据《劳动和社会保障部关于确立劳动关系有关事项的通知》(劳社部发〔2005〕12 号)第 1 条规定,依林宁夏分公司和刘某都符合法律规定的主体资格,刘某从事依林宁夏分公司安排的有报酬的劳动,并且刘某所从事的工作是依林宁夏分公司的业务组成部分,且在刘某受伤后申请工伤认定时,填写的用人单位也均是依林宁夏分公司,依林宁夏分公司并未对工伤认定提出异议,故依林宁夏分公司虽与刘某签订的是《劳务用工协议书》，但实质上从用工之日即2019年11月5日起就与刘某之间形成事实劳动关系。其次，关于要求支付未续签书面劳动合同双倍工资差额33000元的诉讼请求。依前所述，因刘某处于停工留薪期间，其与依林宁夏分公司的用工协议依法顺延至2020年3月28日劳动关系终止，双方不存在未续签劳动合同的情形，故刘某的该项诉讼请求没有事实和法律依据。

【法官释法】

目前，用人单位不签订劳动合同的行为仍较为普遍，劳动者主张未签订劳动合同二倍工资的请求亦为常见，但对于未签订劳动合同二倍工资的性质属于惩罚性赔偿还是劳动报酬，是适用一般仲裁时效还是特殊仲裁时效的问题，司法实务中一直存在两种不同观点。

劳动报酬说。该种观点认为，二倍工资属于劳动报酬，应适用特殊仲裁时效。首先，《劳动合同法》第82条中对未签订劳动合同"二倍工资"所使用的文字是"工资"，而非"补偿金""赔偿金""违约金"等，按照法律条文解释中文义解释的规定，其亦属于劳动者的"工资"，属于劳动报酬的范畴，应适用《劳动争议调解仲裁法》第27条第4款中关于特殊仲裁时效的规定，即"劳动关系存续期间因拖欠劳动报酬发生争议的，劳动者申请仲裁不受本条第一款规定的仲裁时效期间的限制；但是，劳动关系终止的，应当自劳动关系终止之日起一年内提出。"其次，根据《关于工资总额组成的规定》第4条、第10条的规定，未签订劳动合同的二倍工资应属于"特殊情况下支付的工资"中的"附加工资"，应属于劳动报酬的范畴。如《湖北省高级人民法院民事审判工作座谈会会议纪要》（2013年9月）第31条规定，用人单位自用工之日起超过一个月不满一年未与劳动者订立书面劳动合同并一直未补订的，应当按照《劳动合同法实施条例》第7条的规定，自用工之日起满一个月的次日至满一年的前一日向劳动者每月支付两倍的工资。双倍工资的申请仲裁时效自劳动关系终止之日起算，期间为一年。再如《吉林省高级人民法院关于审理劳动争议案件法律适用问题的解答（二）》（2019年8月15日）第8条规定，劳动者因用人单位未订立书面劳动合同要求支付二倍工资的，仲裁时效从用工满一年之日的次日开始计算；用工不满一年的，自用工结束之日的次日开始计算。

惩罚性赔偿说。该种观点认为,二倍工资并非劳动者提供劳动的对价,属于惩罚性质,应适用一般仲裁时效。《劳动合同法》第 10 条规定,建立劳动关系,应当订立书面劳动合同。已建立劳动关系,未同时订立书面劳动合同的,应当自用工之日起一个月内订立书面劳动合同。显然,签订书面劳动合同系用人单位的法定义务。《劳动合同法》在第七章"法律责任"中规定了未签订书面劳动合同应当承担支付"二倍工资"的法律责任。因此,二倍工资系对用人单位违法未与劳动者签订劳动合同的惩罚性措施,而非劳动者提供劳动的对价,应适用《劳动争议调解仲裁法》第 27 条第 1 款中关于一般仲裁时效的规定。如《云南省高级人民法院、云南省人力资源和社会保障厅关于审理劳动人事争议案件若干问题的座谈会纪要》(云高法〔2015〕27 号)中认为:二倍工资属于惩罚性赔偿,不属于劳动报酬,适用《劳动争议调解仲裁法》第 27 条第 1 款的规定,即一年的仲裁时效。因用人单位与劳动者未订立书面劳动合同的行为处于持续状态,劳动者主张二倍工资的时效从用人单位应当支付二倍工资的最后一个月届满之日起计算。又如《江西省高级人民法院、江西省人力资源和社会保障厅 2013 年全省劳动人事争议裁审衔接工作座谈会纪要》第 5 条规定:劳动者请求用人单位支付未订立书面劳动合同二倍工资差额的仲裁时效,依照《劳动争议调解仲裁法》第 27 条第 1 款、第 2 款和第 3 款的规定确定。用人单位应支付的二倍工资差额,从劳动者主张权利之日起往前倒推一年,按月计算,对超过一年的二倍工资差额不予支持。

目前,司法实践中的主流观点是惩罚性赔偿说,笔者基本上赞同此观点。笔者认为,对于二倍工资的时效问题,不应将劳动者应享受的二倍工资差额与一倍工资视为一个整体,而应分开而论。具体而言,未签订劳动合同二倍工资中"第一倍工资"属于劳动者正常工作时间劳动报酬,应适用《劳动争议调解仲裁法》第 27 条第 4 款"劳动关系存续期间因拖欠劳动报酬发生争议的,劳动者申请仲裁不受本条第一款规定的仲裁时效期间的限制;但是,劳动关系终止的,应当自劳动关系终止之日起一年内提出"关于特殊仲裁时效的规定;对于未与劳动者签订书面劳动合同的"第二倍工资"属于对用人单位违法不与劳动者签订劳动合同的惩罚性赔偿,而非劳动报酬,应适用《劳动争议调解仲裁法》第 27 条第 1 款"劳动争议申请仲裁的时效期间为一年。仲裁时效期间从当事人知道或者应当知道其权利被侵害之日起计算”关于一般仲裁时效的规定。理由如下：

一是符合劳动合同的立法定义。我国对于劳动合同的定义可分为学理定义和立法定义。从学理定义上讲，劳动合同是劳动关系双方当事人确立、变更、终止劳动权利义务关系的协议。而笔者认为，现代的劳动合同在本质上已经不属于私法上的契约关系，而是具有社会法性质，因而，从立法定义上看，我国《劳动法》规定，劳动合同是劳动者与用人单位确立劳动关系、明确双方权利和义务的协议。此定义强调了劳动合同与权利义务之间的紧密关联性，换言之，若使劳动关系产生预期的法律效力，必须签订劳动合同。反之，用人单位如不签订劳动合同，则违背了上述劳动合同的立法定义，应该承担相应的违法责任。

二是符合法律条文的文义解释。《劳动合同法》将未签订劳动合同的二倍工资划归于“违约责任”一章，其属于制裁性、惩罚性之特征可以显见，此处不再赘述。

三是符合“二倍工资”请求权之目的。劳动法律设置“二倍工资”之目的，在于督促、促使用人单位及劳动者双方可以主动履行签订劳动合同的义务，以实现劳动关系的协调。赋予劳动者“二倍工资”请求权之目的，实际上是劳动法“倾斜保护原则”的体现。

四是符合司法主流观点。实务中，不将劳动者应享受的二倍工资差额视为一个整体，而是按天或者按月计算，自仲裁之日向前推一年，对超过一年的二倍工资差额不予支持，为目前主流观点。如《北京市高级人民法院、北京市劳动争议仲裁委员会关于劳动争议案件法律适用问题研讨会会议纪要》(2014 年 5 月 7 日)第 28 条规定：二倍工资中属于劳动者正常工作时间劳动报酬的部分，适用《劳动争议调解仲裁法》第 27 条第 4 款的规定；增加一倍的工资属于惩罚性赔偿的部分，不属于劳动报酬，适用《劳动争议调解仲裁法》第 27 条第 1 款的规定，即 1 年的仲裁时效。二倍工资适用时效的计算方法为：在劳动者主张二倍工资时，因未签劳动合同行为处于持续状态，故时效可从其主张权利之日起向前计算 1 年，据此实际给付的二倍工资不超过 12 个月，二倍工资按未订立劳动合同所对应时间用人单位应当正常支付的工资为标准计算。又如山西省高级人民法院(2022)晋民申 1867 号民事裁定书中认为：根据《劳动争议调解仲裁法》第 27 条规定，劳动争议申请仲裁的时效期间为一年，从当事人知道或应当知道权利被侵害之日起算。用人单位未依法与劳动者签订书面劳动合同而额外支付的一倍工资，是对用人单位未履行法定义务的惩罚，并非劳动者的劳动报酬。劳动者在领取当月工资时就应当知道用人单位是否依法支付了其签订书面劳动合同的二倍工资。如用人单位未依法支付二倍工资，劳动者在领取当月工资时就应当知道其权利被侵害，故其签订书面劳动合同的二倍工资差额的仲裁时效期间应自劳动者领取当月工资时起算。显然，该裁定即采用了上述观点。

【法条链接】

《中华人民共和国劳动争议调解仲裁法》

第二十七条 劳动争议申请仲裁的时效期间为一年。仲裁时效期间从当事人知道或者应当知道其权利被侵害之日起计算。

前款规定的仲裁时效，因当事人一方向对方当事人主张权利，或者向有关部门请求权利救济，或者对方当事人同意履行义务而中断。从中断时起，仲裁时效期间重新计算。

因不可抗力或者有其他正当理由，当事人不能在本条第一款规定的仲裁时效期间申请仲裁的，仲裁时效中止。从中止时效的原因消除之日起，仲裁时效期间继续计算。

劳动关系存续期间因拖欠劳动报酬发生争议的，劳动者申请仲裁不受本条第一款规定的仲裁时效期间的限制；但是，劳动关系终止的，应当自劳动关系终止之日起一年内提出。

《中华人民共和国劳动合同法》(2012 年修正)

第十条 建立劳动关系，应当订立书面劳动合同。

已建立劳动关系，未同时订立书面劳动合同的，应当自用工之日起一个月内订立书面劳动合同。

用人单位与劳动者在用工前订立劳动合同的，劳动关系自用工之日起建立。

第八十二条 用人单位自用工之日起超过一个月不满一年未与劳动者订立书面劳动合同的，应当向劳动者每月支付二倍的工资。

用人单位违反本法规定不与劳动者订立无固定期限劳动合同的，自应当订立无固定期限劳动合同之日起向劳动者每月支付二倍的工资。

《中华人民共和国劳动合同法实施条例》

第五条 自用工之日起一个月内，经用人单位书面通知后，劳动者不与用人单位订立书面劳动合同的,用人单位应当书面通知劳动者终止劳动关系,无需向劳动者支付经济补偿,但是应当依法向劳动者支付其实际工作时间的劳动报酬。

第六条 用人单位自用工之日起超过一个月不满一年未与劳动者订立书面劳动合同的,应当依照劳动合同法第八十二条的规定向劳动者每月支付两倍的工资,并与劳动者补订书面劳动合同;劳动者不与用人单位订立书面劳动合同的,用人单位应当书面通知劳动者终止劳动关系,并依照劳动合同法第四十七条的规定支付经济补偿。

前款规定的用人单位向劳动者每月支付两倍工资的起算时间为用工之日起满一个月的次日,截止时间为补订书面劳动合同的前一日。

第七条 用人单位自用工之日起满一年未与劳动者订立书面劳动合同的,自用工之日起满一个月的次日至满一年的前一日应当依照劳动合同法第八十二条的规定向劳动者每月支付两倍的工资,并视为自用工之日起满一年的当日已经与劳动者订立无固定期限劳动合同,应当立即与劳动者补订书面劳动合同。

《关于工资总额组成的规定》

第三条 工资总额是指各单位在一定时期内直接支付给本单位全部职工的劳动报酬总额。

工资总额的计算应以直接支付给职工的全部劳动报酬为根据。

第四条 工资总额由下列6个部分组成:

(一)计时工资;

(二)计件工资;

(三)奖金;

(四)津贴和补贴;

(五)加班加点工资;

(六)特殊情况下支付的工资。

第五条 计时工资是指按计时工资标准(包括地区生活费补贴)和工作时间支付给个人的劳动报酬。包括:

(一)对已做工作按计时工资标准支付的工资;

(二)实行结构工资制的单位支付给职工的基础工资和职务(岗位)工资;

(三)新参加工作职工的见习工资(学徒的生活费);

(四)运动员体育津贴。

第六条 计件工资是指对已做工作按计件单价支付的劳动报酬。包括:

(一)实行超额累进计件、直接无限计件、限额计件、超定额计件等工资制,按劳动部门或主管部门批准的定额和计件单价支付给个人的工资；

（二）按工作任务包干方法支付给个人的工资；

（三）按营业额提成或利润提成办法支付给个人的工资。

第七条　奖金是指支付给职工的超额劳动报酬和增收节支的劳动报酬。包括：

（一）生产奖；

（二）节约奖；

（三）劳动竞赛奖；

（四）机关、事业单位的奖励工资；

（五）其他奖金。

第八条　津贴和补贴是指为了补偿职工特殊或额外的劳动消耗和因其他特殊原因支付给职工的津贴，以及为了保证职工工资水平不受物价影响支付给职工的物价补贴。

（一）津贴。包括：补偿职工特殊或额外劳动消耗的津贴，保健性津贴，技术性津贴，年功性津贴及其他津贴。

（二）物价补贴。包括：为保证职工工资水平不受物价上涨或变动影响而支付的各种补贴。

第九条　加班加点工资是指按规定支付的加班工资和加点工资。

第十条　特殊情况下支付的工资。包括：

（一）根据国家法律、法规和政策规定，因病、工伤、产假、计划生育假、婚丧假、事假、探亲假、定期休假、停工学习、执行国家或社会义务等原因按计时工资标准或计时工资标准的一定比例支付的工资；

（二）附加工资、保留工资。

四、员工追索加班费的仲裁时效如何认定

裁判要旨

目前,对于员工追索加班费是适用一般仲裁时效还是特殊仲裁时效的问题,劳动法律法规及相关司法解释尚无明确规定,司法实务中一直存在截然不同的观点。笔者认为,《劳动争议调解仲裁法》第 27 条第 4 款"劳动关系存续期间因拖欠劳动报酬发生争议的,劳动者申请仲裁不受本条第一款规定的仲裁时效期间的限制;但是,劳动关系终止的,应当自劳动关系终止之日起一年内提出"中关于特殊仲裁时效的规定,应仅限于劳动报酬请求权,而加班费属于劳动报酬的范畴,应当适用《劳动争议调解仲裁法》第 27 条第 4 款中关于特殊仲裁时效的规定。

【案情总览】

2018 年 7 月 1 日王某入职 A 公司并被派遣到某工厂餐厅从事餐厅保管员工作,双方签订了为期一年的劳动合同,2019 年到期后又续签一年期劳动合同。2020 年 7 月 1 日,双方又签订一份为期三年的劳动合同,合同期限自 2020 年 7 月 1 日至 2023 年 6 月 30 日止,在该份劳动合同中双方对工作时间、休息休假、社会保险和福利等事项进行了约定。2021 年 6 月 30 日,A 公司从某工厂餐厅撤场。2021 年 7 月 1 日 B 公司进驻某工厂餐厅,王某依然在原工作地点和原工作岗位工作,并于 2021 年 7 月 1 日与 B 公司签订了为期一年的劳动合同。2021 年 7 月 24 日王某因生育请假,后一直未返岗。2022 年 1 月 18 日,B 公司向王某发出返岗通知书,并于 2022 年 1 月 28 日向王某发出《关于解聘王某的通报》。2021 年 12 月 29 日,王某以 A 公司为被申请人申请劳动仲裁,

要求其支付2018年7月1日至2021年6月30日经济补偿金、2018年7月1日至2021年6月30日工时超时126个工作日、休息日加班153天及法定节假日加班9天加班费等共计20多万元。

一审法院经审理认为:关于本案中的加班工资问题。《劳动法》第44条规定:"有下列情形之一的,用人单位应当按照下列标准支付高于劳动者正常工作时间工资的工资报酬:(一)安排劳动者延长工作时间的,支付不低于工资的百分之一百五十的工资报酬;(二)休息日安排劳动者工作又不能安排补休的,支付不低于工资的百分之二百的工资报酬;(三)法定休假日安排劳动者工作的,支付不低于工资的百分之三百的工资报酬",依据《劳动争议调解仲裁法》第27条第1款"劳动争议申请仲裁的时效期间为一年。仲裁时效期间从当事人知道或者应当知道其权利被侵害之日起计算"的规定,因王某于2018年7月1日到A公司工作,2021年6月30日双方实际解除劳动合同关系且于2021年12月29日申请劳动仲裁,故其要求A公司支付2020年12月29日之前的双休日及节假日加班工资,已过仲裁时效,不予支持。王某主张的2021年1月1日至2021年6月30日的双休日加班工资和法定节假日加班工资的诉讼请求,A公司未提交考勤记录,本院依职权调取的考勤表显示王某在此期间存在休息日和法定节假日加班事实,结合本案相关证据,A公司应向王某支付2021年1月1日至2021年6月30日期间法定节假日加班工资1588.92元(262.98元+525.96元+266.66元+266.66元+266.66元)、休息日加班工资3446.23元(679.80元+153.84元+811.29元+555.99元+689.32元+555.99元),扣除A公司向王某支付的2021年1月至2021年6月期间的加班工资1917.29元,A公司还应支付王某休息日加班工资3117.86元(1588.92元-1917.29元+3446.23元)。据此,一审法院经审理后判决A公司向王某支付经济补偿金8535元、加班工资3117.86元、未休年休假工资2354.40元、生育医疗费5291.28元,并驳回王某的其他诉讼请求。王某不服提起上诉。

二审法院认为:《劳动合同法实施条例》第27条规定,月工资按照劳动者应得工资计算,包括计时工资或者计件工资以及奖金、津贴和补贴等货币性收入。而劳动者的应得工资是指依照劳动合同中的有关约定或者法律有关劳动报酬的规定,劳动者应该得到的工资。加班费系用人单位根据法律规定应当向劳动者支付的劳动报酬,系劳动者的个人合法所得,属于劳动者应得工资范畴,应当适用《劳动争议调解仲裁法》第 27 条关于特殊时效的规定。本案中,A 公司于 2021 年 6 月 30 日撤场,王某与案外人 B 公司于 2021 年 7 月 1 日建立劳动关系,其于 2021 年 12 月 29 日提起劳动仲裁,主张 A 公司支付 2018 年 7 月 10 日至 2021 年 6 月 30 日期间的双休日及法定节假日加班费,一审法院认定 2020 年 12 月 29 日之前的双休日及节假日加班费已过仲裁时效有误,故裁定撤销原判,发回重审。

【法官释法】

《劳动争议调解仲裁法》第 27 条第 1、4 款规定,劳动争议申请仲裁的时效期间为一年,仲裁时效期间从当事人知道或者应当知道其权利被侵害之日起计算;劳动关系存续期间因拖欠劳动报酬发生争议的,劳动者申请仲裁不受本条第 1 款规定的仲裁时效期间的限制,但是,劳动关系终止的,应当自劳动关系终止之日起一年内提出。显然,第 1 款系一般仲裁申请时效的规定,起算点为当事人知道或者应当知道其权利被侵害之日;第 4 款系特殊仲裁申请时效的规定,起算点为劳动关系终止之日。在对于加班费是适用一般仲裁时效还是特殊仲裁时效,劳动法律法规及相关司法解释尚无明确规定,司法实践中一直存在截然不同的观点。

一般时效说。此种观点认为,加班工资不属于劳动报酬,二者之间并非包含与被包含的关系。《劳动合同法》第 85 条规定:“用人单位有下列情形之一的,由劳动行政部门责令限期支付劳动报酬、加班费或者经济补偿;劳动报酬低于当地最低工资标准的,应当支付其差额部分;逾期不支付的,责令用人单位按应付金额百分之五十以上百分之一百以下的标准向劳动者加付赔偿金:(一)未按照劳动合同的约定或者国家规定及时足额支付劳动者劳动报酬的;(二)低于当地最低工资标准支付劳动者工资的;(三)安排加班不支付加班费的;(四)解除或者终止劳动合同,未依照本法规定向劳动者支付经济补偿的。”同时,《最高人民法院关于审理劳动争议案件适用法律若干问题的解释(一)》第 45 条规定:“用人单位有下列情形之一,迫使劳动者提出解除劳动合同的,用人单位应当支付劳动者的劳动报酬和经济补偿,并可支付赔偿金:(一)以暴力、威胁或者非法限制人身自由的手段强迫劳动的；(二)未按照劳动合同约定支付劳动报酬或者提供劳动条件的；(三)克扣或者无故拖欠劳动者工资的；(四)拒不支付劳动者延长工作时间工资报酬的；(五)低于当地最低工资标准支付劳动者工资的。”显然，按照上述条文的表述，加班工资与劳动报酬并非同一概念，劳动法律中已经将劳动报酬与加班工资做了明确的区分，双方并非包含与被包含的关系，因此应适用一般仲裁时效的规定。如上海高院民事法律适用问答(2013 年第 1 期)在“五、关于劳动争议案件中确定经济补偿金计算基数时是否需要将加班工资包括在内的问题”中认为：“加班工资系劳动者提供额外劳动所获得的报酬，不属于正常工作时间内的劳动报酬。”又如山东省青岛市中级人民法院(2023)鲁 02 民终 949 号民事判决认为：《劳动争议调解仲裁法》规定的追索劳动报酬特殊仲裁时效，针对的是正常劳动时间内的薪资，不包括加班工资和应休未休年休假工资。就加班工资和应休未休年休假工资的仲裁时效的处理，法院应适用《劳动争议调解仲裁法》第 27 条第 1 款“劳动争议申请仲裁的时效期间为一年。仲裁时效期间从当事人知道或者应当知道其权利被侵害之日起计算”的规定。本案中，王某某 2021 年 12 月 20 日离职，2022 年 1 月提起仲裁，向 A 公司主张支付 2020 年未休假工资超过一年仲裁时效，不应支持。

特殊时效说。此种观点认为，加班工资属于劳动者所提供劳动的对价，是劳动者个人收入的组成部分，属于劳动者的劳动报酬，因此应适用特殊仲裁时效的规定。如《广东省高级人民法院关于审理劳动争议案件疑难问题的解答》(2017)第 6 条中规定，根据《劳动合同法》第 62 条的规定，加班费、绩效奖金应由用工单位负责支付。但实践中并不容易将劳动者的正常上班时间、工资与劳动者的加班时间、加班费进行明确区分，为维护劳动者的合法权益，在劳务派遣争议纠纷案件中，涉及追索劳动报酬的，如不能明确区分基本工资与加班费，劳动者请求由用工单位与劳务派遣单位连带支付劳动报酬的，予以支持。

两年时效说。在司法实践中，北京、上海、广东等各地多从举证责任的角度出发，根据《工资支付暂行规定》中关于用人单位对工资支付凭证、考勤凭证负有 2 年保管义务的规定，以 2 年为限，2 年之内的加班工资证据由用人单位承担举证责任，超过2年的加班工资用人单位不承担责任，劳动者有证据证明的，予以支持。再如，四川省高级人民法院民事审判第一庭《关于审理劳动争议案件若干疑难问题的解答》（川高法民一〔2016〕1号）第36条规定："劳动者对加班的基本事实承担举证责任后，用人单位对劳动者加班的具体时间、加班费计付标准及已支付的加班费数额举证。劳动者主张权利之日起二年之前的加班时间应由劳动者承担举证责任。"

笔者认为，《劳动争议调解仲裁法》第27条第4款所规定的特殊仲裁时效制度，系劳动者对用人单位拖欠其劳动报酬的行为主张权利的时限。劳动报酬是劳动者赖以生存、维持家庭正常生活的基础，各国法律都对劳动报酬予以特殊保护，且考虑到劳动者处于弱势地位及为保住工作往往不敢在劳动关系存续期间向用人单位主张劳动报酬的心理，故特设了其在劳动关系终止之日起一年内主张权利的特殊仲裁时效制度。特殊仲裁时效应仅限于劳动报酬请求权，由此，关于加班工资是否适用特殊仲裁时效，核心问题应该是对加班工资是否属于劳动报酬的判定，显然，上述争议产生的根源是对"劳动报酬"认识的不统一，这主要源于我国劳动法对"劳动报酬"和"工资"的概念均没有明确的定义，由于概念的不统一，导致对于加班工资的性质归属问题，理论界和实务界仍存在争论，最主要是以下两种观点：

观点一：加班工资属于劳动报酬。该种观点认为，根据《关于工资总额组成的规定》，按照法律规定的文义解释，该法律条文适用的文字是"工资"，而非补偿金、赔偿金等，应属于劳动报酬。

观点二：加班工资属于职工的额外补偿。该种观点认为，加班工资系用人单位因单位生产和工作需要在规定工作时间之外安排劳动者继续生产劳动或者工作而向其支付的工资补偿，本质上属于向劳动者支付的辅助补偿，不符合工资按月支付、持续性、固定性等特征，《劳动合同法》第38条、第46条对用人单位拖欠劳动报酬时应当支付解除劳动合同经济补偿金作了规定，但根据《劳动合同法实施条例》第27条关于"劳动合同法第四十七条规定的经济补偿的月工资按照劳动者应得工资计算，包括计时工资或者计件工资以及奖金、津贴和补贴等货币性收入。劳动者在劳动合同解除或者终止前12个月的平均工资低于当地最低工资标准的，按照当地最低工资标准计算。劳动者工作不满12

个月的，按照实际工作的月数计算平均工资”的表述，在计算劳动者经济补偿金时并没有将加班工资包含在内，因此其并非劳动报酬，而是劳动者提供额外劳动所获得的补偿。

笔者认为，加班工资属于工资的组成部分，应属于劳动报酬的范畴，故应当适用《劳动争议调解仲裁法》第27条第4款中关于特殊仲裁时效的规定。理由如下：(1)符合立法宗旨。我国劳动法律的立法宗旨有三：一是为了公正及时解决劳动争议；二是为了促进劳动关系和谐稳定；三是为了保护当事人合法权益。劳动者的加班工资本就属于劳动报酬，理应受到劳动法律的严格保护，对加班工资的仲裁时效按照特殊时效处理，能更好地维护劳动者的合法权益。(2)符合工资优先权。工资优先权是指根据法律直接规定，劳动者享有的因从事有偿劳动而获得相应报酬的请求权，就债务人的一般财产获得优先受偿的权利。它是目前解决欠薪问题的制度之一。目前，学界对于工资债权优先于一般债权已无异议，而加班费作为劳动者工资的组成部分，理应优于一般债权。(3)符合法律规定。依据有：①《关于工资总额组成的规定》第3条、第4条、第9条。②《关于贯彻执行〈中华人民共和国劳动法〉若干问题的意见》第53条第1款规定：“劳动法中的‘工资’是指用人单位依据国家有关规定或劳动合同的约定，以货币形式直接支付给本单位劳动者的劳动报酬，一般包括计时工资、计件工资、资金、津贴和补贴、延长工作时间的工资报酬以及特殊情况下支付的工资等。‘工资’是劳动者劳动收入的主要组成部分。”③《最高人民法院关于审理拒不支付劳动报酬刑事案件适用法律若干问题的解释》第1条规定：劳动者依照《中华人民共和国劳动法》和《中华人民共和国劳动合同法》等法律的规定应得的劳动报酬，包括工资、奖金、津贴、补贴、延长工作时间的工资报酬及特殊情况下支付的工资等，应当认定为刑法第二百七十六条之一第一款规定的‘劳动者的劳动报酬’。”(4)符合最高人民法院裁判观点。《人力资源和社会保障部、最高人民法院关于联合发布第二批劳动人事争议典型案例的通知》(人社部函〔2021〕90号)中“案例10. 加班费的仲裁时效应当如何认定”中指出：仲裁时效分为普通仲裁时效和特别仲裁时效，在劳动关系存续期间因拖欠劳动报酬发生劳动争议的，应当适用特别仲裁时效，即劳动关系存续期间的拖欠劳动报酬仲裁时效不受“知道或者应当知道权利被侵害之日起一年”的限制，但是劳动关系终止的,应当自劳动关系终止之日起 1 年内提出。加班费属于劳动报酬,相关争议处理中应当适用特别仲裁时效。张某与某建筑公司的劳动合同于 2019 年 2 月解除,其支付加班费的请求应自劳动合同解除之日起 1 年内提出,张某于 2019 年 12 月提出仲裁申请,其请求并未超过仲裁时效。根据劳动保障监察机构在执法中调取的工资表上的考勤记录,人民法院认定张某存在加班的事实,判决某建筑公司支付张某加班费。

通过以上分析,笔者在此提醒广大劳动者:加班工资虽适用特殊仲裁时效的规定,但基于其不同于其他工资的特殊性,其仲裁时效的运用还有在职及离职之分:若在职,可随时提出;若离职,在 1 年内提出。

【法条链接】

《中华人民共和国劳动争议调解仲裁法》

第二十七条 劳动争议申请仲裁的时效期间为一年。仲裁时效期间从当事人知道或者应当知道其权利被侵害之日起计算。

前款规定的仲裁时效,因当事人一方向对方当事人主张权利,或者向有关部门请求权利救济,或者对方当事人同意履行义务而中断。从中断时起,仲裁时效期间重新计算。

因不可抗力或者有其他正当理由,当事人不能在本条第一款规定的仲裁时效期间申请仲裁的,仲裁时效中止。从中止时效的原因消除之日起,仲裁时效期间继续计算。

劳动关系存续期间因拖欠劳动报酬发生争议的,劳动者申请仲裁不受本条第一款规定的仲裁时效期间的限制;但是,劳动关系终止的,应当自劳动关系终止之日起一年内提出。

《关于工资总额组成的规定》

第三条 工资总额是指各单位在一定时期内直接支付给本单位全部职工的劳动报酬总额。

工资总额的计算应以直接支付给职工的全部劳动报酬为根据。

第四条 工资总额由下列 6 个部分组成:

(一)计时工资;

(二)计件工资;

(三)奖金;

(四)津贴和补贴;

(五)加班加点工资;

（六）特殊情况下支付的工资。

第五条　计时工资是指按计时工资标准（包括地区生活费补贴）和工作时间支付给个人的劳动报酬。包括：

（一）对已做工作按计时工资标准支付的工资；

（二）实行结构工资制的单位支付给职工的基础工资和职务（岗位）工资；

（三）新参加工作职工的见习工资（学徒的生活费）；

（四）运动员体育津贴。

第六条　计件工资是指对已做工作按计件单价支付的劳动报酬。包括：

（一）实行超额累进计件、直接无限计件、限额计件、超定额计件等工资制，按劳动部门或主管部门批准的定额和计件单价支付给个人的工资；

（二）按工作任务包干方法支付给个人的工资；

（三）按营业额提成或利润提成办法支付给个人的工资。

第七条　奖金是指支付给职工的超额劳动报酬和增收节支的劳动报酬。包括：

（一）生产奖；

（二）节约奖；

（三）劳动竞赛奖；

（四）机关、事业单位的奖励工资；

（五）其他奖金。

第八条　津贴和补贴是指为了补偿职工特殊或额外的劳动消耗和因其他特殊原因支付给职工的津贴，以及为了保证职工工资水平不受物价影响支付给职工的物价补贴。

（一）津贴。包括：补偿职工特殊或额外劳动消耗的津贴，保健性津贴，技术性津贴，年功性津贴及其他津贴。

（二）物价补贴。包括：为保证职工工资水平不受物价上涨或变动影响而支付的各种补贴。

第九条　加班加点工资是指按规定支付的加班工资和加点工资。

第十条　特殊情况下支付的工资。包括：

（一）根据国家法律、法规和政策规定，因病、工伤、产假、计划生育假、婚丧假、事假、探亲假、定期休假、停工学习、执行国家或社会义务等原因按计时工资标准或计时工资标准的一定比例支付的工资；

（二）附加工资、保留工资。

《最高人民法院关于审理拒不支付劳动报酬刑事案件适用法律若干问题的解释》

第一条 劳动者依照《中华人民共和国劳动法》和《中华人民共和国劳动合同法》等法律的规定应得的劳动报酬,包括工资、奖金、津贴、补贴、延长工作时间的工资报酬及特殊情况下支付的工资等,应当认定为刑法第二百七十六条之一第一款规定的“劳动者的劳动报酬”。

五、哪些人事争议纠纷属于人民法院受理范围

裁判要旨

司法实务中，并非所有的人事争议纠纷均属于人民法院受理范围。目前，人民法院受理人事争议纠纷案件的范围仅限于事业单位与其工作人员之间因辞职、辞退及履行聘用合同所发生的争议。

【案情总览】

某管理所系某管理局下属的事业单位法人。李某于2005年12月应征入伍，2007年12月退伍。2008年11月李某被政策安置在某管理所上班，属于事业单位（在编）工勤人员。某管理所提交的《事业单位工勤人员考核晋升薪级工资审批表》中载明：李某的个人身份为固定工人。2008年12月15日，李某与某管理所签订《宁夏回族自治区事业单位人员聘用合同》一份，合同期限自2009年1月1日起至2012年12月31日止，岗位为园林绿化工。2016年至2019年，李某因旧伤复发陆续请假住院治疗，其间于2017年请病假（含住院）88天，2018年请病假（含住院）82天，2019年请病假（含住院）85天、请事假2天。某管理所依据其《管理制度》规定扣发李某工资（含考核奖、政府效能奖）16079.70元。李某认为，该《管理制度》中有关病休假的规定违反了法律规定，且在李某合理的病休假期间内扣发工资并错误计算24天事假，侵犯了李某的合法权益。2019年10月李某向劳动人事争议仲裁委员会申请仲裁，请求依法裁决某管理所向其支付2017年5月至2019年10月期间扣发工资18233元（含住院克扣工资、因病假克扣工资、因旷工克扣工资、绩效工资、考核奖金、政府效能奖金）。因仲裁委员会驳回其仲裁请求，李某不服诉至法院。

本案争议焦点为：

一、本案的法律适用问题。《最高人民法院关于人民法院审理事业单位人事争议案件若干问题的规定》第1条规定，事业单位与其工作人员之间因辞职、辞退及履行聘用合同所发生的争议，适用《劳动法》的规定处理。用人单位开除、除名、辞退员工和员工辞职、自动离职等发生的争议均属解除人事关系争议。而事业单位的工作人员至少涵盖了在编的管理人员、专业和技术人员、工勤人员。本案中，某管理所系事业单位法人，李某系其单位在编工勤人员，在某管理所从事园林绿化工作，因双方签订了《宁夏回族自治区事业单位人员聘用合同》，李某与某管理所之间所发生的争议系事业单位与其工作人员之间因履行聘用合同所发生的争议，应适用《劳动法》的相关规定处理。

二、某管理所扣减李某住院期间基本工资、奖励性绩效工资、考核奖是否合理的问题。依照《劳动法》第47条规定："用人单位根据本单位的生产经营特点和经济效益，依法自主确定本单位的工资分配方式和工资水平。"银川市纪律检查委员会等五部门下发的《关于对在编不在岗人员的处理意见》(银纪发〔2013〕39号)中规定，实行绩效工资的事业单位根据各单位的规定，在奖励性绩效工资中扣除。本案中，由于李某2017年请假共计88天，2017年6月请假30天，上半年进度考核奖4000元，某管理所为其发放1—5月进度考核奖3333元，扣除667元并无不妥；李某2018年请假共计82天共计扣款3946元、2019年请假87天共计扣款3638.7元，且依据劳动权利义务对等原则，李某该期间未正常提供劳动，故某管理所依据其《管理制度》扣发李某该期间的工资及奖励性绩效的行为并无不当。

三、某管理所扣发李某2018年政府效能奖是否合理的问题。某管理所认为李某2018年请假已近3个月，政府效能奖总额14000元，某管理所按照比例向其发放9个月的政府效能奖10500元，扣除3500元并无不当，但是依据其《管理制度》第14条规定："请事假原则上不得超过30天，一次性请事假一个月的扣发当月工资及奖励性绩效，并扣除相应比例的创城奖、政府效能奖"。因李某在此期间请的是病假，而非事假，某管理所的规章管理制度中病假并没有扣除相应比例政府效能奖的规定，故某管理所扣除李某2018年政府效能奖缺乏依据，应当予以发放。

四、某管理所按照24天事假扣减李某2017年8月1日至24日的工资是否合理的问题。对于2017年8月1日至24日的24天请假，李某主张为病假，系某管理所在统计扣减工资时错误统计成了事假而按事假扣发金额1944元（不含绩效为1440元），李某提交的住院病历以及请假条显示李某于2017年7月26日因腰椎间盘突出、椎间盘变性住院治疗请假一个月。某管理所提交的《考勤表》显示：李某2017年8月1日至24日为病假。某管理所陈述："考勤统计是病假，但由于在工资结算时没有找到李某的请病假手续，所以财务就按事假给扣了。"综上，结合双方的陈述以及提交的相关证据，可以认定某管理所对于2017年8月1日至24日的病假按照事假处理欠妥，按照某管理所的规章管理制度，2017年8月1日至24日的病假（未住院）扣款应该为1223元[（650元÷31天+30元）×24天]，某管理所扣发金额1944元（包含绩效504元），应该向李某返还721元（1944元－1223元）。

据此，一审法院经审理后，判决某管理所返还李某扣发工资721元、政府效能奖3500元，以上合计4221元。李某不服提起上诉。

二审法院认为：依照证据规则，当事人对自己提出的诉讼请求所依据的事实或者反驳对方诉讼请求所依据的事实有责任提供证据加以证明，没有证据或者证据不足以证明当事人的事实主张的，由负有举证责任的当事人承担不利后果。本案中，上诉人主张被上诉人多次请事假，故扣发相应工资及效能奖符合相关政策及单位规定。但一审法院依照上诉人与被上诉人提交的有效证据加以认定并无不当。关于上诉人主张被上诉人主张的事项已超过仲裁时效，因此对相应诉请不应当得到支持的问题。因被上诉人主张的均属于劳动关系存续期间因拖欠劳动报酬发生争议的事项，故依据《劳动争议调解仲裁法》第27条第1款、第52条的规定，对上诉人的该项主张，本院不予支持。综上，上诉人的上诉请求不能成立，应予驳回；一审判决认定事实清楚，适用法律正确，应予维持。

再审法院认为：两审终审制度作为我国民事诉讼的基本原则和基本制度，对于保障当事人诉讼权利的行使和人民法院诉讼活动的进行具有重要意义。如当事人对一审判决不服，应当在法定期限内提起上诉，通过二审程序寻求权利救济。由此，法律已对当事人的权利赋予充分的程序保障，二审程序亦应成为当事人寻求权利救济的常规途径。再审审查程序作为民事诉讼法在特定情形下赋予当事人的特殊救济措施，是当事人在穷尽常规救济途径后的特殊救济程序。鉴于该特殊性，对当事人通过申请再审启动再审程序的条件亦应严格把握，否则可能导致申请再审权利的滥用，有违民事诉讼两审终审制和诚实信用原则。本案中，某管理所在劳动仲裁程序中提交了《银川市贺兰山某某管理所管理制度》，李某的质证意见为“对单位规章制度的真实性认可”。一审中李某对该证据的质证意见虽为“对关联性认可，真实性、合法性不认可”，但在一审法院采信该证据并作出判决后未提起上诉，且在二审中不仅辩称“对方上诉请求不成立，请求二审法院维持原判，驳回上诉”，还表示对一审审理查明的案件事实无异议，即李某对一审法院认定的基本事实及判决结果均予以认可，故本院对李某的再审申请，依法可不予审查。同时，基于李某在一、二审中的上述诉讼行为，其向本院再审审查期间提交的所谓“新的证据”，既不足以推翻原判决，也不足以证明原判决认定事实的主要证据是伪造的，故李某的相应再审理由不能成立，本院不予支持。据此，驳回李某的再审申请。

【法官释法】

人事关系是指事业单位、社会团体依据人事政策文件规定而建立起来的关于劳动权利义务关系以及非劳动权利义务关系的社会关系。人事争议主要是指事业单位与其工作人员之间因辞职、辞退及履行聘用合同所发生的争议。应当说，目前关于事业单位人事争议纠纷的受理范围问题法律规定比较明确。但是，笔者认为，目前在审判实践中处理人事争议纠纷案件时，往往存在四种“不清楚”的问题：一是受理范围不清楚；二是审理程序不清楚；三是适用法律不清楚；四是诉讼时效不清楚。有鉴于此，笔者通过以下论述从行政程序向司法程序过渡的两个阶段的梳理，来厘清上述问题。

一、行政处理程序

1997年8月8日《人事争议处理暂行规定》①颁布，其第5条规定：“人事部设立人事仲裁公正厅，处理管辖范围内的人事争议。省（自治区、直辖市）、副

---

① 该规定已被《人事争议处理规定》废止。——编者注

省级市、地(市)、县(市、区)设立人事争议仲裁委员会,分别负责处理管辖范围内的人事争议。”第10条规定:“国务院各部委、国务院直属事业单位以及各部委直属在京事业单位的人事争议,跨省(自治区、直辖市)的人事争议,由人事部人事仲裁公正厅负责处理。”第6条第1款规定:“仲裁委员会由主任一人,副主任二至四人和委员若干人组成。仲裁委员会的主任可以由同级人民政府分管人事工作的负责人或者政府人事行政部门的主要负责人担任,副主任、委员可以聘请有关方面的人员担任。”至于裁决书的效力问题,《人事争议处理暂行规定》中规定:裁决书一经送达,即发生效力;仲裁委员会主任对本委发生效力的裁决书,发现确有错误,需要重新仲裁的,应当提交仲裁委员会讨论决定;仲裁委员会决定重新仲裁的,应当另行组成仲裁庭处理。按照上述规定,人事争议处理完全是按照行政争议的处理方式来进行。该规定所界定的人事争议的范围为:“(一)国家行政机关与工作人员之间因录用、调动、履行聘任合同发生的争议;(二)事业单位与工作人员之间因辞职、辞退以及履行聘任合同或聘用合同发生的争议;(三)企业单位与管理人员和专业技术人员之间因履行聘任合同或聘用合同发生的争议;(四)依照法律、法规、规章规定可以仲裁的人才流动争议和其他人事争议。”

二、司法处理程序

关于受理依据。为了正确审理事业单位与其工作人员之间的人事争议案件,2003年6月17日最高人民法院审判委员会第1278次会议通过了《最高人民法院关于人民法院审理事业单位人事争议案件若干问题的规定》(法释〔2003〕13号),该规定自2003年9月5日起施行。按照该规定,事业单位与其工作人员之间因辞职、辞退及履行聘用合同所发生的争议,适用《劳动法》的规定处理。这是人民法院审理人事争议纠纷的重要依据。但该规定的第2条对人事争议的范围仅界定为“事业单位与其工作人员之间因辞职、辞退及履行聘用合同所发生的争议”。对其他类型的人事争议是否受理尚未作出规定。显然,人事争议纠纷处理程序从行政程序逐渐过渡到司法处理程序,但人民法院受理人事争议纠纷案件的范围仍受到一定限制。2007年《人事争议处理规定》(国人部发〔2007〕109号)颁布,《人事争议处理暂行规定》同时废止。该规定

第2条对人事争议的范围界定为："（一）实施公务员法的机关与聘任制公务员之间、参照《中华人民共和国公务员法》管理的机关（单位）与聘任工作人员之间因履行聘任合同发生的争议。（二）事业单位与工作人员之间因解除人事关系、履行聘用合同发生的争议。（三）社团组织与工作人员之间因解除人事关系、履行聘用合同发生的争议。（四）军队聘用单位与文职人员之间因履行聘用合同发生的争议。（五）依照法律、法规规定可以仲裁的其他人事争议。"应当说，在最高人民法院对上述人事争议作出明确受理的规定前，某些人事争议仍应主要通过行政途径予以解决。

关于法律适用。《最高人民法院关于事业单位人事争议案件适用法律等问题的答复》（法函〔2004〕30号）中规定："事业单位与其工作人员之间因辞职、辞退及履行聘用合同所发生的争议，适用《中华人民共和国劳动法》的规定处理。"在该答复中，对人民法院审理事业单位人事争议案件，明确以下几点：一是审理时程序运用《劳动法》的相关规定；二是审理时实体处理应当适用人事方面的法律规定，但涉及事业单位工作人员劳动权利的内容在人事法律中没有规定的，适用《劳动法》的有关规定；三是事业单位人事争议案件由用人单位或者聘用合同履行地的基层人民法院管辖；四是审理事业单位人事争议案件的案由为"人事争议"。

关于诉讼时效。《人事争议处理规定》第16条规定："当事人从知道或应当知道其权利受到侵害之日起六十日内，以书面形式向有管辖权的人事争议仲裁委员会申请仲裁。当事人因不可抗力或者有其他正当理由超过申请仲裁时效，经人事争议仲裁委员会调查确认的，人事争议仲裁委员会应当受理。"同时，第32条规定："当事人对仲裁裁决不服的，可以按照《中华人民共和国公务员法》、《中国人民解放军文职人员条例》以及最高人民法院相关司法解释的规定，自收到裁决书之日起十五日内向人民法院提起诉讼；逾期不起诉的，裁决书即发生法律效力。"显然，该类人事纠纷在时效的考察上，主要考察仲裁时效，一般不涉及普通的诉讼时效制度。

【法条链接】

《最高人民法院关于人民法院审理事业单位人事争议案件若干问题的规定》

第一条 事业单位与其工作人员之间因辞职、辞退及履行聘用合同所发生的争议，适用《中华人民共和国劳动法》的规定处理。

第二条　当事人对依照国家有关规定设立的人事争议仲裁机构所作的人事争议仲裁裁决不服，自收到仲裁裁决之日起十五日内向人民法院提起诉讼的，人民法院应当依法受理。一方当事人在法定期间内不起诉又不履行仲裁裁决，另一方当事人向人民法院申请执行的，人民法院应当依法执行。

第三条　本规定所称人事争议是指事业单位与其工作人员之间因辞职、辞退及履行聘用合同所发生的争议。

《最高人民法院关于事业单位人事争议案件适用法律等问题的答复》（法函〔2004〕30号）

北京市高级人民法院：

你院《关于审理事业单位人事争议案件如何适用法律及管辖的请示》（京高法〔2003〕353号）收悉。经研究，答复如下：

一、《最高人民法院关于人民法院审理事业单位人事争议案件若干问题的规定》（法释〔2003〕13号）第一条规定，"事业单位与其工作人员之间因辞职、辞退及履行聘用合同所发生的争议，适用《中华人民共和国劳动法》的规定处理。"这里"适用《中华人民共和国劳动法》的规定处理"是指人民法院审理事业单位人事争议案件的程序运用《中华人民共和国劳动法》的相关规定。人民法院对事业单位人事争议案件的实体处理应当适用人事方面的法律规定，但涉及事业单位工作人员劳动权利的内容在人事法律中没有规定的，适用《中华人民共和国劳动法》的有关规定。

二、事业单位人事争议案件由用人单位或者聘用合同履行地的基层人民法院管辖。

三、人民法院审理事业单位人事争议案件的案由为"人事争议"。

《人事争议处理规定》（2011年修正）

第一条　为公正及时地处理人事争议，保护当事人的合法权益，根据《中华人民共和国公务员法》、《中国人民解放军文职人员条例》等有关法律法规，制定本规定。

第二条　本规定适用于下列人事争议：

（一）实施公务员法的机关与聘任制公务员之间、参照《中华人民共和国公务员法》管理的机关（单位）与聘任工作人员之间因履行聘任合同发生的争议。

（二）事业单位与工作人员之间因解除人事关系、履行聘用合同发生的争议。

（三）社团组织与工作人员之间因解除人事关系、履行聘用合同发生的争议。

（四）军队聘用单位与文职人员之间因履行聘用合同发生的争议。

（五）依照法律、法规规定可以仲裁的其他人事争议。

第三条 人事争议发生后,当事人可以协商解决;不愿协商或者协商不成的,可以向主管部门申请调解,其中军队聘用单位与文职人员的人事争议,可以向聘用单位的上一级单位申请调解;不愿调解或调解不成的,可以向人事争议仲裁委员会申请仲裁。当事人也可以直接向人事争议仲裁委员会申请仲裁。当事人对仲裁裁决不服的,可以向人民法院提起诉讼。

第十六条 当事人从知道或应当知道其权利受到侵害之日起六十日内,以书面形式向有管辖权的人事争议仲裁委员会申请仲裁。

当事人因不可抗力或者有其他正当理由超过申请仲裁时效,经人事争议仲裁委员会调查确认的,人事争议仲裁委员会应当受理。

第三十二条 当事人对仲裁裁决不服的,可以按照《中华人民共和国公务员法》、《中国人民解放军文职人员条例》以及最高人民法院相关司法解释的规定,自收到裁决书之日起十五日内向人民法院提起诉讼;逾期不起诉的,裁决书即发生法律效力。

第三十三条 对发生法律效力的调解书或者裁决书,当事人必须履行。一方当事人逾期不履行的,另一方当事人可以依照国家有关法律法规和最高人民法院相关司法解释的规定申请人民法院执行。

第三十八条 本规定自 2007 年 10 月 1 日起施行,1997 年人事部发布的《人事争议处理暂行规定》(人发〔1997〕71 号)同时废止。

六、人民法院能否在案件审理中直接确认工伤

裁判要旨

司法实务中，职工因正当理由而未能在事故发生之日起1年内申请工伤认定的，社会保险行政部门以超过法定的申请期限为由不予受理。在此情形下，由于《工伤保险条例》规定的1年的工伤认定申请期限为除斥期间，职工通过行政复议或行政诉讼途径无法维护其权利时，对于确因正当理由而超过1年申请期限未认定工伤，但确实符合工伤认定标准，且用人单位亦认可工伤的，法院可以认定其符合工伤认定的情形，并判决用人单位承担相应的赔偿责任。

【案情总览】

王某自2012年10月起到某公司从事司机工作，双方约定每月工资3500元。工作期间，双方没有签订劳动合同，某公司亦没有给王某缴纳各项社会保险。2016年10月王某为公司拉运液氨时发生事故，致王某被液氨烧伤，在医院住院治疗至2016年11月30日出院后继续上班。2018年10月，因旧伤复发，王某通过某律师事务所委托司法鉴定中心对其伤情进行鉴定，鉴定结论为伤残等级九级。2019年3月，王某因“支付工伤待遇”发生争议，要求某公司向其支付一次性伤残补助金、一次性工伤医疗补助金和伤残就业补助金等共计20万余元。某公司认可工伤，但认为已过诉讼时效。

法院经审理认为：《工伤保险条例》第54条规定：“职工与用人单位发生工伤待遇方面的争议，按照处理劳动争议的有关规定处理。”王某虽错过工伤认定的时间，其向法院起诉时，法院应予受理并作出处理。因双方存在劳动关系，

且王某系因工外出期间,由于工作原因受到伤害,故符合《工伤保险条例》第 14 条中认定工伤的情形。依据《工伤保险条例》第 17 条第 4 款“用人单位未在本条第一款规定的时限内提交工伤认定申请,在此期间发生符合本条例规定的工伤待遇等有关费用由该用人单位负担”的规定,对王某所产生的工伤待遇等有关费用应由某公司负担。但在本案审理过程中,让王某再去作工伤认定及工伤鉴定是不现实的。故可参照司法鉴定的等级(鉴定结论为九级)对王某进行赔偿。某公司提出工伤已过诉讼时效期间的抗辩,根据《工伤保险条例》第 38 条规定:“工伤职工工伤复发,确认需要治疗的,享受本条例第三十条、第三十二条和第三十三条规定的工伤待遇。”故王某在旧伤复发时又作了鉴定的,应从伤残鉴定作出之日起重新计算时效。

【法官释法】

人民法院能否在案件审理中直接确认工伤?对于上述问题,司法实务中一直存在分歧:

第一种观点认为,法院不具有行政认定的职权。工伤认定是职工要求用人单位对其工伤进行赔偿的前提和依据,是必经的前置程序。因是否构成工伤是社会保险行政部门的职责,未经工伤认定而请求赔偿的,法院无法对伤害是否构成工伤、伤害的程度、构成残疾所涉及残疾等级的评定等专业性问题予以认定,故人民法院无权就职工是否构成工伤直接作出认定。根据《工伤保险条例》第 55 条规定,工伤职工或者其近亲属对经办机构核定的工伤保险待遇有异议的,可以依法申请行政复议,也可以依法向人民法院提起行政诉讼。显然,该条赋予职工可以通过行政复议和行政诉讼的途径来维护自己的权利。持此类观点的如:《山东省高级人民法院 2008 年民事审判工作会议纪要》(鲁高法〔2008〕243 号)第 3 条规定,关于劳动过程中发生的伤害事故未经工伤认定的,如何适用法律的问题。实践中,一些工伤事故发生后,用人单位和工伤劳动者及其近亲属在法定期限未及时申报工伤造成工伤不能确认,或者申报工伤后未被劳动行政主管部门认定,这种情形下,人民法院在民事诉讼中不能对工伤作出认定,也无权委托劳动行政主管部门进行工伤认定,因此,不能适用国务院《工伤保险条例》予以处理,可以按照一般人身损害赔偿案件予以处理。

第二种观点认为，工伤保险属于社会保险范畴，其本质是国家对劳动者劳动权益的社会保障措施。法院虽不具有行政认定的职权，但根据案件事实和实体上对劳动者的伤情是否符合工伤的构成要件可以进行判断的，用人单位对工伤亦认可的，可以根据查明的事实认定其符合工伤认定的情形，并判决用人单位承担相应的赔偿责任。实践中，职工因正当理由而未能在事故发生之日起 1 年内申请工伤认定的，社会保险行政部门以超过法定的申请期限为由不予受理。在此情况下，由于《工伤保险条例》规定的 1 年的工伤认定申请期限为除斥期间，没有规定职工有正当理由可以延长该期限，因此，职工通过行政复议或行政诉讼途径亦无法维护其权利。持此类观点的如：《江苏省高级人民法院关于在当前宏观经济形势下妥善审理劳动争议案件的指导意见》(2009 年)中指出："因用人单位的原因，导致劳动者超过工伤认定申请时效无法认定工伤的，劳动者或者其近亲属向人民法院起诉要求用人单位赔偿的，人民法院应予受理。人民法院经审理后，能够认定劳动者符合工伤构成要件的，应当判令用人单位按照《工伤保险条例》规定的工伤保险待遇项目和标准给予赔偿。"

笔者认为，目前，我国工伤救济制度实行"双轨制"，采取行政权为主导的工伤认定模式，农民工工伤保险参保率低，存在工伤救济程序烦琐、工伤救济被异化、"私了"现象严重、工伤认定标准不统一、工伤超期申请等问题。重新架构我国工伤救济制度，不仅在立法层面具有必要性、紧迫性，而且在理论层面也有其可能性、现实性。

构建一个合理的工伤救济制度，使其既能体现社会公平、正义、效率的理念，又能有效保护劳动者的合法权益，同时亦能平衡各方面的权益关系。笔者对完善我国工伤救济制度提出几点设想：

(一)工伤救济程序实行"单轨制"

目前，工伤认定与工伤鉴定，即"双轨制度"是我国工伤救济赔偿的前提。通过行政部门对职工的工伤认定与工伤鉴定，工伤事实方被确认与评价。换句话说，工伤救济的前提是对工伤事实的行政确认。基于行政法律事实确认甄别的原理，工伤救济的请求方式也必然采取复议前置。这就意味着，职工若对工伤认定的结论不服，需经行政复议程序；若对劳动保障部门的复议结果不服，可提出行政诉讼。这是我国工伤救济制度面临的现实问题。为了实现工伤救济程序高效、便捷、低成本运行，为受伤职工提供更加及时的救助，应改革现有的救济模式，采用“单轨”救济程序。也就是说，受伤职工以工伤待遇为申请内容，可直接向劳动仲裁机构申请仲裁，“在解决工伤待遇的同时解决工伤认定问题”。设立该制度旨在使工伤救济限于私法领域，而不会扩展至公法范畴。同时，在工伤救济领域，行政程序也应逐步简化，由此提高工伤救济的公正性、效率性、便民性。第一，各地的劳动争议仲裁委员会是受理劳动争议案件的专门机构，工伤纠纷案件属于劳动争议案件的范畴，只不过现行的劳动争议机构只受理已经过工伤认定、工伤鉴定程序，对工伤保险待遇尚有争议的案件。将工伤认定、工伤鉴定程序改由劳动争议部门直接受理，对劳动争议不服的，再向法院提起诉讼，将大大加快受伤职工的维权进度。第二，将工伤认定、工伤鉴定划入劳动争议仲裁部门，并不改变劳动争议仲裁部门的工作性质，不会出现工作机构重置的问题，只在现有的基础上增加编制即可。第三，将工伤待遇案件和劳动争议案件交由一个机构完成，可以提高工作效率，与我国精简政府职能部门的整体理念不谋而合。

（二）有条件赋予法院直接认定工伤的权力

依据我国工伤救济制度实行“单轨制”的设想，应赋予劳动争议仲裁部门工伤认定权。由于法院受理的劳动争议案件实行仲裁前置程序，其享有工伤认定权具有合理性。根据相关规定，工伤认定权属于劳动保障部门，是专属于行政机构的权力。根据我国现行的《行政诉讼法》，当前我国法院并不享有工伤认定权，司法变更权也局限于行政处罚，法院只能撤销原工伤认定结论或者责令重新作出工伤认定。劳动保障部门作出工伤认定书属于行政确认行为，法院无法进行变更。法院通常也不受理未经工伤认定的案件。如果将工伤认定权交予劳动争议仲裁委员会，在诉讼中确立法院对此可撤销或改判的相关程序，法院就当然性地享有对工伤的认定权，且此举具有可行性。

首先，将工伤认定权赋予人民法院有利于简化工伤认定程序，也有利于职工在受到伤害时更加及时、便利、公正地获得救济。另外，将工伤认定权赋予人民法院更有利于贯彻司法为民的理念，是对以人为本理念的有力回应。其次，这是“司法最终解决原则”的体现。与工伤保险待遇有关的劳动关系认定、工伤认定、工伤保险待遇纠纷最终都是由人民法院来处理的。如果直接赋予法院认定工伤的权力,就会省去前面所有烦琐的程序,而且可以保证工伤认定的准确性和公正性。再次,现行《社会保险法》规定,当用人单位未办理工伤保险且不支付时,工伤保险基金可以先行垫付,且可以向用人单位追偿。笔者认为,该条款实际上使受到工伤的职工得到了工伤保险待遇赔偿,增加了可执行性和现实性。但是,如果受伤职工按人身损害赔偿主张权利,则无法享有该项权利。该条款更能折射出工伤事故按工伤待遇支付赔偿的立法本意。最后,从工伤认定的性质上看,立法是按照损害赔偿责任构成要件来判断是否构成工伤的,所以,将工伤认定划归司法权更为恰当。而法院的职责之一就是对损害赔偿责任构成要件进行判断,由法院作出工伤认定能更凸显公平正义价值。因此,基于上述理论和现实考虑,笔者认为,工伤认定之权力应当由人民法院行使的做法存在内在合理性。在用人单位没有依法为受伤职工缴纳工伤保险,或者未按照工伤认定申请期限申请工伤认定,或者在相关行政部门对职工的工伤认定申请不予受理时,法院可依职权作出是否为工伤的决定。若为工伤,人民法院可直接判令用人单位承担相应的赔偿责任。

(三)进一步完善工伤救济配套制度

一是进一步强化对用人单位参保的监管力度,建立行之有效的监管制度,形成综合管理与监督,并与用人单位的其他权益挂钩,从而进一步拓宽工伤保险的受众范围,最终实现工伤保险全覆盖;二是提高工伤待遇的给付水平,使工伤保险待遇高于民事侵权赔偿的数额或与之相当,从而最大程度发挥工伤保险的优势,在工伤救济中彰显其价值取向;三是适当放宽工伤救济的范围以及工伤认定的条件,真正实现"有权利必有救济"的民法理念,使受伤职工的合法权益能够获得有效保护。

(四)完善工伤待遇先行支付制度

《社会保险法》规定了工伤保险待遇的先行支付制度,即当用人单位未办理工伤保险且不支付时,工伤保险基金可先行垫付并向用人单位追偿。该项制度可以说是我国工伤保险制度的一大进步,但具体应如何操作:该先行支付哪些项目和条目?不属于工伤保险基金支付的部分,如一次性就业补助金、安家费等又该如何支付?由谁支付?诸如此类的问题接踵而至。笔者认为,一方面,应该明确工伤保险基金的支付范围,规定所有的工伤保险条目(包含用人单位所承担的部分)，都应由工伤保险基金先行垫付。另一方面，该条款以用人单位不支付为前提条件，规定得过于笼统。在司法实务中，有些用人单位不支付的理由是劳动关系不确定，工伤还未认定且尚在诉讼过程中等。应当明确一个具体的支付时间点。笔者认为，只要工伤认定部门作出工伤认定，即使用人单位有异议，都应先行予以支付。

【法条链接】

《工伤保险条例》(2010 年修订)

第十四条　职工有下列情形之一的，应当认定为工伤：

(一)在工作时间和工作场所内，因工作原因受到事故伤害的；

(二)工作时间前后在工作场所内，从事与工作有关的预备性或者收尾性工作受到事故伤害的；

(三)在工作时间和工作场所内，因履行工作职责受到暴力等意外伤害的；

(四)患职业病的；

(五)因工外出期间，由于工作原因受到伤害或者发生事故下落不明的；

(六)在上下班途中，受到非本人主要责任的交通事故或者城市轨道交通、客运轮渡、火车事故伤害的；

(七)法律、行政法规规定应当认定为工伤的其他情形。

第十七条　职工发生事故伤害或者按照职业病防治法规定被诊断、鉴定为职业病，所在单位应当自事故伤害发生之日或者被诊断、鉴定为职业病之日起 30 日内，向统筹地区社会保险行政部门提出工伤认定申请。遇有特殊情况，经报社会保险行政部门同意，申请时限可以适当延长。

用人单位未按前款规定提出工伤认定申请的，工伤职工或者其近亲属、工会组织在事故伤害发生之日或者被诊断、鉴定为职业病之日起 1 年内，可以直接向用人单位所在地统筹地区社会保险行政部门提出工伤认定申请。

按照本条第一款规定应当由省级社会保险行政部门进行工伤认定的事项，根据属地原则由用人单位所在地的设区的市级社会保险行政部门办理。

用人单位未在本条第一款规定的时限内提交工伤认定申请，在此期间发生符合本条例规定的工伤待遇等有关费用由该用人单位负担。

第五十四条　职工与用人单位发生工伤待遇方面的争议，按照处理劳动争议的有关规定处理。

第五十五条　有下列情形之一的，有关单位或者个人可以依法申请行政复议，也可以依法向人民法院提起行政诉讼：

（一）申请工伤认定的职工或者其近亲属、该职工所在单位对工伤认定申请不予受理的决定不服的；

（二）申请工伤认定的职工或者其近亲属、该职工所在单位对工伤认定结论不服的；

（三）用人单位对经办机构确定的单位缴费费率不服的；

（四）签订服务协议的医疗机构、辅助器具配置机构认为经办机构未履行有关协议或者规定的；

（五）工伤职工或者其近亲属对经办机构核定的工伤保险待遇有异议的。

七、法院对职业足球运动员与俱乐部之间的劳动合同争议是否具有管辖权

裁判要旨

体育职业商业化的飞速发展，随之而来的是职业体育领域中工伤、讨薪、转会以及商业代言等问题的不断涌现。目前，我国尚未出台专门的职业体育领域的劳动规范。运动员与足球俱乐部之间是否属于劳动关系？是否接受人民法院的管辖？司法实务中，各地法院呈现多样化的法律关系认定结果。笔者认为，考虑到足球行业及法律主体的特殊性，如果双方约定若产生纠纷由中国足协仲裁委员会仲裁，则根据体育法的相关规定，对职业足球运动员与俱乐部之间的纠纷不宜认定为劳动关系，不应属于人民法院民事案件受理范围，而应由中国足协仲裁委员会处理。

【案情总览】

2019 年 1 月，王某与某足球俱乐部签订《足球俱乐部劳动合同》一份，约定某足球俱乐部聘任王某担任总经理一职，合同期限为 2019 年年初至 2021 年年底。在合同期内，王某每月工资税后 6 万余元，并对休假、福利、保险等作了详细约定。合同签订后，王某按照约定完成了 2019 年的全部工作，某足球俱乐部仅向王某支付了 8 万余元的工资，剩余工资 60 余万元未支付。另根据中国足球协会规定的中国足球乙级联赛赛程，王某全程参与了全部主客场比赛，其中赢得比赛 18 场、取得平局 7 场，按照某足球俱乐部制定的奖金分配标准，王某应分得奖金 24 万余元，但某足球俱乐部只向王某发放了 1 万余元，剩下 20 余

万元未支付。故王某起诉至法院,请求依法判令某足球俱乐部向其支付拖欠的工资及奖金。某足球俱乐部辩称:双方在《劳动合同》中明确约定:发生纠纷,由中国足协仲裁委员会仲裁。故按照足球行业规则和双方《劳动合同》的约定,本案应由中国足协仲裁委员会仲裁,不应司法管辖。

本案的争议焦点为:足球运动员与俱乐部之间因履行《足球俱乐部劳动合同》所发生的纠纷是否属于人民法院民事案件受理范围?

第一,《体育法》①(2016 年修正)第 35 条规定:"国家鼓励、支持体育社会团体按照其章程,组织和开展体育活动,推动体育事业的发展。"中国足协是我国从事足球运动的组织自愿结成的全国性、非营利性、体育类社团法人,是团结全国足球组织和个人共同发展足球事业、具有公益性质的社会组织,根据法律授权和政府委托管理全国足球事务。根据上述规定,中国足协可以按照其章程组织体育活动。《中国足球协会章程》(2019 年 8 月)第 8 条规定:本会的所有机构和人员在活动中应当遵守国际足联、亚足联以及本会的章程和道德规范等相关规定。本案中,某足球俱乐部系在中国足协注册的职业足球俱乐部,王某是某足球俱乐部的行政事务管理人员,系经中国足协注册为某足球俱乐部的官员,也是中国足协管辖范围内的足球从业人员,双方当事人应当遵守中国足协章程的规定。《中国足球协会章程》第 52 条规定:仲裁委员会是本会的纪律、道德、争议解决机构,为本会的分支机构。第 54 条"争议管辖权"规定:"(一)除本章程及国际足联另有规定外,本会及本会管辖范围内的足球组织和足球从业人员不将争议诉诸法院。有关争议应提交本会或国际足联的有关机构解决。(二)争议各方或争议事项属于本会管辖范围内的为国内争议,本会有管辖权。"综上,本案纠纷属于足球俱乐部与其官员就工作合同发生的争议,属于中国足球协会仲裁委员会受理范围,王某应将本案纠纷提交中国足协仲裁委员会裁决,且双方之间的纠纷,该仲裁委员会已于 2019 年 9 月作出《案件受理及组庭通知》,其处理结果为最终结果。

第二,某足球俱乐部虽于 2020 年 5 月被取消注册资格,但某足球俱乐部曾

---

① 《体育法》已于 2022 年修订,本书保留案件审理时适用的《体育法》(2016 年修正)版本,相关条文序号与最新法条有所不同,请读者注意区分。——编者注

系在中国足协注册的职业足球俱乐部，王某亦曾是经中国足协注册为某足球俱乐部的官员，双方之间争议事项发生在某足球俱乐部属于中国足球协会会员期间，故应由中国足协仲裁委员会负责调解、仲裁，排除人民法院管辖。

第三，《关于加强和改进职业足球俱乐部劳动保障管理的意见》（人社部发〔2016〕69 号）规定：各地要指导俱乐部依照劳动合同法等法律法规，探索建立适应职业足球特点的劳动用工、工资分配、工时和休息休假等制度。俱乐部应与球员等劳动者依法签订劳动合同，除劳动合同法要求的必备条款外，俱乐部与球员、教练员可以根据足球行业特点，依法约定其他条款。中国足协等行业组织要针对足球运动的特点和行业规则，分类制定规范、简明、实用的劳动合同示范文本，指导俱乐部依法规范劳动用工行为。本案中，某足球俱乐部（甲方）与王某（乙方）签订的《某足球俱乐部劳动合同》第 12 条约定："1. 甲、乙双方在履行本合同过程中发生争议时，由双方协商解决；2. 双方不能协商解决时，可向中国足球协会仲裁委员会申请仲裁。"王某提交的由某足球俱乐部向其出具的《欠条》中亦载明："双方均同意，因履行本欠条引起的或与本欠条有关的任何争议，均提请北京仲裁委员会/北京国际仲裁中心按照其仲裁规则进行仲裁。仲裁裁决是终局的，对双方均有约束力。"综上，王某与某足球俱乐部约定的上述纠纷解决方式，已排除了人民法院管辖，且符合足球行业特点，亦符合《体育法》规定，双方均应遵照执行。《民法典》第 11 条规定："其他法律对民事关系有特别规定的，依照其规定。"因足球行业属于特殊行业，根据特殊优于一般的原则，此类纠纷应由中国足协仲裁委员会裁决，其裁决结果为最终结果。据此，法院经审理后认为，依照《民事诉讼法》①第 119 条、第 124 条第 2 项，《最高人民法院关于适用〈中华人民共和国民事诉讼法〉的解释》第 208 条第 3 款规定，裁定驳回王某的起诉。王某不服提出上诉。

二审法院认为：本案纠纷发生在某足球俱乐部注册期间，某足球俱乐部与王某签订的《某足球俱乐部劳动合同》明确约定在履行本合同过程中发生争议时，由双方协商解决；双方不能协商解决时，可向中国足球协会仲裁委员会申请

---

① 《民事诉讼法》已于 2023 年修正，此处保留案件审理时适用的文本，相关条文序号与最新版本有所不同，请读者注意区分。——编者注

仲裁。该约定已排除法院管辖,本案应由中国足球协会仲裁委员会仲裁。故驳回上诉,维持原判。

【法官释法】

就本案而言,因双方约定若产生纠纷由中国足协仲裁委员会仲裁,按照现行的足球行业规则和通用的《劳动合同》(格式条款)的约定,法院对足球运动员与足球俱乐部之间的纠纷无管辖权。换言之,本案中足球运动员与俱乐部之间的劳动合同不受劳动合同法调整。受制于《体育法》,且囿于自身知识的局限而对竞赛中发生的专业问题并不谙熟,我国法院表现得十分审慎。因此,无论足协作出不予转会或注册的具体规定,还是足球行业内部的抽象规定,目前都构成不予受理的对象。

有鉴于此,足球运动员与足球俱乐部之间的纠纷表现出我国法院对足球劳动争议处理的不足、受案范围的不足、法律适用上的不足。所以说,如何探讨我国足球劳动合同争议的司法解决之道,是目前亟须解决的问题。由于普遍存在与国际足联规定脱轨以及缔约程序不规范的现象,在我国足球职业化进程当中产生了大量的劳动合同争议。处理该问题面临两难境地:一方面,行业内部的争端解决机制难以实现中立和公正性,不构成有效的司法途径;另一方面,法院处理此类案件时容易忽视体育行业特殊性,不利于足球运动的发展。所以说,上述纠纷仍有必要交由独立的体育仲裁机构进行审理,但应借鉴国外的先进经验,关注其受案范围并完善其法律适用。

【法条链接】

《中华人民共和国民事诉讼法》(2023年修正)

第一百二十二条　起诉必须符合下列条件:

(一)原告是与本案有直接利害关系的公民、法人和其他组织;

(二)有明确的被告;

(三)有具体的诉讼请求和事实、理由;

(四)属于人民法院受理民事诉讼的范围和受诉人民法院管辖。

第一百二十七条　人民法院对下列起诉,分别情形,予以处理:

（一）依照行政诉讼法的规定，属于行政诉讼受案范围的，告知原告提起行政诉讼；

（二）依照法律规定，双方当事人达成书面仲裁协议申请仲裁、不得向人民法院起诉的，告知原告向仲裁机构申请仲裁；

（三）依照法律规定，应当由其他机关处理的争议，告知原告向有关机关申请解决；

（四）对不属于本院管辖的案件，告知原告向有管辖权的人民法院起诉；

（五）对判决、裁定、调解书已经发生法律效力的案件，当事人又起诉的，告知原告申请再审，但人民法院准许撤诉的裁定除外；

（六）依照法律规定，在一定期限内不得起诉的案件，在不得起诉的期限内起诉的，不予受理；

（七）判决不准离婚和调解和好的离婚案件，判决、调解维持收养关系的案件，没有新情况、新理由，原告在六个月内又起诉的，不予受理。

《中华人民共和国民法典》

第十一条　其他法律对民事关系有特别规定的，依照其规定。

《人力资源社会保障部、教育部、体育总局、中华全国总工会关于加强和改进职业足球俱乐部劳动保障管理的意见》（人社部发〔2016〕69号）

一、加强劳动用工管理

各地要指导俱乐部依照劳动合同法等法律法规，探索建立适应职业足球特点的劳动用工、工资分配、工时和休息休假等制度。俱乐部应与球员等劳动者依法签订劳动合同，除劳动合同法要求的必备条款外，俱乐部与球员、教练员可以根据足球行业特点，依法约定其它条款。俱乐部应加强劳动合同履行、变更、解除、终止各环节的日常管理，按劳动合同约定按时足额支付球员等劳动者的劳动报酬，落实其休息休假权益，实现劳动用工管理规范化和制度化。中国足协等行业组织要针对足球运动的特点和行业规则，分类制定规范、简明、实用的劳动合同示范文本，指导俱乐部依法规范劳动用工行为。外籍球员申请入境工作的，各地外国人工作管理部门要依法及时发放工作许可。

八、劳动者档案丢失后如何主张赔偿

裁判要旨

《最高人民法院关于人事档案被原单位丢失后当事人起诉原用人单位补办人事档案并赔偿经济损失是否受理的复函》明确答复：保存档案的企事业单位，违反关于妥善保存档案的法律规定，丢失他人档案的，应当承担相应的民事责任。档案关系人起诉请求补办档案、赔偿损失的，人民法院应当作为民事案件受理。

【案情总览】

杨某于1961年被分配到原宁夏某机厂工作。1986年夏，杨某因所学专业不对口，外出联系工作未果，后迁居北京至今。1986年11月，原宁夏某机厂与原宁夏某机床厂合并成立原宁夏某制造厂。因杨某一直未回厂工作，原宁夏某制造厂于1987年9月10日对杨某作出除名决定，但未给杨某送达除名决定的相关手续。2004年原宁夏某制造厂改制为宁夏某集团公司。2007年4月28日，杨某从宁夏某集团公司办公室复印了原宁夏某制造厂于1987年9月10日作出的《对杨某旷工的处理决定》。杨某回北京后未再就业，其户籍尚在宁夏银川市。在这期间，杨某未办理过各项社会保险。2007年4月28日，杨某找宁夏某集团公司办理社会保险时得知自己的职工档案被丢失。故诉至法院，请求判令宁夏某集团公司向其赔偿：1. 1987年9月至1999年9月共12年的工资损失50970元；2. 1999年10月至2009年10月的养老保险损失96971元（161619元×60%）、医疗保险损失3232.38元（161619元×2%）；3. 从2010年起每年参照宁夏社会平均工资的62%赔偿养老保险、医疗保险损失至其死亡止;4. 丢失档案赔偿精神损失费 10 万元;5. 赔偿交通费 5000 元。

该案作为民事案件来处理不容置疑,但问题来了,即赔偿的标准如何计算?赔偿的范围都有哪些?因为企业已将职工的档案丢失,职工能享受怎样的退休金无从计算。这正是本案的焦点所在,由此,形成了三种观点。

第一种观点认为,此案已过最长的诉讼时效,应该予以驳回。因案件在审理过程中宁夏某集团公司提出了时效抗辩,故法院应对诉讼时效问题进行释明并适用诉讼时效的规定进行裁判。根据《民法通则》第 137 条的规定,从权利被侵害之日起超过 20 年的,人民法院不予保护。因宁夏某集团公司于 1987 年 9 月 10 日对杨某作出除名决定,从此时起杨某的权利就被侵害,故杨某虽在知道或应当知道其权利受侵害之日 2 年内主张权利,但亦不能超过法律规定的最长诉讼时效。杨某于 2007 年 4 月 28 日找宁夏某集团公司办理社会保险时得知自己的职工档案被丢失,其于 2007 年 11 月 22 日向劳动争议仲裁委员会提出仲裁时,已过 20 年的最长诉讼时效,故对杨某的诉讼请求应以已超过诉讼时效为由予以驳回。

第二种观点认为,杨某于 2007 年 4 月找宁夏某集团公司办理社会保险时得知自己的职工档案被丢失,故其起诉主张权利时,未过诉讼时效。故本案未过诉讼时效,应予以赔偿。至于如何赔偿,因法律上没有具体规定,又不知如何举证,法院可根据案件情况自由裁量,就此案而言,杨某自 1986 年离开单位后回北京,一直未查找其档案,直至 2007 年 4 月才开始寻找,其本身也具有过错。考虑到案件实际情况,故应酌情宁夏某集团公司赔偿杨某各项损失 6 万元为宜。

第三种观点认为,人事档案是公民取得就业资格、缴纳社会保险、享受相关待遇所应具备的重要凭证。档案的存在以及其记载的内容对公民的生活有重大影响。宁夏某集团公司将杨某开除并解除与其劳动关系后,未将其人事档案按照国家政策及时予以转出,造成档案遗失,影响了杨某就业及享受相关待遇,给其取得相关待遇造成了可预见的损失,应依法承担赔偿责任。

法院经审理后,判决宁夏某集团公司赔偿杨某养老保险损失 30000 元、医疗保险损失 3232.38 元、交通费 5000 元及精神损失 20000 元并判令宁夏某集团公司自 2010 年起每年参照宁夏社会平均工资的 2% 赔偿杨某医疗保险损失至杨某死亡止。

【法官释法】

劳动者档案丢失，用人单位应依法承担相应民事责任，赔偿的范围及标准如何计算，一直是司法实务中的难点，以下观点以供商榷：

其一，综合有关规定看，在现行人事、劳动和社会保障制度下，人事档案的丢失，至少影响劳动者以下利益的实现：丧失到要求人事档案的单位再就业的机会；无法办理《就业证》，享受就业便利和优惠；无法办理失业登记，从而无法领取社会保险金；无法办理社会保险登记，从而无法享受社会保险待遇。因而，人事档案的丢失，关乎劳动者的生存权和发展权等基本人权。在注重“身份”的现代社会，档案的丢失同时意味着历史和荣耀的丢失，人生的历程出现“空档”，还会因为档案的丢失无法出具组织关系证明、婚姻家庭关系证明等，影响生活和工作质量，因此，档案的丢失造成的损失还包括精神上的利益。

其二，结合本案杨某的诉讼请求，做如下分析：

1. 杨某要求赔偿1987年9月至1999年9月共12年的工资损失50970元的诉讼请求，因杨某在1986年起就自动离职，宁夏某集团公司就此于1987年9月10日对杨某作出除名决定，虽杨某于2007年4月28日才知晓，但从1987年9月10日起双方已终止劳动关系，杨某作为完全民事行为能力人，可以通过其他方式获得工作，从而得到劳动报酬，根据权利义务相对等原则，不予支持。

2. 要求支付1999年10月至2009年10月的养老保险损失96971元（161619元×60%），医疗保险损失3232.38元（161619元×2%）的诉讼请求，其中养老保险的诉讼请求可理解为因宁夏某集团公司丢失档案而致杨某无法办理养老保险手续，继而退休后不能享受养老保险待遇，杨某按1999年10月至2009年10月的职工平均工资总和的60%计算，没有任何依据，因为养老保险的征缴不是以职工平均工资为基数，但是医疗保险损失根据《社会保险费征缴暂行条例》的规定，按职工平均工资总和的2%计算是可行的，故对杨某要求宁夏某集团公司支付医疗保险损失为3232.38元（161619元×2%）的诉讼请求，予以支持；对于养老保险损失的计算，依据宁夏《关于贯彻落实自治区人民政府关于解决企业职工基本养老保险历史遗留问题的意见的通知》（宁人社发〔2010〕30号文件）的精神，杨某属于通知中的“1995年以前的离岗人员”，如果杨某一次性缴纳30000元，缴费年限按15年计算，因杨某已达到领取养老金年龄,可办理领取养老金手续,从办理领取养老金手续后的次月起,由社保经办机构按照500元的标准核发养老金。由此亦解决了杨某的养老保险待遇问题,故由宁夏某集团公司承担30000元的该笔费用,即养老保险的损失按30000元计算比较合理,亦是现在唯一可找得到的依据。

3.要求从2010年起每年参照宁夏社会平均工资的62%赔偿杨某养老保险、医疗保险损失至杨某死亡的诉讼请求,实则是对第2项诉讼请求的重复,相关原理如前所述,其中养老保险待遇本身就包含至死亡止,但医疗保险却不包含,故可考虑按上述标准支付至其死亡止。

4.丢失档案赔偿精神损失费10万元的诉讼请求,因此前已对档案的丢失造成的损害还包括精神上的利益做过陈述,此处不再赘述,结合本案的实际情况及其本身存在的过错,酌情支持20000元为宜。

5.赔偿交通费5000元的诉讼请求,杨某在庭审中提交了6674元的票据,但本人主张5000元,予以支持。

【法条链接】

《中华人民共和国劳动合同法》(2012年修正)

第五十条 用人单位应当在解除或者终止劳动合同时出具解除或者终止劳动合同的证明,并在十五日内为劳动者办理档案和社会保险关系转移手续。

劳动者应当按照双方约定,办理工作交接。用人单位依照本法有关规定应当向劳动者支付经济补偿的,在办结工作交接时支付。

用人单位对已经解除或者终止的劳动合同的文本,至少保存二年备查。

《最高人民法院关于人事档案被原单位丢失后当事人起诉原用人单位补办人事档案并赔偿经济损失是否受理的复函》(〔2004〕民立他字第47号)

安徽省高级人民法院:

你院〔2004〕皖民一他字第19号《关于人事档案被原单位丢失后当事人以补办人事档案并赔偿经济损失的诉请起诉原单位法院是否受理的请示》收悉。经研究,答复如下:

同意你院第一种意见。保存档案的企事业单位,违反关于妥善保存档案的法律规定,丢失他人档案的,应当承担相应的民事责任。档案关系人起诉请求补办档案、赔偿损失的,人民法院应当作为民事案件受理。

九、劳动者工伤认定超过申请期限如何维权

裁判要旨

对于超过工伤认定申请期限案件的处理,究其根本主要是适用工伤保险赔偿还是适用民事侵权赔偿的问题。

【案情总览】

王某自2008年3月起在某勘探院钻井队工作,未签订劳动合同。2011年12月9日,王某被派往拉运钻杆时发生交通事故身受重伤。2013年9月16日,王某向人力资源和社会保障局提出工伤认定申请,该局以已过工伤认定期限为由不予受理。同日,王某向劳动争议仲裁委员会申请仲裁,该委以"已超过仲裁时效为由"亦不予受理。2014年5月28日,王某通过某律所委托某司法医学鉴定所对其伤情进行鉴定,结论为:四肢瘫痪,参照《劳动能力鉴定—职工工伤与职业病致残等级分级》为一级伤残。后王某诉至法院,请求依法判令某勘探院支付其工伤医疗费、一次性伤残补助金、生活护理费、异地安家费等工伤保险待遇共计48万元。某勘探院辩称,双方之间不存在劳动合同关系,且该案已过工伤认定期限和仲裁申请时效,请求法院依法驳回王某的各项诉讼请求。

由于本案属于王某已经超过工伤认定申请期限而向法院申请工伤保险待遇的案件,本案王某的诉讼请求是否支持,合议庭形成了两种意见:

第一种意见认为,王某因没有确认工伤而不能直接向法院起诉,应驳回起诉。

第二种意见认为,王某的损失按照工伤保险待遇纠纷诉至法院,法院应当

参照工伤保险待遇处理。

依据《关于确立劳动关系有关事项的通知》第 1 条规定,王某和某勘探院都符合法律规定的主体资格,王某从事某勘探院安排的有报酬的劳动,并且其所从事的工作是其业务组成部分,故某勘探院从用工之日起与王某形成事实劳动关系。劳动者在申请期限之外申请工伤认定,其工伤认定的程序性权利丧失,但并不意味着其依法应获得工伤赔偿的实体权利的丧失,且用人单位在规定的工伤认定期限之内未提交工伤认定申请,存在过错,从而致使劳动者权利受到损害。就本案而言,因王某与某勘探院之间存在事实劳动关系,某勘探院应承担王某因工作原因受到伤害而产生的工伤待遇损失。但在本案审理过程中,让王某再去做工伤认定及工伤鉴定是不现实的。故可参照司法鉴定的等级(鉴定结论为一级)对王某进行赔偿,又因王某至今未完成工伤认定程序,故对其工伤赔付标准可参照适用《工伤保险条例》的相关规定进行赔付。该案宣判后,双方均不服提起上诉,经二审法院审理后裁定驳回上诉,维持原判。

【法官释法】

在不涉及第三人侵权、工伤超期申请的情形下,法院按照工伤保险赔偿还是按照民事侵权赔偿一直是一个备受争论的话题。现对这两种救济模式进行比较:

一、两种标准赔付的差异

根据国务院《工伤保险条例》《最高人民法院关于审理人身损害赔偿案件适用法律若干问题的解释》及《宁夏回族自治区实施〈工伤保险条例〉办法》的相关规定,可以看出:其一,工伤保险待遇与民事侵权赔偿是相互独立又相互补充的两套救济系统,工伤保险所特有的相关项目,如异地安家费、生活护理费等待遇是民事侵权赔偿中所没有的,其特有的设计与工伤保险制度的补偿性有关。其二,民事侵权赔偿的有些项目的标准不明确,而工伤保险待遇的标准明确具体,易于操作。其三,在某些项目上依据民事侵权赔偿计算出来的数额较低,而依据工伤保险待遇计算出来的赔偿数额则较高。比如,停工留薪期待遇计算出来往往比误工费高、期限长,对受伤职工的合法权益的保护更加有效。其四,工伤赔偿不存在过错问题,亦不需要举证证明其无过错,但民事赔偿会考虑过错原则,劳动者往往举证自己无过错,增加诉讼难度。总之,《工伤保险条例》修订后,工伤待遇赔偿范围和赔偿数额都得以提高,特别是死亡赔偿金的计算,是按照全国城镇居民人均可支配收入的20倍计,这往往比民事侵权赔偿按受诉法院所在地为基准计算要高,笔者所在的宁夏回族自治区在我国西部,地区偏远,经济相对落后,低于全国标准,故按工伤赔付高于按民事侵权赔偿。

二、工伤保险待遇更为公平和公正

首先,两者性质的不同,决定了工伤保险待遇补偿标准与民事侵权赔偿标准存在很大差异。工伤保险待遇补偿分为两大类:一类是人身性补偿,另一类是金钱性补偿。其中:(1)人身性补偿,如《工伤保险条例》第35条、第36条规定。人身性补偿的性质往往大于金钱补偿。这是民事侵权赔偿所不能给予的,亦是工伤保险制度的重要价值之所在,如伤残津贴。(2)金钱性补偿,如医疗补偿、伤残补偿与工亡补偿。其中如伤残津贴是指工伤劳动者完全丧失劳动能力或者大部分丧失劳动能力时,由工伤保险基金或用人单位按月支付,为保障其基本生活的补偿,这项待遇支付至工伤者退休或未到退休年龄而死亡时止。[①] 该项补偿亦是民事侵权赔偿所没有,工伤保险待遇所特有的,其连续性保障的特性,相对于民事侵权赔偿的一次性赔偿更人性化、更具合理性。(3)对于遗属生活费,两种赔偿标准中其近亲属都享有,但民事赔偿在该项费用上要求比较苛刻。

其次,两者的计算方法不同,工伤保险待遇以工伤职工确定的工资收入(缴费基数)为基础来确定,其主要待遇都是按本人工资来计算的,且伤残等级、护理等级等亦是确定的,因此计算起来比较精确。而民事侵权赔偿每一个赔付项目都可能存在不同的基准,在法院判决之前,是不确定的。

最后,两者的支付风险不同。人身损害赔偿的被抚养人生活费、残疾赔偿金、残疾辅助器具费、死亡赔偿金等主要采用一次性的定型化支付方式,其风险取决于侵权损害赔偿人的支付能力、信用等因素,很难保证有效地履行赔偿义务。工伤保险待遇是由工伤保险基金支付的,实行的是长期的待遇制度,这是人身损害赔偿所无法比拟的。另外,《社会保险法》规定,如果用人单位不向工

---

① 参见于欣华:《工伤保险法论》,中国民主法制出版社2011年版,第180页。

伤职工赔付的，还可由工伤保险基金垫付，但工伤保险基金享有追偿权，这项规定，更减低了工伤保险待遇支付的风险性。由此，笔者认为工伤保险待遇更为公平和公正。[①]

① 更为详尽的论述，可见本书附录《我国工伤超期申请救济法律问题研究》。

附录

附录一：

我国工伤救济制度的问题与对策*

李　莉

一、我国工伤救济的现状

依据现行的工伤保险制度，职工一旦发生工伤事故，应该经历工伤认定—工伤鉴定—工伤待遇赔偿的流程。但现实情况却是，在发生工伤后，工伤保险机构所作的与工伤有关的认定与鉴定系赔偿所必经之程序，由此引发诸多争议。

（一）实行"双轨制度"

有学者认为，我国工伤救济制度实行的是"双轨制度"，即工伤认定和工伤鉴定系工伤救济之必要前提。劳动者只有获得这两项结果，才能提起工伤待遇赔偿。但是，工伤认定与工伤待遇纠纷采取两种不同的救济途径。工伤认定系一种行政确认行为，采取行政救济途径。劳动者不服，可以申请行政复议；对复议结果不服，可直接提起行政诉讼。而工伤待遇纠纷采取劳动争议仲裁前置程序。劳动者对仲裁裁决不服，可以向人民法院起诉。显而易见，与工伤待遇纠纷的救济程序相比，工伤认定的程序之复杂、成本之昂贵、耗时之长、费力之多可见一斑。实质上，现行的工伤救济机制正反映出行政处理程序与民事诉讼程序以及仲裁程序之间的冲突问题，程序烦琐、冗长、复杂在所难免。

---

* 本文原刊于《湖北警官学院学报》2015 年第 7 期，收录本书时仅就版式和个别文字进行调整。——编者注

（二）采取以行政权为主导的工伤认定模式

工伤认定权属于劳动保障行政部门，这是理论界的主流观点。但是，从司法实践来看，对工伤认定不服的，可以提起行政诉讼，而法院与社会保险行政部门对于工伤认定的标准不统一，在举证责任的适用上也不一致。例如，社会保险行政部门适用行政法规规章，举证原则和举证责任分配规则与法院截然不同。法院在审理过程中，对行政部门所作出的工伤认定进行审查，“可以判决维持，也可以判决撤销并责令重新作出认定，但并不能行使司法变更权，即不能代替劳动保障行政部门作出是否属于工伤的认定”。[①] 这种尴尬的局面一直存在，导致受伤职工单就一个工伤认定案件就来回穿梭于行政部门与法院之间。法院不能直接认定工伤，却可以撤销工伤认定，使受伤职工的工伤认定又回到起始状态。这易导致劳动者不断上访、申诉、游行，影响社会的安定、和谐。

（三）立法上不统一导致法律适用上产生歧义

我国现行的《工伤保险条例》以及相关配套法规立法层次低，效力低，与有关法律、法规、司法解释不一致，易造成理论上以及司法实践中的适用困境。例如学术界以及司法实务中热议的工伤保险补偿与民事侵权赔偿可否“双赔”的问题，《企业职工工伤保险试行办法》曾有涉及，2003 年颁布的《工伤保险条例》取消了该条款，最高人民法院相关司法解释以及《职业病防治法》第 52 条、《安全生产法》第 48 条都有不同的规定，2011 年国务院修订的《工伤保险条例》未提及此问题，使该类案件的处理至今未形成共识，司法实务中“同案不同判”的现象依然存在。

（四）农民工工伤保险参保率低

农民工是目前市场经济中的主要用工来源之一，且多就职于用工方式灵活、人员流动性大的工厂、矿山、建筑等企业。用人单位基于趋利本性和侥幸心理，多选择不为农民工缴纳工伤保险。而各地现行的社会保险制度将养老保险

---

① 唐刘念：《现行工伤救济程序的不足及改革建议》，载《法制与社会》2012 年第 29 期。

与工伤保险捆绑在一起,劳动者本人亦不愿意承担养老保险,进而放弃办理工伤保险。还有一些规模不大、工伤发生率低的小型企业,从未和农民工签订劳动合同,也不为其缴纳工伤保险。一旦发生工伤,用人单位往往采取各种方式逃避赔偿责任,而受伤职工因自身法律知识的欠缺,或出于怕向用人单位追索赔偿而失去就业机会等方面的考虑,往往会错过劳动者申请工伤认定的时间。随之而来的问题便是,受伤职工的权利如何救济。

二、我国工伤救济制度存在的问题

(一)工伤救济程序烦琐冗长

我国工伤救济制度实行“双轨制”,受伤职工选择仲裁以及诉讼维权的案例比比皆是,漫长的维权之路由此开始:第一步,申请工伤程序。工伤部门审查是否存在劳动关系:存在劳动关系→中止劳动关系→进入第二步劳动关系确认程序;不存在劳动关系→不是工伤→驳回申请→行政诉讼一审→行政诉讼二审。第二步,劳动关系确认程序:劳动争议仲裁→民事诉讼一审→民事诉讼二审。第一步与第二步的顺序有时会颠倒。第三步,工伤鉴定程序。用人单位或个人对鉴定结论不服的,均可向上级部门申请复议。第四步,工伤保险待遇诉讼程序:劳动争议仲裁→民事诉讼一审→民事诉讼二审。第五步,执行。实践中,当事人最终获赔往往历经三年之久,其中艰辛可见一斑,而且还要承担虽胜诉,但用人单位已破产或注销之后无人继受其权利义务的风险。在此过程中,劳动者囿于法律知识的缺乏和时间的限制,可能会聘请律师维权,而律师考虑到该类工伤赔付案件耗时长、收费低、费精力等原因,有时会拒绝代理。在这种情况下,劳动者只能寻求法律援助。而各地对于法律援助也设置了较高的条件,使劳动者的维权之路更加艰难。现实生活中,有些受伤职工选择与用人单位“私了”,不得已达成对自己不利、显失公平甚至违法的赔偿协议。以上种种情况都表明,用人单位利用立法漏洞和现行规定的不合理之处,逃避工伤责任或恶意拖延赔偿。

(二)工伤救济被异化,“私了”现象严重

所谓的“工伤救济被异化”,指的是受伤职工主动放弃工伤救济,选择直接

提起民事诉讼的现象。现行的工伤救济程序烦琐冗长，耗时耗力，让许多劳动者望而却步，与工伤救济公正、效率、便民和低成本运转的最初目的和宗旨相违背。明显属于工伤的职工，选择工伤救济程序维权的并不多见，更多的人会在用人单位答应给予一定赔偿的情况下选择“私了”。究其原因，主要有三：第一，劳动关系难以认定，工伤认定更难。劳动关系成立是工伤认定的前提，但有关劳动关系的举证太难。司法实务中，这种情况多发生在建筑施工、矿山开采等用人单位。这些单位多把工程（业务）或经营权发包给不具备用工主体资格的组织或自然人，而包工头往往会找农民工，又不与他们签订劳动合同，其中的管理十分混乱。2005 年 5 月 25 日，劳动和社会保障部下发《关于确立劳动关系有关事项的通知》（劳社部发〔2005〕12 号）。虽然该通知有助于认定事实劳动关系，但实践中依然存在举证不能的情况。第二，工伤救济程序复杂、冗长，成本高，代价大。受伤职工要想拿到赔偿，至少要经历工伤认定、工伤鉴定以及核定领取工伤保险待遇等阶段。用人单位在每个环节提出异议，都必须启动诉讼程序。等所有的程序都走完，受伤职工还不一定能拿到赔偿款项。他们宁愿牺牲自己的部分权利，尽早获得赔偿金。第三，受伤职工自身的原因。当今“就业难”是社会上的普遍现象。如果打官司，就有可能丢了工作，在同行业内亦难再就业。加之受伤职工对法律的不了解，故在此情况下多选择“私了”。

（三）工伤认定标准不统一，便于用人单位逃避责任

近年来，工伤认定导致的行政复议和行政诉讼案件数量在各地呈上升趋势。以笔者所在的法院为例，每年的行政案件不超过 3 件。但是，2013 年收案达 11 件，其中 4 件就是有关工伤认定的案件。在这 4 件案件中，有 2 件作出了撤销判决。而在具体适用法律的问题上，法院与行政部门存在认识差异。这与工伤救济制度实行“双轨制度”，而我国采以行政权为主导的工伤认定模式是分不开的。例如，在涉及建筑企业的案件中，劳动行政部门依据劳动与社会保障部的相关通知、复函等作出认定工伤的结论，而法院往往以发包方与自然人之间签订的合同为依据，以无调整此类案件的法律依据为由予以否认。在双方争议中，恰恰法院拥有最终裁判权。工伤认定标准不统一往往导致司法认定与行政认定的结论不一致。由此，用人单位有机可乘，逃避本应承担的赔偿责任。

因为工伤认定不成立,用人单位就不予赔偿,其甚至否认其与受伤职工之间存在劳动关系。还以建筑企业为例,建筑企业层层分包、转包的情况比比皆是,实际上施工的往往是不具有资质的小包工头。小包工头又找来流动性大、费用较低的农民工干活,在安全措施上根本无法保证。一旦发生工伤事故,受伤职工连应该起诉哪个单位都分不清,而各个用人单位又相互推卸责任,致使受伤职工的权益无法获得保障。

(四)工伤超期申请现象大量存在

司法实务中,职工发生工伤事故后,用人单位以及受伤职工均未按照《工伤保险条例》第17条中各自提交申请的期限规定申请工伤认定,超过工伤认定申请期限的案件大量存在。这使受伤职工本来就烦琐冗长的维权之路更加艰难。工伤超期申请与用人单位没有为劳动者缴纳工伤保险、职工工伤保险参保率低有关。目前对用人单位未参保的惩罚力度不大,监管不严。用人单位没有缴纳工伤保险,更不会主动去进行工伤申请。不申请要赔偿,申请了,除了赔偿,还要缴纳罚款及滞纳金。所以,用人单位只有选择不申请,或对受伤职工制造诉讼障碍,在每一个环节均提出异议,致使工伤超期申请的现象大量存在。

三、完善我国工伤救济制度的设想

(一)完善我国工伤救济制度的必要性

目前,我国工伤救济制度的现状以及救济途径存在诸多缺陷。特别是劳动者在发生工伤事故以后,从事故发生之初,至其工伤损失最终得到赔偿,维权之艰难、救济渠道之狭窄、法律法规之空泛、司法部门之不协调等问题频现。一个简单的工伤案件,每个程序中任何一方提出异议都会导致程序的反复和回转。于是,劳动者往返于社会保障部门、行政部门、劳动争议仲裁委员会、法院之间,耗尽了所有的耐心和精力,埋怨每个环节不合理和不科学。正是由于我国工伤救济立法在某些层面存在不足之处,加上救济途径单一,上位法与下位法之间、同位法之间存在一些不衔接的地方,纠纷解决才难以获得良好的法律效果和社会效果。为了全面落实工伤保险制度,防范用人单位的法律风险,保障职工在工伤事故和罹患职业病时获得充分赔偿,有必要强化职业伤害预防和工伤康复,发挥工伤预防和职业康复等多重保障功能,完善我国的工伤救济机制,规范工伤赔偿案件的法律适用。

重新架构我国工伤救济制度的大厦,不仅在立法层面存在必要性、紧迫性,而且在理论层面也存在可能性、现实性。以法律哲学角度观之,工伤救济制度担负了民事侵权损害赔偿与工伤保险的双重任务,也具有双重优势。理念的实现需要制度的保障。因此,在工伤救济的价值定位层面,首先,工伤救济制度是促使救济理念顺利实现的有效保障;其次,理念的追求对制度的实现应起到价值补偿作用,故救济制度在实践基础上进一步补充和完善了工伤救济理念;最后,理念的实现有赖于制度的强力推进,即没有制度保障的理念是没有强制基础的,故惩戒与预防应构成工伤救济理念的威严基础。工伤救济制度以工伤救济理念为基础,工伤救济理念以工伤救济制度为保障。那么,在维护职工生命权与健康权、促进社会公平正义的价值诉求的终端,就应发挥救济理念与救济制度的双重作用。

救济制度的完善有赖于衡平原则、效率原则、保护弱者的积极权力观原则。应充分体现法律对正义的追求,兼具公平与效率的结合,构建和谐社会。

(二)完善我国工伤救济制度的设想

如何构建一个合理的工伤救济制度,使其既能体现社会公平、正义、效率的理念,又能有效保护劳动者的合法权益,同时亦能平衡各方面的权益关系,是本文的写作目的。以下是笔者对完善我国工伤救济制度的几点设想:

1. 工伤救济程序实行"单轨制"

目前,工伤认定与工伤鉴定,即"双轨制度"是我国工伤救济赔偿的前提。通过行政部门对职工的工伤认定与工伤鉴定,工伤事实方被确认与评价。换句话说,工伤救济的前提是对工伤事实的行政确认。基于行政法律事实确认甄别的原理,工伤救济的请求方式也必然采取复议前置。这就意味着,职工若对工伤认定的结论不服,需经行政复议程序;若对劳动保障部门的复议结果不服,可提出行政诉讼。这是我国工伤救济制度烦琐和冗长的根源所在。为了实现工伤救济程序高效、便捷、低成本运行,为受伤职工提供更加及时的救助,应改革现有的救济模式,采用"单轨"救济程序。也就是说,受伤职工以工伤待遇为申请内容,可直接向劳动仲裁机构申请仲裁,"在解决工伤待遇的同时解决工伤认定问题"。① 设立该制度旨在使工伤救济限于私法领域,而不会扩展至公法范畴。同时,在工伤救济领域,行政程序的作用也应式微。这就在很大程度上消弭了司法价值与行政价值的双重张力,极大地提高了工伤救济的公正性、效率性、便民性。上述改革有一定的可行性:第一,各地的劳动争议仲裁委员会是受理劳动争议案件的专门机构,工伤纠纷案件属于劳动争议案件的范畴,只不过现行的劳动争议机构只受理已经过工伤认定、工伤鉴定程序,对工伤保险待遇尚有争议的案件。将工伤认定、工伤鉴定程序改由劳动争议部门直接受理,对劳动争议不服的,再向法院提起诉讼,将大大加快受伤职工的维权进度。第二,将工伤认定、工伤鉴定划入劳动争议仲裁部门,并不改变劳动争议仲裁部门的工作性质,不会出现工作机构重置的问题,只在现有的基础上增加编制即可。第三,将工伤待遇案件和劳动争议案件交由一个机构完成,可以提高工作效率,与我国精简政府职能部门的整体理念不谋而合。

2. 有条件赋予法院直接认定工伤的权力

依据我国工伤救济制度实行"单轨制"的设想,应赋予劳动争议仲裁部门工伤认定权。由于法院受理的劳动争议案件实行仲裁前置程序,其享有工伤认定权具有合理性。根据相关规定,工伤认定权属于劳动保障部门,是专属于行政机构的权力。根据我国现行的《行政诉讼法》,当前我国法院并不享有工伤认定权,司法变更权也局限于行政处罚,法院只能撤销原工伤认定结论或者责令重新作出工伤认定。劳动保障部门作出工伤认定书属于行政确认行为,法院无法进行变更。法院通常也不受理未经工伤认定的案件。如果将工伤认定权交予劳动争议仲裁委员会,在诉讼中确立法院对此可撤销或改判的相关程序,法院就当然性地享有对工伤的认定权,且此举具有可行性。

首先,将工伤认定权赋予人民法院有利于简化工伤认定程序,也有利于职工在受到伤害时更加及时、便利、公正地获得救济。另外,将工伤认定权赋予人

① 蒋月:《工伤保险法:案例评析与问题研究》,中国法制出版社 2009 年版,第 223 页;周湖勇:《工伤救济程序改革和完善》,载《青海社会科学》2009 年第 3 期。

民法院更有利于贯彻司法为民的理念，是对以人为本治国理念的有力回应。其次，这是“司法最终解决原则”的体现。与工伤保险待遇有关的劳动关系认定、工伤认定、工伤保险待遇纠纷最终都是由人民法院来处理的。如果直接赋予法院认定工伤的权力，就会省去前面所有烦琐的程序，而且可以保证工伤认定的准确性和公正性。再次，我国新颁布的《社会保险法》规定，当用人单位未办理工伤保险且不支付时，工伤保险基金可以先行垫付，且可以向用人单位追偿。[①]笔者认为，该条款实际上使受到工伤的职工得到了工伤保险待遇赔偿，增加了可执行性和现实性。但是，如果受伤职工按人身损害赔偿主张权利，则无法享有该项权利。该条款更能折射出工伤事故按工伤待遇支付赔偿的立法本意。最后，从工伤认定的性质上看，立法是按照损害赔偿责任构成要件来判断是否构成工伤的，所以，将工伤认定划归司法权更为恰当。而法院的职责之一就是对损害赔偿责任构成要件进行判断，由法院作出工伤认定能更凸显公平正义价值。法院在认定行政部门所作出的各项法律事实时，其证明力强弱、有无的衡量权最终由法院所掌握。因此，基于上述理论和现实考虑，笔者认为，工伤认定之权力应当由人民法院行使的做法存在内在合理性。

综上，在用人单位没有依法为受伤职工缴纳工伤保险，或者未按照工伤认定申请期限申请工伤认定，或者在相关行政部门对职工的工伤认定申请不予受理时，法院可依职权作出是否为工伤的决定。若为工伤，人民法院可直接判令用人单位承担职工受伤而未予以赔偿的不利后果。

3. 进一步完善工伤救济配套制度

一是进一步强化对用人单位参保的监管力度，建立行之有效的监管制度，形成综合管理与监督，并与用人单位的其他权益挂钩，从而进一步拓宽工伤保险的受众范围，最终实现工伤保险全覆盖；二是提高工伤待遇的给付水平，使工伤保险待遇高于民事侵权赔偿的数额或与之相当，从而最大程度发挥工伤保险的优势，在工伤救济中彰显其价值取向；三是适当放宽工伤救济的范围以及工

① 《社会保险法》第41条规定：“职工所在用人单位未依法缴纳工伤保险费，发生工伤事故的，由用人单位支付工伤保险待遇，用人单位不支付的，从工伤保险基金中先行支付。从工伤保险基金中先行支付的工伤保险待遇应当由用人单位偿还。用人单位不偿还的，社会保险经办机构可以依照本法第六十三条的规定追偿。”

伤认定的条件,真正实现“有权利必有救济”的民法理念,使受伤职工的合法权益能够获得有效保护。

4. 完善工伤待遇先行支付制度

新颁布的《社会保险法》规定了工伤保险待遇的先行支付制度,即当用人单位未办理工伤保险且不支付时,工伤保险基金可先行垫付并向用人单位追偿。该项制度可以说是我国工伤保险制度的一大进步,但具体应如何操作:用人单位该先行支付哪些项目和条目?不属于工伤保险基金支付的部分,如一次性就业补助金、安家费等又该如何支付?由谁支付?诸如此类的问题接踵而至。笔者认为,一方面,应该明确工伤保险基金的支付范围,规定所有的工伤保险条目(包含用人单位所承担的部分),都应由工伤保险基金先行垫付。另一方面,该条款以用人单位不支付为前提条件,规定得过于笼统。在司法实务中,有些用人单位不支付的理由是劳动关系不确定,工伤还未认定且尚在诉讼过程中等。应当明确一个具体的支付时间点。笔者认为,只要工伤认定部门作出工伤认定,即使用人单位有异议,都应先行予以支付。

随着社会经济的不断发展和工伤事故的频发,法院受理的工伤纠纷案件数量呈逐年上升趋势。但是,劳动法律以及工伤保险法律中的问题非常复杂,许多领域还存在立法空白,尤其是工伤救济领域,立法空白更多。行政法规、司法解释规定的不统一使法律适用易产生分歧,“同案不同判”现象非常普遍。司法实务中对于如何审理工伤超期申请的问题有三种做法。虽然目前法院普遍依据“侵权之诉说”,但笔者赞成“事实审查说”。该说的普遍认可有赖于我国行政制度和司法制度的不断完善和发展。笔者相信,工伤超期申请的案件按照工伤保险赔付是历史发展的必然,且更具公平和可操作性,也更能保护劳动者的合法权益。

附录二：

论法院参与劳动争议多元共治机制的构建*

李　莉

近年来，我国经济结构调整取得新进展，劳动用工制度不断改革，对劳资纠纷解决提出了新要求，传统的“协、调、裁、审”的处理机制已经不能完全适应现在的情况。有鉴于此，《最高人民法院关于人民法院进一步深化多元化纠纷解决机制改革的意见》勾勒了多元纠纷解决的制度愿景。以此为契机，各地法院在劳动争议处置上探索可操作性和适用性更强的多元化解机制，以构建法院参与劳动争议多元共治机制的新路径。

一、现状考察：当前劳动争议案件数量激增的原因

构建和谐的劳动关系是建设和谐社会的基础。“协、调、裁、审”的现行劳动争议处理机制，虽在一定时期内起到定分止争的作用，但随着劳动关系日趋多元化、复杂化，劳动争议案件数量逐年增加等诸多原因，种种弊端已经显露出来。

当前，我国劳动争议案件数量激增，诉求复杂、多元，并且群体性劳动争议多发。1994 年和 2022 年的人力资源和社会保障事业发展统计公报显示，自 1994 年《中华人民共和国劳动法》实施以来，全国各地劳动争议仲裁机构受理的劳动争议数量从 1994 年的 1.9098 万件增加到 2022 年的 316.2 万件，劳动争议案件呈现判决率上升、调撤率下降、处理难度逐年增大的趋势。

造成劳动争议案件数量增长的原因可以归纳为以下三点：

---

* 本文原刊于《法治时代》2024 年第 1 期，收录本书时仅就版式和个别文字进行调整。——编者注

一是用人单位在劳动合同签订、履行、解除过程中未严格遵守法律规定，在合法、规范用工方面存在问题。有的用人单位故意逃避应该承担的义务，侵害劳动者的合法权益。对于一些季节性用工和临时性用工，因企业并未与其签订书面劳动合同，在实践中就劳动关系是否成立易产生各种争议和纠纷。

二是国家对劳动者权益的保护力度增大，不断完善相关法律法规。劳动者的利益要求与自我保护意识普遍提升，维权意识明显增强。加之2008 年5 月1日起施行的《中华人民共和国劳动争议调解仲裁法》规定了劳动争议仲裁不收费，诉讼成本的降低，使得越来越多的劳动者选择通过劳动仲裁来维护自身合法权益。

三是企业改制及事业单位改革的原因。随着企业改制、事业单位改革的不断深入，部分用人单位裁减冗员，由此引发了诸多劳动纠纷，甚至是群体性劳动纠纷。

二、现实尴尬：法院审理劳动争议的困境

一是出现新类型劳动纠纷，审理难度增大。经济发展、制度创新、体制改革、社会转型带来企业用工方式和劳动者就业形势的变化，随之而来的是新类型劳动纠纷涌现。这类纠纷成因复杂，与传统劳动关系的认定和处置有较大区别，对司法人员的审判观念和专业知识提出了更高要求。

二是诉调衔接不顺畅。实践中，劳动争议解决机制存在诉调衔接不畅的问题，导致劳动纠纷解决效率低下。

其原因一方面是法律具有一定的滞后性，面对新形势下产生的新类型劳动纠纷，相关法律未能及时跟进；另一方面是我国在立法层面规定了劳动争议解决仲裁前置程序，但仲裁裁决的依据可能与法院作出判决的依据不一致，二者不能有效衔接，诉讼周期增加。

三是诉讼机制不完善。我国现行法律并未对劳动争议设置专门的诉讼程序，对于劳动纠纷特别是群体性劳动纠纷的解决机制不完善。由于群体性劳动纠纷涉及人数众多，影响面广，处理不当容易引发大规模的集体上访事件。现行立法对于群体性劳动纠纷中各方利益协调、维权方法及渠道等需作细化规定。

三、问题归因:法院参与劳动争议多元共治机制的客观限制

(一)立法上的缺陷——存在法律不明确的空白地带

以社会保险纠纷为例。长期以来,社会保险纠纷往往难以救济,实体法缺失是其重要的原因之一。我国社会保险领域只有区域性、地方性的条例、规则、意见和通知,立法层次不高,关于社会保险的法律规定覆盖率低。2011 年 7 月 1 日起实施的《中华人民共和国社会保险法》(以下简称《社会保险法》),虽于 2018 年进行修正,但依旧存在可操作性不强的问题,在社会保险救济方面还存在诸多法律漏洞。

1. 实体法不完善。当前法院都以征缴社会保险费属于征缴部门的法定职责、不属于法院受理民事案件的范围为由不受理社会保险补缴争议。实务中,没有参加社会统筹的劳动者,无法向法院提起诉讼,而行政部门以未参加社会统筹为由不予办理,这部分劳动者的权利救济出现困难。

为了弥补这个缺失,2020 年,最高人民法院发布的《最高人民法院关于审理劳动争议案件适用法律问题的解释(一)》扩大了劳动争议的受案范围,规定"劳动者以用人单位未为其办理社会保险手续,且社会保险经办机构不能补办导致其无法享受社会保险待遇为由,要求用人单位赔偿损失发生的纠纷",人民法院应当受理。从这条规定可以看出,关于补缴社保的劳动争议属于法院受理范围的,需要同时满足两个前提条件:一是用人单位未为劳动者缴纳社保;二是社保经办机构也不能补办,从而导致劳动者无法享受社会保险待遇。

2. 程序法不完备。《社会保险法》规定了全社会成员享有养老、医疗、工伤、失业、生育等五大险种的权利,却没有规定相应救济渠道。五大险种之间相对独立、风险分散,除工伤保险救济具有明显的可诉性以外,其余险种因可诉性差,难以在法律上得到救济。

(二)理论上的分歧——存在裁判标准的不统一

1. 一些法律法规在适用过程中容易引发偏差。《中华人民共和国劳动法》《中华人民共和国劳动合同法》《社会保险法》以及最高人民法院出台的有关劳

动争议的司法解释中有些规定不够明确、不够具体、不够细化,导致地方政府及其人力资源部门根据地方实际出台具有地方倾向性的规范性文件,有些甚至背离原有条文的应有之义,导致其在适用过程中引发实际问题。

2. 亟须完善的纲领性劳动法规对应近乎缺失的配套措施。如在社会保险纠纷处理上,诸多的社会保险纠纷最终转化为用人单位与劳动者之间的赔偿纠纷。究其原因,一方面是缺乏完善的纲领性劳动法规;另一方面是缺乏配套的权利救济措施。

(三)行政管理机制出现漏洞——存在劳动权益救济的现实困境

当前,与劳动者权益息息相关的行政管理机制出现漏洞,甚至出现一些行政不作为现象,影响了法院审理劳动争议的效率和质量。例如,劳动保障监管部门不履行监管职责,致使劳动合同的签订以及社会保险的补缴无人监管,导致用人单位拖欠劳动者工资等情形大量存在,引起劳动纠纷。

四、路径探索:构建劳动争议多元共治机制的几点设想

仅依靠法院是不可能解决所有劳动纠纷的,诉讼程序有其固有的局限性。建立多元纠纷解决机制,发挥各种纠纷解决机制的功能和作用,促使劳动争议解决方式从"疏"与"堵",逐步向"调"与"防"转变是十分必要的。为此,笔者提出了几点设想。

(一)进一步完善相关配套制度,提高从业人员专业水平

合理的劳动争议纠纷多元化解机制,既要体现公平正义,又要提高矛盾化解效率,同时还需要平衡好各方权益。

1. 设立专门的社会保障争议解决机制。专门的社会保障争议解决机制在我国尚属空白。我国应借鉴国外的相关经验,根据社会保障机制的特殊性,设立专门的社会保障法庭,建立专门的社会保障争议解决制度。条件成熟以后,甚至可以逐步设立专门的社会保障法院。同时,应考虑适时开放社会保险领域的公益诉讼,为劳动者提供法律援助。

2. 强化劳动争议专业团队建设及专业法官培养。劳动争议涉及的法律规

定纷繁复杂，对法官的整体素质要求越来越高，应强化劳动争议团队建设，通过对劳动争议专业团队及专业法官的培养，提高审判队伍的专业化水准。有鉴于此，以员额制改革为契机，建设劳动争议专业团队，对当前的现实状况而言，显得尤为迫切和必要。

（二）构建多元主体参与的劳动关系治理结构

通过法院解决劳动纠纷周期较长，劳动者维权成本较高，应完善协商、调解机制，提高化解劳动纠纷的效率。

1. 利用多方社会力量增加调解力度。调解是解决劳动纠纷的最佳手段。一要充分发挥工会的作用，在矛盾产生时及时化解；二要充分发挥社区调委会和法律援助组织的作用，增强调解权威性；三要加强基层调解组织的建设，简化纠纷处理程序，及时为纠纷当事人提供法律援助。

2. 全面优化劳动争议处理机制。建立法院与仲裁机构的联合会议制度，加强案情的沟通，实现信息共享。确保审前程序衔接、审理程序衔接、保全程序衔接、执行程序衔接快捷通畅。

3. 建立劳动争议“大调解”机制。一是利用和依托“互联网 +”、大数据等现代信息技术，由政府牵头，建立集行政、司法、仲裁、工会组织和其他社会组织在内的多元调解机制；二是鼓励专业性强的律师和社会组织介入，凭借专业人士敏锐的洞察力和丰富的实践经验，及时了解劳动者的意愿，尽快化解纠纷。

（三）探索纠纷化解新模式，构建劳动争议纠纷多元化解的“三条渠道”

以法院为主，探索推行“示范性裁判”模式，建立劳动争议全链条诉源治理机制。以宁夏回族自治区银川市西夏区人民法院为例，法院与“社区 + 企业 + 工会 + 仲裁 + 劳动监察”联合打造了“1 + 5”工作格局，一站式接收、一揽子调处、全链条解决，从而实现多数劳动纠纷通过非诉方式及时解决，少量劳动纠纷通过调解和速裁程序快速解决，疑难案件通过精细化审判解决的多层次、阶梯式解纷体系，有效构建了劳动争议多元化解的“三条渠道”。

1. “四会协商”织密调解网络。将矛盾纠纷化解在萌芽状态，此为劳动争议多元化解模式的探索与创新。银川市西夏区人民法院与社区、工会联合成立了“维护职工合法权益联动工作室”，负责具体劳动纠纷的调处，全面优化“分调裁审执”运行模式。

法院在各个社区设立巡回审判点，并通过整合资源，协调各方力量，与检察人员、公安人员、律师、社区人民调解员形成“三官一律一员”调解机制，充分利用“大事共议、实事共办、要事共决、急事共商”的“四会协商”制度，与工会、劳动监察、社保、行业协会等有关机构紧密配合，多方联动为纠纷双方优选权益维护路径，保障双方合法权益。

2. 关口前移，统一裁审标准。法院关口前移，依托综治中心，设立“工会 + 法院 + 仲裁”劳动争议诉调对接工作室，充分发挥其劳动争议调解、职工法律援助、劳动法律监督、普法宣传教育、心理疏导等功能，高效化解劳动纠纷特别是群体性劳动纠纷。

3. 示范裁判，开展“订单普法”。通过新媒体平台，围绕劳动争议案件的热点问题开展“订单式”普法。用人单位和劳动者“点单”，法官上门“问诊”，梳理法律纠纷，查找法律风险，提出意见和建议。

我国高度重视劳动者的合法权益，制定完善处理和解决劳动纠纷的法律法规制度十分重要。目前，我国司法实务界在处理劳动争议案件上还有很多值得思考和提升的地方。本文仅以劳动争议多元共治机制的构建抛砖引玉，以期为司法实践提供有益参考。

附录三：

我国工伤超期申请救济法律问题研究*

李　莉

一、从案例切入——问题的缘起

（一）案情介绍

被告的职工杨某承包了被告的钻井队，原告自2004年3月起在该钻井队工作。2007年12月9日，原告被承包人杨某派往拉运钻杆时发生交通事故，造成原告身受重伤。承包人杨某支付了原告住院期间的医疗费并每月支付生活费共计100000元。2010年9月16日，原告向宁夏银川市人力资源和社会保障局提出工伤认定申请，该局以"已过工伤认定期限"为由作出银人劳社伤不字（2010）6号不予受理工伤认定通知书。2010年9月16日，原告向银川市劳动争议仲裁委员会申请仲裁，该委以"已超过仲裁时效"为由作出银劳仲不字（2010）第28号不予受理通知书。原告不服诉至法院。在案件的审理过程中，原告以其伤情需要再次鉴定为由，于2011年5月11日向法院提出撤诉申请。法院于当日作出（2010）西民初字第2259号民事裁定书，准予原告撤回起诉。2011年5月28日，原告通过甘肃经纶律师事务所委托甘肃金证司法医学鉴定所对其的伤情进行鉴定，结论为：四肢瘫痪，参照《劳动能力鉴定—职工工伤与职业病致残等级分级》为一级伤残。现原告诉至法院，请求依法判令被告支付工伤医疗费、工伤康复医疗费、一次性伤残补助金、生活护理费、异地安家费等工伤保险待遇共计480000元。被告辩称，原、被告之间不存在劳动合同关系，

---

* 本文原刊于《前沿》2015年第8期，收录本书时仅就版式和个别文字进行调整。——编者注

且该案已过工伤认定期限和仲裁申请时效，请依法驳回原告的各项诉讼请求①。

（二）法院裁判

一审法院经审理后认为，被告与承包人杨某系内部承包关系，故原告作为承包人杨某承包经营的钻井队员工，因承包人杨某对外没有独立的承建业务自主经营的资格，对不具有用工主体资格的承包人杨某所招用的劳动者，用工主体责任应由被告承担。依据劳动部《关于确立劳动关系有关事项的通知》第一条之规定，原告和被告都是符合法律规定的主体资格，被告从事原告安排的有报酬的劳动，并且被告所从事的工作是其业务组成部分。故原告从用工之日即2004年3月起与被告形成事实劳动关系。劳动者在申请期限之外申请工伤认定，须告知其已丧失工伤认定的程序性权利的丧失，但并不意味着其依法应获得工伤赔偿的实体权利的丧失，且用人单位在规定的工伤认定期限之内未提交工伤认定申请，那么其行为存在过错，从而致使劳动者权利受到损害。由此，劳动者以工伤提起诉讼的，经审理后若认定系工伤，可判令用人单位按照工伤给付赔偿。就本案而言，因原告与被告之间存在事实劳动关系，被告应承担原告因工作原因受到伤害而产生的工伤待遇损失。但在本案审理过程中，让原告再去作工伤认定及工伤鉴定是不现实的。故可参照司法鉴定的等级（鉴定结论为一级）对原告进行赔偿。因原告至今未完成工伤认定程序，故对其工伤赔付标准可参照适用《工伤保险条例》的相关规定进行赔付。据此，依据《工伤保险条例》《宁夏回族自治区实施〈工伤保险条例〉办法》等法规判令被告应支付原告的工伤保险待遇共计448125.99元，扣除作为被告职工的承包人杨某已支付的173672.39元，被告还应支付原告的工伤赔偿待遇为274453.6元②。

该案宣判后，原、被告均不服向银川市中级人民法院提起上诉，本案经二审法院审理后裁定驳回上诉，维持原判。

① 参见宁夏回族自治区银川市西夏区人民法院（2011）夏民初字第1817号民事判决书。

② 参见宁夏回族自治区银川市西夏区人民法院（2011）夏民初字第1817号民事判决书。

（三）案件争议的焦点

由于本案属于原告已经超过工伤认定申请期限而向法院申请工伤保险待遇的案件，本案原告的诉讼请求是否支持，合议庭形成了两种意见：

第一种意见认为，原告因没有确认工伤而不能直接向法院起诉，应驳回起诉。

第二种意见认为，认为原告的损失是因被告的过错造成的，故原告按照工伤保险待遇纠纷诉至法院，法院应当按照工伤保险待遇处理。经审理后，可以认定原告系工伤，原告由此可以获得被告所给付的工伤赔偿。

（四）法理检视

在我国，工伤救济必须以工伤认定和工伤鉴定为必要之前提。而在司法实践中，由于工伤认定超期申请而使劳动者的合法权益难以救济的情况时有发生，且多发生在工厂、矿山、建筑以及其他不规范的企业。因上述企业用工方式灵活、人员流动性大，就业人员多以农民工为主，用人单位基于趋利本性和侥幸心理多选择不为劳动者缴纳工伤保险，而各地现行的社会保险制度是将养老与工伤捆绑，劳动者本人亦不愿意承担养老保险中自己应承担的部分而放弃办理工伤保险。由此，工伤事故发生后，用人单位和劳动者均未申请认定。随之而来的问题是，受伤职工的权利如何救济？目前，修订后的《工伤保险条例》以及新颁布的《社会保险法》对该种情况没有提及，且无相关法律和行政法规的规定。司法实务中，该类案件各地判法不一，“同案不同判”现象比比皆是。主要有三种不同做法：一是“诉权失却说”，即认为无权起诉；二是“侵权之诉说”，即按人身损害赔偿案件处理；三是“事实审查说”，即判决享受工伤保险待遇。[①]鉴于此，笔者不揣浅陋，以工伤超期申请为视角，从我国的工伤救济制度的根源出发，将我国的工伤救济法律制度进行梳理，以期为司法实践中工伤超期申请救济问题适用法律纷繁芜杂的现状提供参考意见。

---

① 参见张煌辉：《错过工伤认定后劳动者合法权益该如何保护》，载《法律适用》2009 年第 10 期。另参见于欣华：《工伤保险法论》，中国民主法制出版社 2011 年版，第 33 ~ 34 页。

二、工伤超期申请的诉讼困境及问题根源

（一）工伤超期申请的后果及诉讼困境

受伤职工超过法定期限未认定工伤，导致的后果有两个：后果一是社会保险部门以《工伤保险条例》第 17 条为依据不予受理，导致受伤职工因无法启动工伤认定程序而不能享受工伤保险待遇。后果二是受伤职工按工伤保险待遇或者以人身损害为由向法院起诉，人民法院处理结果不一。

诉讼困境有三个：第一，向劳动部门申请工伤认定，该部门以已超过工伤认定期限为由作出不予受理决定书，受伤职工申请行政复议—行政复议决定维持—提起行政诉讼—法院判决维持，导致受伤职工无法启动工伤保险经办机构为其给付各项工伤保险待遇的程序。《工伤保险条例》修订后，取消了行政复议前置程序，有异议，亦可直接提起行政诉讼而不经行政复议程序。但这一点，对于未参保企业来说，没有意义。第二，向劳动争议仲裁部门申请仲裁要求用人单位支付工伤保险待遇—仲裁部门以不能证明其是工伤或已过仲裁时效为由作出不予受理通知书—受伤职工以发生劳动争议为由向法院起诉要求享受工伤保险待遇—法院或驳回或判决民事赔偿或判决享受工伤保险待遇。第三，受伤职工以人身损害赔偿为由直接向法院起诉要求获得民事赔偿，人民法院或不予受理或者判决按人身损害赔偿进行给付。由此可见，仅仅是错过了申请工伤认定的时间，就使受伤职工的维权之路倍加艰辛，而且还要承担有可能无法救济的风险，有违效率原则、衡平原则、积极权力观与对弱者保护原则等法律救济原则。

（二）工伤超期申请的问题根源

首先，与用人单位未给受伤职工参加工伤保险有关。我国法院受理的工伤案件分为两种情况：一类是已为劳动者缴纳了工伤保险的情形，另一类是未为劳动者缴纳工伤保险。对于第一类情况一般发生工伤超期认定的情况较少，产生争议的也较少，特别是《工伤保险条例》修订后，调整和扩大了工伤保险的覆盖面，加大了补偿力度，在一定程度上提高了对受伤职工的工伤保险待遇，增加

了工伤保险的数额普遍高于民事赔偿数额,故对于已为职工办理工伤保险的用人单位,积极为职工申请工伤认定,很少会争议。但是第二类情况则不然,尽管工伤保险是一种强制加入制度,但是仍有用人单位有法不依、顶风作案,未加入的现象大量存在毋庸置疑。一旦发生工伤事故,逃避、推诿唯恐不及,不可能去主动申请工伤认定,而受伤职工因自身对法律知识的理解偏差,抑或怕向用人单位追索赔偿而失去就业机会等种种的考虑,致使错过劳动者申请工伤认定的时间。其次,工伤认定部门对申请时效性质的界定不明确。我国《工伤保险条例》第 17 条规定了工伤认定申请时效。在司法实务中,工伤认定申请时效的性质是消灭时效、除斥期间还是其他期间以及该申请时效是否可以中止、中断的问题并未定论,因为这直接关系到工伤认定申请时效起算点的问题,而起算点不同则结果不同,还关系到工伤认定申请时效与仲裁时效之间的关系。有的学者认为,应将工伤认定申请期限性质理解为准诉讼时效,从 1 年申请期限规定的初衷看,不是除斥期间,应适用诉讼时效的相关规定。但是,也有学者认为,“1 年”为除斥期间,职工如果超过此期限向工伤认定部门申请工伤认定将不予受理,即丧失享受工伤保险待遇的权利。于是乎,导致本未超期的工伤认定案件被认为超期。最后,工伤认定是以行政权为主导,除劳动保障部门以外,其他职能机关都无权行使工伤认定的,这也是理论界的主流观点。法院的一贯做法是,在受伤职工未经社会保险行政部门认定工伤的情况下,人民法院不能处理工伤待遇问题。

三、司法实践中不同做法及其法律依据

工伤超期申请的结果为:一是社会保险部门以《工伤保险条例》第 17 条为依据不予受理,导致受伤职工因无法启动工伤认定程序而不能享受工伤保险待遇;二是受伤职工按工伤保险待遇或者以人身损害为由向法院起诉,人民法院该如何处理。目前,司法实务中形成三种观点:“诉权失却说”,认为劳动者无权提起诉讼;“事实审查说”,认为人民法院可以依据职权进行工伤认定,对符合工伤情形的,在审查事实的基础上作出判决;“侵权之诉说”,基于公平正义

考虑,应允许劳动者按人身损害赔偿纠纷案件提起侵权赔偿之诉。[①] 在本文中,笔者只探讨非第三人侵权之下,受伤职工错过工伤认定期限而如何处理的问题。

(一)诉权失却及其法律依据

"诉权失却说"。顾名思义,就是受伤职工没有按照程序认定为工伤,法律并未赋予法院确认工伤的权利,故受伤职工以要求享受工伤保险待遇为由向法院起诉的,应驳回其起诉。首先,根据《工伤保险条例》第 17 条的规定,用人单位负有向有关行政部门申请工伤认定的义务,如果没有履行该义务,应该承担相应的责任;受伤害的近亲属或者工会亦有权提出工伤认定申请,如果未在所规定时限内提起,应视为对其权利的放弃,自己承担相应的后果,从而就丧失了请求执法机关依照法定程序要求义务人履行义务的权利。其次,劳动保障部门是工伤认定机关,其他职能机关不享有该权力。如果法院直接认定工伤,会使司法权代替行政权,这与相关法律法规的类似规定相冲突。再次,在完全是用人单位的责任范围内,而非第三人侵权情况下,是取代模式,即以工伤保险补偿取代民事损害赔偿。在司法实务中,广东广州中院在其下发的《广州市法院进一步加强劳动争议审判工作的若干问题》中就规定,对未认定工伤的劳动者,虽然其符合工伤认定条件,因其并未经过工伤认定前置程序,法院无法对与工伤相关的诸如伤残程度、护理等级等专业性问题予以认定,故其向法院起诉则应不予受理。[②]

(二)事实审查及其法律依据

"事实审查说"。该说认为工伤事故赔偿纠纷中,受伤职工向劳动部门申

---

① 张煌辉:《错过工伤认定后劳动者合法权益该如何保护》,载《法律适用》2009 年第 10 期。另参见于欣华:《工伤保险法论》,中国民主法制出版社 2011 年版,第 33 页。

② 参见广东广州中院《广州市法院进一步加强劳动争议审判工作的若干问题》(2005 年)第 2 条:"符合工伤认定条件但未申请认定的案件,如何处理。我们认为,对此应不予受理。理由为:符合工伤认定的案件,应适用《工伤保险条例》予以处理,因此,工伤认定应是必经的前置程序。未经工伤认定而请求赔偿,法院无法对伤害是否构成工伤、伤害程度、构成残疾的还涉及残疾等级的评定等专业性问题予以认定,故在实践中对此类型案件不宜受理。"

请工伤认定是一种行政程序,是一种程序性的规定。劳动者在申请期限之外申请工伤认定,须告知其已丧失工伤认定的程序性权利的丧失但并不意味着劳动者依法应获得工伤赔偿的实体权利的丧失,且用人单位在规定的工伤认定期限之内未提交工伤认定申请的,那么其行为存在过错,从而致使劳动者权利受到损害的,应对此承担不利后果。受伤职工未取得工伤认定,并不能就此认定其所受的伤害不是工伤,这有违保护弱者的工伤救济原则,难以凸显公平价值。此外,劳动保障部门作的工伤认定并非终局认定,它对法院的民事裁判并不具有既判力。法院可以作出不是工伤或者工伤级别进行调整的实体判决。由此推论,对于受伤职工虽然错过工伤认定的情形,受伤职工按照工伤保险待遇纠纷诉至法院,法院应当按照工伤保险待遇处理。经审理后,可以认定受伤职工系工伤,并由此可以获得用人单位所给付的工伤赔偿。司法实务中,江苏高院《关于在当前宏观经济形势下妥善审理劳动争议案件的指导意见》中有过类似的规定,该高院认为,劳动者因错过工伤认定时间而无法进行认定工伤的,如果是用人单位的原因所致,则其向法院起诉,法院应当受理并作出是否系工伤的认定,如果能认定工伤,则可按工伤保险待遇判令赔偿。①

(三)侵权之诉及其法律依据

"侵权之诉说"。该说认为受伤职工以人身损害赔偿为由起诉的,可以参照雇员受害纠纷来处理,判令用人单位承担雇员受害赔偿责任。该说认为用人单位与受伤职工之间的劳动关系,从其渊源和本质上来说还是属于雇佣关系的范畴,广义的雇佣关系包容劳动关系,劳动关系属于雇佣关系。换句话说,劳动关系是一种特殊的雇佣关系,是雇佣关系的社会化,是以工伤保险的形式将工业伤害事故所造成的风险和损害转嫁给企业和社会共同分担。在受伤职工错过工伤认定情况之下,可以人身损害赔偿纠纷来救济。目前,这是我国司法实

---

① 参见江苏高院《关于在当前宏观经济形势下妥善审理劳动争议案件的指导意见》(2009 年 2 月 27 日)第 2 条:"因用人单位的原因,导致劳动者超过工伤认定申请时效无法认定工伤的,劳动者或者近亲属向人民法院起诉要求用人单位赔偿的,人民法院应当受理,能够认定劳动者符合工伤构成要件的,应当判令用人单位按照《工伤保险条例》规定的工伤保险待遇项目和标准给予赔偿。"另参见《2011 年工伤保险条例和相关认定办法》,http://wenku. baidu. cn。

务界普遍通行的做法。2009 年,山东高院下发了《2008 年民事审判工作会议纪要》,该纪要明确地规定了未经工伤认定,如何适用法律的问题。该纪要认为,如果用人单位及其劳动者均未申请工伤认定,因法院无权认定工伤,则受伤职工不能享受工伤保险待遇,则可按一般人身损害赔偿案件处理。①

综上所述,第一种观点既违背"有损害必有救济"的民法原则,亦违背公平、保护弱者的工伤救济原则,不能有效地保护受伤职工的合法权益,使用人单位有机可乘,不利于社会的稳定。第三种观点按照人身损害赔偿处理是重要的救济途径,也是司法实务中的普遍做法,但是从公平的角度出发,工伤超期职工按照人身损害赔偿获得救济有很多不利之处。比如二者所适用的原则以及赔偿条目均不同,举证责任分配亦有所不同。笔者认为,第二种观点法院按照工伤保险待遇处理,更加符合工伤救济原则和宗旨,更具有合理性和可操作性,更加能保护劳动者的合法权益。笔者就此观点所审理的几件案件均已生效,取得了很好的法律效果和社会效果,使当事人的合法权益得以实现。如笔者在本文中所提及案例,就采用了事实审查说,该案的判决思路,亦被周边其他法院的法官作为参考。以下一节,笔者就此案适用工伤保险待遇和人身损害赔偿进行实证分析,以期为司法实践中工伤超期申请的问题提供参考意见。

四、工伤超期申请下两种救济模式的实证分析

在不涉及第三人侵权,工伤超期申请的情形下,法院按照工伤保险赔偿还是按照民事侵权赔偿一直是一个备受争论的话题,此处不再赘述。现对这两种救济模式进行比较:

(一)两种标准赔付的差异

根据国务院《工伤保险条例》《最高人民法院关于审理人身损害赔偿案件

① 参见山东高院《2008 年民事审判工作会议纪要》(鲁高法〔2009〕243 号)第 3 条:"关于劳动过程中发生的伤害事故未经工伤认定的,如何适用法律的问题。实践中,一些工伤事故发生后,用人单位和工伤劳动者及其近亲属在法定期限内未及时申报工伤造成工伤不能确认,这种情形下,人民法院在民事诉讼中不能对工伤作出认定,也无权委托劳动行政主管部门进行工伤认定,因此,不能使用国务院《工伤保险条例》予以处理,可以按照一般人身损害赔偿案件予以处理"。

适用法律若干问题的解释》及《宁夏回族自治区实施〈工伤保险条例〉办法》(2012 年修订)的相关规定,结合笔者所列举的亲自审理的工伤保险待遇纠纷案件,将工伤待遇与民事赔偿比较如下(见附表 1 和附表 2):

附表 1　按工伤待遇标准

项目	费用
门诊费	1130 元
医疗费	73672.39 元 +8520.6 元 =82192.99 元
鉴定费	1900 元
交通费	3000 元
住院伙食费	125 天 ×30 元/天 =3750 元
护理费(住院期间)	(560 元 ÷21.75 天 ×125 天) ×2 人 =6436 元
护理费(定残后)	2558 元/月 ×50% ×72 个月 =92088 元
安家费	2558 元/月 ×6 个月 =15348 元
停工留薪期待遇	12 个月 ×1600 元 =19200 元
生活费	29 个月 ×1600 元 =46400 元
一次性伤残补助金	27 个月 ×1600 元 =43200 元
一次性医疗补助金	35 个月 ×1600 元 =56000 元
就业补助金	35 个月 ×1600 元 =56000 元
辅助器具费	购买轮椅支付 1080 元
辅助器具费(解除劳动关系后)	2558 元/月 ×8 个月 =20464 元
总计	448125.99 元

附表 2　按民事赔偿标准

项目	费用
门诊费	1130 元
医疗费	73672.39 元 +8520.6 元 =82192.99 元
鉴定费	1900 元
交通费	3000 元
住院伙食费	125 天 ×50 元/天 =6250 元

续表

项目	费用
营养费	125 天 ×50 元/天 =6250 元
护理费(住院期间)	(1450 元/月 ÷21.75 天 ×125 天) ×1 人 =8333 元
误工费	1600 元/月 ×41 个月 =65600 元
残疾赔偿金	4674.89 元/年 ×20 年 =93497.8 元
配置器具费	购买轮椅支付 1080 元
精神损失费	10000 元
总计	279233.79 元

在该案中,劳动者于 2007 年 12 月 9 日受伤,2011 年 5 月 28 日为其定残日,伤残鉴定为一级,其标准应该按照宁夏回族自治区的相关标准来计算。因劳动者自愿提出离开单位并提出解除双方所履行的劳动合同,故应享有就业和医疗两项补助金予以补偿。如果未提出解除劳动关系,则用人单位应按一级伤残的标准即:1600 元(本人工资) ×90% =1440 元按月向劳动者支付伤残津贴。因用人单位未为其缴纳工伤保险,上述费用均由用人单位支付。根据新颁布的《社会保险法》的相关规定,如果用人单位不向工伤职工赔付的,还可由工伤保险基金垫付,但工伤保险基金享有追偿权。

在该案中,劳动者系农村户籍,其残疾赔偿金应按宁夏回族自治区 2010 年度农民人均纯收入 4674.89 元来计算,因其并未提交护理等级、残疾辅助费等专门机构出具的相关证据,故上述费用法院均不支持。对于所涉及的后续治疗费,一般都必须在实际发生之后才能主张。往往劳动者在起诉时还未产生该笔费用,这就意味着还会有之后的诉讼。另外,就上述费用而言,在司法实务中,还要适用过错原则,往往劳动者不会拿上全额赔偿。

从附表 1 和附表 2 可以看出几点结论:其一,工伤保险待遇与民事侵权赔偿是相互独立的,又相互补充的两套救济系统,工伤保险所特有的相关项目,如异地安家费、职工失踪待遇等是民事侵权赔偿中所没有的,其特有的设计是与工伤保险制度的补偿性有关。其二,民事侵权赔偿的有些项目的标准不明确,法律的随意性大,出现同案不同判的可能性大,而工伤保险待遇的标准明确具体,易于操作。其三,在某些项目上依据民事侵权赔偿计算出来的数额较低,而依据工伤保险待遇计算出来的赔偿数额则较高。比如,停工留薪期待遇计算出来往往比误工费高、期限长,对受伤职工的合法权益的保护更加有效。其四,工伤赔偿不存在过错问题,亦不需要举证证明其无过错,但民事赔偿会考虑过错原则,劳动者往往举证自己无过错,增加诉讼难度。总之,国务院《工伤保险条例》修订后,工伤待遇赔偿范围和赔偿数额都得以提高,特别是死亡赔偿金的计算,是按照全国城镇居民人均可支配收入的20倍,这往往比民事侵权赔偿按受诉法院所在地为基准计算要高,笔者所在的宁夏回族自治区在我国西部,地区偏远,经济落后,低于全国标准,故按工伤赔付高于民事侵权赔偿。

(二)工伤保险待遇更为公平和公正

首先,两者的性质不同,决定了工伤保险待遇补偿标准与民事侵权赔偿的标准存在很大差异。工伤保险待遇补偿分为两大类:一类是人身性补偿,另一类是金钱性补偿。其中:1. 人身性补偿,如:《工伤保险条例》第35条、第36条规定。[①] 人身性补偿的性质往往大于金钱补偿。这是民事侵权赔偿所不能给予的,亦是工伤保险制度的重要价值之所在,如伤残津贴。2. 金钱性补偿,如医疗补偿、伤残补偿与工亡补偿。其中如伤残津贴是指工伤劳动者完全丧失劳动能力或者大部分丧失劳动能力时,由工伤保险基金或用人单位按月支付,为保障其基本生活的补偿,这项待遇支付至工伤者退休或未到退休年龄而死亡时止。[②] 该项补偿亦是民事侵权赔偿所没有,工伤保险待遇所特有的,其连续性保障的特性,相对于民事侵权赔偿的一次性赔偿更人性化、更具合理性。3. 对于遗属生活费其近亲属都享有,但民事赔偿在该项费用上要求比较苛刻。

其次,两者的计算方法不同,工伤保险待遇以工伤职工确定的工资收入(缴费基数)为基础来确定,其主要待遇都是按本人工资来计算的,且伤残等级、护理等级等亦是确定的,因此计算起来比较精确。而民事侵权赔偿每一个

---

① 参见国务院《工伤保险条例》(新修订)第35条、第36条规定:"职工因工致残被鉴定为一级至四级伤残的,保留劳动关系,退出工作岗位,享受相应待遇;职工因工致残被鉴定为五级、六级伤残的,保留与用人单位的劳动关系,由用人单位安排适当工作。难以安排工作的,由用人单位按月发给伤残津贴。"另参见"各类人身损害赔偿法律依据",http://www. king - lawy;"各类侵权、工伤赔偿标准",http://zhourong. fyfz。

② 于欣华:《工伤保险法论》,中国民主法制出版社2011年版,第180页。

赔付项目都可能存在不同的基准，在法院判决之前，是不确定的。

最后，两者的支付风险不同。人身损害赔偿的被抚养人生活费、残疾赔偿金、残疾辅助器具费、死亡赔偿金等主要采用一次性的定型化支付方式，其风险取决于侵权损害赔偿人的支付能力、信用等因素，很难保证有效地履行赔偿义务。工伤保险待遇支付不存在支付风险的问题，因为其是由工伤保险基金支付的，工伤保险实行的是长期的待遇制度，这是人身损害赔偿所无法比拟的。另外，新颁布的《社会保险法》规定，如果用人单位不向工伤职工赔付的，还可由工伤保险基金垫付，但工伤保险基金享有追偿权，这规定，更减低了工伤保险待遇支付的风险性。由此，工伤保险待遇更为公平和公正。

（三）民事侵权赔偿在归责原则上的缺陷

工伤赔偿以用人单位单方责任原则和无过错原则为其归责原则。依据侵权责任法理论，劳动者在工作过程中存在着高度危险，其在此状态下所发生的工伤损害应属于特殊侵权行为，而特殊侵权行为适用的是无过错原则，由此，用人单位应承担无过错责任，并照此原则为工伤职工进行工伤待遇补偿。而民事侵权赔偿的归责原则与工伤赔偿的归责原则不同，即"是由过错责任原则、无过错原则以及公平原则共同构成的一个具有内在逻辑联系的归责体系。"①由此，适用过错原则，作为弱势地位的受伤职工要承担举证责任，势必会增加其维权难度。在司法实务中，工伤超期申请的现象往往存在于那些规模小、管理不规范以及工厂、矿山、建筑企业，上述企业不缴纳工伤保险的情况比比皆是，一旦发生工伤，因逃避责任而不申请工伤认定的占多数。而往往受伤职工农民工占大多数，文化水平低、法律知识匮乏，有时甚至无法弄清侵权方和用人单位是谁，那么屡败屡诉的情况屡见不鲜，诉讼的成本之高可以想象。另外，在审判实践中，法院按照民事侵权赔偿计算出损失数额后，还要依据双方过错大小来确定责任，而现实情况是，受伤职工在工作过程中自身的操作失误也是考虑过错程度的重要方面。由此，受伤职工依据民事侵权赔偿起诉很难拿到全额赔偿，

① 江必新、何东宁、王莉：《最高人民法院指导性案例裁判规则理解与适用·劳动争议卷》，中国法制出版社 2013 年版，第 153～154 页。

其所遭受的损失将大打折扣,这是违背公平原则和保护弱者权利的原则。相比之下,工伤保险制度中的无过错原则所使受伤职工得到的完整赔偿,更具有其合理性、可操作性。

五、笔者观点

笔者认为,从工伤保险制度的国内外历史沿革来看,工伤保险制度建立的初衷就是使用人单位通过缴纳工伤保险费的方式,分散工伤事故所造成的安全生产经营风险,注重对职业伤害的预防,而且及时保护劳动者的权利,为受伤职工提供事后救济。因此,工伤保险制度以"维护劳动者之生存权为其基本哲学,旨在保障劳工最低必要之生活"①,其是为了弥补原有侵权损害赔偿制度的不足而设立。我国现有的工伤赔偿制度虽有其缺陷,但与我国所处在发展中国家的经济发展水平是相适应的。特别是《社会保险法》的正式通过与《工伤保险条例》的修订后,修订后的《工伤保险条例》调整和扩大了工伤保险适用和工伤认定范围,对工伤保险待遇水平大幅度提高。在经济不发达地区,工伤赔偿的数额普遍超过民事赔偿数额。而新颁布的《社会保险法》又给予工伤保险基金在垫付工伤保险费用后,可以向用人单位追偿的权利,更能保护工伤职工的合法权益。在司法实务中,对于超过工伤认定申请期限的案件的三种做法,主要还是适用工伤保险赔偿还是民事侵权赔偿的问题。笔者赞同"事实审查说",认为按工伤保险待遇受理并判决更具合理性、公正性、可操作性。由此,受伤职工按照工伤保险待遇纠纷诉至法院,法院应当按照工伤保险待遇处理。经审理后,能够认定工伤的,可以判令用人单位给付受伤职工工伤保险待遇赔偿。

---

① 王泽鉴:《劳灾补偿与侵权行为损害赔偿》,载《民法学说与判例研究》,中国政法大学出版社2005年版,第332页。